会计科目
设置与实战
（第2版）

平准　编著

人民邮电出版社
北京

图书在版编目（CIP）数据

会计科目设置与实战 / 平准编著. -- 2版. -- 北京：
人民邮电出版社，2020.1（2024.2重印）
ISBN 978-7-115-52943-5

Ⅰ. ①会… Ⅱ. ①平… Ⅲ. ①会计科目－图解 Ⅳ.
①F231.2-64

中国版本图书馆CIP数据核字(2019)第279067号

内 容 提 要

本书依据现行的《企业会计准则》编写而成，主要针对会计核算中的资产、负债、所有者权益、成本、损益五大类会计要素，采用“科目释义+科目综述+科目设置+账务处理+案例解析”的结构模式，结合公司生产经营过程中常发生的各项经济业务，详细讲解了除金融企业以外的一般企业使用的会计科目的核算规范，同时还提供了200多个会计核算的案例解析。

本书通俗易懂，图文并茂，尽力让读者有轻松、愉快、高效的阅读体验。

本书既是会计工作者日常工作中，提升业务水平、掌握会计法规、随查随用的工具书；又是会计从业者提升专业水平的专业读物。

◆ 编　　著　平　准
责任编辑　李士振
责任印制　周昇亮

◆ 人民邮电出版社出版发行　　北京市丰台区成寿寺路 11 号
邮编　100164　　电子邮件　315@ptpress.com.cn
网址　http://www.ptpress.com.cn
三河市君旺印务有限公司印刷

◆ 开本：700×1000　1/16
印张：28.75　　　　2020 年 1 月第 2 版
字数：498 千字　　　　2024 年 2 月河北第11次印刷

定价：99.00 元

读者服务热线：(010)81055296　印装质量热线：(010)81055316
反盗版热线：(010)81055315
广告经营许可证：京东市监广登字 20170147 号

前言/PREFACE

会计科目是进行复式记账的基础。

会计科目是编制记账凭证的工具。

会计科目是设置会计账簿的依据。

会计科目为编制会计报表提供了数据支持。

会计科目为成本核算及财产清查提供了前提条件。

可以说，会计科目是学习会计知识的“总枢纽”，掌握了每一个会计科目的名称、概念和使用方法，就等于掌握了会计记账的“秘诀”。

我们为什么编写这本书

在多年的会计实务培训中，我们深刻认识到，要在日常会计工作中正确地应用《企业会计准则》，实现从理论到实务操作的飞跃，最关键的一环，就是要掌握会计科目的定义、设置方法、使用规则。正是出于这个目的，我们编写了本书。

目的 1：帮助读者了解基本的会计理论和账务处理的流程。

目的 2：依据“科目释义 + 科目综述 + 科目设置 + 账务处理 + 案例解析”的结构模式，使读者扎实地掌握每个会计科目的定义、设置方法和使用规则。

目的 3：帮助读者学会使用会计科目，编制正确的会计分录。

目的 4：帮助读者掌握每个会计科目的定义和余额的意义，掌握编制会计报表的基本技能。

本书的主要内容

本书共 9 章，第 1 ~ 3 章介绍了会计基础理论。第 4 ~ 8 章讲解了资产类、负债类、所有者权益类、成本类、损益类会计科目的设置和使用方法。具体在每个会计科目中，采用“科目释义 + 科目综述 + 科目设置 + 账务处理 + 案例解析”的结构模式，结合企业生产经营过程中经常发生的各项经济业务，详细讲解了每个会计科目的定义、设置方法和使用规则。第 9 章介绍了如何利用会计科目进行会计报表的编制。

你阅读本书后，将获得哪些能力

能力 1：融会贯通会计科目知识的能力。

会计科目学习是会计学习的基础，能够熟练掌握各个会计科目的内涵及核算，并做到融会贯通，举一反三，你就攻克了会计学习的主要“堡垒”。

能力 2：全面掌握会计业务核算的能力。书中涵盖了会计实务中最常见的业务处理类型及方法，对会计实务中的业务分析和会计处理具有较强的指导意义。

能力 3：迅速提升会计实际操作的能力。最典型的案例分析，有助于理清会计实际操作中的思路和方法，有助于解决工作中令人困扰的实际问题。

能力 4：显著提高自身会计素养。理论与实务相结合，两者相辅相成。理论知识可用于指导实务，通过实务操作可以进一步理解理论的含义，可大大提升会计综合能力和职业素养。

本书的读者

本书体系完整，讲解透彻，并与现行《企业会计准则》保持了同步。通过阅读、学习本书，不同的读者会有不同的收获。

职场新人：熟悉会计科目的使用方法，掌握各种经济业务会计分录的知识。

从事会计记账工作的人士：随时查阅会计科目的定义、设置方法和使用规则。

大中专院校的会计专业学生：了解会计科目的基本规定，强化对《企业会计准则》的理解与掌握，把对理论的学习转化为实际工作的能力。

本书撰写团队

本书由平准老师及其团队编写而成，具体参与编写的有肖文彦（中央财经大学）、胥彤（中央财经大学）、王婷（中央财经大学）、李灿（中国财政科学研究院）、姚敏（中国财政科学研究院）、普艳阳（中国财政科学研究院）。

本书自出版以来，以其内容全面、讲解透彻、贴近实务而深受广大读者的欢迎，为了适应国家新法规的要求，我们对本书进行了全面的修订。本次修订主要体现在以下 3 个方面：

（1）对新修订的“企业会计准则”的相关内容进行了全新编写。

（2）依据 2019 年 4 月 1 日起开始执行的增值税新税率，对相关内容进行了修订与重新完善。

（3）对 30 余个实务案例进行了优化与改写。

在本书编写过程中，我们参考了相关资料以及相关专家的观点，并加以借鉴，在此谨向这些文献的作者致以诚挚的谢意！

由于编者水平有限，加之时间仓促，书中难免存在疏漏之处，恳请大家批评指正。

编者

目录
CONTENTS

第 4 章 资产类科目的设置与账务处理

第 5 章 负债类科目的设置与账务处理

第 6 章 所有者权益类科目的设置与账务处理

第 7 章 成本类科目的设置与账务处理

第 8 章 损益类科目的设置与账务处理

第 9 章　企业财务报告的编制

第1章 会计与会计人员

本章导读

我国的会计历史源远流长，在文字出现之前，古人就用符号、图画记录狩猎的收获。在西周时期，“司会”之职接受朝廷和地方官员的会计文书并进行考核。会计的基本职能包括会计核算和会计监督，会计工作是每个企业必然进行的一项管理活动，而会计人员则是每个企业必备的工作人员。

在本章的学习中，我们将解决以下问题。

（1）如何理解会计的概念？

（2）会计具有哪些职能？

（3）会计的作用是什么？

（4）会计职业具有哪些特点？

（5）会计职业的成功途径有哪些？

（6）会计人员应具备什么样的基本素质？

（7）会计人员如何规划自己的职业发展？

1.1　会计的概念与特点

1.1.1　会计的概念

“会计”这个词是我们非常熟悉的一个词。细细想来，“会计”一词至少有三种含义，其一是指会计工作；其二是指从事会计工作的人；其三是指以会

计为研究对象的学科，也就是会计学。在本书中，如没有特别地说明，均是指会计工作、会计业务。

那么在一个企业中，在一个经济单位中，什么是会计业务呢？根据我们生活和工作的经验，有人会说，“会计就是记账”“会计就是管钱”“会计就是负责发工资的”等。其实，以上的说法都只说明了会计业务的一部分内容，可以说，从不同的角度出发，对会计定义的描述是有所区别的，如图 1-1 所示。

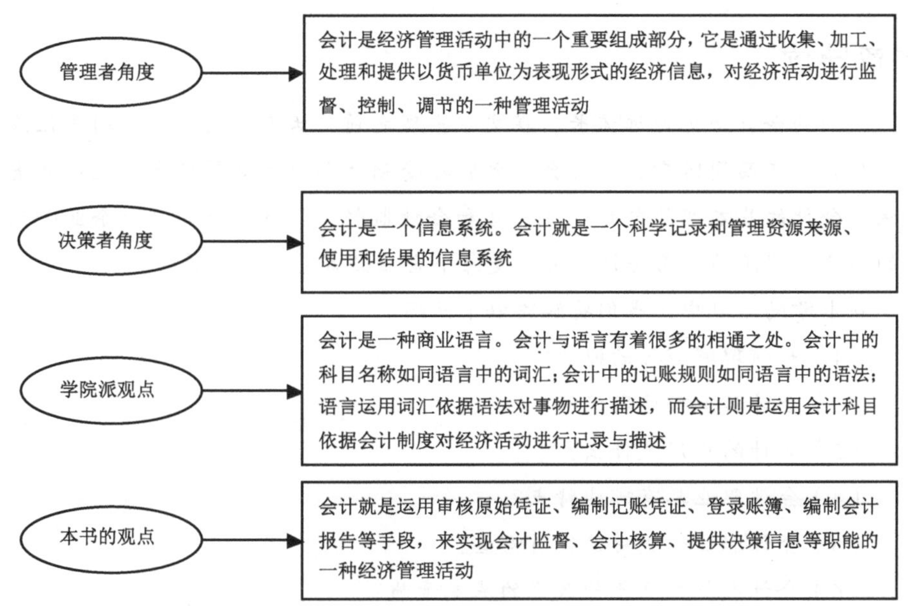

图 1-1　对会计概念的不同理解

1.1.2　会计的职能

会计的职能是会计在经济管理过程中所具有的功能，从我国当前会计实践和会计法规的规定来看，主要有会计核算和会计监督两大职能。《中华人民共和国会计法》（以下简称《会计法》）明确规定，会计机构、会计人员依照《会计法》规定进行会计核算，实行会计监督。

1. 进行会计核算

会计核算贯穿于经济活动的全过程，是会计最基本的职能，也称为会计的反映职能。它是指会计以货币为主要计量单位，对特定主体的经济活动进行确

认、计量、记录和报告，并为有关各方提供会计信息。

会计核算的内容具体表现为生产经营过程中的各种经济业务，如图 1-2 所示。

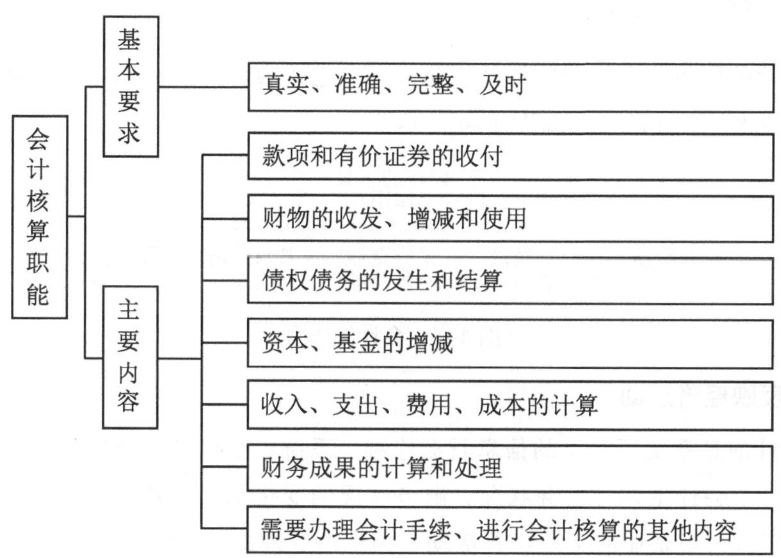

图 1-2　会计核算职能一览表

2. 实施会计监督

会计监督职能，也称会计控制职能。它是指会计人员在进行会计核算的同时，通过预测、决策、控制、分析、考评等具体方法，对特定会计对象所发生的经济业务的合法性、合理性进行审查。会计监督的主要内容如图 1-3 所示。

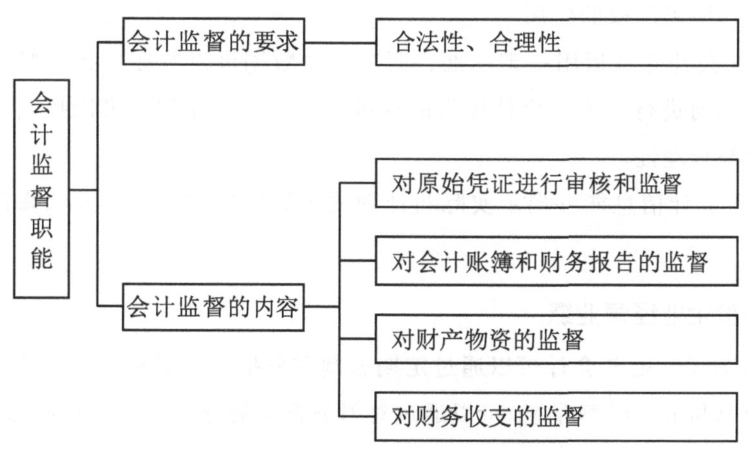

图 1-3　会计监督职能一览表

除具有核算和监督两项基本职能外，会计还具有预测经济前景、参与经济决策、计划组织以及绩效评价等职能。

1.1.3　会计的作用

会计的作用是会计职能的外在化表现，它是会计的内在职能在一定条件下的外在转化。会计的作用如图 1-4 所示。

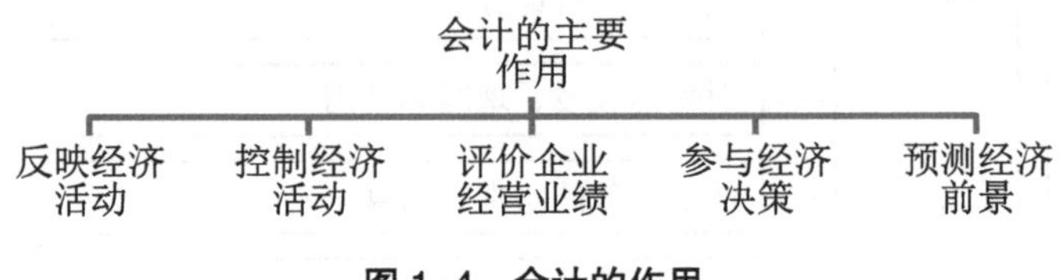

图 1-4　会计的作用

1. 反映经济活动

会计信息系统所提供的信息具有连续、系统、全面、综合的特点，不仅能反映出一个会计主体的财务状况、财务状况的变化及其经营成果，而且还能够以货币形式再现企业的生产经营活动，为经济管理提供极大的方便。

2. 控制经济活动

具体表现在以下三个方面。

（1）财务会计的专门方法包括填制凭证、设置账户、复式记账、登记账簿、成本计算、财产清查和编制报表等，从而使会计成为严密的信息系统，具有保护性的控制作用（保证会计信息的正确性与真实性）。当然，会计还具有保护资产安全、明确产权的作用。

（2）会计确认运用一定标准，明确哪些数据可以并在什么时候进入该系统，以及如何进行报告。会计提供的这种“过滤”的作用，可以控制经济活动的合法性与合理性。

（3）会计信息能够揭示实际与计划或预算的偏差，便于人们修订计划或预算。

3. 评价企业经营业绩

具体来说，财务会计可以通过定期编制财务报表，揭示一个企业的财务及其变动情况和最终经营业绩；可以通过对财务报告的分析，肯定成绩，找出差距，提出改进措施。

4. 参与经济决策

会计提供收集数据和信息，预测建立目标并讨论各种方案，以能够选择最优方案。据估计，企业在经营管理中所需要的 70% 以上的信息来自会计信息系统。当然，在整个决策过程中，会计只能支持决策而无法代替决策，会计所起的是“参谋”作用，即“参与”的意思。

5. 预测经济前景

企业为了确定恰当的经营管理目标，必须收集大量历史的和当前的信息。通过财务报告中具有预测价值的历史信息，企业能够预测其经营前景。

1.2　会计职业前景

1.2.1　会计职业的特点

在当今社会，会计、医生和律师是人们所向往的三大自由职业。一提到会计职业，人们的第一印象就是“专业人士、高薪阶层”。会计职业在发展中，对有志于从事会计职业的人士越来越体现出巨大的吸引力。

首先，会计职业可以带给高级管理人员必需的知识储备和更大的发展空间。据美国福布斯杂志统计，世界 500 强企业中的首席执行官中，约有 25% 以上的教育背景是会计专业，有 35% 是从首席财务官升任的。会计的教育或者职业背景为人们通向高层管理的道路奠定了坚实的基础。

其次，会计职业具有很大的责任与风险。在传统的观念中，会计人员唯老板之命是从，只需要对老板负责就行了。但按照我国有关法律的规定，企业的会计人员除了要向管理者负责之外，更要向国家、社会公众负责。这就使得会计职业面临风险和责任。会计人员只有遵守国家的各项法规，恪守职业道德，严格按照国家的财经纪律工作，才能尽可能地减少职业风险。

再次，会计更是充满挑战的职业，我国现在有 1200 万人从事会计职业，无论是就业还是升职都面临激烈的竞争，然而虽然有如此多的会计从业者，我国却十分匮乏具有国际水准和现代经营观念的高水平会计人员，也只有这些高素质的会计人员才能够脱颖而出，成为人们所羡慕的“金领”。

最后，会计职业正在由“劳动密集型”向“智力密集型”转化，需要人们不断地学习。在传统的会计工作中，经验是至关重要的因素，会计技能也往往是通过“老师带徒弟”的方式进行传递的。但在现代会计工作中，随着经济活动的复杂化，会计技术、会计规则总是在不断地变化中，需要会计人员不断地更新自身的知识结构，不断地学习新知识。

1.2.2 会计人员的职业选择

一般而言，在企业会计领域，会计人员的职业选择途径大致可分为两个方向，如图 1-5 所示。

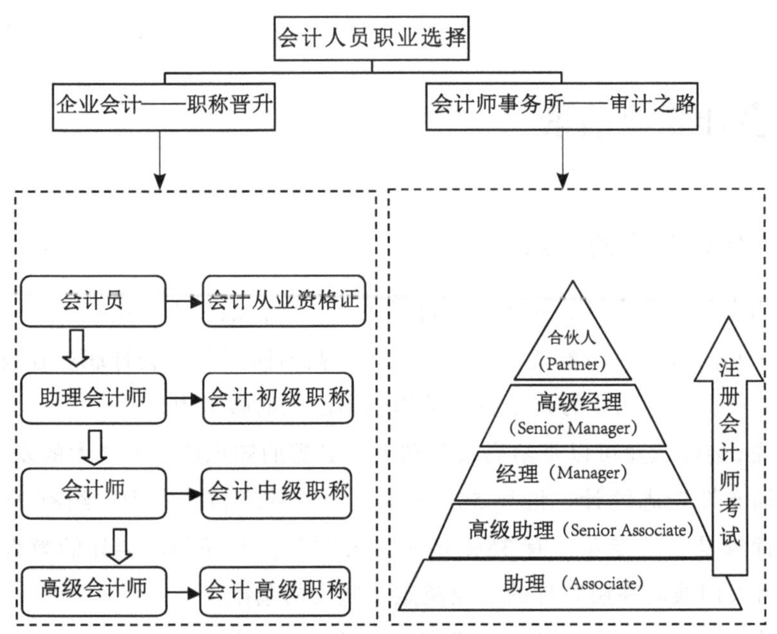

图 1-5 会计人员的职业选择

除了上述提及的常见考试及资格证书外，随着国际化进程的推进，会计证书的国际化程度也大大提升。会计领域常见的国外证书如图 1-6 所示。

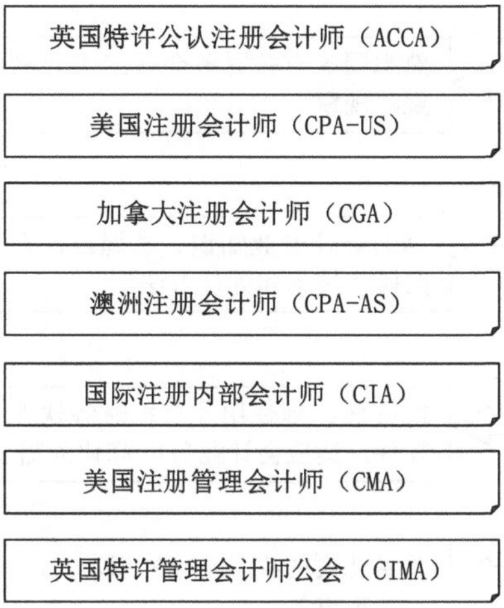

英国特许公认注册会计师（ACCA）

美国注册会计师（CPA-US）

加拿大注册会计师（CGA）

澳洲注册会计师（CPA-AS）

国际注册内部会计师（CIA）

美国注册管理会计师（CMA）

英国特许管理会计师公会（CIMA）

图 1-6　国外会计的相关证书

1.3　会计人员的必备素质

会计作为一个专业性很强的职业，对于人们的专业素质和职业道德方面有着很高的要求。如何成为一名高素质的会计人员？会计人员需要哪些素质才能走上成功的职业之路？这是现在广大会计人员面临的难题。

1.3.1　会计人员应具备的专业技能

专业技能是指做好一门工作所需要的知识基础和操作技术。若想做好会计工作，会计人员必须具备的专业技能如图 1-7 所示。

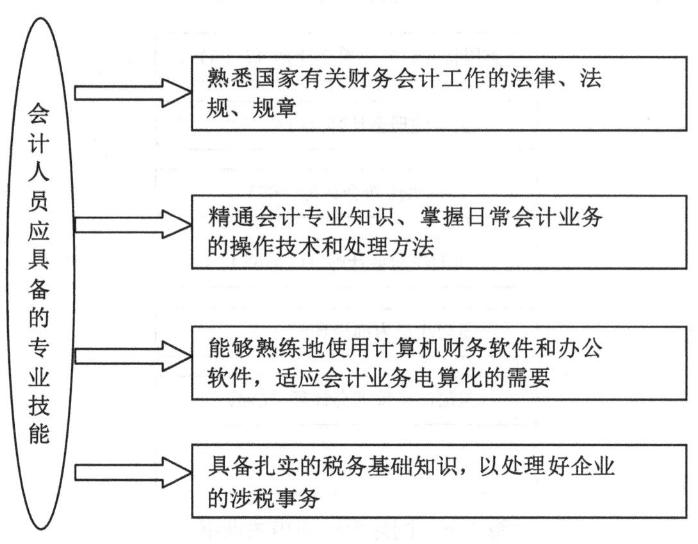

图 1-7　会计人员应具备的专业技能

1.3.2　会计人员应具备的职业道德

《会计基础工作规范》从六个方面对会计人员的职业道德做出了具体规定，如图 1-8 所示。

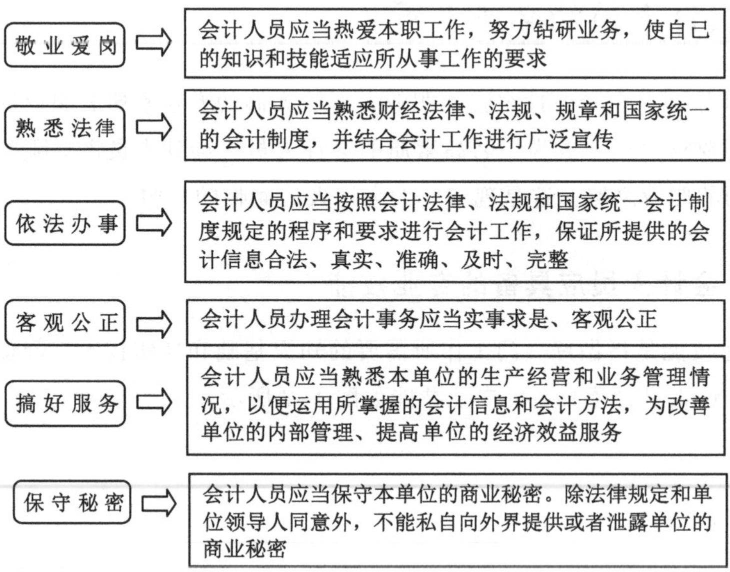

图 1-8　会计人员的职业道德

为了保证会计职业道德的贯彻，《会计基础工作规范》第二十四条规定，财政部门、业务主管部门和各单位应当定期检查会计人员遵守职业道德的情况，并应作为会计人员晋升、晋级、聘任专业职务、表彰奖励的重要考核依据；会计人员违反职业道德的，由所在单位进行处理。

第2章 会计基础理论

本章导读

尽管会计是一门注重实际操作能力的学科，但它有着完备的理论基础，掌握好会计学科的基础理论，对于我们准确灵活地运用会计规则有着重要的作用。本章重点介绍会计的职能、会计核算的四大假设、会计核算的一般原则、会计六大要素等基本会计理论。

会计基础理论的框架图如图 2-1 所示。掌握好会计基础理论是学好会计实务操作的基础，对于我们掌握会计处理的原则、方法与程序至关重要。

在本章的学习中，我们将解决以下问题。

（1）会计的基本假设包括哪些，分别是什么？

（2）会计核算的一般原则包括哪些，怎样理解？

（3）会计要素包括哪些，分别是什么？

（4）会计科目和会计账户的关系是什么，如何设立会计账户？

（5）复式记账法的记账规则是什么，如何运用它进行记账？

2.1　会计的基本假设

会计基本假设是企业会计确认、计量和报告的前提，是对会计核算所处时间、空间环境等所做的合理设定。会计基本假设包括会计主体、持续经营、会计分期和货币计量。图 2-1 所示为会计基础理论框架。

2.1.1　会计主体

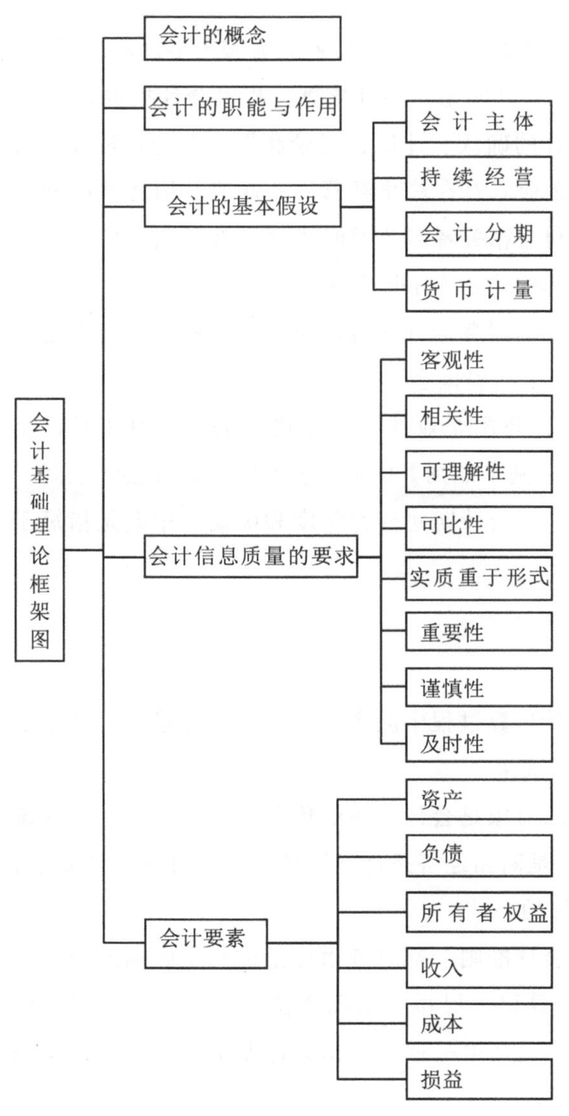

图 2-1　会计基础理论框架

会计主体是指会计工作为其服务的特定单位或组织。《企业会计准则——基本准则》第 5 条规定，企业应当对其本身发生的交易或事项进行会计确认、计量和报告。这其实是明确了会计主体假设。

在会计主体前提下，会计核算应当以企业发生的各项交易或事项为对象，记录和反映企业本身的各项生产经营活动。会计主体基本前提，为会计人员在日常的会计核算中对各项交易或事项做出正确的判断、对会计处理方法和会计处理程序做出正确选择提供了依据。

值得注意的是，会计主体不同于法律主体。一般来说，法律主体都应是会计主体，但会计主体不一定是法律主体。前者如股份公司，它们既是法律主体，又是会计主体；后者如独资与合伙企业，它们通常不具有法人资格，但在会计核算上必须把它们作为独立的会计主体。

2.1.2 持续经营

持续经营这一前提条件的基本含义是指会计主体的生产经营活动将无限期地延续下去，即在可以预见的未来，会计主体不会因清算、解散、倒闭而不复存在。换句话来说，持续经营是指任何会计主体除非有确切的证据证实其不会再存续下去，否则，便认为它会无限期地延续下去。

2.1.3 会计分期

会计分期是指将会计主体持续不断的经营过程，划分为若干等间距的时期，即“会计期间”，会计主体按照会计期间组织会计核算，提供会计报告。

在设定持续经营前提后，会计的确认、计量、记录和报告都是在持续经营的前提下进行的，但并不意味着企业只有在停止经营后一次确认财务状况和经营成果。由于企业的经营者和各利益相关者需要及时了解企业的财务状况和经营成果，因而企业有必要对其生产经营活动分期进行核算。

设定会计分期前提的意义在于为财务会计核算确定时间范围：它要求会计人员依据会计期间组织会计核算，定期提供会计信息。

根据我国《会计法》的规定，我国企业的会计年度自公历1月1日起至12月31日止。《企业会计准则——基本准则》规定，企业应当划分会计期间，分期结算账目和编制财务会计报告。会计期间分为年度和中期。中期是指短于一个完整的会计年度的报告期间。

2.1.4 货币计量

货币计量是指会计主体在会计核算过程中应主要采用货币计量单位来记录和报告会计主体的财务状况和经营成果。

在商品经济社会，会计核算的对象是会计主体的价值运动。因此，会计核算只能以货币为主要计量单位。这是商品经济条件下会计对象属性的必然要求，是不以会计人员的主观意志为转移的。

我国的《会计法》和《企业会计准则》都对货币计量进行了明确的规定，《会计法》第12条规定，会计核算以人民币为记账本位币。业务收支以人民币以外的货币为主的单位，可以选定其中一种货币作为记账本位币，但是编报的财务会计报告应当折算为人民币。

2.2　会计信息质量要求及会计要素

2.2.1　会计信息质量要求

向企业的利益相关方提供及时可靠的会计信息，是企业会计系统最基本的职能，也是其最核心的任务。《企业会计准则——基本准则》特别重视对企业会计信息质量的要求，《企业会计准则——基本准则》第二章就对企业会计的信息质量进行了具体而详细的规定，它包括客观性、相关性、可理解性、可比性、实质重于形式、重要性、谨慎性和及时性 8 项基本要求。

1. 客观性

客观性是指会计核算应当以实际发生的经济业务为依据，如实反映企业的财务状况、经营成果和现金流量，要求企业提供的会计信息，应做到内容真实、数字准确、项目完整、手续齐备、资料可靠。客观性包含真实性、可靠性和完整性，它是对会计信息的基本质量要求。

2. 相关性

相关性要求企业提供的会计信息应当与财务报告使用者的经济决策需要相关，有助于财务报告使用者对企业过去、现在或者未来的情况做出评价或者预测。

会计核算的目标是向有关方面的会计信息的使用者提供对决策有用的信息。会计信息的使用者可以分为 3 类：一是国家宏观管理部门；二是企业投资人和债权人；三是企业内部职工和经营管理部门。会计信息的相关性就是指所提供的信息能满足这 3 类会计信息使用者决策的需要，并对其决策有用。企业要充分发挥会计信息的有用性，必须使自身提供的信息与会计信息使用者对信息的要求相协调。

3. 可理解性

可理解性要求企业提供的会计信息应当清晰明了，便于财务报告使用者理解和使用。企业编制财务会计报告的目标是向财务会计报告使用者提供与企业财务状况、经营成果和现金流量等有关的会计信息，反映企业管理层受托责任履行情况，以有助于财务会计报告使用者做出正确决策。这就要求财务报告所提供的会计信息应当清晰明了，易于理解。只有这样，才能提高会计信息的有用性，实现财务报告的目标，满足向使用者提供决策有用信息的要求。

4. 可比性

可比性要求企业提供的会计信息应当具有可比性，具体包括纵向可比性和横向可比性两个方面的要求。

（1）纵向可比性

所谓纵向，是指同一个企业的不同时期。为了便于企业管理者等财务信息的使用者了解企业财务状况和经营成果的变化趋势，比较企业在不同时期的财务报告信息，从而全面、客观地评价过去、预测未来，会计信息质量的可比性要求同一企业对于不同时期发生的相同或者相似的交易或者事项，应当采用一致的会计政策，不得随意变更。

（2）横向可比性

所谓横向，是指同一时期不同的企业之间。为了便于企业管理者等财务信息的使用者评价不同企业的财务状况、经营成果的水平及其变动情况，从而有助于财务信息的使用者做出科学合理的决策，会计信息质量的可比性还要求不同企业发生的相同或者相似的交易或者事项，应当采用规定的会计政策，确保会计信息口径一致、相互可比，即对于相同或相似的交易或者事项，不同企业应当采用一致的会计政策，以使不同企业按照一致的确认、计量和报告基础提供有关会计信息。

5. 实质重于形式

实质重于形式要求企业应当按照交易或者事项的经济实质进行会计确认、计量和报告，而不应当仅仅按照它们的法律形式作为会计核算的依据。

在实际工作中，交易或事项的外在法律形式并不能真实反映其实质内容。为了使会计信息真实反映企业财务状况和经营成果，企业就不能仅仅依据交易或事项的外在表现形式来进行核算，而要反映交易或事项的经济实质。若违背这一原则，就可能会出现误导会计信息使用者的决策。

6. 重要性

重要性要求企业在全面核算的前提下，对于在会计核算过程中的交易或事项，应当区别其重要程度，采用不同的方式核算。对于对资产、负债、损益等有较大影响，并进而影响财务会计报告使用者据以做出合理判断的重要会计事项，企业必须按照规定的会计方法和程序进行处理，并在财务会计报告中予以充分、准确地披露；对于次要的会计事项，企业在不影响会计信息真实性和不至于误导财务会计报告使用者做出正确判断的前提下，可适当简化处理。

7. 谨慎性

谨慎性原则亦称稳健性原则。该原则要求企业在进行会计核算时，不得多计资产或收益，少计负债或费用。

企业是在各种经济风险之中从事经营活动的，坚持谨慎性原则，有利于增强企业抗御风险的能力和竞争能力，可保障债权人的利益。

8. 及时性

及时性是指企业的会计核算应当及时进行，不得提前或延后。会计信息的价值在于帮助使用者做出经济决策，因此具有时效性。即使是可靠、相关的会计信息，如果不及时提供，也就失去了其时效性，从而对于使用者的效用就大大降低，甚至不再具有任何意义。

我国《会计法》规定，企业必须在每年的4月30日之前公布其上一年度财务报告，这就是会计信息具备及时性的体现。

2.2.2　会计要素及其确认

1. 会计要素的概念

企业财务会计的对象是企业的资金运动及其所形成的财务关系。为了具体地反映与监控这一内容，企业需要对会计对象进行分类。会计要素就是对会计对象的基本分类，是会计对象的具体化，是反映会计主体财务状况、经营成果的基本单位。会计要素，是指企业按照交易或者事项的经济特征所做的基本分类，分为反映企业财务状况的会计要素和反映企业经营成果的会计要素。它既是会计确认和计量的依据，也是确定财务报表结构和内容的基础。

《企业会计准则》把企业的会计要素划定为资产、负债、所有者权益、收入、费用和利润6项。会计要素的分类如图2-2所示。

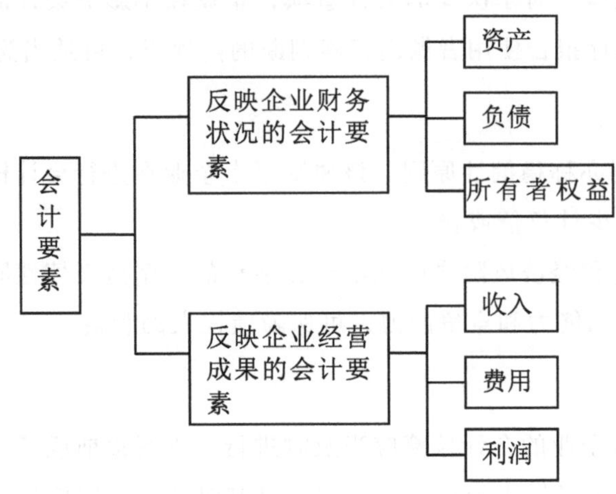

图 2–2　会计要素的分类

2. 资产

（1）资产的概念与特征

资产是指过去的交易或事项形成并由企业拥有或者控制的资源。该资源预期会给企业带来经济利益。它包括企业的各种财产、债权和其他权利等。资产的特征如图 2–3 所示。

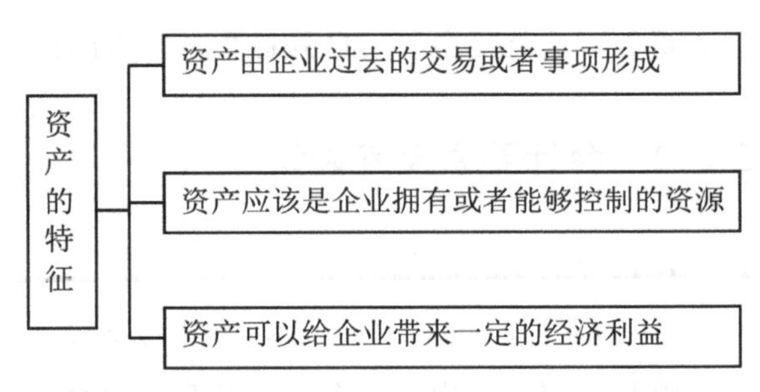

图 2–3　资产的特征

（2）确认资产的条件

一项资源能否确认为企业的资产，需要具备资产的特征，符合资产的定义，除此之外，还需要同时满足以下两个重要条件。

①在一般情况下，与该资源有关的经济利益可以流入企业。

根据资产的定义，能够带来经济利益是资产的一个本质特征，但是周围的环境处于不停息的变化之中，同一项资源，在正常的情况下，可以带来一定的经济利益，但确实也存在在某些特殊的情况下，已经确认为资产的资源不能给企业带来应有的经济利益。因此，资产的确认应当与经济利益流入的不确定性程度的判断结合起来，如果根据编制财务报表时所取得的证据，与该资源有关的经济利益很可能流入企业，那么企业就应当将其作为资产予以确认。

例如，企业购入一批粮食用于酿酒，在正常的情况下，企业可以用它酿制白酒，而销售白酒后，它就可以给企业带来一定的经济利益。当我们没有足够的信息可以证明这批粮食已不能给企业带来经济利益时，就应该按照一般的情况，将它确认为资产。反之，当发现这批粮食已经霉烂，企业判断其已无法带来预期的经济利益时，则表明该批粮食已经不符合资产的确认条件，企业应当对该项资产计提存货减值准备，减少资产的价值。

②该项资源的成本或者价值能够比较准确地计量。

因为会计是以货币为单位,通过数字对经济行为进行计量的一种管理行为，因此可计量性是确认所有会计要素的重要前提，资产的确认同样需要符合可计量性这一基本要求。只有当有关资源的成本或者价值能够可靠地计量时，资产才能予以确认。

企业在取得许多资产时一般都是发生了实际成本的。例如，企业购买或者生产的存货，企业购置的厂房或者设备等，对于这些资产，只要实际发生的生产成本能够可靠地计量的，企业就应视其符合资产的可计量性确认条件。

因此，关于资产的确认，除了应当符合定义外，上述两个条件缺一不可。

3. 负债

（1）负债的定义

负债，是指企业过去的交易或者事项形成的，预期会导致经济利益流出企业的现时义务。根据负债的定义，负债的特征如图2-4所示。

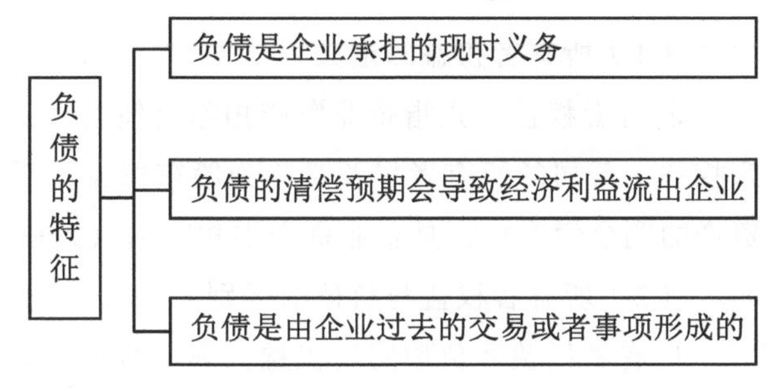

图2-4　负债的特征

（2）负债的确认条件

将一项现时义务确认为负债，其首先应当符合负债的定义。除此之外，该现时义务还需要同时满足以下两个条件。

①与该义务有关的经济利益很可能流出企业。

根据负债的定义，预期会导致经济利益流出企业是负债的一个本质特征。鉴于履行义务所需流出的经济利益带有不确定性，尤其是与推定义务相关的经济利益通常需要依赖于大量的估计，因此，负债的确认应当与对经济利益流出的不确定性程度的判断结合起来。如果根据编制财务报表时所取得的证据判断，与现时义务有关的经济利益很可能流出企业，那么企业就应当将其作为负债予以确认。

某公司对自己生产的电视机承诺5年内保修，技术人员依据以往的经验估计，约有5%左右的电视机将在5年的试用期内需要修理。由于此项承诺将带来企业未来经济利益的流出，所以企业就应当将其视为符合负债的确认条件。反之，如果该公司虽然承担了5年内保修的义务，但是根据以往的统计数据，出现修理的概率不足万分之一，该项承诺导致企业经济利益流出的可能性微乎其微，那么其就不符合负债的确认条件，即企业不应当将其作为负债予以确认。

②未来流出的经济利益的金额能够可靠地计量。

负债的确认也需要符合可计量性的要求，即对于未来流出的经济利益的金额应当能够比较准确地计量。对于与法定义务有关的经济利益流出金额，通常可以根据合同或者法律规定的金额予以确定。考虑到经济利益的流出一般发生在未来期间，有时未来期间的时间还很长。在这种情况下，有关金额的计量通常需要考虑货币时间价值等因素的影响。对于与推定义务有关的经济利益流出金额，通常需要较大程度的估计。为此，企业应当根据履行相关义务所需支出的最佳估计数进行估计，并综合考虑货币时间价值、风险等因素的影响。

4. 所有者权益

（1）所有者权益的定义

所有者权益，是指企业资产扣除负债后，由所有者享有的净资产，也叫剩余权益。公司的所有者权益又称为股东权益。所有者权益反映了所有者对企业资产的剩余索取权，是企业资产中扣除债权人权益后应由所有者享有的部分。

（2）所有者权益与负债的区别

所有者权益和负债同属权益，都是对企业资产的要求权。企业的资产总额等于负债总额加上所有者权益总额。可见，两者都能对企业的资产提出要求权。但是，所有者权益和负债之间仍然存在着明显的区别。两者的区别主要体现在3方面，如图2-5所示。

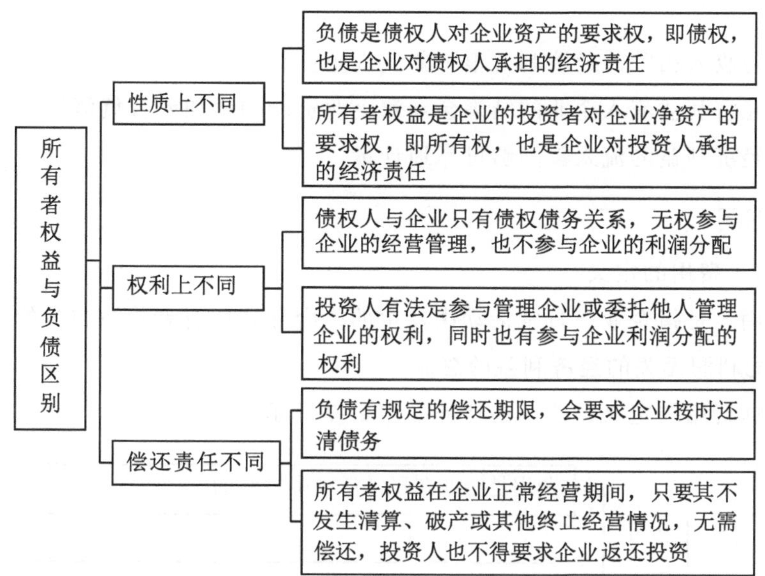

图 2-5　所有者权益与负债的区别

（3）所有者权益的确认条件

由于所有者权益体现的是所有者在企业中的剩余权益，因此，所有者权益的确认主要依赖于其他会计要素，尤其是资产和负债的确认；所有者权益金额的确定也主要取决于资产和负债的计量。例如，企业接受投资者投入的资产，在该资产符合企业资产确认条件时，也相应地符合了所有者权益的确认条件。

5. 收入

（1）收入的定义

收入，是指企业在日常活动中形成的，会导致所有者权益增加的，与所有者投入资本无关的经济利益的总流入。

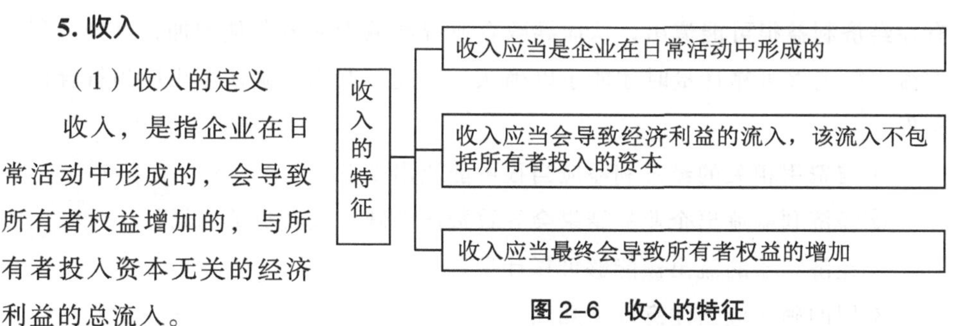

图 2-6　收入的特征

根据收入的定义，收入的特征如图 2-6 所示。

（2）收入的确认条件

收入的确认除了应当符合定义外，还应当满足严格的确认条件。收入只有在经济利益很可能流入，从而导致企业资产增加或者负债减少，且经济利益的流入额能够可靠计量时才能予以确认。因此，收入的确认至少应当同时符合下列条件。

①与收入相关的经济利益很可能流入企业。

②经济利益流入企业的结果会导致企业资产的增加或者负债的减少。

③经济利益的流入额能够可靠地计量。

6. 费用

（1）费用的定义

费用，是指企业在日常活动中发生的，会导致所有者权益减少的，与向所有者分配利润无关的经济利益的总流出。

根据费用的定义，费用的特征如图 2-7 所示。

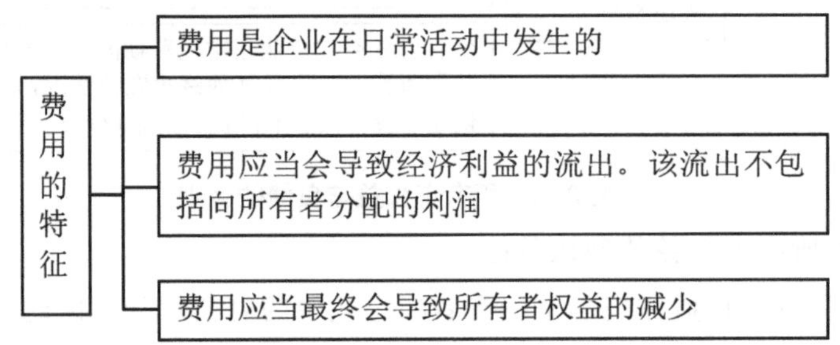

图 2-7　费用的特征

（2）费用的确认条件

费用的确认除了应当符合定义外，还应当满足严格的确认条件，即费用只有在经济利益很可能流出，从而导致企业资产减少或者负债增加，且经济利益的流出额能够可靠计量时才能予以确认。因此，费用的确认至少应当符合以下条件。

①与费用相关的经济利益应当很可能流出企业。

②经济利益流出企业的结果会导致资产的减少或者负债的增加。

③经济利益的流出额能够可靠计量。

费用的确认应当注意以下几点。

①对于为生产产品、提劳务等发生的可归属于产品成本、劳务成本等的费用，企业应当在确认产品销售收入、劳务收入等时，将已销售产品、已提供劳务的成本等计入当期损益。这些费用应当与企业实现的相关收入相配比，并在同一会计期间予以确认，计入利润表。

②企业发生的支出不产生经济利益的，或者即使能够产生经济利益但不符合或者不再符合资产确认条件的，应当在发生时确认为费用，计入当期损益。

7. 利润

（1）利润的定义

利润是指企业在一定会计期间的经营成果。利润为营业利润、投资净收益和营业外收支净额 3 个项目的总额减去所得税费用之后的余额。有些补贴收入也计入利润。

（2）利润的构成

营业利润是企业在销售商品、提供劳务等日常活动中所产生的利润，为主营业务利润和其他业务利润之和减去有关期间费用后的余额；投资净收益是投资收益与投资损失的差额；营业外收支是与企业的日常经营活动没有直接关系的各项收入和支出。其中，营业外收入项目主要有捐赠收入、固定资产盘盈、处置固定资产净收益、罚款收入等，营业外支出项目主要有固定资产盘亏、处置固定资产净损失等。

利润的确认是从属性的，一旦我们确认了收入及其相应的成本费用之后，也就意味着我们确认了该项经济行为的利润。

2.3　会计科目和会计账户

2.3.1　会计科目的概念

会计要素是对会计对象的基本分类，而仅这 6 项会计要素仍难以满足各有关方面对会计信息的需要。例如，所有者需要了解利润构成及其具体分配情况，了解负债及其构成情况；债权人需要了解流动比率、速动比率等有关指标，以评判其债权的安全情况；税务机关要了解企业欠交税金的详细情况等。为此，企业还必须对会计要素做进一步分类。这种对会计要素的具体内容进行分类核算的项目，称为会计科目。

2.3.2　会计明细科目的设置原则

会计科目作为反映会计要素的构成及其变化情况，为投资者、债权人、企

业经营管理者等提供会计信息的重要手段，其设置原则如图 2-8 所示。

1. 合法性原则

为了保证会计信息的可比性，所设置的会计科目应当符合国家统一的会计制度的规定。

2. 相关性原则

会计科目的设置，应为提供有关各方所需要的会计信息服务，满足对外报告与对内管理的要求。

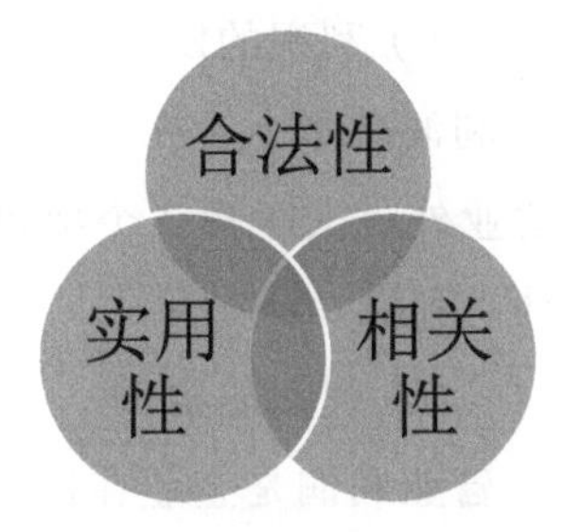

图 2-8　会计科目的设置原则

3. 实用性原则

企业的组织形式、所处行业、经营内容及业务种类等的不同，导致不同企业在会计科目的设置上亦有所区别。在合法性的基础上，企业应根据自身特点，设置符合企业需要的会计科目。

2.3.3　设置会计科目的方法

会计科目按其所提供的信息的详细程度及其统驭关系不同，又分为总分类会计科目和明细分类会计科目。前者是对会计要素具体内容进行总括分类、提供总括信息的会计科目。总分类会计科目和明细分类会计科目的举例如图 2-9 所示。

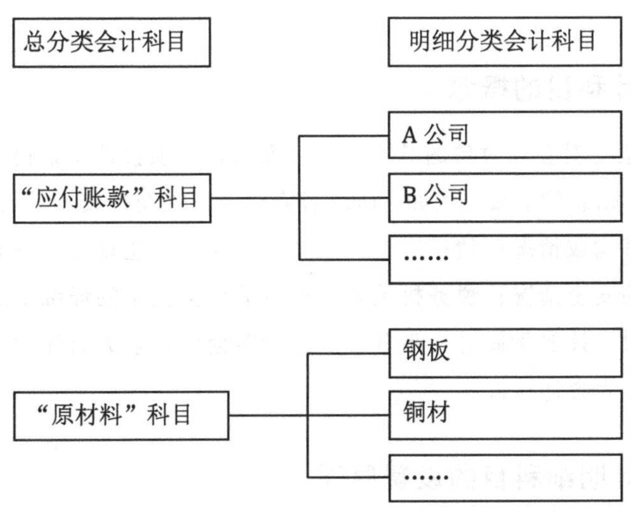

图 2-9　总分类会计科目和明细分类会计科目示例

2.3.4　会计账户的概念

会计科目只是对会计对象具体内容进行分类的项目或名称，还不能进行具体的会计核算。为了全面、序时、连续、系统地反映和监督会计要素的增减变动，还必须设置账户。账户是根据会计科目设置的，具有一定格式和结构，用于分类反映会计要素增减变动情况及其结果的载体。

设置账户是会计核算的重要方法之一。账户使原始数据转换为初始会计信息。企业通过账户可以对大量复杂的经济业务进行分类核算，从而提供不同性质和内容的会计信息。由于账户以会计科目为依据，因而某一账户的核算内容具有独立性和排他性，并在设置上要服从会计报表的编报要求。

同会计科目的分类相对应，账户也分为总分类账户和明细分类账户。根据总分类会计科目设置的账户称为总分类账户；根据明细会计科目设置的账户称为明细分类账户。根据会计科目的内容分类，账户可分为资产类账户、负债类账户、所有者权益类账户、成本类账户和损益类账户 5 类。

2.3.5　会计账户的基本结构

账户的基本结构从数量上看，发生经济业务所引起的会计要素变动，无非是增加和减少两个方面，因而账户也分为左方、右方两个方向，一方登记增加，另一方登记减少。至于哪一方登记增加，哪一方登记减少，取决于所记录的经济业务和账户的性质。登记本期增加的金额，称为本期增加发生额；登记本期减少的金额，称为本期减少发生额；增减相抵后的差额，称为余额，余额按照表示的时间不同，分为期初余额和期末余额，其基本关系如下：

（1）对于资产类科目

期末余额 = 期初余额 + 借方发生额 − 贷方发生额

（2）对于负债类科目

期末余额 = 期初余额 − 借方发生额 + 贷方发生额

2.4 记账法概述

记账法的演进经历了一个非常漫长的过程，先后产生过单式记账法和复式记账法。所谓单式记账法，是指对发生的各项经济业务，通常只在一个账户中进行单方面登记，而且基本上只记录现金的收付以及与他人的往来账项的记账方法。复式记账法是指对任何一项经济业务，都必须用相等的金额在两个或两个以上的有关账户中相互联系地进行登记，借以反映会计对象具体内容增减变化的一种记账方法。由于复式记账法具有科目对应，有利于查账，有利于发现错误等诸多优点，现在复式记账法已成为世界通用的一种记账方法。

2.4.1 复式记账法的理论基础——会计恒等式

会计恒等式是复式记账法的理论基础，也是资产负债表的理论基础。人们在学习复式记账法之前首先要理解会计恒等式，这样既有助于理解资产负债表、损益表的结构原理，也便于进行财务分析。

1. 关于资产的会计恒等式

公司开展经营活动，其资金来源无非包括两个方面：一是投资人投入；二是借债。这些形成了企业的资产，其中，来源于债权人的资金，形成了企业的负债；来源于投资人的资金，形成了企业的所有者权益。这种关系用公式表示如下：

（1）公司的全部资产 = 债权人借债 + 投资人投资

（2）资金占用 = 资金的来源

（3）资产 = 负债 + 所有者权益

以上公式反映了资产、负债、所有者权益之间的平衡关系，是资产负债表结构的精髓部分。

2. 关于利润的会计恒等式

企业目标就是获得利润，只有取得的收入抵销因获得这笔收入所花的费用还有剩余时，企业才算盈利。正因如此，我们可以推出一个关于利润的会计恒等式：

利润（或亏损）= 收入 － 费用

3. 综合会计恒等式

由于企业获得的利润，也是属于股东的，最终和原来投入的资产共同形成了更为扩大的所有者权益，用会计恒等式表示如下：

（1）资产 = 负债 + 所有者权益

（2）利润（或亏损）= 收入 － 费用

（3）年末资产 = 年初负债 + 年初所有者权益 + 本年利润（或减去亏损）= 年初负债 + 年初所有者权益 + 本年收入 – 本年费用

2.4.2　复式记账法的应用——借贷记账法

由于复式记账法将一笔经济业务在两个或两个以上的相关账户中进行记录，能够获得完整的信息资料，能够全面、系统地反映经济业务的来龙去脉，有利于试算平衡和检查账户记录的正确性，因此被世界各国广泛采用。

复式记账法包括几种具体的方法，有借贷记账方法、增减记账法、收付记账法等。其中，借贷记账法是世界各国普遍采用的一种记账方法。

借贷记账法是以“借”和“贷”二字作为记账符号，记录会计要素增减变动情况的一种复式记账法。借贷记账法主要有以下几点内容。

（1）以“借”和“贷”为记账符号

在借贷记账法下，由于以“借”和“贷”作为记账符号，人们在会计核算中长期以来习惯称账户的左方为借方，右方为贷方，“借”和“贷”是代表记账方向的一对记账符号，在不同性质的账户中表示不同的含义。

（2）以“有借必有贷，借贷必相等”为记账规则

当经济业务发生时，如何运用借贷记账法把每一项经济业务记入相互联系的两个或两个以上的账户？这需要遵循一定的记账规则：经济业务的发生一方面记入有关账户的借方，另一方面必须记入有关账户的贷方，而且所记借方的金额与贷方的金额必然相等。为此，可以把借贷记账法的记账规则概括为“有借必有贷，借贷必相等”。借贷记账法的这一记账规则，适用于每一项经济业务。

（3）账户的对应关系、对应账户及会计分录

按照借贷记账法的记账规则，企业登记每一项经济业务时，在有关账户之间就发生了应借、应贷的相互关系。这种反映经济业务相互联系的有关账户之间的依存关系，叫作账户的对应关系；存在对应关系的账户，叫作对应账户。通过账户的对应关系，我们可以了解经济业务的内容及其内在联系，同时，还

可以发现对经济业务的处理以及经济业务本身是否合理、合法。

2.4.3　运用借贷记账法编制会计分录

所谓会计分录，就是按反映一项经济业务的会计科目，以货币为计量单位，借助记账符号，分别记录其增加或减少数量变化的一种方法。会计分录应该包含三个要素：账户名称；借贷方向；记账金额。

会计分录可分为简单会计分录和复合会计分录。简单会计分录是由一个借方账户与一个贷方账户所组成的会计分录；复合会计分录是由一个借方账户与几个贷方账户或一个贷方账户与几个借方账户所组成的会计分录。

编制会计分录时，相关人员应该注意以下几点。

（1）每笔分录要用简明、规范的语言写明摘要，简要说明经济业务的内容，分录对于复核分录的错对，明确经济责任有着重要的意义。

（2）编制会计分录的时候，"借"和"贷"应该分行，将应借账户排在上面，应贷账户排在下面，并缩进一格或两格。

（3）账户的名称要写齐全，金额数字要写整齐、准确，上下笔分录的借方金额和贷方金额要分别对齐。

2.4.4　试算平衡

在借贷记账法下，由于对每一项经济业务都要用借贷相等的金额来记录，因此，全部账户的借方发生额和全部账户的贷方发生额必然相等，从而全部账户的借方余额与贷方余额也必然相等。由此形成账户之间的平衡关系，这种平衡关系可以表述为：

（1）发生额试算平衡

全部账户本期借方发生额合计＝全部账户本期贷方发生额合计

（2）余额试算平衡

全部账户借方余额合计＝全部账户贷方余额合计

由于余额有期初余额与期末余额之分，因此余额试算平衡也可以分写为：

全部账户期初借方余额合计＝全部账户期初贷方余额合计

全部账户期末借方余额合计＝全部账户期末贷方余额合计

通过试算平衡来检查账簿记录是否平衡并不是绝对的，如果借贷不平衡，就可以肯定账户的记录或者计算有错误。但是如果借贷平衡，却不能肯定记账没有错误，因为有些错误并不影响借贷双方平衡。如果在有关账户中重记或者漏记某些经济业务，或者将借贷方向弄反，就不能通过试算平衡发现错误了。

2.5　我国会计法律法规体系

会计工作应遵循一定的规范。自 1992 年以来，我国的会计核算法规经历了一系列深层次、全方位的改革。尤其是 2006 年以来，我国在多年摸索、试点的情况下，推出了《企业会计准则》。它使我国的会计核算标准逐步与国际惯例接轨。之后，我国针对《企业会计准则》的相关内容进行修订。时至今日，我国已经初步形成了以《会计法》为核心，以会计准则为主体的一个比较完整的会计核算法规体系，如图 2-10 所示。

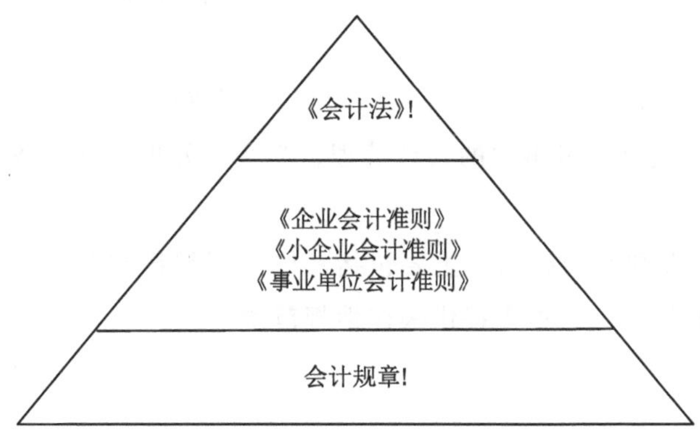

图 2-10　我国会计法律法规体系

2.5.1　会计法

《会计法》在我国的会计规范体系中处于最高层次，是其他会计规范制定的基本依据。《会计法》对我国会计工作的主要方面作出规定，涉及我国会计工作的各个领域。它用法律形式确定了会计工作的地位和作用，对我国会计管理的体制、会计核算和会计监督的对象及内容、会计机构、会计人员的职责和权限以及有关的法律责任做出了明确的规定。这些规定是我国进行会计工作的基本依据。

2.5.2 会计准则

会计准则也称会计标准，是制定会计核算制度和组织会计核算的基本规范。企业会计准则具体包括3个层次，如图2-11所示。

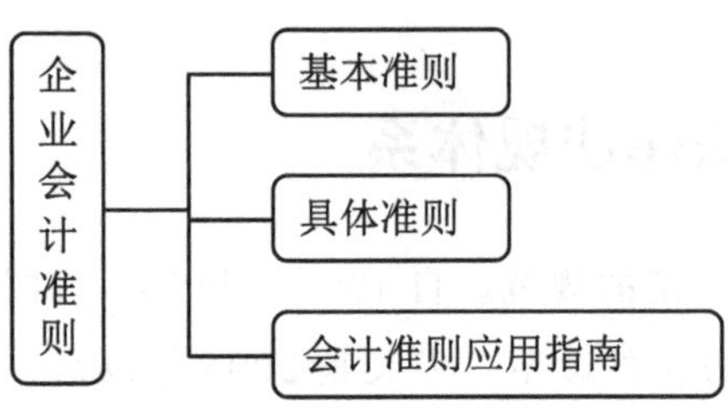

图2-11 企业会计准则的结构与层次

（1）基本准则，在整个准则体系中起统驭作用，主要规范会计目标、会计假设、会计信息质量要求、会计要素的确认、计量和报告原则等。基本准则的作用是指导具体准则的制定和为尚未有具体准则规范的会计实务问题提供处理原则。

（2）具体准则，包括存货、固定资产、无形资产等38项准则，主要规范企业发生的具体交易或者事项的会计处理，为企业处理会计实务问题提供具体而统一的标准。

（3）会计准则应用指南，主要包括具体准则解释和会计科目、主要账务处理等，为企业执行会计准则提供操作性规范说明。

第 3 章 会计凭证与会计账簿

本章导读

作为一名财务人员，可以说天天都要和凭证、账本打交道。会计的主要工作内容可以用“算账、记账、报账”来概括，而会计人员完成以上的工作内容主要是通过收集票证、编制记账凭证、登录会计账簿来实现的。本章将介绍会计凭证与会计账簿的基础知识和填制规则。

在本章的学习中，我们将解决以下问题。

（1）什么是会计凭证，包括哪些种类？

（2）会计凭证具有什么作用？

（3）会计凭证如何进行传递？

（4）会计凭证如何保管？

（5）什么是原始凭证？

（6）原始凭证包括哪些种类？

（7）如何填制原始凭证？

（8）什么是记账凭证？

（9）记账凭证包括哪些种类？

（10）如何填制记账凭证？

（11）什么是会计账簿？

（12）会计账簿包括哪些种类？

（13）如何填制会计账簿？

（14）怎样更正错账？

3.1 会计凭证的概念与种类

3.1.1 会计凭证的定义

会计凭证，简称凭证，是记录经济业务、明确经济责任并作为登记账簿依据的书面证明。会计凭证有许多种，除了购货发票单外，发出商品的发货单、材料入库的入库单等也均称为会计凭证。

会计凭证首先要由执行该项经济业务的有关人员进行填制或取得，然后由其交给有关部门进行审核，经过审核确认没有任何差错，再由审核人员签章后，才可以作为记账的依据。

3.1.2 会计凭证的作用

会计凭证的填制和审核作为会计核算的一项重要内容，在经济管理中有着十分重要的意义。如图3-1所示，会计凭证的作用主要表现在4个方面。

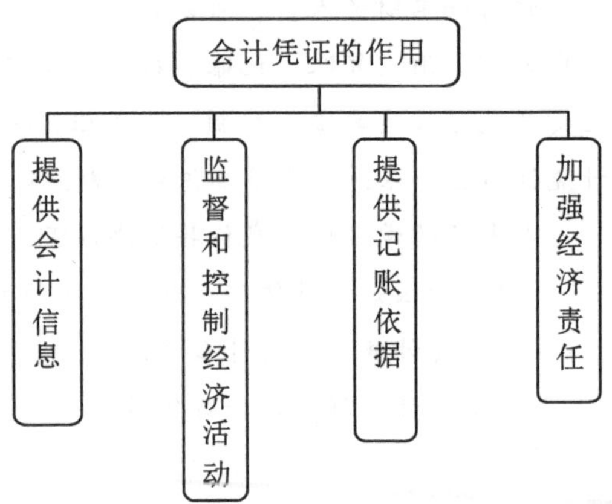

图3-1 会计凭证的作用

3.1.3 会计凭证的种类

企事业等单位所使用的会计凭证种类繁多，其用途、性质、格式等因业务需要而具有多样性。会计凭证按其填制程序和用途进行分类，可分为原始凭证和记账凭证两大类，如图3-2所示。

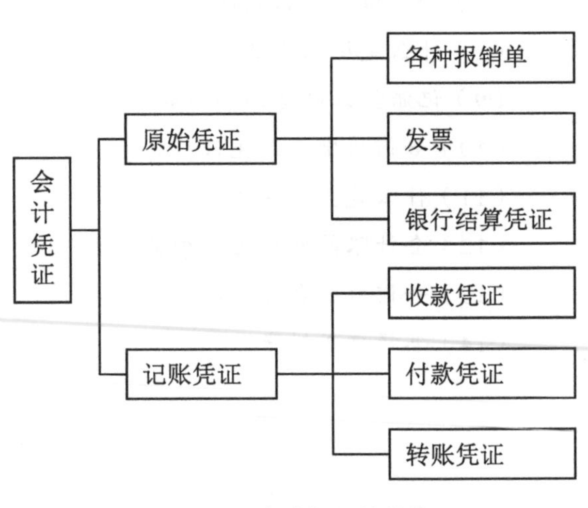

图3-2 会计凭证的种类

原始凭证是在经济业务发生或完成以后取得或填制的，用于明确经济责任，载明经济业务的具体内容和完成情况的书面证明，是进行会计核算的原始资料和重要依据。例如，各种报销单、发票、银行结算凭证等都是原始凭证。

记账凭证是指会计人员根据审核无误的原始凭证或原始凭证汇总表，按记账的要求归类整理而编制的会计凭证，是登记账簿的直接依据。如各种收款凭证、付款凭证、转账凭证等都属于记账凭证。

以下我们列举了一些会计凭证的常见格式。

费用报销单的基本格式如图 3-3 所示。

费　用　报　销　单

部门________　报销日期　　年　　月　　日　　　附件　　张

费　用　项　目	类　别	金　额	负责人（签章）	
			审 查 意 见	
			报销人（签章）	
报 销 金 额 合 计			￥________	
核实金额（大写）　拾　万　仟　佰　拾　元　角　分　￥________				
借款数		应退金额		应补金额

主管　　　　会计　　　　总务　　　　制表

图 3-3　费用报销单的基本格式

增值税专用发票的基本格式如图 3-4 所示。

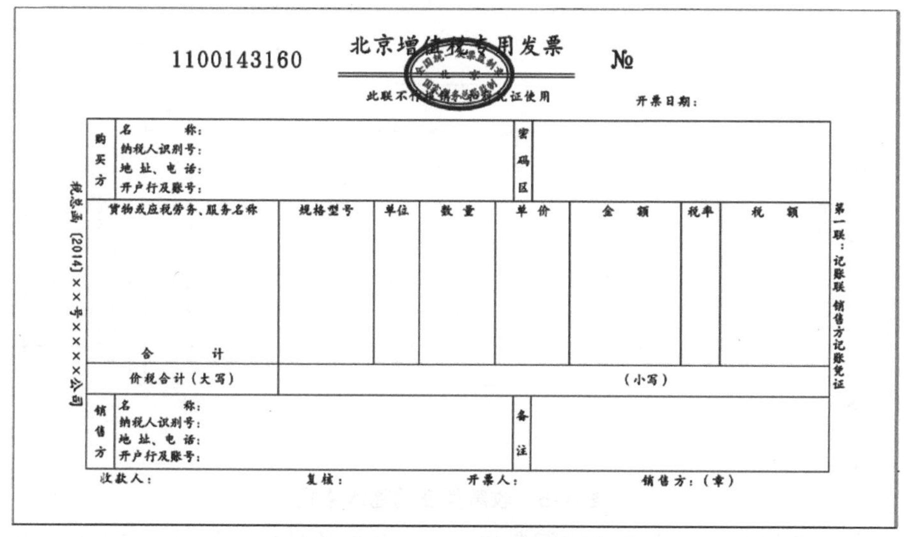

1100143160　　北京增值税专用发票　　№

此联不作报销、扣税凭证使用　　开票日期：

购买方	名　　称： 纳税人识别号： 地 址、电 话： 开户行及账号：				密码区			
货物或应税劳务、服务名称	规格型号	单位	数　量	单　价	金　额	税率	税　额	
合　　计								
价税合计（大写）					（小写）			
销售方	名　　称： 纳税人识别号： 地 址、电 话： 开户行及账号：				备注			

收款人：　　复核：　　开票人：　　销售方：（章）

税总函〔2014〕××号××××公司

第一联：记账联　销售方记账凭证

图 3-4　增值税专用发票的基本格式

银行结算凭证，是收付款双方及银行办理银行转账结算的书面凭证。它是银行结算的重要组成内容，也是银行办理款项划拨、收付款单位和银行进行会计核算的依据。

银行电汇凭证是银行结算凭证之一，其格式如图 3-5 所示。

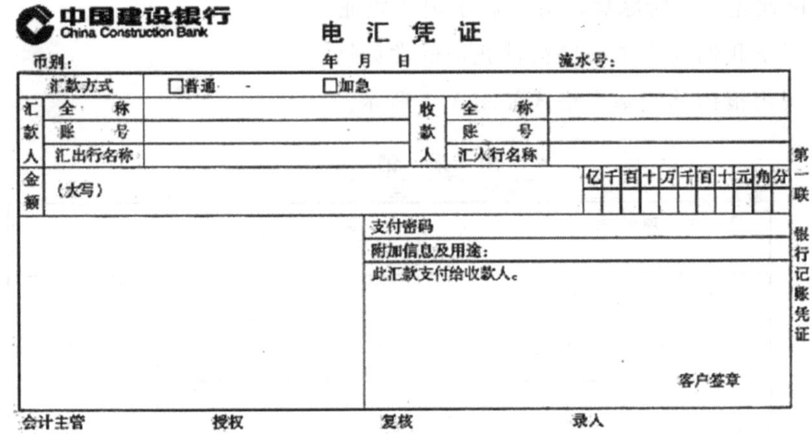

中国建设银行 China Construction Bank

电 汇 凭 证

币别：　　　　年　月　日　　　　流水号：

汇款方式		□普通	□加急		
汇款人	全称		收款人	全称	
	账号			账号	
	汇出行名称			汇入行名称	
金额	（大写）				亿 千 百 十 万 千 百 十 元 角 分
			支付密码		
			附加信息及用途：		
			此汇款支付给收款人。 客户签章		

会计主管　　授权　　复核　　录入

第一联 银行记账凭证

图 3-5　银行电子凭证的基本格式

收款凭证是指用来反映货币资金增加业务而编制的凭证。它是由出纳人员根据审核无误的原始凭证收款后填制的。收款凭证的基本格式如图 3-6 所示。

强林® QIANGLIN

收 款 凭 证

总号	
分号	

借方科目　　　　年　月　日　　　　附件　　张

摘要	应贷科目		过账	金额										
	一级科目	二级及明细科目		亿	千	百	十	万	千	百	十	元	角	分

上海强林纸品有限公司出品　货号:110-30

财会主管　　记账　　出纳　　复核　　制单

图 3-6　收款凭证的基本格式

付款凭证是根据现金和银行存款付出业务的原始凭证编制、专门用来填列付款业务会计分录的记账凭证。根据现金付出业务的原始凭证编制的付款凭证，称为现金付款凭证；根据银行存款付出业务的原始凭证编制的付款凭证，称为银行存款付款凭证。付款凭证既是登记现金日记账、银行存款日记账以及有关明细分类账、总分类账的依据，也是出纳员付出款项的依据。付款凭证的常见格式如图 3–7 所示。

强林®
QIANGLIN

付　款　凭　证

贷方科目：　　　　年　　月　　日　　　　凭证编号______

对方单位（或领款人）	摘　　要	借方科目		金　　额										记账签章
		总账科目	明细科目	千	百	十	万	千	百	十	元	角	分	
合　计　金　额														

强林纸品 1120-30　　附件　　张

会计主管　　稽核　　出纳　　制单　　领款人签章

图 3–7　付款凭证的常见格式

转账凭证是根据转账业务（即不涉及现金和银行存款收付的各项业务）的原始凭证填制或汇总原始凭证填制的，用于填列转账业务会计分录的记账凭证。转账凭证是登记有关明细账与总分类账的依据。转账凭证的基本格式如图 3–8 所示。

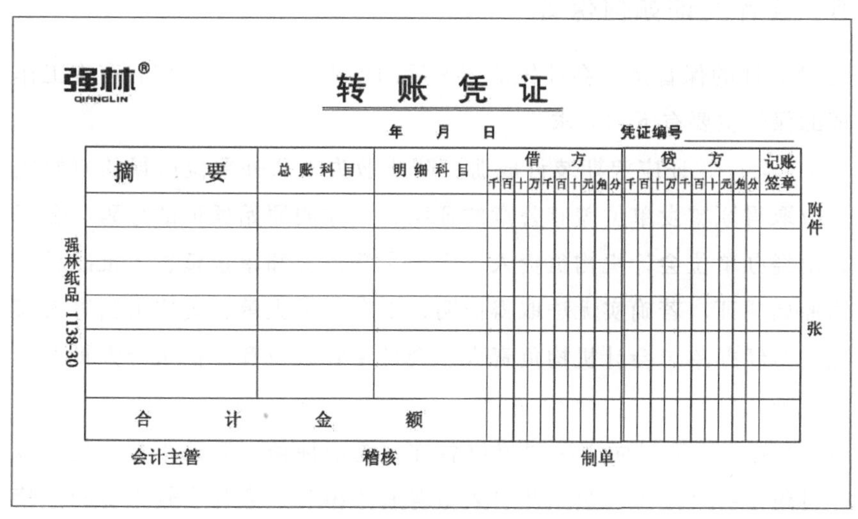

强林®
QIANGLIN

转　账　凭　证

年　　月　　日　　　　凭证编号______

摘　　要	总账科目	明细科目	借　方										贷　方										记账签章
			千	百	十	万	千	百	十	元	角	分	千	百	十	万	千	百	十	元	角	分	
合　计　金　额																							

强林纸品 1138-30　　附件　　张

会计主管　　稽核　　制单

图 3–8　转账凭证的基本格式

3.1.4 会计凭证如何传递

1. 会计凭证传递的作用

会计凭证的传递是指会计凭证从填制或取得时起到归档保管时止，在本单位内部各有关部门和人员之间的传递程序和传递时间。为了能够利用会计凭证，正确及时地反映各项经济业务，提供会计信息，发挥会计监督的作用，企业内各相关人员必须正确、及时地进行会计凭证的传递，不得积压。正确组织会计凭证的传递，对于及时处理和登记经济业务，明确经济责任，实行会计监督，具有重要作用。

2. 会计凭证如何传递

各种记账凭证所记载的经济业务内容不同，涉及的部门和人员不同，办理的经济业务手续也不尽一致。组织会计凭证传递，必须遵循内部牵制原则，力求做到及时反映、记录经济业务。会计凭证的传递应考虑以下基本要求。

（1）会计凭证的传递路线，既要保证会计凭证经过必要的环节，以便有关部门（工作人员）进行处理和审核，又要尽量减少不必要的重复，以加快传递速度和提高工作效率。

（2）会计凭证的传递要根据各个环节的工作内容和工作量，规定各种凭证在每个部门和业务环节停留的最长时间，以保证会计核算的及时性。

3.1.5 会计凭证如何保管

会计凭证的保管是指会计凭证记账后的整理、装订、归档和存查工作。会计凭证的保管主要有下列要求。

（1）会计凭证应定期装订成册，防止散失。从外单位取得的原始凭证遗失时，应取得原签发单位盖有公章的证明，并注明原始凭证的号码、金额、内容等，由经办单位会计机构负责人、会计主管人员和单位负责人批准后，才能代作为原始凭证。若确实无法取得证明，如车票丢失等，则应由当事人写明详细情况，由经办单位会计机构负责人、会计主管人员和单位负责人批准后，代作原始凭证。

（2）会计凭证封面应注明单位名称、凭证种类、凭证张数、起止号数、年度、月份、会计主管人员、装订人员等有关事项，会计主管人员和保管人员应在封面上签章。

（3）会计凭证应加贴封条，防止抽换凭证。原始凭证不得外借，其他单位如有特殊原因确实需要使用时，经本单位会计机构负责人、会计主管人员批准后，可以复印。向外单位提供的原始凭证复印件，应在专设的登记簿上登记，并由提供人员和收取人员共同签名、盖章。

（4）原始凭证较多时可单独装订，但应在凭证封面注明所属记账凭证的日期、编号和种类，同时在所属的记账凭证上注明“附件另订”及原始凭证的名称和编号，以便查阅。

（5）严格遵守会计凭证的保管期限要求，期满前不得任意销毁。

3.2　原始凭证的概念和种类

3.2.1　原始凭证的概念

原始凭证又称单据，是指在经济业务发生或完成时取得或填制的，用于记录或证明经济业务的发生或完成情况，明确经济责任的原始凭证。它是载明经济业务的具体内容和完成情况的书面证明，是进行会计核算的原始资料和重要依据。

原始凭证按照其取得来源可以分为外来原始凭证和自制原始凭证。外来原始凭证是在经济业务完成时从其他单位或个人取得的原始凭证，如向外单位购货时由供货单位开出的购货发票等。

自制原始凭证是由本企业经办业务人员在执行或完成某项经济业务时所填制的原始凭证，例如企业仓库保管人员在验收材料入库时所填制的“收料单”，领用材料所填制的“领料单”以及开给其他单位或个人发票的副联，企业发放工资编写的“工资单”等。

3.2.2　原始凭证的填制方法

原始凭证填制的依据和方法也有所差别，大体上可有以下两种情况：第一种是根据经济业务的执行完成情况直接填制的；第二种是在经济业务完成之后，根据账簿记录对某项经济业务加以归类、整理而重新编制的。

3.2.3 原始凭证的基本填制要求

原始凭证是具有法律效力的证明文件，是进行会计核算的依据，必须认真填制。为了保证原始凭证能够正确地、及时地、清晰地反映各项经济业务的真实情况，它的填制必须符合图 3-9 所示的基本要求。

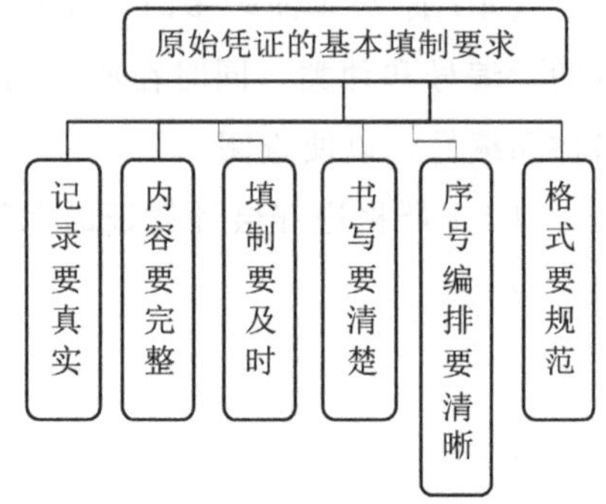

图 3-9　原始凭证的基本填制要求

3.3 记账凭证的概念和种类

3.3.1 记账凭证的概念

记账凭证，又称记账凭单或分录凭证，是会计人员根据审核无误的原始凭证按照经济业务的内容加以归类，并据以确定会计分录后所填制的会计凭证。它是登记会计账簿的直接依据。如各种收款凭证、付款凭证、转账凭证等都属于记账凭证。

3.3.2 记账凭证的种类

记账凭证的分类方法主要有以下两种：按照所反映的经济业务内容的不同，可分为收款凭证、付款凭证和转账凭证；按照填制方法的不同，可分为复式记账凭证和单式记账凭证。具体的分类情况如图 3-10 所示。

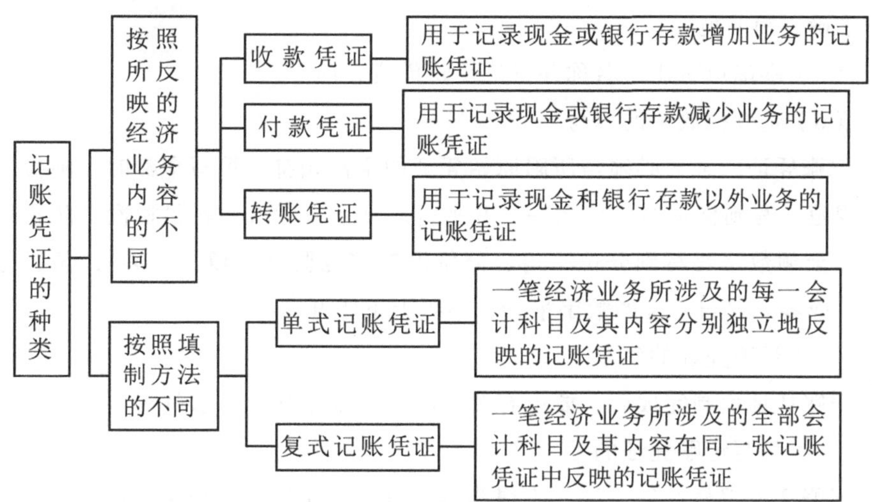

图 3–10　记账凭证的种类

3.3.3　记账凭证的填制要求

填制记账凭证是会计核算的重要环节，填制正确与否，关系到记账的真实性。会计人员填制记账凭证时，必须满足下列要求。

（1）确定采用何种记账凭证

首先，应确定采用哪种格式的记账凭证。若企业规模大、收付款业务多，宜选择采用专用凭证；若企业规模小、业务少，宜选择采用通用记账凭证。其次，若选择采用专用凭证，则在按照原始凭证填制记账凭证时，还要具体确定填制收、付、转哪一种专用凭证。

（2）必须根据审核无误的原始凭证填制记账凭证

记账凭证可以根据一张或若干张反映同一经济业务的原始凭证填制，也可以把若干张同类经济业务的原始凭证进行汇总，根据汇总表填制。对于调整、结账、会计记录以及更正错账，一般没有原始凭证，但填制记账凭证时要做较为具体的说明或附有自制的计算单。

（3）填写记账凭证的日期

填写日期一般是会计人员填制记账凭证的当天日期，也可以根据管理需要，填制经济业务发生的日期或月末日期。

（4）填好摘要

摘要一栏，是填写该记账凭证反映的经济业务内容的。填写的基本要求是真实准确，简明扼要。

（5）准确填写账户名称并正确反映借贷方向

（6）金额栏数字的填写

记账凭证的金额必须与所附原始凭证的金额相符。填写金额时，阿拉伯数字要规范，写到格宽的二分之一，并平行对准借贷栏次和科目栏次，防止错栏串行。金额数字要写到分位，角、分位没数字也要分别填上“0”，角、分位的数字或零，要与元位的数字平行，不得上下错开。

（7）记账凭证的签章

记账凭证填制完成后，要由有关人员签名或盖章，以示负责。

（8）填写记账凭证的编号

记账凭证编号必须连续，不得跳号、重号。在具体编号时，可采用统一编号和分类编号两种方法。统一编号较适用通用凭证，即将全部凭证作为一类统一编号。分类编号较适用专用凭证，它又分为两种方式，一是分别现金收付、银行存款收付和转账业务 3 类，分别起头，连续编号；二是分别现金收入、现金付出、银行存款收入、银行存款付出和转账业务 5 类，分别起头，连续编号。

如果一笔经济业务需要填制两张以上复式记账凭证，可采用“分数编号法”编号。如第 15 号记账凭证的经济业务需填制 3 张记账凭证，可编“转字第 15-1/3 号”“转字第 15-2/3 号”和“转字第 15-3/3 号”。

（9）过账符号栏

过账符号栏是在根据该记账凭证登记有关账簿以后，在该栏注明所记账簿的页数后画“√”，表示已登记入账，避免重记、漏记。在没有登账之前，该栏没有记录。

3.3.4 记账凭证的审核

记账凭证是登记账簿的直接依据，为了保证账簿记录的正确性，以及整个会计信息的质量，记账前必须由专人对已编制的记账凭证进行认真、严格的审核。审核的内容如图 3-11 所示。

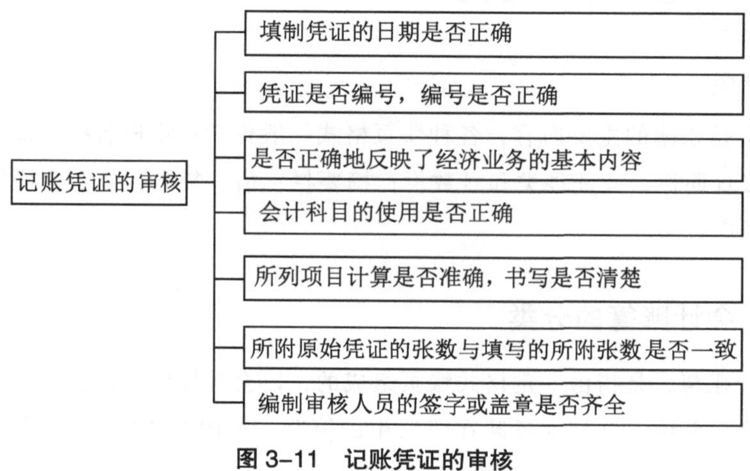

图 3-11　记账凭证的审核

3.4　会计账簿的概念和种类

3.4.1　会计账簿的概念

会计账簿，简称账簿，是由具有一定格式、互有联系的若干账页组成的，以会计凭证为依据，以全面、系统、序时、分类记录各项经济业务的簿籍。

虽然账簿有很多种类，所记录的经济内容也不尽相同，账簿的格式又多种多样，但各种账簿具备的一些基本要素是一致的。这些基本要素主要包括以下 3 项内容。

1. 封面

封面主要标明账簿名称，如总分类账、材料物资明细账、债权债务明细账等。

2. 扉页

扉页主要列明科目索引及账簿使用登记表，一般将科目索引列于账簿最前面，将账簿使用登记表列于账簿最后面。活页账、卡片账装订成册后，填列账

簿使用登记表。

3. 账页

账页是账簿的主要内容，各种账页格式一般包括：账户名称，或称会计科目；登账日期栏；凭证种类和号数栏；摘要栏；借、贷方金额及余额栏；总页次和分账户页次。

3.4.2 会计账簿的分类

会计账簿，是指由一定格式账页组成的，以会计凭证为根据，对各项经济业务连续、系统、全面地反映在账册中的簿籍。如图3–12所示，会计账簿主要3种分类方法。

日记账是按照经济业务的发生或完成时间的先后顺序逐日逐笔登记的账簿。企业设置日记账的目的是将经济业务按时间顺序清晰地反映在账簿记录中。日记账可以用来核算和监督某一类型经济业务或全部经济业务的发生或完成情况，其中，用来记录全部经济业务的日记账称为普通日记账；用来记录某一类型经济业务的日记账称为特种日记账。日记账，应当根据办理完毕的收、付款凭证，随时按顺序逐笔登记，最少每天登记一次。现金日记账的基本格式如图3–13所示。

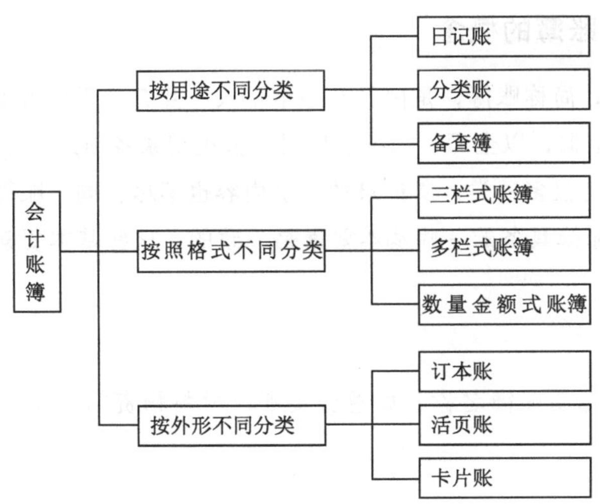

图3–12 会计账簿的分类

现 金 日 记 账

2010年		凭证		对方科目	摘要	借方	√	贷方	√	余额
月	日	字	号			十亿千百十万千百十元角分		十亿千百十万千百十元角分		十亿千百十万千百十元角分
					上年结转					880000
1	4			银行存款	提备用金	100000				890000
1	5			应付职工薪酬	发上月工资			798145		91785
1	10			管理费用	王涛报业务招待费			20000		89785
1	13			银行存款	提备用金	200000				1097855
1	21			管理费用	张逆行报001车辆费			389736		708119
1	31			销售费用	李永通报业务电话费			20500		687619
					本月合计	300000		53000		687619
					本年累计	300000		53000		687619
2	4			主营业务收入	销售收入	57899988				58587607
2	4			银行存款	存入银行			58000000		587607
					本月合计	57899988		58000000		587607
					本年累计	58199988		66412381		587607
3	1			银行存款	提备用金	8000000				8587607
3	1			应付职工薪酬	发上月工资			7987612		599995
3	28			管理费用	办公用品			66613		533382
					本月合计	8000000		8054225		533382
					本年累计	66199988		74466606		533382
4	27			银行存款	提备用金	78966				612348
4	28			其他应收款	武顺风借差费			200000		412348
					过 次 页	78966		200000		412348
					承 前 页	78966		200000		412348
					本月合计	78966		200000		412348
					本年累计	66278954		74666606		412348

图 3-13　现金日记账的基本格式

分类账是根据会计凭证或日记账，分别各个账户登记经济业务的账簿。按总分类账户登记的账簿，称为“总分类账”；按明细分类账户登记的账簿，称为“明细分类账”。

总分类账是指根据总分类科目开设，按照总分类科目设置，按公允货币计量单位进行登记，用来登记全部经济业务，进行总分类核算，提供总括核算资料的账簿。总分类账所提供的核算资料，是编制会计报表的主要依据，任何单位都必须设置总分类账。总分类账的基本格式如图 3-14 所示。

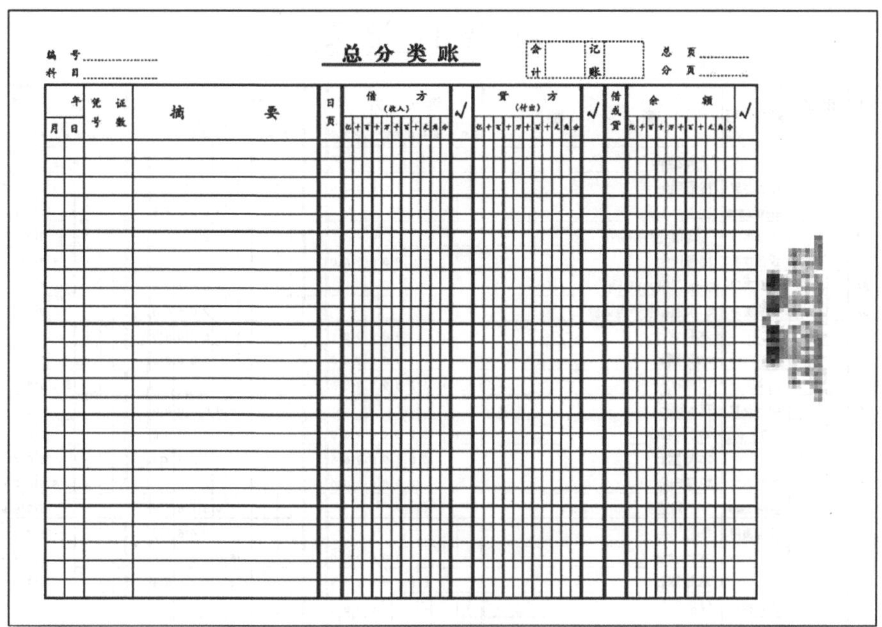

编号……………… 科目………………

总分类账

会计 | 记账 | 总页……………… 分页………………

年		凭证号数	摘要	日页	借方（收入）	√	贷方（付出）	√	借或贷	余额	√
月	日				亿千百十万千百十元角分		亿千百十万千百十元角分			亿千百十万千百十元角分	

图 3-14　总分类账的基本格式

明细分类账，是指按照明细分类账户进行分类登记的账簿，是根据单位开展经济管理的需要对经济业务的详细内容进行的核算，是对总分类账进行的补充反映。明细分类账的基本格式如图 3-15 所示。

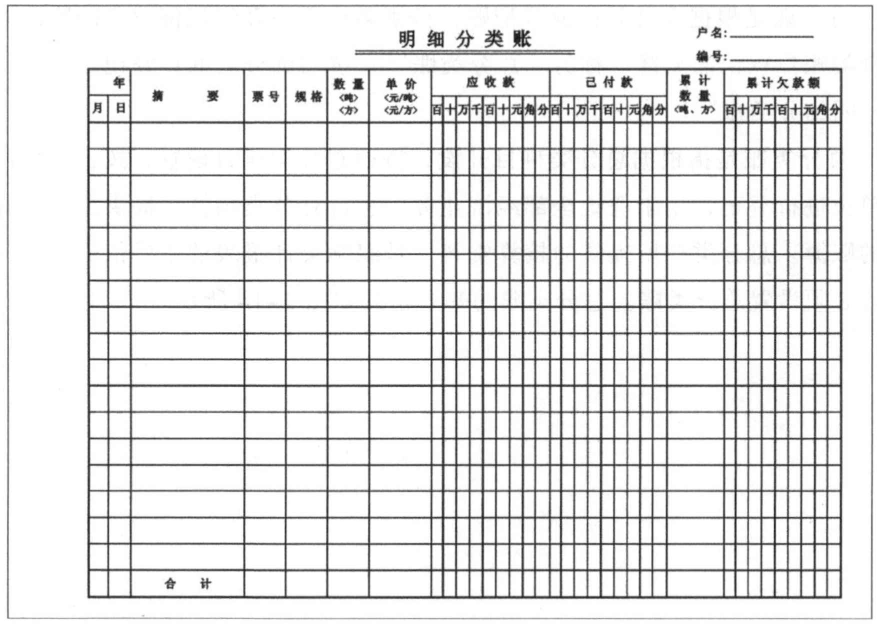

明细分类账

户名：__________ 编号：__________

年		摘要	票号	规格	数量（吨）（方）	单价（元/吨）（元/方）	应收款	已付款	累计数量（吨、方）	累计欠款额
月	日						百十万千百十元角分	百十万千百十元角分		百十万千百十元角分
		合计								

图 3-15　明细分类账的基本格式

三栏式账簿是设有借方、贷方和余额三个基本栏目的账簿。各种日记账、总分类账以及资本、债权、债务明细账都可采用三栏式账簿。三栏式账簿格式如图 3-13、图 3-14、图 3-15 所示。

多栏式账簿是在账簿的两个基本栏目“借方”和“贷方”中，按需要分设若干专栏的账簿。多栏式账簿的基本格式如图 3-16 所示。

分页：1　总页：2

原材料明细账

一级科目：销售费用
级科目：

2010年		凭证号数	摘要	广告费	展览费	工资	五险一金	差旅费	运费	合计		
月	日			十万千百十元角分	十万千百十元角分	十万千百十元角分	十万千百十元角分	十万千百十元角分	十万千百十元角分	十万千百十元角分	十万千百十元角分	十万千百十元角分
1	5	015	支付广告费	2000000						2000000		
	8	028	支付展览费		300000					300000		
	31	131	计提销售人员工资及其他费用			1732800	376405			2109205		
	31	132	结转费用类账户	2000000	300000	1732800	376405			4409205		
2	12	042	赵新报销差旅费					260000		260000		
	28	128	计提销售人员工资及其他费用			1732800	376405			2109205		
	28	129	结转费用类账户			1732800	376405	260000		2369205		
3	13	063	支付运费						5000000	5000000		
	31	131	计提销售人员工资及其他费用			1732800	376405			2109205		
	31	132	结转费用类账户			1732800	376405		5000000	7109205		
4	20	080	支付展览费		500000					500000		
	30	130	计提销售人员工资及其他费用			1732800	376405			2109205		
	30	131	结转费用类账户		500000	1732800	376405			2609205		
5	15	065	李敏报销差旅费					96000		96000		
	31	131	计提销售人员工资及其他费用			1732800	376405			2109205		
	31	132	结转费用类账户			1732800	376405	96000		2205205		
6	8	028	支付广告费	1000000						1000000		
	30	130	计提销售人员工资及其他费用			1732800	376405			2109205		
	30	131	结转费用类账户	1000000		1732800	376405			3109205		
7	21	091	支付运费						31000000	31000000		
			过次页							31000000		

图 3-16　多栏式账簿的基本格式

数量金额式账簿的借方、贷方和余额 3 个栏目内，都分设数量、单价和金额 3 个小栏，以反映财产物资的实物数量和价值量。它是指采用数量和金额双重记录的账簿。原材料账户、库存商品账户和固定资产账户等一般采用数量金额式格式。数量金额式账簿的基本格式如图 3-17 所示。

原材料明细账

本账页数	
本户页数	

年		凭证		摘要	借方			贷方			借或贷	结存		
月	日	种类	号数		数量	单价	百十万千百十元角分	数量	单价	百十万千百十元角分		数量	单价	百十万千百十元角分

图 3-17　数量金额式账簿的基本格式

3.4.3 设置和登记账簿的作用

设置和登记账簿，是编制会计报表的基础，是连接会计凭证与会计报表的中间环节，其在会计核算中具有的重要作用如图 3-18 所示。

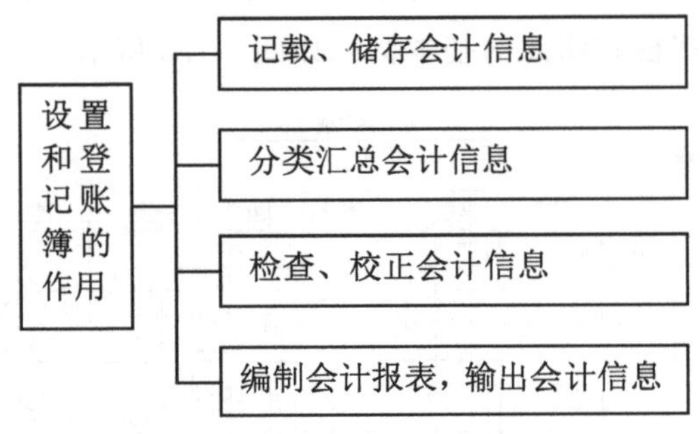

图 3-18　设置和登记账簿的作用

3.4.4 账簿的启用规则

账簿是储存数据资料的重要会计档案，登记账簿要由专人负责。为了保证账簿记录的严肃性和合法性，明确记账责任，保证资料完整，相关人员在账簿启用时，应在“账簿启用和经管人员一览表”中详细记载单位名称、账簿编号、账簿册数、账簿页数、启用日期、加盖单位公章、经管人员（包括企业负责人、主管会计、复核和记账人员等），且均应登记姓名并加盖印章。

启用订本式账簿时，对于未印制顺序号的账簿，相关人员应从第一页到最后一页顺序编定页数，不得跳页、缺页。使用活页式账簿，相关人员应按账页顺序编号，并须定期装订成册，装订后再按实际使用的账页顺序编定页数，另加目录，记明每个账户的名称和页次。

3.4.5 账簿的登记规则

会计人员应根据审核无误的会计凭证及时地登记会计账簿。对于总账要按照各单位所选用的会计核算组织形式来确定登账的具体时间，而对于各种明细账，要根据原始凭证、原始凭证汇总表和记账凭证每天进行登记，也可以定期（3 天或 5 天）登记。会计人员登记账簿，一般应满足以下要求。

（1）登记账簿必须用蓝黑色墨水钢笔书写，不许用铅笔或圆珠笔记账。这是因为，各种账簿归档保管时间一般都在 1 年以上，有些关系到重要经济资料的账簿，则要长期保管，因此要求账簿记录保持清晰、耐久，以便长期查核使用，防止涂改。

（2）登记会计账簿时，应当将会计凭证的日期、编号、业务内容摘要、金额和其他有关资料逐项记入账内。登记完毕后，记账人员要在记账凭证上签字或盖章，并注明已经登账的标记（如打√等），表示已经登记入账，以避免重记或漏记。

（3）各种账簿应按账户页次顺序连续登记，不得跳行、隔页。如果发生跳行、隔页现象，则会计人员应在空行、空页处用红色墨水划对角线注销，注明“此页空白”或“此行空白”字样，并由记账人员签章。

（4）账簿中书写的文字或数字不能顶格书写，一般只应占格距的二分之一，以便留有改错的空间。

（5）记账除结账、改错、冲销记录外，不能用红色墨水。因为在会计工作中，红色数字表示对蓝色数字的冲销、冲减或表示负数。

（6）对于登错的记录，不得刮擦、挖补、涂改或用药水消除字迹等手段更正错误，也不允许重抄。会计人员应按照正确的错账更正规则进行更正。

（7）在各账户一张账页登记完毕结转下页时，会计人员应当结出本页合计数和余额，写在本页最后一行和下页第一行有关栏内，并在本页最后一行的“摘要”栏内注明“转次页”字样，在下一页第一行的“摘要”栏内注明“承前页”字样。对“转次页”的本页合计数的计算，一般分以下 3 种情况：

①需要结出本月发生额的账户，结计“转次页”的本页合计数应当为自本月初起至本页末止的发生额合计数，如采用“账结法”下的各损益类账户；

②需要结计本年累计发生额的账户，结计“转次页”的本页合计数应当为自年初起至本页末止的累计数，如“本年利润”账户和采用“表结法”下的各损益类账户；

③既不需要结计本月发生额也不需要结计本年累积发生额的账户，可以只将每页末的余额结转次页，如债权、债务结算类账户、“实收资本”等资本类账户和“原材料”等财产物资类账户。

3.4.6　错账的更正规则

在根据审核后的原始凭证和记账凭证进行账簿记录的过程中，由于种种原因，不可避免地会发生各种各样的错误。在通过以上方法查找出错账时，为了防止非法改账，应按规定的方法进行更正。更正错账的方法主要有以下 3 种。

1. 划线更正法

划线更正法又称红线更正法，在每月结账前，发现账簿记录中的文字或数字有错误，而其所依据的记账凭证没有错误，即纯属记账时笔误或计算错误时，会计人员应采用划线更正法进行更正。

划线更正法的具体操作方法是：将错误的文字或数字用一条红色横线予以注销，但必须使原有文字或数字清晰可认，以备查阅；然后，在划线文字或数字的上方用蓝字或黑字将正确的文字或数字填写在同一行的上方位置，并由更正人员在更正处签章，以明确责任。

采用这种方法更正错账时应注意：对于文字差错，只划去错误的文字，并相应地予以更正，而不必将全部文字划去；对于数字差错，应将错误的数额全部划去，而不能只划去错误数额中的个别数字。例如，将“1 354”误记为“1 345”，应在“1 345”上划一条红线，然后在“1 345”的上方填写正确的数字“1 354”而不能只划其中的“45”。

2. 红字更正法

红字更正法又称红字冲销法，它是用红字冲销原有记录后再予以更正的方法，主要适用于以下两种情况。

（1）根据记账凭证记账以后，发现记账凭证中的应借、应贷会计科目或记账方向有错误，而账簿记录与记账凭证相吻合。其更正的方法是：首先用红字金额填制一张与原错误记账凭证内容完全一致的记账凭证，并据以用红字登记入账，以冲销原错误记录；然后，用蓝字填制一张正确的记账凭证，并据以用蓝字登记入账。

（2）根据记账凭证记账以后，发现记账凭证中应借、应贷会计科目和记账方向都正确，只是所记金额大于应记金额并据以登记账簿。其更正的方法是：将多记的金额用红字填制一张与原错误记账凭证的会计科目、记账方向相同的记账凭证，并据以用红字登记入账，以冲销多记金额，求得正确的金额。

采用红字更正法更正金额多记错误记录时应注意：不得以蓝字金额填制与原错误记账凭证记账方向相反的记账凭证去冲销原错误记录或错误金额，因为蓝字记账凭证反方向记录的会计分录反映某类经济业务，而不能反映更正错账的内容。例如，借记“库存现金”，贷记“其他应收款”，如用蓝字填制，则反映的是企业收取某职工的欠款的业务，并不反映对错误账簿记录的更正内容，而这样的业务在企业也是经常发生的。因此，这类情况必须采用红字更正法予以更正。

3. 补充登记法

补充登记法也称蓝字补记法。这种方法主要适用于：根据记账凭证记账以后，发现记账凭证中应借、应贷会计科目和记账方向都正确，只是所记金额小于应记金额并据以记账。

出现以上错误情况时，会计人员应采用补充登记法予以更正，操作方法是：将少记金额用蓝字填制一张与原错误记账凭证科目名称和方向一致的记账凭证，并用蓝字据以登记入账，以补足少记的金额。

第4章 资产类科目的设置与账务处理

本章导读

资产是企业经营管理的“生命线”，决定着企业经营发展的绩效以及方向。资产的运营管理也是企业最重要的工作之一。会计人员只有对掌握企业命脉的资产做到心中有数，并准确无误的予以账簿体现才能为企业的长远发展添砖加瓦。本章我们将学习以下几个方面的知识：

（1）库存现金等资产类科目的定义。

（2）库存现金等资产类科目的适用范围。

（3）库存现金等资产类科目明细科目的设置方法。

（4）库存现金等资产类科目在实务中的具体业务操作。

4.1 库存现金

4.1.1 什么是库存现金

库存现金是指通常存放于企业财会部门、由出纳人员经管的货币，即与会计核算中“库存现金”科目所包括的内容一致，是企业流动性最强的资产，企业应当严格遵守国家有关现金管理制度，正确进行现金收支的核算，监督现金使用的合法性与合理性。

4.1.2　如何使用“库存现金”科目

本科目核算企业的库存现金。企业有内部周转使用备用金的，可以单独设置“备用金”科目。

企业增加库存现金，借记本科目，贷记“银行存款”等科目；减少库存现金做相反的会计分录。

企业应当设置“现金日记账”，根据收付款凭证，按照业务发生顺序逐笔登记。每日终了，会计人员应当计算当日的现金收入合计额、现金支出合计额和结余额，将结余额与实际库存额核对，做到账款相符。

本科目期末借方余额，反映企业持有的库存现金。

4.1.3　如何设置明细科目

“库存现金”科目的明细科目设置如表 4-1 所示。

表 4-1　1001 库存现金

顺序号	编号	会计科目名称	二级科目名称	三级科目名称
一、资产类				
	1001	库存现金		
	1001 01	库存现金	人民币	
	1001 02	库存现金	外币	
	1001 02 01	库存现金	外币	美元
	1001 02 02	库存现金	外币	欧元
	1001 02 03	库存现金	外币	日元
	1001 02 04	库存现金	外币	其他

4.1.4　库存现金如何管理

根据《现金管理暂行条例》的规定，现金管理制度主要包括以下内容。

1. 现金的使用范围

企业可用现金支付的款项有：

（1）职工工资、津贴；

（2）个人劳务报酬；

（3）根据国家规定颁发给个人的科学技术、文化艺术、体育等各种奖金；

（4）各种劳保、福利费用以及国家规定的对个人的其他支出；

（5）向个人收购农副产品和其他物资的价款；

（6）出差人员必须随身携带的差旅费；

（7）结算起点以下的零星支出；

（8）中国人民银行确定需要支付现金的其他支出。

除上述情况可以用现金支付外，其他款项的支付应通过银行转账结算。

2. 现金的限额

现金的限额是指为了保证企业日常零星开支的需要，允许单位留存现金的最高数额。这一限额由开户行根据单位的实际需要核定，一般按照单位3～5天日常零星开支所需确定。边远地区和交通不便地区的开户单位的库存现金限额，可按多于5天但不得超过15天的日常零星开支的需要确定。经核定的库存现金限额，开户单位必须严格遵守，超过部分应于当日终了前存入银行。需要增加或者减少库存现金限额的，应当向开户银行提出申请，由开户银行核定。

3. 现金收支的规定

开户单位现金收支应当依照下列规定办理。

（1）开户单位现金收入应当于当日送存开户银行，当日送存确有困难的，由开户银行确定送存时间。

（2）开户单位支付现金，可以从本单位库存现金限额中支付或从开户银行提取，不得从本单位的现金收入中直接支付，即不得“坐支”现金；因特殊情况需要坐支现金的，应当事先报经有关部门审查批准，并在核定的坐支范围和限额内进行，同时，收支的现金必须入账。

（3）开户单位从开户银行提取现金时，应如实写明提取现金的用途，由本单位财会部门负责人签字盖章，并经开户银行审查批准后予以支付。

（4）因采购地点不确定、交通不便、抢险救灾以及其他特殊情况必须使用现金的单位，应向开户银行提出书面申请，由本单位财会部门负责人签字盖章，并经开户银行审查批准后予以支付。

此外，不准用不符合国家统一的会计制度的凭证顶替库存现金，即不得“白条顶库”；不准谎报用途套取现金；不准用银行账户代替其他单位和个人存入或支取现金；不准用单位收入的现金以个人名义存入储蓄；不准保留账外公款，即不得“公款私存”；不得设置“小金库”等。银行对于违反上述规定的单位，将按照违规金额的一定比例予以处罚。

4.1.5　会计处理分录与案例解析

业务 1：从银行提取现金或将现金存入银行

（1）企业从银行提取现金时，应根据支票存根所记载的提取金额，借记“库存现金”科目，贷记“银行存款”科目。

会计分录：

借：库存现金

　　贷：银行存款

* 案例解析

【例 4-1】2×15 年 3 月 12 日，甲公司因业务发展需要，从银行存款中提取 10 000 元现金。甲公司的账务处理如下：

借：库存现金　　10 000

　　贷：银行存款　　10 000

（2）企业将现金存入银行时，根据银行退回进账单第一联，借记“银行存款”科目，贷记“库存现金”科目。

会计分录：

借：银行存款

　　贷：库存现金

业务 2：因职工出差而引起的现金收支

（1）对于因支付内部职工出差等原因所需的现金，企业应按支出凭证所记载的金额，借记“其他应收款”等科目，贷记“库存现金”科目。

会计分录：

借：其他应收款

　　贷：库存现金

（2）企业收到出差人员交回的差旅费剩余款并结算时，会计分录如图 4-1 所示。

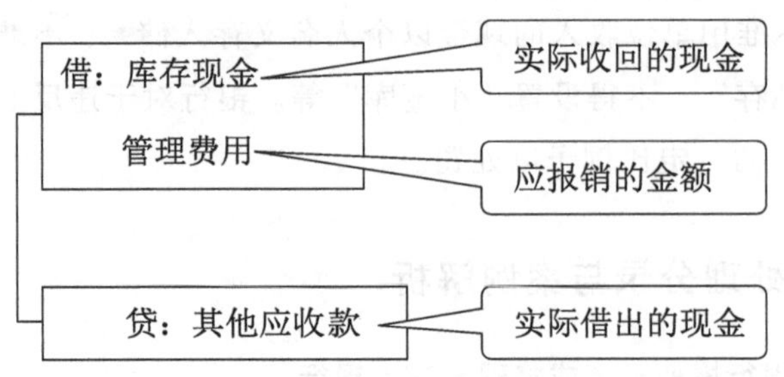

图4-1 收回差旅费剩余款时的会计分录

* 案例解析

【例4-2】2×15年4月10日，甲公司物料采购员小李因出差，向公司预借差旅费5 000元。甲公司的账务处理如下：

借：其他应收款——小李 5 000

贷：库存现金 5 000

【例4-3】接【例4-2】，4月25日，小李出差返回，退回多余的现金800元。甲公司的账务处理如下：

借：库存现金 800

管理费用 4 200

贷：其他应收款——小李 5 000

业务3：其他原因引起现金收支

企业因其他原因收到现金时，借记“库存现金”科目，贷记有关科目；支出现金，借记有关科目，贷记“库存现金”科目。

* 案例解析

【例4-4】2×15年2月1日，甲公司行政部门购买办公用品交来发票账单850元。甲公司的账务处理如下：

借：管理费用——办公费 850

贷：库存现金 850

业务4：每日终了结算现金收支

（1）每日终了结算现金收支或进行财产清查等时发现的有待查明原因的现金短

缺或溢余，属于现金短缺，相关会计分录为：

借：待处理财产损溢——待处理流动资产损溢

　　贷：库存现金

属于现金溢余的，做相反的会计分录：

借：库存现金

　　贷：待处理财产损溢——待处理流动资产损溢

（2）针对现金短缺或溢余的情况，企业应分别查明原因，然后根据不同的原因，进行不同的会计处理，如表 4-2 所示。

表 4-2　现金财产清查结果的会计处理

财产清查结果	查明的原因	会计分录
现金短缺	①属于应由责任人赔偿的部分	借：其他应收款——应收现金短缺（××个人） 　　库存现金 　　贷：待处理财产损溢——待处理流动资产损溢
	②属于应由保险公司赔偿的部分	借：其他应收款——应收保险赔款 　　库存现金 　　贷：待处理财产损溢——待处理流动资产损溢
	③属于无法查明的其他原因	借：管理费用——现金短缺 　　贷：待处理财产损溢——待处理流动资产损溢
现金溢余	①属于应支付给有关人员或单位的	借：待处理财产损溢——待处理流动资产损溢 　　贷：其他应付款——应付现金溢余（××个人或单位） 　　　　库存现金
	②属于无法查明的其他原因	借：待处理财产损溢——待处理流动资产损溢 　　贷：营业外收入——现金溢余

4.2　银行存款

4.2.1　什么是银行存款

银行存款是指企业存入银行或其他金融机构的各种款项。企业应当根据业

务需要，按照规定在其所在地银行开设账户，运用所开设的账户，进行存款、取款以及各种收支转账业务的结算。银行存款的收付应严格执行银行结算制度的规定。

4.2.2 如何使用“银行存款”科目

本科目核算企业存入银行或其他金融机构的各种款项。银行汇票存款、银行本票存款、信用卡存款、信用证保证金存款、存出投资款、外埠存款等，在“其他货币资金”科目核算。

企业增加银行存款时，借记本科目，贷记“库存现金”“应收账款”等科目；减少银行存款时，做相反的会计分录。

企业可按开户银行和其他金融机构、存款种类等设置“银行存款日记账”，根据收付款凭证，按照业务的发生顺序逐笔登记，且在每日终了，应结出余额。“银行存款日记账”应定期与“银行对账单”核对，至少每月核对一次。企业银行存款账面余额与银行对账单余额之间如有差额，应编制“银行存款余额调节表”并调节相符。

本科目期末借方余额，反映企业存在银行或其他金融机构的各种款项。

4.2.3 如何设置明细科目

“银行存款”科目的明细科目如表4-3所示。

表4-3 1002银行存款

顺序号	编号	会计科目名称	二级科目名称	三级科目名称	四级科目名称	辅助核算
资产类						
	1002	银行存款				
	1002 01	银行存款	人民币			
	1002 01 01	银行存款	人民币	中国银行	支行	按存款银行户名设置
	1002 01 02	银行存款	人民币	工商银行	支行	按存款银行户名设置
	1002 01 03	银行存款	人民币	建设银行	支行	按存款银行户名设置
	1002 01 04	银行存款	人民币	农业银行	支行	按存款银行户名设置
	1002 01 05	银行存款	人民币	光大银行	支行	按存款银行户名设置

续表

顺序号	编号	会计科目名称	二级科目名称	三级科目名称	四级科目名称	辅助核算
	1002 01 06	银行存款	人民币	民生银行	支行	按存款银行户名设置
	1002 01 07	银行存款	人民币	兴业银行	支行	按存款银行户名设置
	1002 01 08	银行存款	人民币	其他银行	支行	按存款银行户名设置
	1002 02	银行存款	外币		支行	按存款银行户名设置
	1002 03	银行存款	定期存款			按存款银行户名设置

4.2.4　如何管理银行存款

企业的存款账户分为4类，即基本存款账户、一般存款账户、临时存款账户和专用存款账户。

企业只能选择一家银行的一个营业机构开立一个基本存款账户，主要用于办理日常的转账结算和现金收付业务。企业的工资、资金等现金的支取，只能通过该账户办理。企业可以在其他银行的一个营业机构开立一个一般存款账户。该账户可以办理转账结算和存入现金业务，但不能支取现金。临时存款账户是存款人因临时经营活动的需要开立的账户，如企业异地产品展销、临时性采购资金等。专用存款账户是企业因特别用途需要开立的账户，如基本建设项目专项资金、农副产品资金等，企业的销售款不得转入专用存款账户。

企业不得为还贷、还债和套取现金而多头开立基本存款账户；不得出租，出借账户；不得违反规定为在异地存款和贷款而开立账户。任何单位和个人不得将单位的资金以个人名义开立账户存储。

公司使用的票据结算工具包括银行汇票、商业汇票、银行本票和支票等，可以选择使用的结算方式主要包括汇兑、托收承付和委托收款3种，还包括信用卡。另外还有一种国际贸易间采用的结算方式——信用证结算方式。

4.2.5　会计处理分录与案例解析

业务1：从银行提取现金或将现金存入银行

4.1节已提及，在此不赘述。

业务2：月末核对“银行存款日记账”与“银行对账单”

企业银行存款账面余额与银行对账单余额之间如有差额，则企业应编制“银行存

款余额调节表”并调节相符；如没有记账错误，调节后的双方余额应相等。

平衡公式为：

（1）银行对账单余额＋企业已收银行未收－企业已付银未付＝银行对账单调节后余额；

（2）企业银行存款科目余额＋银行已收企业未收－银行已付企业未付＝企业银行存款科目调节后余额；

（3）银行对账单调节后余额＝银行存款科目调节后余额。

4.3 其他货币资金

4.3.1 什么是其他货币资金

其他货币资金是指企业除库存现金、银行存款以外的各种货币资金，主要包括银行汇票存款、银行本票存款、信用卡存款、信用证保证金存款、存出投资款、外埠存款等。

4.3.2 如何使用“其他货币资金”科目

本科目核算企业的银行汇票存款、银行本票存款、信用卡存款、信用证保证金存款、存出投资款、外埠存款等其他货币资金。

企业增加其他货币资金时，借记本科目，贷记“银行存款”科目；减少其他货币资金时，借记有关科目，贷记本科目。

本科目可按银行汇票或本票、信用证的收款单位，外埠存款的开户银行，分别“银行汇票”“银行本票”“信用卡”“信用证保证金”“存出投资款”“外埠存款”等进行明细核算。

本科目期末借方余额，反映企业持有的其他货币资金。

4.3.3　如何设置明细科目

"其他货币资金"科目的明细科目设置如表 4-4 所示。

表 4-4　1012 其他货币资金

顺序号	编号	会计科目名称	二级科目名称	三级科目名称
资产类				
	1012	其他货币资金		
	1012 01	其他货币资金	外埠存款	地区存款行名称
	1012 02	其他货币资金	银行本票存款	存款行名称
	1012 03	其他货币资金	银行汇票存款	存款行名称
	1012 04	其他货币资金	信用卡存款	存款行名称
	1012 05	其他货币资金	保证金存款	存款行名称
	1012 06	其他货币资金	存出投资款	存款行名称
	1012 07	其他货币资金	在途货币资金	
	1012 08	其他货币资金	其他	

4.3.4　会计处理分录与案例解析

业务 1：银行汇票存款

（1）企业填写"银行汇票申请书"、将款项交存银行时，借记"其他货币资金——银行汇票"科目，贷记"银行存款"科目。

会计分录：

借：其他货币资金——银行汇票

　　贷：银行存款

（2）企业持银行汇票购货、收到有关发票账单时，借记"材料采购"或"原材料""库存商品""应交税费——应交增值税（进项税额）"等科目，贷记"其他货币资金——银行汇票"科目。

会计分录：

借：材料采购（或原材料、库存商品）

　　应交税费——应交增值税（进项税额）

　　贷：其他货币资金——银行汇票

（3）采购完毕收回剩余款项时，借记"银行存款"科目，贷记"其他货币资金——

银行汇票”科目。

会计分录：

借：银行存款

贷：其他货币资金——银行汇票

（4）企业收到银行汇票、填制进账单、到开户银行办理款项入账手续时，根据进账单及销货发票等，借记“银行存款”科目，贷记“主营业务收入”“应交税费——应交增值税（销项税额）”等科目。

会计分录：

借：银行存款

贷：主营业务收入

应交税费——应交增值税（销项税额）

业务2：银行本票存款

（1）企业填写“银行本票申请书”、将款项交存银行时，借记“其他货币资金——银行本票”科目，贷记“银行存款”科目。

会计分录：

借：其他货币资金——银行本票

贷：银行存款

（2）企业持银行本票购货、收到有关发票账单时，借记“材料采购”或“原材料”“库存商品”“应交税费——应交增值税（进项税额）”等科目，贷记“其他货币资金——银行本票”科目。

会计分录：

借：材料采购（或原材料、库存商品）

应交税费——应交增值税（进项税额）

贷：其他货币资金——银行本票

（3）企业收到银行本票、填制进账单到开户银行办理款项入账手续时，根据进账单及销货发票等，借记“银行存款”科目，贷记“主营业务收入”“应交税费——应交增值税（销项税额）”等科目。

会计分录：

借：银行存款

贷：主营业务收入

应交税费——应交增值税（销项税额）

业务 3：信用卡存款

（1）企业应填制“信用卡申请表”，连同支票和有关资料一并送存发卡银行，根据银行盖章退回的进账单第一联，借记“其他货币资金——信用卡”科目，贷记“银行存款”科目。

会计分录：

借：其他货币资金——信用卡

贷：银行存款

（2）企业用信用卡购物或支付有关费用的，应在收到开户银行转来的信用卡存款的付款凭证及所附发票账单时，借记“管理费用”等科目，贷记“其他货币资金——信用卡”科目。

会计分录：

借：管理费用

贷：其他货币资金——信用卡

（3）企业在使用信用卡过程中，需要向其账户续存资金的，借记“其他货币资金——信用卡”科目，贷记“银行存款”科目。

会计分录：

借：其他货币资金——信用卡

贷：银行存款

（4）企业的持卡人如不需要继续使用信用卡时，应持信用卡主动到发卡银行办理销户，销户时，单位信用卡科目余额转入企业基本存款户，不得提取现金，借记“银行存款”科目，贷记“其他货币资金——信用卡”科目。

会计分录：

借：银行存款

贷：其他货币资金——信用卡

业务 4：信用证保证金存款

（1）企业填写“信用证申请书”，将信用证保证金交存银行时，应根据银行盖章退回的“信用证申请书”回单，借记“其他货币资金——信用证保证金”科目，贷记“银行存款”科目。

会计分录：

借：其他货币资金——信用证保证金

贷：银行存款

（2）企业接到开证行通知，根据供货单位信用证结算凭证及所附发票账单，借记“材料采购”或“原材料”“库存商品”“应交税费——应交增值税（进项税额）”等科目，贷记“其他货币资金——信用证保证金”科目。

会计分录：

借：材料采购（或原材料、库存商品）

应交税费——应交增值税（进项税额）

贷：其他货币资金——信用证保证金

（3）将未用完的信用证保证金存款余额转回开户银行时，借记“银行存款”科目，贷记“其他货币资金——信用证保证金”科目。

会计分录：

借：银行存款

贷：其他货币资金——信用证保证金

业务5：存出投资款

（1）企业向证券公司划出资金时，应按实际划出的金额，借记“其他货币资金——存出投资款”科目，贷记“银行存款”科目。

会计分录：

借：其他货币资金——存出投资款

贷：银行存款

（2）购买股票、债券等时，借记“交易性金融资产”等科目，贷记“其他货币资金——存出投资款”科目。

会计分录：

借：交易性金融资产

贷：其他货币资金——存出投资款

业务6：外埠存款

（1）企业将款项汇往外地开立采购专用账户时，根据汇出款项凭证，借记“其他货币资金——外埠存款”科目，贷记“银行存款”科目。

会计分录：

借：其他货币资金——外埠存款

　　贷：银行存款

（2）企业收到采购人员转来供应单位发票账单等报销凭证时，借记“材料采购”或“原材料”“库存商品”“应交税费——应交增值税（进项税额）”等科目，贷记“其他货币资金——外埠存款”科目。

会计分录：

借：材料采购（或原材料、库存商品）

　　应交税费——应交增值税（进项税额）

　　贷：其他货币资金——外埠存款

（3）采购完毕收回剩余款项时，企业应根据银行的收账通知，借记“银行存款”科目，贷记“其他货币资金——外埠存款”科目。

会计分录：

借：银行存款

　　贷：其他货币资金——外埠存款

4.4　交易性金融资产

4.4.1　什么是交易性金融资产

交易性金融资产主要是指企业为了近期内出售而持有的金融资产。

金融资产满足下列条件之一的，应当划分为交易性金融资产。

（1）企业取得该金融资产主要是为了近期内出售或回购。例如，企业以赚取差价为目的从二级市场购入股票、债券、基金等。

（2）属于进行集中管理的可辨认金融工具组合的一部分，且有客观证据表明企业近期采用短期获利方式对该组合进行管理。例如，企业基于其投资策略和风险管理的需要，将某些金融资产进行组合以从事短期获利活动，对于组合中的金融资产，应采用公允价值计量，并将其相关公允价值变动计入当期损益。

（3）属于衍生金融工具。例如，国债期货、远期合同、股指期货等，其公允价值变动大于零时，企业应将其相关变动金额确认为交易性金融资产，同时计入当期损益。但是，如果衍生工具被企业指定为有效套期关系中的套期工具，那么对于该衍生金融工具初始确认后的公允价值变动，企业应根据其对应的套期关系（即公允价值套期、现金流量套期或境外经营净投资套期）的不同，采用相应的方法进行处理。

4.4.2 如何使用“交易性金融资产”科目

本科目核算企业为交易目的所持有的债券投资、股票投资、基金投资等交易性金融资产的公允价值。

企业持有的直接指定为以公允价值计量且其变动计入当期损益的金融资产，也在本科目核算。

企业（金融类）接受委托采用全额承购包销、余额承购包销方式承销的证券，应在收到证券时将其进行分类：划分为以公允价值计量且其变动计入当期损益的金融资产的，应在本科目核算；划分为可供出售金融资产的，应在“可供出售金融资产”科目核算。

衍生金融资产在“衍生工具”科目核算。

本科目可按交易性金融资产的类别和品种，分别“成本”“公允价值变动”等进行明细核算。

本科目期末借方余额，反映企业持有的交易性金融资产的公允价值。

4.4.3 如何设置明细科目

“交易性金融资产”科目的明细科目设置如表4–5所示。

表4–5 1101交易性金融资产

顺序号	编号	会计科目名称	二级科目名称	三级科目名称
资产类				
	1101	交易性金融资产		
	1101 01	交易性金融资产	国债投资	项目名称
	1101 01 01	交易性金融资产	国债投资	成本
	1101 01 02	交易性金融资产	国债投资	公允价值变动

续表

顺序号	编号	会计科目名称	二级科目名称	三级科目名称
	1101 02	交易性金融资产	债券投资	项目名称
	1101 02 01	交易性金融资产	债券投资	成本
	1101 02 02	交易性金融资产	债券投资	公允价值变动
	1101 03	交易性金融资产	股票投资	项目名称
	1101 03 01	交易性金融资产	股票投资	成本
	1101 03 02	交易性金融资产	股票投资	公允价值变动
	1101 04	交易性金融资产	基金投资	项目名称
	1101 04 01	交易性金融资产	基金投资	成本
	1101 04 02	交易性金融资产	基金投资	公允价值变动
	1101 05	交易性金融资产	其他交易性金融资产	项目名称

4.4.4　会计处理分录与案例解析

业务 1：取得交易性金融资产

企业取得交易性金融资产，按其公允价值，借记“交易性金融资产——成本”科目；按发生的交易费用，借记“投资收益”科目；按已到付息期但尚未领取的利息或已宣告但尚未发放的现金股利，借记“应收利息”或“应收股利”科目；按实际支付的金额，贷记“银行存款”等科目。会计分录如图 4-2 所示。

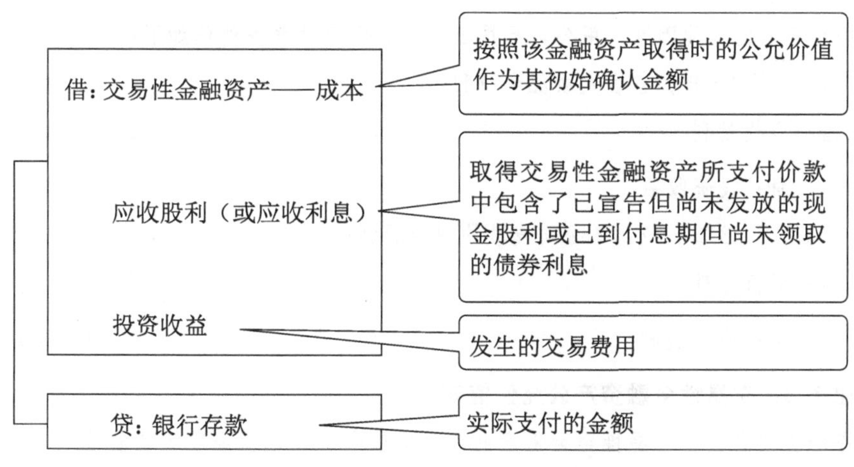

图 4-2　取得交易性金融资产时的会计分录

* 案例解析

【例 4-5】2×15年5月10日，甲公司支付价款1 000 000元从二级市场购入乙公司发行的股票100 000股，每股价格10元，另支付交易费用1 000元。甲公司将持有的乙公司股权划分为交易性金融资产，且持有乙公司股权后对其无重大影响。

假定不考虑其他因素，甲公司5月10日的账务处理如下：

借：交易性金融资产——成本　　1 000 000

　投资收益　　1 000

　贷：银行存款　　1 001 000

业务2：持有期间确认投资收益

交易性金融资产持有期间被投资单位宣告发放的现金股利，或在资产负债表日按分期付息、一次还本债券投资的票面利率计算的利息，借记"应收股利"或"应收利息"科目，贷记"投资收益"科目。

会计分录：

借：应收股利（或应收利息）

　贷：投资收益

* 案例解析

【例 4-6】接【例4-5】，5月13日，乙公司宣告每股发放现金股利0.60元。5月23日，甲公司收到乙公司发放的现金股利。

假定不考虑其他因素，甲公司5月13日及23日的账务处理如下：

（1）5月13日，宣告发放现金股利：

借：应收股利　　60 000

　贷：投资收益　　60 000

（2）5月23日，收到乙公司发放的现金股利：

借：银行存款　　60 000

　贷：应收股利　　60 000

业务3：交易性金融资产公允价值变动

资产负债表日，交易性金融资产的公允价值高于其账面余额的差额时，借记"交易性金融资产——公允价值变动"科目，贷记"公允价值变动损益"科目；公允价值低于其账面余额的差额时做相反的会计分录。

会计分录：

（1）当交易性金融资产的公允价值高于其账面余额的差额时：

借：交易性金融资产——公允价值变动

　　贷：公允价值变动损益

（2）当交易性金融资产的公允价值低于其账面余额的差额时：

借：公允价值变动损益

　　贷：交易性金融资产——公允价值变动

* 案例解析

【例 4-7】接【例 4-6】，6 月 30 日，乙公司股票价格涨到每股 13 元。甲公司确认股票价格变动，其账务处理如下：

借：交易性金融资产——公允价值变动　　300 000

　　贷：公允价值变动损益　　300 000

业务 4：出售交易性金融资产

出售交易性金融资产时，企业应按实际收到的金额，借记“银行存款”等科目；按该金融资产的账面余额，贷记“交易性金融资产”科目；按其差额，贷记或借记“投资收益”科目。同时，企业应将原计入该金融资产的公允价值变动转出，借记或贷记“公允价值变动损益”科目，贷记或借记“投资收益”科目。会计分录如图 4-3 所示。

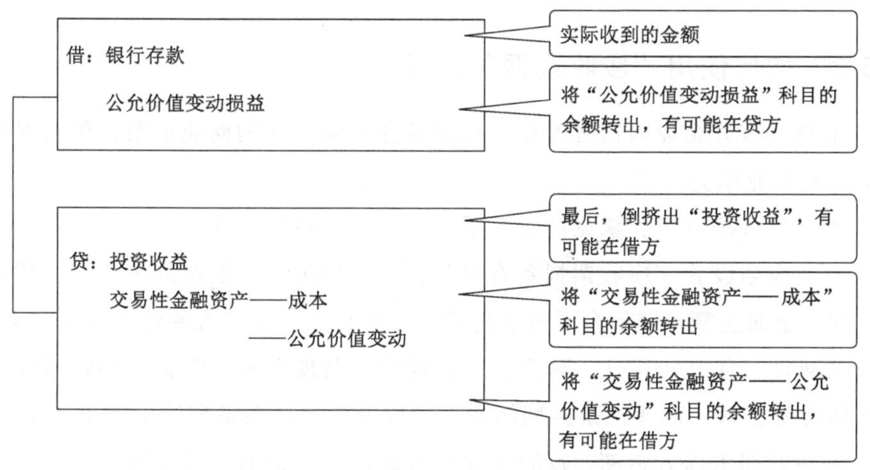

图 4-3　出售交易性金融资产时的会计分录

* 案例解析

【例 4–8】接【例 4-7】，8 月 15 日，甲公司将持有的乙公司股票全部售出，每股售价 15 元。甲公司的账务处理如下：

借：银行存款　　1 500 000

　贷：交易性金融资产——成本　　1 000 000

　　　　　　　　　——公允价值变动　　300 000

　　投资收益　　200 000

4.5 应收票据

4.5.1 什么是应收票据

应收票据是指企业因销售商品、提供劳务等而收到的商业汇票。商业汇票是一种由出票人签发的，委托付款人在指定日期无条件支付确定金额给收款人或者持票人的票据。

4.5.2 如何使用“应收票据”科目

本科目核算企业因销售商品、提供劳务等而收到的商业汇票，包括银行承兑汇票和商业承兑汇票。

本科目可按开出、承兑商业汇票的单位进行明细核算。

企业应当设置“应收票据备查簿”，逐笔登记商业汇票的种类、号数和出票日期、票面金额、交易合同号和付款人、承兑人、背书人的姓名或单位名称，以及到期日、背书转让日、贴现日、贴现率、贴现净额、收款日和收回金额、退票情况等资料。商业汇票到期结清票款或退票后，在备查簿中应予注销。

本科目期末借方余额，反映企业持有的商业汇票的票面金额。

4.5.3　如何设置明细科目

“应收票据”科目的明细科目设置如表 4-6 所示。

表 4-6　1121 应收票据

顺序号	编号	会计科目名称	二级科目名称	三级科目名称	是否辅助核算	辅助核算类别
一、资产类						
	1121	应收票据				客户往来
	1121 01	应收票据	银行承兑汇票	应收票据种类	是	客户往来
	1121 02	应收票据	商业承兑汇票	应收票据种类	是	客户往来

4.5.4　会计处理分录与案例解析

业务 1：取得应收票据

（1）应收票据取得的原因不同，其会计处理亦有所区别。企业在因债务人抵偿前欠货款而取得应收票据时，借记“应收票据”科目，贷记“应收账款”科目。

会计分录：

借：应收票据

　　贷：应收账款

* 案例解析

【例 4-9】某企业收到 A 公司于 2×19 年 9 月 1 日签发并承兑的期限为 3 个月、面值为 22 600 元的不带息商业承兑汇票一张，用于抵付前欠货款及税金。

该企业账务处理如下：

借：应收票据　　22 600

　　贷：应收账款——A 公司　　22 600

（2）企业因销售商品、提供劳务等而收到开出、承兑的商业汇票，借记“应收票据”科目，贷记“主营业务收入”“应交税费——应交增值税”等科目。涉及增值税销项税额的，还应进行相应的处理。

会计分录：

借：应收票据

贷：主营业务收入

应交税费——应交增值税（销项税额）

* 案例解析

【例4–10】某企业于2×19年9月1日向X公司出售产品一批，货款总计100 000元，适用的增值税税率为13%，已开出增值税专用发票交付X公司，并于当日收到已经该公司承兑的商业汇票一张。该商业汇票的期限为4个月，票面利率为5%，面值为113 000元。

企业应做的会计分录为：

（1）9月1日，收到票据：

借：应收票据　　113 000

贷：主营业务收入　　100 000

应交税费——应交增值税（销项税额）　　13 000

（2）10月31日，计提利息：

借：应收票据　　941.67

贷：财务费用　　941.67

业务2：收回到期票款

商业汇票到期收回款项时，应按实际收到的金额，借记“银行存款”科目，贷记“应收票据”科目。

会计分录：

借：银行存款

贷：应收票据

* 案例解析

【例4–11】【例4–10】中，X公司承兑的商业汇票的出票日为2×19年11月1日、利率为5%、期限为4个月、面值为113 000元的商业汇票到期。2×20年3月1日该企业收回到期票据本息。

票据到期利息为：113 000×5%×4÷12=1 883.33（元）

票据到期本息为：113 000+1 883.33=114 883.33（元）

承接上例，应收票据的账面价值为113 941.67元，本次应确认的财务费用为941.66元。

企业应做会计分录：

借：银行存款　　114 883.33

　　贷：应收票据　　113 941.67

　　　　财务费用　　941.66

业务 3：转让应收票据

实务中，企业可以将自己持有的商业汇票背书转让。背书是指在票据背面或者粘单上记载有关事项并签章的票据行为。背书转让的，背书人应当承担票据责任。企业将持有的商业汇票背书转让以取得所需物资时，按应计入取得物资成本的金额，借记“材料采购”或“原材料”“库存商品”等科目；按专用发票上注明的可抵扣的增值税额，借记“应交税费——应交增值税（进项税额）”科目；按商业汇票的票面金额，贷记“应收票据”科目；如有差额，借记或贷记“银行存款”等科目。会计分录如图 4-4 所示。

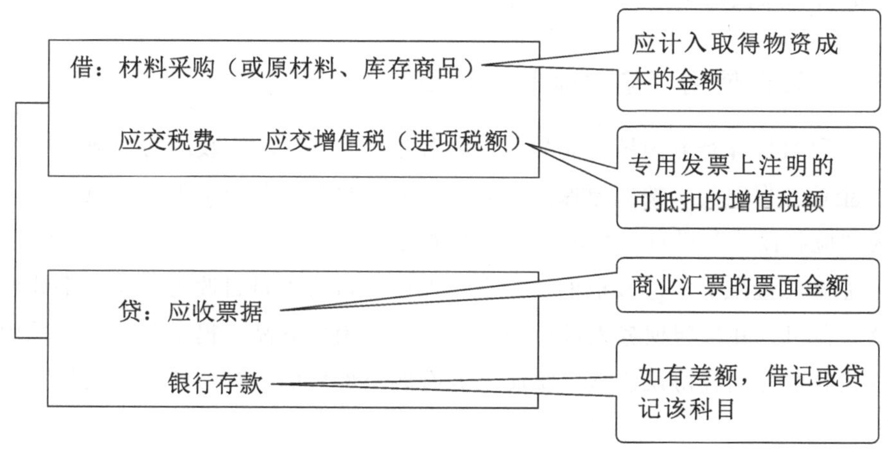

图 4-4　转让应收票据时的会计分录

* 案例解析

【例 4-12】甲公司于 2×19 年 9 月 1 日向乙公司销售一批产品，货款共为 1 695 000 元，尚未收到，已办完托收手续，适用的增值税税率为 13%。假定甲公司于 10 月 15 日将上述应收票据背书转让，以取得生产经营所需的 A 种材料。该批 A 材料的账面价值为 1 500 000 元，适用增值税税率为 13%。甲公司应做如下会计分录：

借：原材料　　1 500 000

应交税费——应交增值税（进项税额）　195 000

贷：应收票据　1 695 000

4.6 应收账款

4.6.1 什么是应收账款

应收账款是指企业因销售商品、提供劳务等经营活动，应向购货单位或接受劳务单位收取的款项，主要包括企业销售商品或提供劳务等应向有关债务人收取的价款及代购货单位垫付的包装费、运杂费等。

4.6.2 如何使用“应收账款”科目

本科目核算企业因销售商品、提供劳务等经营活动应收取的款项。

企业（保险类）按照原保险合同约定应向投保人收取的保费，可将本科目改为“应收保费”科目，并按照投保人进行明细核算。

企业（金融类）应收取的手续费和佣金，可将本科目改为“应收手续费及佣金”科目，并按照债务人进行明细核算。因销售商品、提供劳务等，采用递延方式收取合同或协议价款、实质上具有融资性质的，在“长期应收款”科目核算。

本科目可按债务人进行明细核算。

企业发生应收账款时，按应收金额，借记本科目，按确认的营业收入，贷记“主营业务收入”“手续费及佣金收入”“保费收入”等科目。收回应收账款时，借记“银行存款”等科目，贷记本科目。涉及增值税销项税额的，还应进行相应的处理。

代购货单位垫付的包装费、运杂费，借记本科目，贷记“银行存款”等科目。收回代垫费用时，借记“银行存款”科目，贷记本科目。

企业与债务人进行债务重组，应当分别债务重组的不同方式进行处理。

（1）收到债务人清偿债务的款项小于该项应收账款账面价值的，应按实际收到的金额，借记“银行存款”等科目；按重组债权已计提的坏账准备，借记“坏账准备”科目；按重组债权的账面余额，贷记本科目；按其差额，借记“营业外支出”科目。

收到债务人清偿债务的款项大于该项应收账款账面价值的，应按实际收到的金额，借记“银行存款”等科目；按重组债权已计提的坏账准备，借记“坏账准备”科目；按重组债权的账面余额，贷记本科目；按其差额，贷记“资产减值损失”科目。

以下债务重组涉及重组债权减值准备的，按同样的方法进行处理。

（2）接受债务人用于清偿债务的非现金资产，应按该项非现金资产的公允价值，借记“原材料”“库存商品”“固定资产”“无形资产”等科目；按重组债权的账面余额，贷记本科目；按应支付的相关税费和其他费用，贷记“银行存款”“应交税费”等科目；按其差额，借记“营业外支出”科目。涉及增值税进项税额的，还应进行相应的处理。

（3）将债权转为投资，应按享有股份的公允价值，借记“长期股权投资”科目；按重组债权的账面余额，贷记本科目；按应支付的相关税费和其他费用，贷记“银行存款”“应交税费”等科目；按其差额，借记“营业外支出”科目。

（4）以修改其他债务条件进行清偿的，应按修改其他债务条件后债权的公允价值，借记本科目；按重组债权的账面余额，贷记本科目；按其差额，借记“营业外支出”科目。

本科目期末借方余额，反映企业尚未收回的应收账款；期末如为贷方余额，反映企业预收的账款。

4.6.3　如何设置明细科目

“应收账款”科目的明细科目设置如表 4-7 所示。

表 4-7　1122 应收账款

顺序号	编号	会计科目名称	二级科目名称	三级科目名称	是否辅助核算	辅助核算类别
一、资产类						
	1122	应收账款			是	客户 / 债务人
	1122 01	应收账款	营业类别		是	客户 / 债务人

4.6.4 会计处理分录与案例解析

业务1：企业销售商品或提供劳务取得应收账款

企业发生应收账款，按应收金额，借记本科目；按确认的营业收入，贷记“主营业务收入”“手续费及佣金收入”“保费收入”等科目。

代购货单位垫付的包装费、运杂费，借记本科目，贷记“银行存款”等科目。会计分录如图4-5所示。

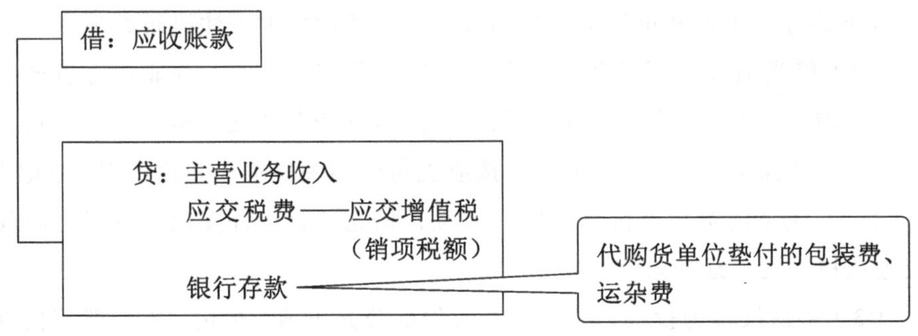

图4-5 代购货单位垫付包装费、运杂费时的会计分录

* 案例解析

【**例4-13**】甲公司采用托收承付结算方式向乙公司销售一批商品，货款为300 000元，增值税税额为39 000元，以银行存款代垫运杂费6 000元，已办理托收手续。甲公司应做如下会计分录：

借：应收账款　　345 000

　贷：主营业务收入　　300 000

　　应交税费——应交增值税（销项税额）　　39 000

　　银行存款　　6 000

业务2：企业收回应收账款

企业收回应收账款时，按收回金额，借记“银行存款”科目，贷记“应收账款”科目。会计分录：

借：银行存款

　贷：应收账款

* 案例解析

【例 4–14】接【例 4–13】，甲公司实际收到款项时，应做如下会计分录：

借：银行存款　　345 000

　　贷：应收账款　　345 000

4.7 预付账款

4.7.1 什么是预付账款

预付账款是指企业按照合同规定预付的款项。企业应当设置“预付账款”科目，核算预付账款的增减变动及其结存情况。预付款项情况不多的企业，可以不设置“预付账款”科目，而直接通过“应付账款”科目核算。

4.7.2 如何使用“预付账款”科目

企业根据购货合同的规定向供应单位预付款项时，借记“预付账款”科目，贷记“银行存款”科目；企业收到所购物资时，按应计入购入物资成本的金额，借记“材料采购”或“原材料”“库存商品”科目，按相应的增值税进项税额，借记“应交税费——应交增值税（进项税额）”科目，贷记“预付账款”科目；当预付货款小于采购货物所需支付的款项时，企业应将不足部分补付，借记“预付账款”科目，贷记“银行存款”科目；当预付货款大于采购货物所需支付的款项时，对收回的多余款项，应借记“银行存款”科目，贷记“预付账款”科目。

4.7.3 如何设置明细科目

“预付账款”科目的明细科目设置如表 4–8 所示。

表 4-8 1123 预付账款

顺序号	编号	会计科目名称	二级科目名称	三级科目名称	是否辅助核算	辅助核算类别
一、资产类						
	1123	预付账款				
	1123 01	预付账款	预付供应商货款	项目内容	是	客商
	1123 02	预付账款	水电费	项目内容	是	部门
	1123 03	预付账款	预付采购定金	项目内容	是	供应商
	1123 04	预付账款	待摊费用	项目内容	是	部门
	1123 05	预付账款	其他	项目内容	是	部门

4.7.4 会计处理分录与案例解析

* 案例解析

【例 4-15】甲公司向乙公司采购材料 5 000 千克，每千克单价 10 元，所需支付的款项总额 50 000 元。按照合同规定向乙公司预付货款的 50%，验收货物后补付其余款项。甲公司应编制如下会计分录：

（1）预付 50% 的货款时：

借：预付账款——乙公司　　25 000

　　贷：银行存款　　25 000

（2）收到乙公司发来的 5 000 千克材料，验收无误，增值税专用发票上记载的货款为 50 000 元，增值税税额为 6 500 元，以银行存款补付所欠款项 31 500 元。甲公司应编制如下会计分录：

借：原材料　　50 000

　　应交税费——应交增值税（进项税额）　　6 500

　　贷：预付账款——乙公司　　56 500

借：预付账款——乙公司　　31 500

　　贷：银行存款　　31 500

4.8 应收股利

4.8.1 什么是应收股利

应收股利，又称为应收股息，是指小企业因进行股权投资而发生应收取的现金股利及进行债权投资而发生应收取的利息和应收其他单位的利润，包括企业购入股票实际支付的款项中所包括的已宣告发放但尚未领取的现金股利和企业因对外投资应分得的现金股利或利润等，但不包括应收的股票股利。

4.8.2 如何使用“应收股利”科目

为了反映和监督应收股利的发生和收回情况，企业应设置“应收股利”科目。公司应收其他单位的利润，也在该科目核算。该科目属于资产类科目，其借方登记应收的股利数，贷方登记收回的股利数，余额在借方，反映公司尚未收回的现金股利或利润。该科目应按被投资单位设置明细账。

4.8.3 如何设置明细科目

“应收股利”科目的明细科目设置如表 4-9 所示。

表 4-9　1131 应收股利

顺序号	编号	会计科目名称	二级科目名称	三级科目名称	是否辅助核算	辅助核算类别
一、资产类						
	1131	应收股利				
	1131 01	应收股利	子公司	项目内容	是	按应收股利单位设置

4.8.4 会计处理分录与案例解析

公司购入股票时，如实际支付的价款中包含已宣告但尚未领取的现金股利，按实际成本（即实际支付的价款减去已宣告但尚未领取的现金股利），借记“投资收益”“长期股权投资”科目，按应领取的现金股利，借记“应收股利”科目，按实际支付的价款，贷记“银行存款”科目；收到发放的现金股利时，借记“银行存款”科目，贷记“应收股利”科目。

公司对于长期股权投资应分得的现金股利或利润，应于被投资单位宣告发放现金股利或分派利润时，借记“应收股利”科目，贷记“投资收益”或“长期股权投资”等科目；收到现金股利或利润时，借记“银行存款”科目，贷记“应收股利”科目。

4.9 应收利息

4.9.1 什么是应收利息

应收利息是指企业因债权投资而应收取的利息，包括购入债券的价款中已到付息期但尚未领取的债券利息和分期付息到期还本的债券在持有期间产生的利息。应收利息不包括企业购入到期一次还本付息的长期债券应收取的利息。这部分利息应通过金融资产科目下设二级科目“应计利息”核算。

4.9.2 如何使用“应收利息”科目

应收利息主要包括如下情况：一是企业购入的是分期付息到期还本的债券，在会计结算日，企业按规定所计提的应收未收利息；二是企业购入债券时实际支付款项中所包含的已到期而尚未领取的债券利息。已到期而尚未领取的债券利息也是对分期付息债券而言的，不包括企业购入到期还本付息的长期债券应收的利息。

4.9.3 如何设置明细科目

“应收利息”科目的明细科目设置如表 4-10 所示。

表 4-10　1132 应收利息

顺序号	编号	会计科目名称	二级科目名称	三级科目名称	是否辅助核算	辅助核算类别
一、资产类						
	1132	应收利息				投资类别
	1132 01	应收利息	交易性金融资产	借款人或被投资单位	是	借款人或被投资单位
	1132 02	应收利息	持有至到期投资	借款人或被投资单位	是	借款人或被投资单位
	1132 03	应收利息	可供出售金融资产	借款人或被投资单位	是	借款人或被投资单位
	1132 04	应收利息	其他		是	借款人或被投资单位

4.9.4　会计处理分录与案例解析

业务 1：交易性金融资产的利息的计提

企业持有交易性金融资产期间对于被投资单位宣告发放的已到付息期但尚未领取的债券利息，应当确认为应收项目。

会计分录：

借：应收利息

贷：投资收益

业务 2：债权投资与其他债权投资的利息的计提

债权投资与其他债权投资应当按照实际利率法确认利息收入。利息收入 = 金融资产账面余额 × 实际利率。

债权投资会计分录：

借：应收利息

贷：投资收益

债权投资——利息调整（差额）

其他债权投资会计分录：

借：应收利息

贷：投资收益

　　其他债权投资——利息调整（差额）

4.10　其他应收款

4.10.1　什么是其他应收款

其他应收款是指企业除应收票据、应收账款、预付账款等以外的其他各种应收及暂付款项，其主要内容包括：

（1）应收的各种赔款、罚款，如因企业财产等遭受意外损失而应向有关保险公司收取的赔款等；

（2）应收的出租包装物租金；

（3）应向职工收取的各种垫付款项，如为职工垫付的水电费、应由职工负担的医药费、房租费等；

（4）存出保证金，如租入包装物支付的押金；

（5）其他各种应收、暂付款项。

4.10.2　如何使用“其他应收款”科目

本科目核算企业除存出保证金、买入返售金融资产、应收票据、应收账款、预付账款、应收股利、应收利息、应收代位追偿款、应收分保账款、应收分保合同准备金、长期应收款等以外的其他各种应收及暂付款项。

本科目可按对方单位（或个人）进行明细核算。本科目期末借方余额，反映企业尚未收回的其他应收款项。

4.10.3　如何设置明细科目

“其他应收款”科目的明细科目设置如表4-11所示。

表 4-11　1221 其他应收款

顺序号	编号	会计科目名称	二级科目名称	三级科目名称	是否辅助核算	辅助核算类别
一、资产类						
	1221	其他应收款				投资类别
	1221 01	其他应收款	备用金	借款人或被投资单位	是	借款人或被投资单位
	1221 02	其他应收款	应收个人往来账款	借款人或被投资单位	是	借款人或被投资单位
	1221 03	其他应收款	应收单位往来账款	按单位名称设置明细账	是	借款人或被投资单位
	1221 04	其他应收款	总公司内部企业往来款	按单位名称设置明细账	是	借款人或被投资单位
	1221 05	其他应收款	筹建费	按业务内容设置	是	借款人或被投资单位
	1221 06	其他应收款	其他	按业务内容设置	是	借款人或被投资单位

4.10.4　会计处理分录与案例解析

业务：采用售后回购方式融出资金

（1）采用售后回购方式融出资金的，应按实际支付的金额，借记“其他应收款”，贷记“银行存款”科目。会计分录如图 4-6 所示。

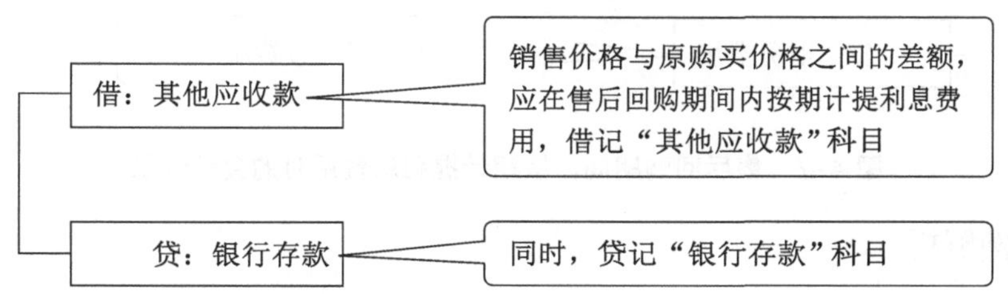

图 4-6　采用售后回购方式融出资金时的会计分录

* 案例解析

【例 4-16】2×19 年 5 月 1 日，甲公司向乙公司销售一批商品，开出的增值税专用发票上注明的销售价格为 1 000 000 元、增值税税额为 130 000 元。该批商品的成本为 800 000 元；商品已经发出，款项已经收到。协议约定，甲公司应于 9 月 30 日将所售商品购回。假定不考虑其他因素。

乙公司收到商品并支付款项时的账务处理如下：

借：库存商品　800 000

　应交税费——应交增值税（进项税额）　130 000

　其他应收款　200 000

　贷：银行存款　1 130 000

甲公司收到款项时的账务处理如下：

借：银行存款　1 130 000

　贷：库存商品　800 000

　　应交税费——应交增值税（销项税额）　130 000

　　其他应付款　200 000

（2）销售价格与原购买价格之间的差额，应在售后回购期间内按期计提利息费用，借记“其他应收款”，贷记“财务费用”科目。会计分录如图4-7所示。

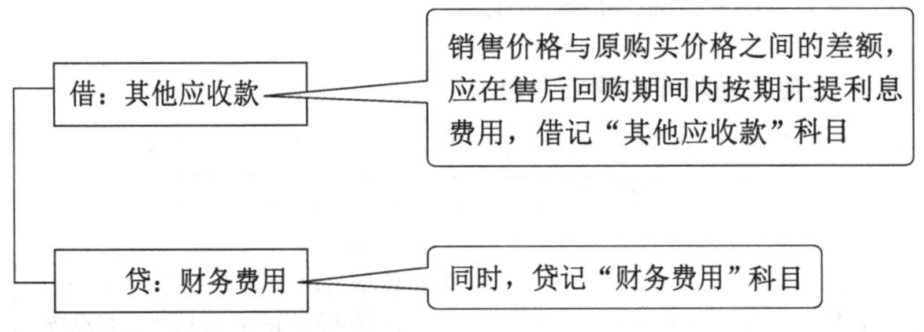

图4-7　售后回购期间内按期计提利息费用时的会计分录

* 案例解析

【例4-17】接【例4-16】，每月计提利息费用，每月月底乙公司的账务处理如下：

每月应计提的利息 =（1 100 000-1 000 000）÷5=20 000（元）

借：其他应收款　20 000

　贷：财务费用　20 000

（3）按合同约定返售商品时，应按实际收到的金额，借记“银行存款”科目，贷记“其他应收款”科目。会计分录如图4-8所示。

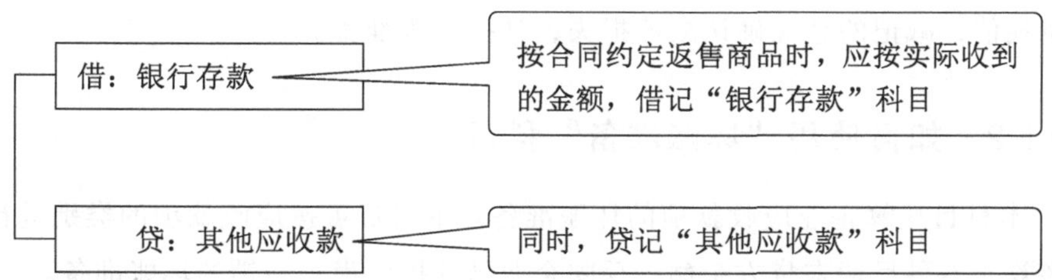

图 4–8　按合同约定返售商品时的会计分录

* 案例解析

【例 4–18】接【例 4–17】，9 月 30 日甲公司回购商品时，收到的增值税专用发票上注明的商品价款为 1 100 000 元，增值税税额为 143 000 元。假定商品已验收入库，款项已经支付。

乙公司的账务处理如下：

借：银行存款　　1 243 000

　　贷：库存商品　　1 100 000

　　　　应交税费——应交增值税（销项税额）　　143 000

其他应收款的结转额 =200 000+20 000×4=280 000（元）

借：库存商品　　300 000

　　贷：其他应收款　　280 000

　　　　财务费用　　20 000

4.11　坏账准备

4.11.1　什么是坏账准备

企业应当在资产负债表日对应收款项的账面价值进行检查，有客观证据表明该应收款项发生减值的，应当将该应收款项的账面价值减记至预计未来现金流量现值，减记的金额确认减值损失，计提坏账准备。

4.11.2 如何使用“坏账准备”科目

本科目核算企业应收款项的坏账准备。本科目可按应收款项的类别进行明细核算。本科目期末贷方余额，反映企业已计提但尚未转销的坏账准备。

4.11.3 如何设置明细科目

“坏账准备”科目的明细科目设置如表4-12所示。

表4-12 1231坏账准备

顺序号	编号	会计科目名称	二级科目名称	三级科目名称
一、资产类				
	1231	坏账准备		
	1231 01	坏账准备	应收账款坏账准备	按客户设置
	1231 02	坏账准备	其他应收款坏账准备	按客户设置
	1231 03	坏账准备	应收票据坏账准备	按客户设置
	1231 04	坏账准备	预付账款坏账准备	按客户设置
	1231 05	坏账准备	长期应收款坏账准备	按客户设置
	1231 06	坏账准备	其他坏账准备	按客户设置

4.11.4 会计处理分录与案例解析

业务1：计提坏账准备

资产负债表日，应收款项发生减值的，按应减记的金额，借记“资产减值损失”科目，贷记“坏账准备”。本期应计提的坏账准备大于其账面余额的，应按其差额计提；应计提的坏账准备小于其账面余额的差额做相反的会计分录。会计分录如图4-9所示。

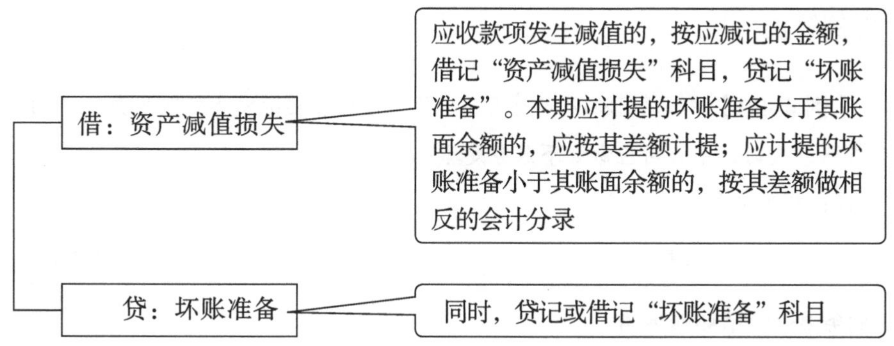

图 4-9　计提坏账准备时的会计分录

* 案例解析

【例 4-19】2×14 年 12 月 31 日，甲公司对应收丙公司的账款进行减值测试。此前，甲公司应收丙公司的账款的余额合计为 1 000 000 元。甲公司根据丙公司的资信情况确定按 10% 计提坏账准备。2×14 年年末计提坏账准备的会计分录为：

借：资产减值损失——计提的坏账准备　　100 000

　　贷：坏账准备　　100 000

业务 2：确认坏账准备

对于确实无法收回的应收款项，企业应按管理权限报经批准后将其作为坏账，转销应收款项，借记“坏账准备”科目，贷记“应收票据”“应收账款”“预付账款”“应收分保账款”“其他应收款”“长期应收款”等科目。会计分录如图 4-10 所示。

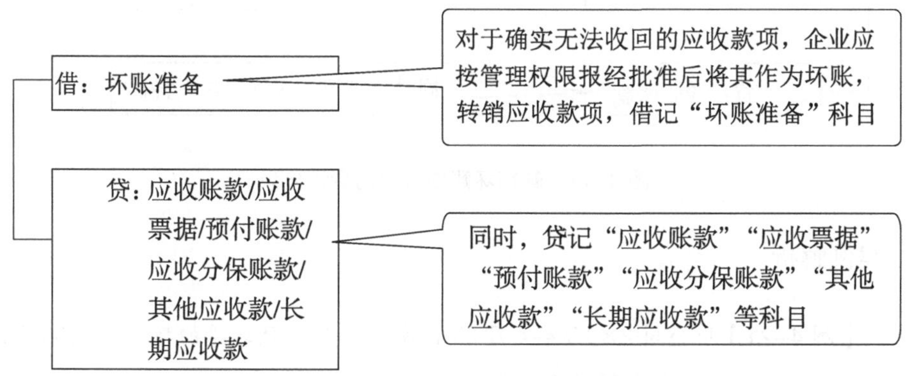

图 4-10　确认坏账准备时的会计分录

＊ 案例解析

【例 4-20】甲公司 2×14 年对丙公司的应收账款实际发生坏账损失 30 000 元。确认坏账损失时，甲公司应做如下账务处理：

借：坏账准备　　30 000

　　贷：应收账款　　30 000

业务 3：转销坏账准备

已确认并转销的应收款项以后又收回的，应按实际收回的金额，借记“应收票据”“应收账款”“预付账款”“应收分保账款”“其他应收款”“长期应收款”等科目，贷记“坏账准备”科目；同时，借记“银行存款”科目，贷记“应收票据”“应收账款”“预付账款”“应收分保账款”“其他应收款”“长期应收款”等科目。会计分录如图 4-11 所示。

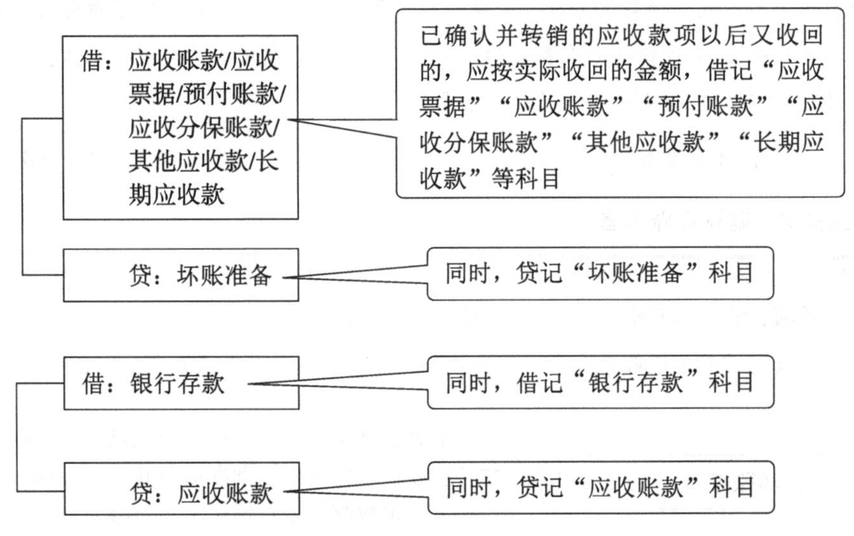

图 4-11　转销坏账准备时的会计分录

＊ 案例解析

【例 4-21】甲公司 2×15 年 4 月 20 日收到 2009 年已转销的坏账 20 000 元，已存入银行。甲公司应做如下账务处理：

借：应收账款　　20 000

　　贷：坏账准备　　20 000

借：银行存款　　　　　　　　　　　　　　　20 000

　　贷：应收账款　　　　　　　　　　　　　　　20 000

4.12　材料采购

4.12.1　什么是材料采购

材料采购是指企业利用货币资金购买材料的活动，是生产准备业务的主要内容之一。为了核算企业外购材料的买价和采购费用，计算确定材料采购的实际成本，应设置和运用“材料采购”科目。

4.12.2　如何使用“材料采购”科目

本科目核算企业采用计划成本进行材料日常核算而购入材料的采购成本。采用实际成本进行材料日常核算的，企业购入材料时的采购成本，在“在途物资”科目核算。企业委托外单位加工材料、商品时的加工成本，在“委托加工物资”科目核算。企业购入的工程用材料，在“工程物资”科目核算。

本科目可按供应单位和材料品种进行明细核算。本科目期末借方余额，反映企业在途材料的采购成本。

4.12.3　如何设置明细科目

“材料采购”科目的明细科目设置如表 4 –13 所示。

表 4–13　1401 材料采购

顺序号	编号	会计科目名称	二级科目名称	三级科目名称	是否辅助核算	辅助核算类别
一、资产类						
	1401	材料采购	材料品种	材料名称	是	供应单位

4.12.4 会计处理分录与案例解析

业务1：支付价款和运杂费

企业支付材料价款和运杂费等，按应计入材料采购成本的金额，借记“材料采购”科目；按实际支付或应支付的金额，贷记“银行存款”“库存现金”“其他货币资金”“应付账款”“应付票据”等科目。涉及增值税进项税额的，还应进行相应的处理。会计分录如图4-12所示。

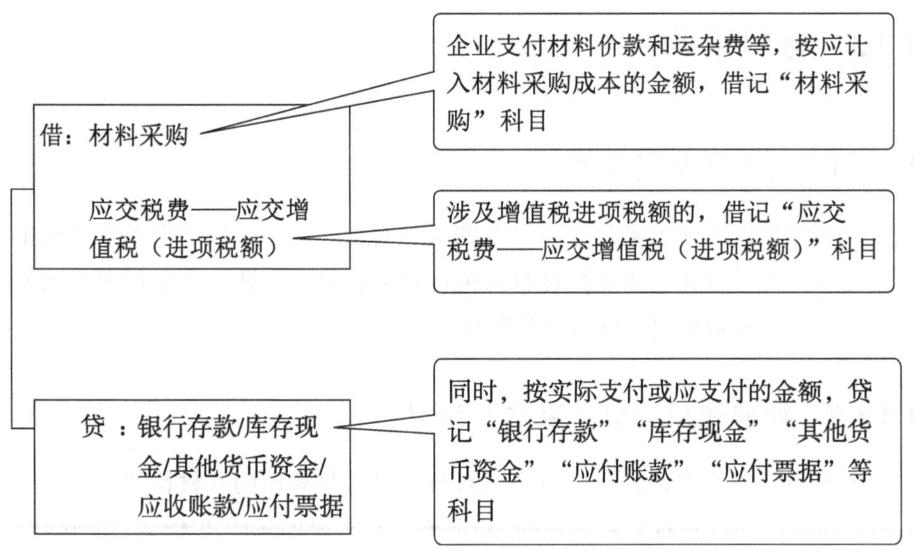

图4-12 支付价款和运杂费时的会计分录

* 案例解析

【例4-22】甲公司采用汇兑结算方式购入M1材料一批，专用发票上记载的货款为200 000元，增值税税额为26 000元，发票账单已收到，计划成本202 000元，材料尚未入库。账务处理如下：

借：材料采购　200 000

　　应交税费——应交增值税（进项税额）　26 000

　贷：银行存款　226 000

【例4-23】甲公司采用商业承兑汇票支付方式购入M2材料一批，专用发票上记载的货款为 500 000 元，增值税税额为 65 000 元，发票账单已收到，计划成本 520 000 元，材料已验收入库。账务处理如下：

借：材料采购　　500 000

　应交税费——应交增值税（进项税额）　　65 000

　贷：应付票据　　565 000

业务 2：期末的会计处理

期末，企业应将仓库转来的外购收料凭证，分别对下列不同情况进行处理。

（1）对于已经付款或已开出、承兑商业汇票的收料凭证，企业应按实际成本和计划成本分别汇总，按计划成本，借记“原材料”“周转材料”等科目，贷记“材料采购”科目。同时，实际成本大于计划成本的，企业应按两者的差额，借记“材料成本差异”科目，贷记“材料采购”科目；实际成本小于计划成本的，做相反的会计分录。会计分录如图 4-13 所示。

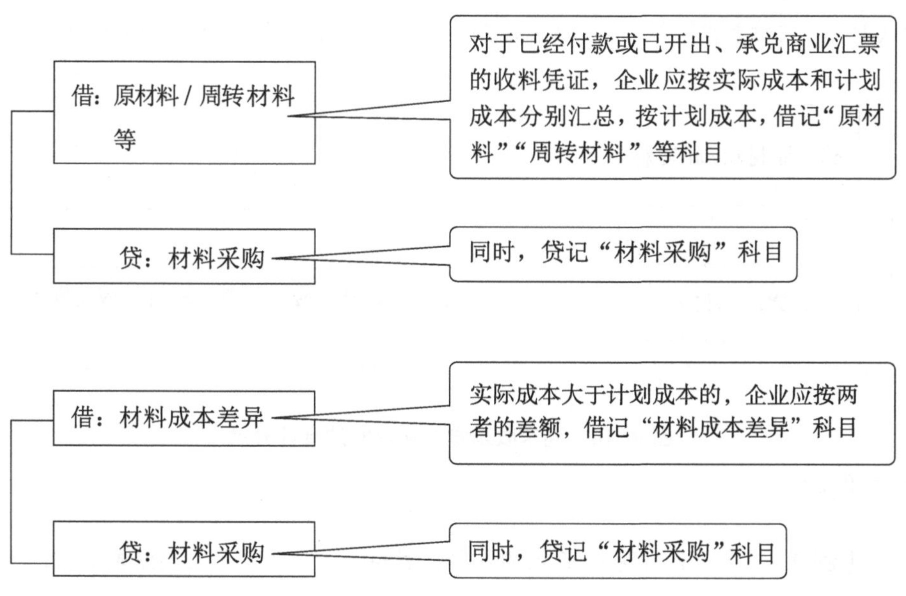

图 4-13　期末会计处理时的会计分录

* 案例解析

【例 4-24】接【例 4-22】和【例 4-23】，月末，甲公司汇总本月已付款或已开出并承兑商业汇票的入库材料的计划成本 722 000（202 000+520 000）元。会计分录如下：

借：原材料——M1 材料　　202 000

　　　　——M2 材料　　520 000

　贷：材料采购　　722 000

上述入库材料的实际成本为 700 000（200 000+500 000）元，入库材料的成本差异为节约 22 000（722 000-700 000）元。会计分录为：

借：材料采购　　22 000

　贷：材料成本差异——M1 材料　　22 000

（2）对于尚未收到发票账单的收料凭证，企业应按计划成本暂估入账，借记“原材料”“周转材料”等科目，贷记“应付账款——暂估应付账款”科目，如图 4-14 所示。下期初做相反分录予以冲回。

企业在下期收到发票账单的收料凭证时，借记“材料采购”科目，贷记“银行存款”“应付账款”“应付票据”等科目。涉及增值税进项税额的，还应进行相应的处理。

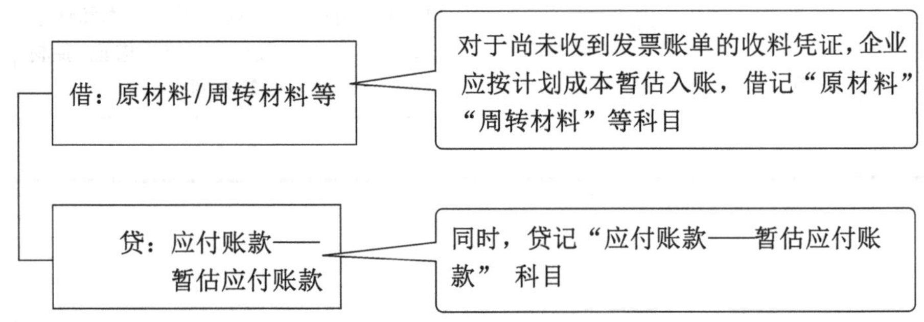

图 4-14　尚未收到发票账单时的会计分录

＊ 案例解析

【例 4-25】甲公司购入 M3 材料一批，材料已验收入库，发票账单未到，月末按照计划成本 600 000 元估价入账。会计分录如下：

借：原材料　　600 000

　贷：应付账款——暂估应付账款　　600 000

下月初，做相反的会计分录予以冲回：

借：应付账款——暂估应付账款　　600 000

　贷：原材料　　600 000

4.13　在途物资

4.13.1　什么是在途物资

在途物资是指企业采用实际成本法核算的在途物资的采购成本，反映了企业购入的尚未到达或尚未验收入库的各种物资（即在途物资）的采购和入库情况 。

4.13.2　如何使用“在途物资”科目

本科目核算企业采用实际成本（或进价）进行材料、商品等物资的日常核算、货款已付尚未验收入库的在途物资的采购成本。本科目可按供应单位和物资品种进行明细核算。

本科目期末借方余额，反映企业在途材料、商品等物资的采购成本。

4.13.3　如何设置明细科目

“在途物资”科目的明细科目设置如表 4-14 所示。

表 4-14　1402 在途物资

顺序号	编号	会计科目名称	二级科目名称	三级科目名称	是否辅助核算	辅助核算类别
一、资产类						
	1402	在途物资	物资品种	物资名称	是	按供应单位设置

4.13.4　会计处理分录与案例解析

业务 1：购入材料、商品

企业购入材料、商品，按应计入材料、商品采购成本的金额，借记“在途物资”科目，按实际支付或应支付的金额，贷记“银行存款”“应付账款”“应付票据”等科目。涉及增值税进项税额的，还应进行相应的处理。购入材料、商品的会计分录如图 4-15 所示。

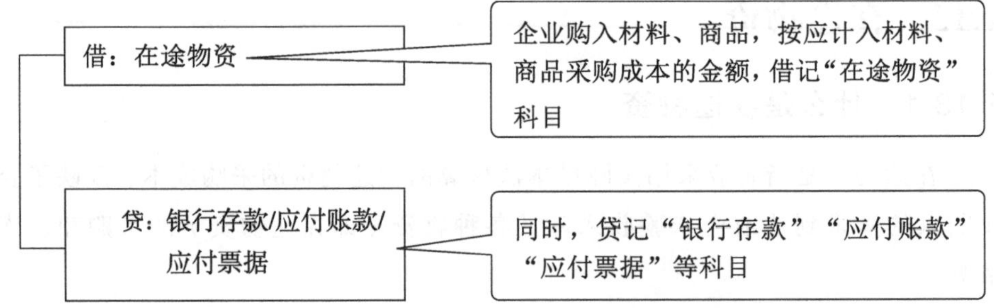

图 4–15　购入材料、商品时的会计分录

* 案例解析

【例 4–26】甲公司采用汇兑结算方式购入 F 材料一批，发票及账单已收到，增值税专用发票上记载的货款为 20 000 元、增值税税额为 2 600 元。支付保险费 1 000 元，材料尚未到达。账务处理如下：

借：在途物资　　21 000

　应交税费——应交增值税（进项税额）　　2 600

　贷：银行存款　　23 600

业务 2：所购材料、商品到达并验收入库

（1）企业所购材料、商品到达并验收入库时，借记“原材料”“库存商品”等科目，贷记本科目。所购材料、商品到达并验收入库时的会计分录如图 4–16 所示。

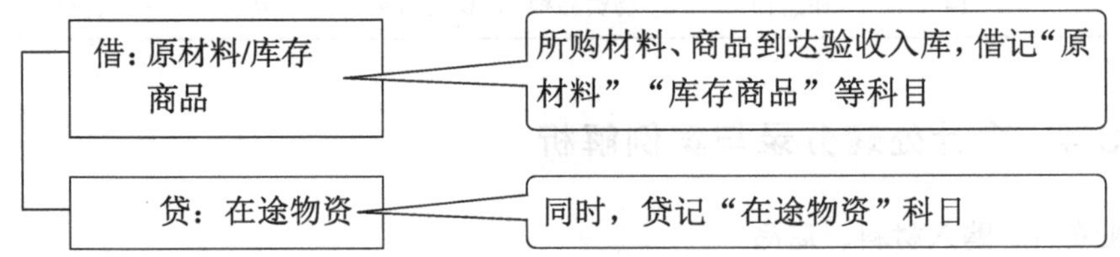

图 4–16　所购材料、商品到达并验收入库时的会计分录

（2）库存商品采用售价核算的，按售价，借记“库存商品”科目；按进价，贷记“在途物资”科目；按进价与售价之间的差额，借记或贷记“商品进销差价”科目。会计分录如图 4–17 所示。

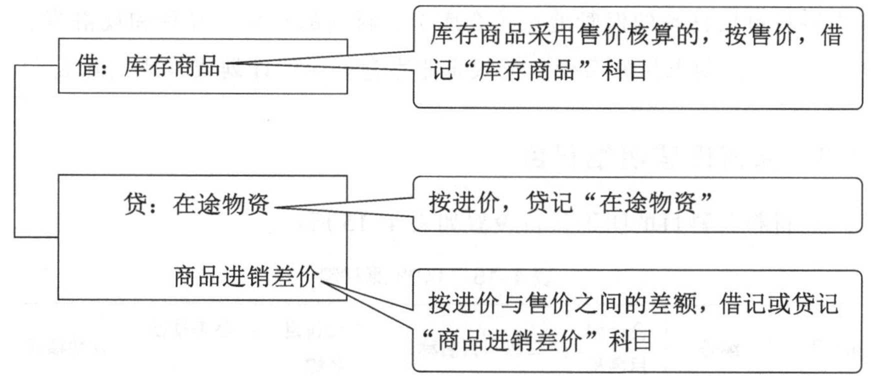

图 4–17　库存商品采用售价核算时的会计分录

* 案例解析

【例 4–27】接【例 4–26】，上述购入的 F 材料已收到，并验收入库。账务处理如下：

借：原材料　　24 400

　　贷：在途物资　　24 400

4.14　原材料

4.14.1　什么是原材料

原材料是指企业用于制造产品并构成产品实体的购入物品，以及购入的用产品生产但不构成产品实体的辅助性物资等。

4.14.2　如何使用“原材料”科目

本科目核算企业库存的各种材料，包括原料及主要材料、辅助材料、外购半成品（外购件）、修理用备件（备品备件）、包装材料、燃料等的计划成本或实际成本。收到来料加工装配业务的原料、零件等，应当设置备查簿进行登记。

本科目可按材料的保管地点（仓库）、材料的类别、品种和规格等进行明细核算。本科目期末借方余额，反映企业库存材料的计划成本或实际成本。

4.14.3 如何设置明细科目

“原材料”科目的明细科目设置如表4-15所示。

表4-15 1403原材料

顺序号	编号	会计科目名称	二级科目名称	三级科目名称	是否辅助核算	辅助核算类别
一、资产类						
	1403	原材料		品种和规格	是	按存放地点
	1403 01	原材料	原料及主要材料	品种和规格	是	按存放地点
	1403 02	原材料	辅助材料	品种和规格	是	按存放地点
	1403 03	原材料	外购半成品（外购件）	品种和规格	是	按存放地点
	1403 04	原材料	修理用备件（备品备件）	品种和规格	是	按存放地点
	1403 05	原材料	包装材料	品种和规格	是	按存放地点
	1403 06	原材料	燃料	品种和规格	是	按存放地点
	1403 07	原材料	其他	品种和规格	是	按存放地点

4.14.4 会计处理分录与案例解析

业务1：原材料入库

（1）对于购入并已验收入库的材料，企业应按计划成本或实际成本，借记“原材料”科目；按实际成本，贷记“材料采购”或“在途物资”科目；按计划成本与实际成本的差异，借记或贷记“材料成本差异”科目。原材料入库时的会计分录如图4-18所示。

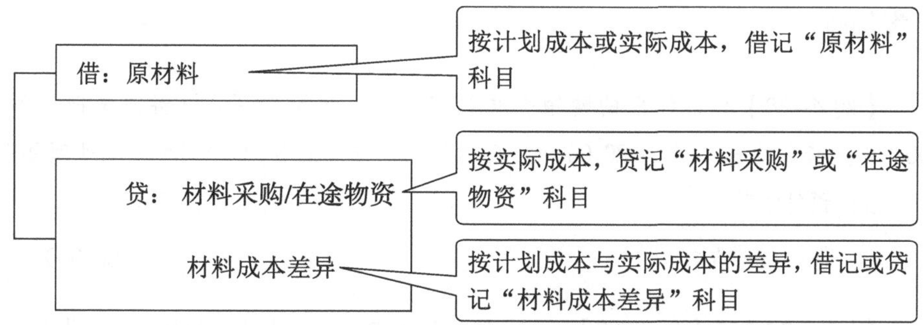

图 4-18　购入并验收的原材料入库时的会计分录

（2）对于自制并已验收入库的材料，企业应按计划成本或实际成本，借记“原材料”科目；按实际成本，贷记“生产成本”科目；按计划成本与实际成本的差异，借记或贷记“材料成本差异”科目。会计分录如图 4-19 所示。

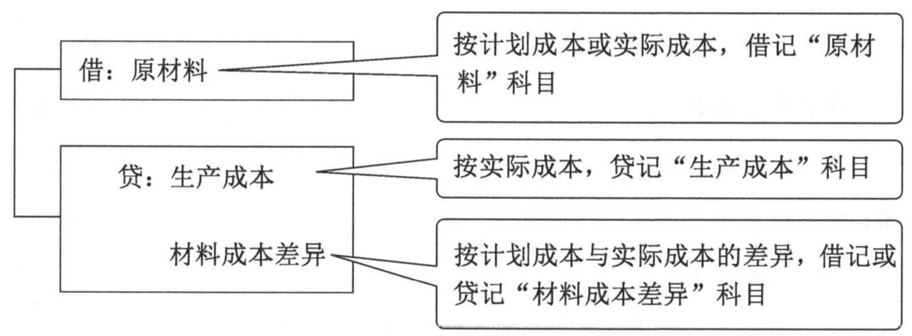

图 4-19　自制并验收的原材料入库时的会计分录

（3）对于委托外单位加工完成并已验收入库的材料，企业应按计划成本或实际成本，借记“原材料”科目；按实际成本，贷记“委托加工物资”科目；按计划成本与实际成本的差异，借记或贷记“材料成本差异”科目。会计分录如图 4-20 所示。

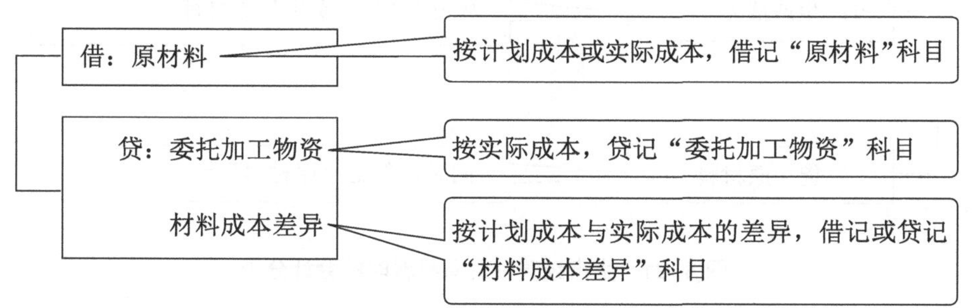

图 4-20　委托外单位加工完成并验收的原材料入库时的会计分录

* 案例解析

【例 4-28】与某钢厂的购销合同规定，甲公司为购买 J 材料向该钢厂预付 100 000 元货款的 80%，共计 80 000 元，已通过汇兑方式汇出。甲公司的账务处理如下：

借：预付账款　　80 000

　　贷：银行存款　　80 000

【例 4-29】承【例 4-28】，甲公司收到该钢厂发运来的 J 材料，已验收入库。有关发票账单记载，该批货物的货款为 100 000 元，增值税税额为 13 000 元。该钢厂代垫包装费 3 000 元。所欠款项以银行存款付讫。甲公司的账务处理如下：

（1）材料入库时：

借：原材料——J 材料　　103 000

　　应交税费——应交增值税（进项税额）　　13 000

　　贷：预付账款　　116 000

（2）补付货款时：

借：预付账款　　36 000

　　贷：银行存款　　36 000

业务 2：原材料出库

（1）企业应生产经营领用材料时，借记“生产成本”“制造费用”“销售费用”“管理费用”等科目，贷记“原材料”科目。会计分录如图 4-21 所示。

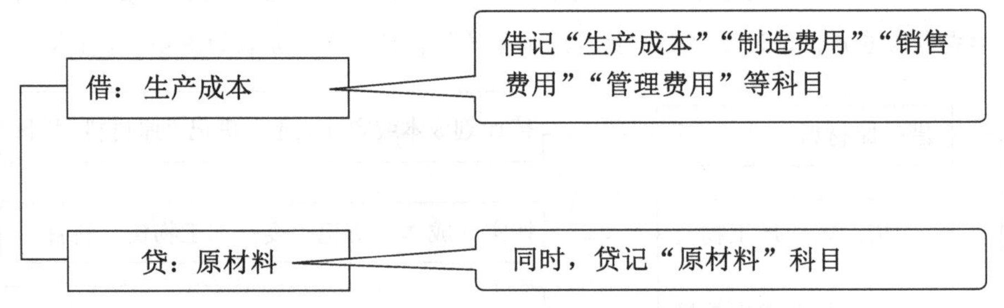

图 4-21　生产经营领用原材料时的会计分录

* 案例解析

【例 4-30】根据“发料凭证汇总表”的记录，甲公司 1 月基本生产车间领用

K 材料 500 000 元，辅助生产车间领用 K 材料 40 000 元，车间管理部门领用 K 材料 5 000 元，行政管理部门领用 K 材料 4 000 元，计 549 000 元。

借：生产成本——基本生产成本　　500 000

　　　　　　——辅助生产成本　　40 000

　　制造费用　　5 000

　　管理费用　　4 000

　　贷：原材料——K 材料　　549 000

（2）出售材料时，企业应结转成本，借记“其他业务成本”科目，贷记“原材料”科目。会计分录如图 4-22 所示。

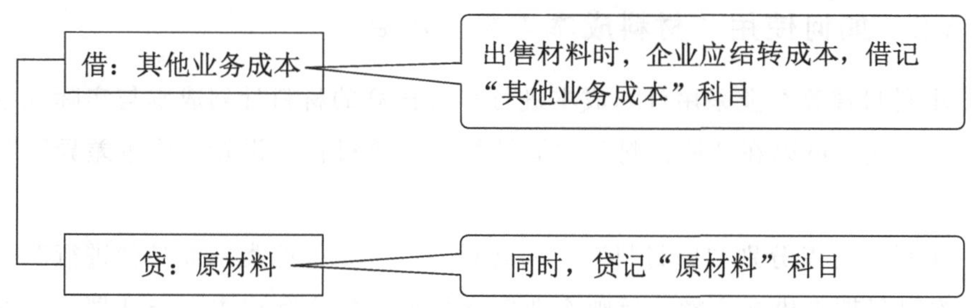

图 4-22　出售材料并结转成本时的会计分录

（3）企业发出委托外单位加工的材料时，借记“委托加工物资”科目，贷记“原材料”科目。会计分录如图 4-23 所示。

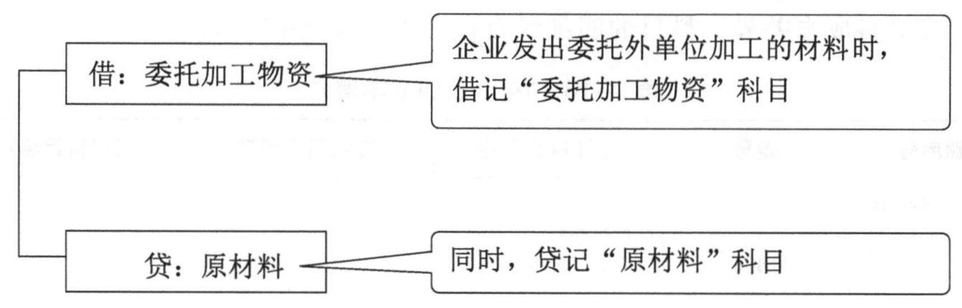

图 4-23　发出委托外单位加工材料时的会计分录

4.15 材料成本差异

4.15.1 什么是材料成本差异

本科目反映企业已入库各种材料的实际成本与计划成本的差异，借方登记超支差异及发出材料应负担的节约差异，贷方登记节约差异及发出材料应负担的超支差异。期末如为借方余额，则反映企业库存材料的实际成本大于计划成本的差异（即超支差异）；如为贷方余额，则反映企业库存材料实际成本小于计划成本的差异（即节约差异）。

4.15.2 如何使用“材料成本差异”科目

本科目核算企业采用计划成本进行日常核算的材料计划成本与实际成本的差额。企业也可以在“原材料”“周转材料”等科目下设置“成本差异”明细科目。

本科目可以分别“原材料”“周转材料”等，按照类别或品种进行明细核算。本科目期末借方余额，反映企业库存材料等的实际成本大于计划成本的金额；贷方余额反映企业库存材料等的实际成本小于计划成本的金额。

4.15.3 如何设置明细科目

“材料成本差异”科目的明细科目设置如表 4-16 所示。

表 4-16 1404 材料成本差异

顺序号	编号	会计科目名称	二级科目名称	三级科目名称
一、资产类				
	1404	材料成本差异		
	1404 01	材料成本差异	原材料	材料类别
	1404 02	材料成本差异	周转材料	材料类别
	1404 03	材料成本差异	其他	材料类别

4.15.4　会计处理分录与案例解析

业务 1：购入材料

对于入库材料发生的材料成本差异，企业应按实际成本大于计划成本的金额，借记“材料成本差异”科目，贷记“材料采购”科目，如图 4–24 所示；实际成本小于计划成本的，做相反的会计分录。

入库材料的计划成本应当尽可能接近实际成本。除特殊情况外，计划成本在年度内不得随意变更。

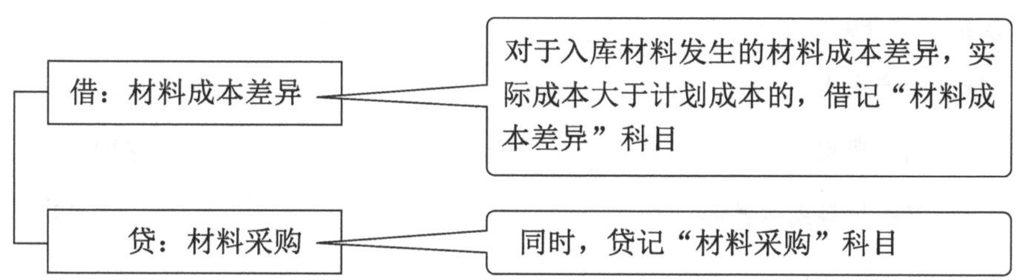

图 4–24　购入材料时的会计分录

* 案例解析

【例 4–31】甲公司原材料按计划成本核算。3 月份原材料账户余额 9 000 元，材料成本差异账户借方余额 900 元。本月购入原材料实际成本 20 000 元，增值税 2 600 元，购入材料已经验收入库，其计划成本 17 695 元，本月生产产品用材料 10 000 元，车间用材料 2 000 元。

购入原材料：

	借方	贷方
借：材料采购	20 000	
应交税费——应交增值税（进项税额）	2 600	
贷：银行存款		22 600

结转原材料计划成本：

	借方	贷方
借：原材料	17 695	
贷：材料采购		17 695

结转入库材料成本差异：

	借方	贷方
借：材料成本差异	2 305	

贷：材料采购　　2 305

材料出库：

借：生产成本　　10 000

制造费用　　2 000

贷：原材料　　12 000

材料成本差异率 =（期初原材料成本差异 + 本月入库原材料成本差异）/（期初原材料计划成本 + 本月入库原材料计划成本）=（900+2 305）/（9 000+17 695）=0.12

结转出库材料应负担的成本差异：

借：生产成本　　1 200

制造费用　　240

贷：材料成本差异　　1 440

业务2：发出材料

结转发出材料应负担的材料成本差异，按实际成本大于计划成本的差异，借记“生产成本”“管理费用”“销售费用”“委托加工物资”“其他业务成本”等科目，贷记“材料成本差异”科目；按实际成本小于计划成本的差异做相反的会计分录。

发出材料应负担的成本差异应当按期（月）分摊，不得在季末或年末一次计算。发出材料应负担的成本差异，除委托外部加工发出材料可按期初成本差异率计算外，应使用当期的实际差异率计算；期初成本差异率与本期成本差异率相差不大的，也可按期初成本差异率计算。

计算方法一经确定，不得随意变更。材料成本差异率的计算公式如下：

本期材料成本差异率 =（期初结存材料的成本差异 + 本期验收入库材料的成本差异）÷（期初结存材料的计划成本 + 本期验收入库材料的计划成本）×100%

期初材料成本差异率 = 期初结存材料的成本差异 ÷ 期初结存材料的计划成本 ×100%

发出材料应负担的成本差异 = 发出材料的计划成本 × 材料成本差异率

发出材料时的会计分录如图4-25所示。

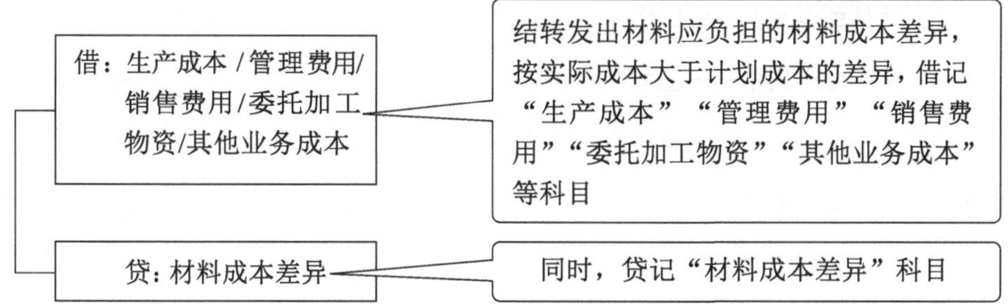

图 4–25　发出材料时的会计分录

＊ 案例解析

【例 4–32】甲公司购入 L 材料一批，专用发票上记载的货款为 3 000 000 元，增值税税额为 390 000 元，发票账单已收到，计划成本为 3 200 000 元，已验收入库，全部款项以银行存款支付。

	借方	贷方
借：材料采购	3 000 000	
应交税费——应交增值税（进项税额）	390 000	
贷：银行存款		3 390 000

【例 4–33】甲公司根据“发料凭证汇总表”的记录，某月 L 材料的消耗（计划成本）为：基本生产车间领用 2 000 000 元，辅助生产车间领用 600 000 元，车间管理部门领用 250 000 元，企业行政管理部门领用 50 000 元。

	借方	贷方
借：生产成本——基本生产成本	2 000 000	
——辅助生产成本	600 000	
制造费用	250 000	
管理费用	50 000	
贷：原材料——L 材料		2 900 000

【例 4–34】承【例 4–32】和【例 4–33】，甲公司某月月初结存 L 材料的计划成本为 1 000 000 元，成本差异为超支 30 740 元；当月入库 L 材料的计划成本为 3 200 000 元，成本差异为节约 200 000 元。

材料成本差异率 =（30 740−200 000）÷（1 000 000+3 200 000）×100% =−4.03%

结转发出材料的成本差异的分录为：

借：材料成本差异——L 材料　　116 870

　　贷：生产成本——基本生产成本　　80 600

　　　　　　　——辅助生产成本　　24 180

　　　　制造费用　　10 075

　　　　管理费用　　2 015

4.16 库存商品

4.16.1 什么是库存商品

库存商品是指企业已完成全部生产过程并已验收入库，合乎标准规格和技术条件，可以按照合同规定的条件送交订货单位，或可以作为商品对外销售的产品以及外购或委托加工完成验收入库用于销售的各种商品。

4.16.2 如何使用“库存商品”科目

本科目核算企业库存的各种商品的实际成本（或进价）或计划成本。

成本（或售价），包括库存产成品、外购商品、存放在门市部准备出售的商品、发出展览的商品以及寄存在外的商品等。

接受来料加工制造的代制品和为外单位加工修理的代修品，在制造和修理完成验收入库后，视同企业的产成品，也通过本科目核算。企业（房地产开发类）核算其开发产品时，可将本科目改为“开发产品”科目。企业（农业类）核算其收获的农产品时，可将本科目改为“农产品”科目。本科目可按库存商品的种类、品种和规格等进行明细核算。本科目期末借方余额，反映企业库存商品的实际成本（或进价）或计划成本（或售价）。

4.16.3　如何设置明细科目

“库存商品”科目的明细科目的设置如表 4-17 所示。

表 4-17　1405 库存商品

顺序号	编号	会计科目名称	二级科目名称	三级科目名称	是否辅助核算	辅助核算类别
一、资产类						
	1405	库存商品				
	1405 01	库存商品	库存产成品	按库存商品的种类、品种和规格	是	按存放地点
	1405 02	库存商品	外购商品	同上	是	同上
	1405 03	库存商品	存放在门市部准备出售的商品	同上	是	同上
	1405 04	库存商品	发出展览的商品以及寄存在外的商品	同上	是	同上
	1405 05	库存商品	接受来料加工制造的代制品和为外单位加工修理的待修品	同上	是	同上
	1405 06	库存商品	其他	同上	是	同上

4.16.4　会计处理分录与案例解析

业务 1：自产入库

（1）企业生产的产成品一般应按实际成本核算，产成品的入库和出库，平时只记数量不记金额，期（月）末计算入库产成品的实际成本。生产完成验收入库的产成品，按其实际成本，借记“库存商品”“农产品”等科目，贷记“生产成本”“消耗性生物资产”“农业生产成本”等科目。

采用实际成本进行产成品日常核算的，发出产成品的实际成本，可以采用先进先出法、加权平均法或个别认定法计算确定。产成品种类较多的，也可按计划成本进行日常核算，其实际成本与计划成本的差异，可以通过单独设置“产品成本差异”科目，比照“材料成本差异”科目进行核算。自产入库时的会计分录如图 4-26 所示。

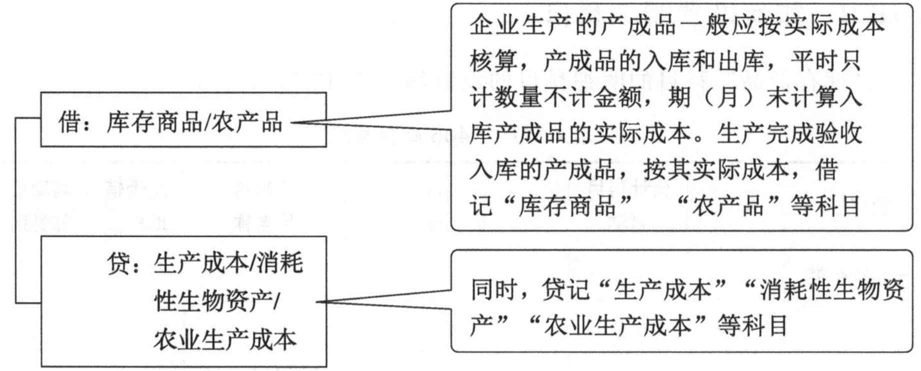

图4-26 自产入库时的会计分录

* 案例解析

【**例4-35**】甲公司“商品入库汇总表”记载，某月已验收入库Y产品1 000台，实际单位成本5 000元，计5 000 000元；Z产品2 000台，实际单位成本1 000元，计2 000 000元。甲公司应做如下账务处理：

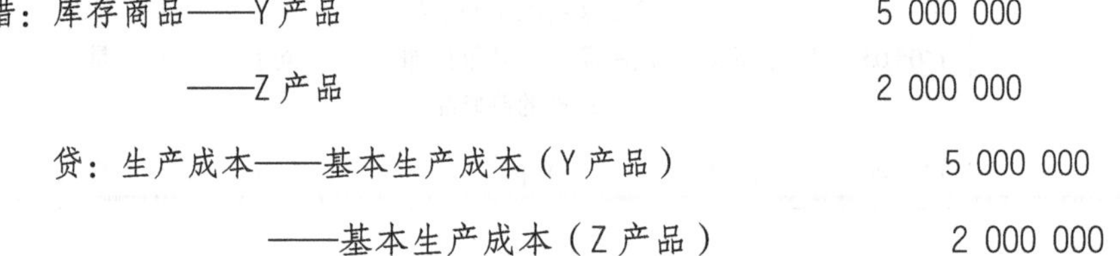

借：库存商品——Y产品　　5 000 000

　　　　　　——Z产品　　2 000 000

　贷：生产成本——基本生产成本（Y产品）　　5 000 000

　　　　　　　——基本生产成本（Z产品）　　2 000 000

（2）对外销售产成品（包括采用分期收款方式销售的产成品），结转其销售成本时，借记“主营业务成本”科目，贷记“库存商品”科目。采用计划成本核算的，发出产成品还应结转产品成本差异，将发出产成品的计划成本调整为实际成本。会计分录如图4-27所示。

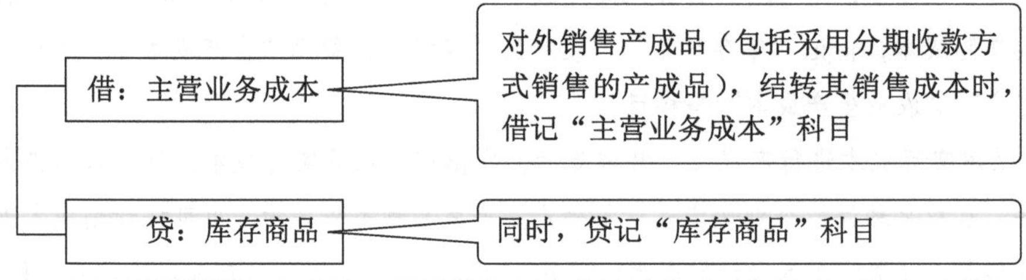

图4-27 结转销售产成品时的会计分录

＊ 案例解析

【例 4-36】 甲公司月末汇总的发出商品中，当月已实现销售的 Y 产品有 500 台，Z 产品有 1 500 台。该月 Y 产品实际单位成本 5 000 元，Z 产品实际单位成本 1 000 元。在结转其销售成本时，甲公司应做如下账务处理：

借：主营业务成本　　4 000 000

　贷：库存商品——Y 产品　　2 500 000

　　　　　　——Z 产品　　1 500 000

业务 2：外购入库

（1）购入商品采用进价核算的，在商品到达验收入库后，按商品进价，借记“库存商品”科目，贷记“银行存款”“在途物资”等科目。委托外单位加工收回的商品，按商品进价，借记“库存商品”科目，贷记“委托加工物资”科目。会计分录如图 4-28 所示。

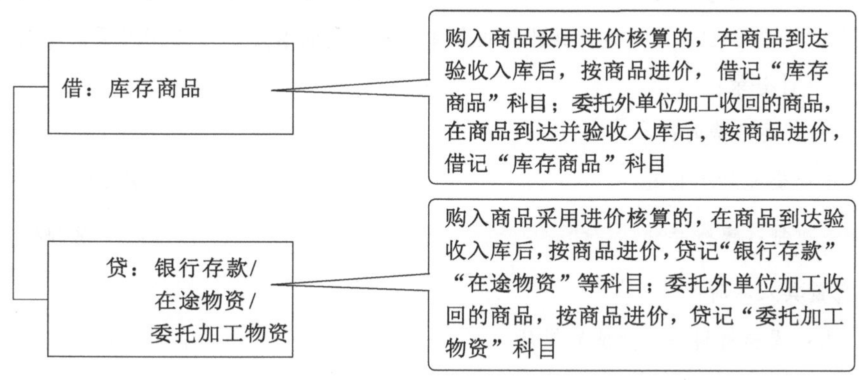

图 4-28　外购商品入库时的会计分录

＊ 案例解析

【例 4-37】 甲公司委托某量具厂加工一批量具，发出材料一批，计划成本 70 000 元，材料成本差异率为 4%，以现金支付运杂费 2 200 元。甲公司应做如下会计分录：

①发出材料时：

借：委托加工物资　　72 800

　贷：原材料　　70 000

材料成本差异　　2 800

②支付运杂费时：

借：委托加工物资　　2 200

贷：库存现金　　2 200

需要说明的是，企业发给外单位加工物资时，如果采用计划成本或售价核算，则该企业还应同时结转材料成本差异或商品进销差价，贷记或借记“材料成本差异”科目，或借记“商品进销差价”科目。

【例4-38】承【例4-37】，甲公司以银行存款支付上述量具的加工费用20 000元。

借：委托加工物资　　20 000

贷：银行存款　　20 000

【例4-39】承【例4-38】，甲公司收回由某量具厂代加工的量具，以银行存款支付运杂费2 500元。该量具已验收入库，其计划成本为1 100 000元。甲公司应做如下会计分录：

①支付运杂费时：

借：委托加工物资　　2 500

贷：银行存款　　2 500

②量具入库时：

借：周转材料——低值易耗品　　1 100 000

贷：委托加工物资　　975 000

材料成本差异　　125 000

（2）对外销售商品（包括采用分期收款方式销售商品）的，结转销售成本时，借记“主营业务成本”科目，贷记本科目。采用进价进行商品日常核算的，发出商品的实际成本，可以采用先进先出法、加权平均法或个别认定法计算确定。采用售价核算的，还应结转应分摊的商品进销差价。

略。（会计分录和案例解析请参照业务1）

4.17　发出商品

4.17.1　什么是发出商品

发出商品是指企业采用托收承付结算方式进行销售而发出的产成品。这种情况下，企业收到货款时才确认销售收入。

4.17.2　如何使用“发出商品”科目

本科目核算企业未满足收入确认条件但已发出商品的实际成本（或进价）或计划成本（或售价）。企业采用支付手续费方式委托其他单位代销商品时，也可以单独设置“委托代销商品”科目。

本科目可按购货单位、商品类别和品种进行明细核算。本科目期末借方余额，反映企业发出商品的实际成本（或进价）或计划成本（或售价）。

4.17.3　如何设置明细科目

“发出商品”科目的明细科目的设置如表 4-18 所示。

表 4-18　1406 发出商品

顺序号	编号	会计科目名称	二级科目名称	三级科目名称	是否辅助核算	辅助核算类别
一、资产类						
	1406	发出商品		商品类别和品种	是	按购货单位设置
	1406 01	发出商品	产成品	商品类别和品种	是	同上
	1406 02	发出商品	库存商品	商品类别和品种	是	同上
	1406 03	发出商品	委托代销商品	商品类别和品种	是	同上

4.17.4　会计处理分录与案例解析

业务 1：未满足收入确认条件的发出商品

对于未满足收入确认条件的发出商品，企业应按发出商品的实际成本（或进价）或计划成本（或售价），借记“发出商品”科目，贷记“库存商品”科目。会计分录如图 4-29 所示。

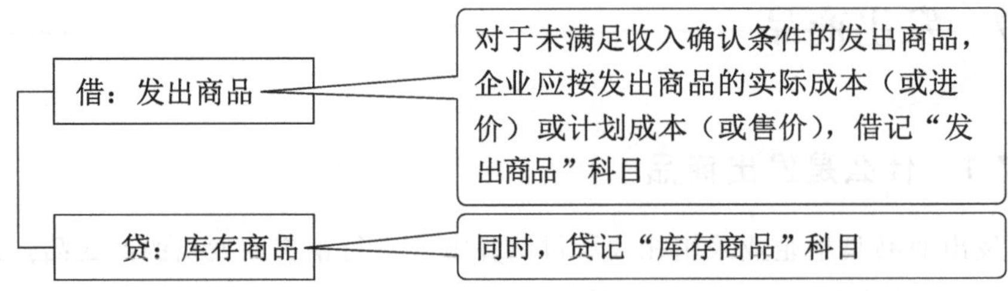

图4-29　与未满足收入确认条件的发出商品时的会计分录

＊ 案例解析

【例4-40】甲公司采用托收承付方式向丙公司销售一批商品，开出的增值税专用发票上注明的销售价格为100 000元，增值税税额为13 000元。该批商品的成本为60 000元。甲公司在售出该批商品时已得知丙公开发中心现金流转发生暂时困难，但为了减少存货积压，同时也为了维持与丙公司长期以来建立的商业关系，甲公司仍将商品发出并办妥托收手续。假定甲公司销售该批商品的纳税义务已经发生，不考虑其他因素。发出商品时，甲公司的账务处理如下：

借：发出商品　　60 000

　　贷：库存商品　　60 000

借：应收账款　　13 000

　　贷：应交税费——应交增值税（销项税额）　　13 000

业务2：发出商品满足收入确认条件

发出商品满足收入确认条件时，应结转销售成本，借记"主营业务成本"科目，贷记本科目。采用计划成本或售价核算的，还应结转应分摊的产品成本差异或商品进销差价。发出商品满足收入确认条件时的会计分录如图4-30所示。

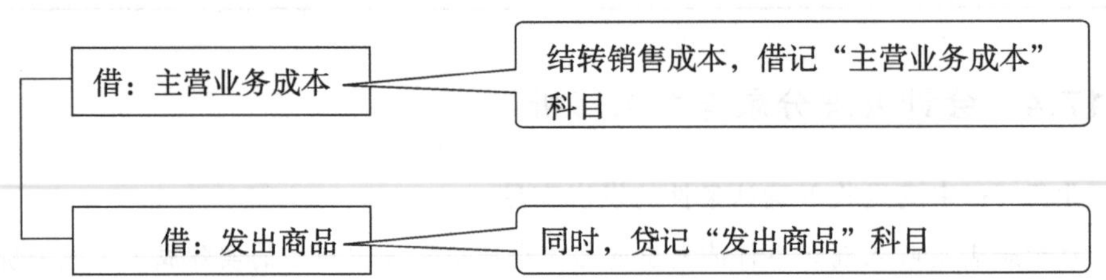

图4-30　发出商品满足收入确认条件时的会计分录

＊ 案例解析

【例 4-41】承【例 4-40】，甲公司得知丙公司经营情况出现好转，丙公司承诺近期付款时，甲公司的账务处理如下：

借：应收账款　　100 000

　　贷：主营业务收入　　100 000

借：主营业务成本　　60 000

　　贷：发出商品　　60 000

4.18 商品进销差价

4.18.1 什么是商品进销差价

商品进销差价指企业采用售价进行核算的库存商品的售价与进价之间的差额。它是商业企业核算存货销售成本的一种方法。

4.18.2 如何使用“商品进销差价”科目

本科目核算企业采用售价进行日常核算的商品售价与进价之间的差额。本科目可按商品类别或实物管理负责人进行明细核算。本科目的期末贷方余额，反映企业库存商品的商品进销差价。

4.18.3 如何设置明细科目

“商品进销差价”科目的明细科目的设置如表 4-19 所示。

表4–19　1407商品进销差价

顺序号	编号	会计科目名称	二级科目名称	三级科目名称	是否辅助核算	辅助核算类别
一、资产类						
	1407	商品进销差价	商品类别	商品明细	是	实物管理负责人

4.18.4　会计处理分录与案例解析

业务1：增加库存商品

对于通过购入、加工收回以及销售退回等增加的库存商品，企业应按商品售价，借记“库存商品”科目；按商品进价，贷记“银行存款”“委托加工物资”等科目；按售价与进价之间的差额，贷记“商品进销差价”科目。增加库存商品时的会计分录如图4–31所示。

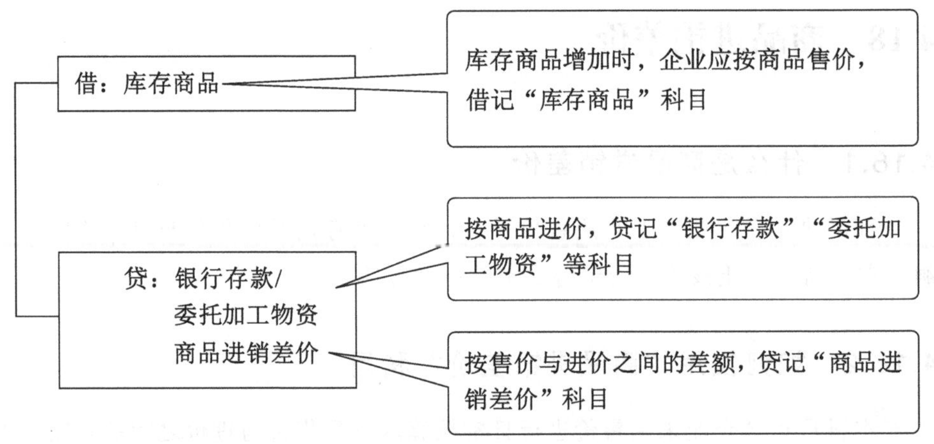

图4–31　增加库存商品时的会计分录

＊ 案例解析

【例4–42】甲公司委托丁公司加工商品一批100 000件，收回的商品每件成本为50元，计划每件商品按65元对外进行销售。甲公司采用售价进行日常核算的商品售价与进价之间的差额。甲公司在收到丁公司加工后的商品时，账务处理如下：

借：库存商品　　6 500 000

　　贷：委托加工物资　　5 000 000

商品进销差价　　　　　　　　　　　　　　　　1 500 000

业务 2：期末商品进销差价

按期（月）末分摊已销商品的进销差价，借记“商品进销差价”科目，贷记“主营业务成本”科目。会计分录如图 4-32 所示。

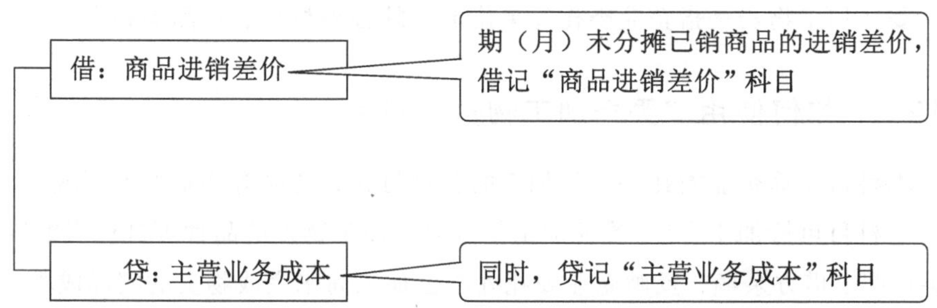

图 4-32　期末分摊商品进销差价时的会计分录

销售商品应分摊的商品进销差价，按以下公式计算：

商品进销差价率 =（期初库存商品进销差价 + 本期购入商品进销差价）÷（期初库存商品售价 + 本期购入商品售价）×100%

本期销售商品应分摊的商品进销差价 = 本期商品销售收入 × 商品进销差价率

本期销售商品的成本 = 本期商品销售收入 − 本期已销商品应分摊的商品进销差价

期末结存商品的成本 = 期初库存商品的进价成本 + 本期购进商品的进价成本 − 本期销售商品的成本

企业的商品进销差价率各期之间比较均衡的，也可以采用上期商品进销差价率计算分摊本期的商品进销差价。年度终了，应对商品进销差价进行核实调整。

* 案例解析

【例 4-43】某商场 20×9 年 7 月初期库存商品的进价成本为 1 000 000 元，售价总额为 1 100 000 元，本月购进该商品的进价成本为 750 000 元，售价总额为 900 000 元，本月销售收入为 1 200 000 元。有关计算如下：

商品进销差价率 =（1 100 000−1 000 000）÷（1 100 000 + 900 000）× 100% = 12.5%

已销商品应分摊的商品进销差价 =1 200 000×12.5%=150 000（元）

本期销售商品的实际成本 =1 200 000−150 000=1 050 000（元）

期末结存商品的实际成本 =1 000 000+750 000−1 050 000=700 000（元）

4.19 委托加工物资

4.19.1 什么是委托加工物资

委托加工物资是指企业委托外单位加工的各种材料、商品等物资。

4.19.2 如何使用“委托加工物资”科目

本科目核算企业委托外单位加工的各种材料、商品等物资的实际成本。

本科目可按加工合同、受托加工单位以及加工物资的品种等进行明细核算。本科目期末借方余额，反映企业委托外单位加工尚未完成物资的实际成本。

4.19.3 如何设置明细科目

“委托加工物资”科目的明细科目设置如表4-20所示。

表4-20 1408委托加工物资

顺序号	编号	会计科目名称	二级科目名称	三级科目名称	是否辅助核算	辅助核算类别
一、资产类						
	1408	委托加工物资	加工物资的品种	物资明细	是	按加工合同、受托加工单位设置

4.19.4 会计处理分录与案例解析

业务1：发给外单位加工物资

企业发给外单位加工的物资，按实际成本，借记“委托加工物资”科目，贷记“原材料”“库存商品”等科目；按计划成本或售价核算的，还应同时结转材料成本差异或商品进销差价。

企业发给外单位加工物资时的会计分录如图4-33所示。

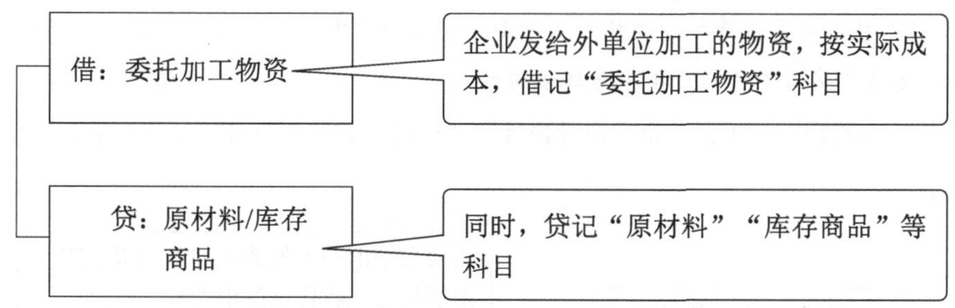

图 4-33　发给外单位加工物资时的会计分录

* 案例解析

【例 4-44】甲公司委托某量具厂加工一批量具，发出材料一批，计划成本 70 000 元，材料成本差异率为 4%。发出材料时，甲公司的账务处理如下：

借：委托加工物资　　72 800

　贷：原材料　　70 000

　　材料成本差异　　2 800

业务 2：支付加工费、运杂费

（1）支付加工费、运杂费等，借记“委托加工物资”科目，贷记“银行存款”等科目。支付加工费、运杂费时的会计分录如图 4-34 所示。

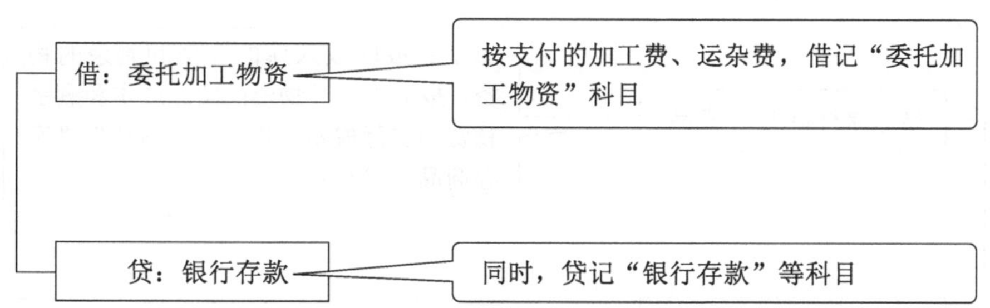

图 4-34　支付加工费、运杂费时的会计分录

* 案例解析

【例 4-45】承【例 4-44】，甲公司以现金支付运杂费 2 200 元，账务处理如下：

借：委托加工物资　　2 200

　贷：银行存款　　2 200

（2）需要缴纳消费税的委托加工物资，按由受托方代收代缴的消费税，借记“委托加工物资”科目（收回后用于直接销售的）或“应交税费——应交消费税”科目（收回后用于继续加工的），贷记“应付账款”“银行存款”等科目。会计分录如图4-35所示。

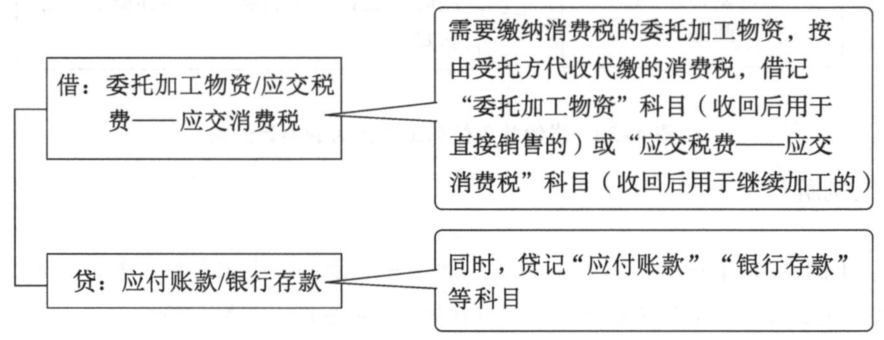

图4-35　需要缴纳消费税时的会计分录

业务3：加工完成，验收入库

（1）加工完成验收入库的物资和剩余的物资，按加工收回物资的实际成本和剩余物资的实际成本，借记“原材料”“库存商品”等科目，贷记“委托加工物资”科目。会计分录如图4-36所示。

会计分录：

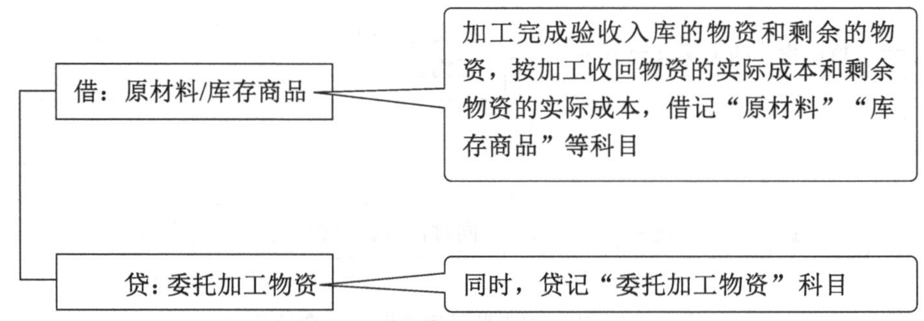

图4-36　加工完成并验收入库时的会计分录

（2）采用计划成本或售价核算的，按计划成本或售价，借记“原材料”或“库存商品”科目；按实际成本，贷记“委托加工物资”科目；按实际成本与计划成本或售价之间的差额，借记或贷记“材料成本差异”或贷记“商品进销差价”科目。

采用计划成本或售价核算的，也可以采用上期材料成本差异率或商品进销差价率计算本期应分摊的材料成本差异或商品进销差价。会计分录如图 4–37 所示。

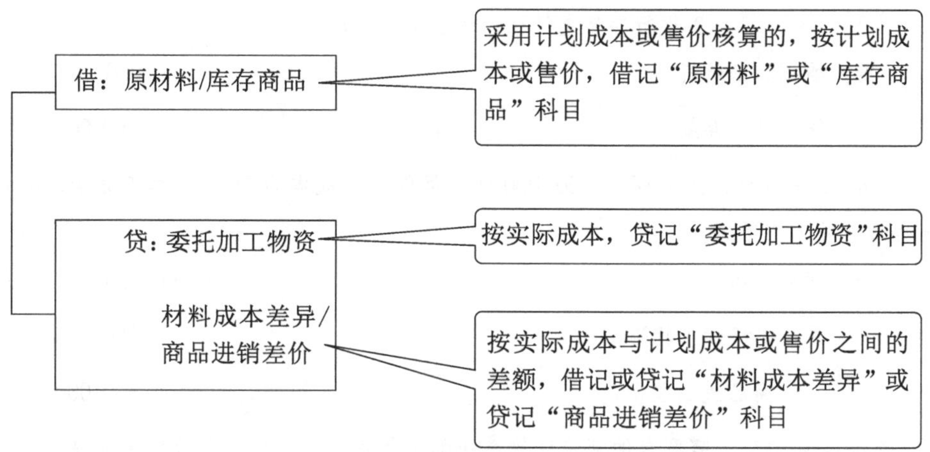

图 4–37　采用计划成本或售价核算时的会计分录

* 案例解析

【例 4–46】甲公司委托丁公司加工商品一批（属于应税消费品）100 000 件，有关经济业务如下。

（1）1 月 20 日，发出材料一批，计划成本为 6 000 000 元，材料成本差异率为 –3%。甲公司应做如下会计分录：

①发出委托加工材料时：

	借方	贷方
借：委托加工物资	6 000 000	
贷：原材料		6 000 000

②结转发出材料应分摊的材料成本差异时：

	借方	贷方
借：材料成本差异	180 000	
贷：委托加工物资		180 000

（2）2 月 20 日，甲公司支付商品工费 120 000 元，支付应当缴纳的消费税 660 000 元。该商品收回后用于连续生产，消费税可抵扣。甲公司和丁公司均为一般纳税人，适用增值税税率为 13%。甲公司应做如下会计分录：

借：委托加工物资	120 000
应交税费——应交消费税	660 000
——应交增值税（进项税额）	15 600

贷：银行存款 795 600

（3）3月4日，用银行存款支付往返运杂费10 000元。

借：委托加工物资 10 000

贷：银行存款 10 000

（4）3月5日，上述商品100 000件（每件计划成本为65元）加工完毕，公司已办理验收入库手续。

借：库存商品 6 500 000

贷：委托加工物资 5 950 000

商品进销差价 550 000

需要注意的是，需要缴纳消费税的委托加工物资，由受托方代收代缴的消费税，收回后用于直接销售的，计入“委托加工物资”科目；收回后用于继续加工的，计入“应交税费——应交消费税”科目。

4.20 周转材料

4.20.1 什么是周转材料

周转材料是指企业在施工过程中能够多次使用，并可基本保持原来的形态而逐渐转移其价值的材料，主要包括钢模、木模板、脚手架和其他周转材料等。

4.20.2 如何使用“周转材料”科目

本科目核算企业周转材料的计划成本或实际成本，包括包装物、低值易耗品，以及企业（建造承包商）的钢模板、木模板、脚手架等。企业的包装物、低值易耗品。企业也可以单独设置“包装物”“低值易耗品”科目。

本科目可按周转材料的种类，分别“在库”“在用”和“摊销”进行明细核算。本科目期末借方余额，反映企业在库周转材料的计划成本或实际成本以及在用周转材料的摊余价值。

4.20.3　如何设置明细科目

“周转材料”科目的明细科目设置如表 4-21 所示。

表 4-21　1411 周转材料

顺序号	编号	会计科目名称	二级科目名称	三级科目名称	是否辅助核算	辅助核算类别
一、资产类						
	1411	周转材料			是	部门
	1411 01	周转材料	包装物		是	部门
	1411 01 01	周转材料	包装物	在库	是	部门
	1411 01 02	周转材料	包装物	在用	是	部门
	1411 01 03	周转材料	包装物	摊销	是	部门
	1411 02	周转材料	低值易耗品		是	部门
	1411 02 01	周转材料	低值易耗品	在库	是	部门
	1411 02 02	周转材料	低值易耗品	在用	是	部门
	1411 02 03	周转材料	低值易耗品	摊销	是	部门
	1411 03	周转材料	钢模板、木模板、脚手架等		是	部门
	1411 03 01	周转材料	钢模板、木模板、脚手架等	在库	是	部门
	1411 03 02	周转材料	钢模板、木模板、脚手架等	在用	是	部门
	1411 03 03	周转材料	钢模板、木模板、脚手架等	摊销	是	部门

4.20.4　会计处理分录与案例解析

业务 1：材料入库

企业购入、自制、委托外单位加工完成并已验收入库的周转材料等，比照“原材料”科目的相关规定进行处理。

业务 2：一次转销法下领用材料

（1）采用一次转销法的，领用时应按其账面价值，借记“管理费用”“生产成本”“销售费用”“工程施工”“制造费用”等科目，贷记“周转材料”科目。一次转销法下领用材料的会计分录如图 4-38 所示。

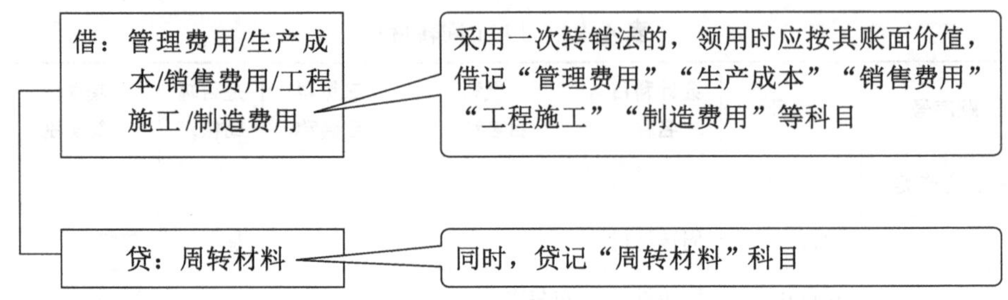

图 4-38　一次转销法下领用材料时的会计分录

（2）周转材料报废时，应按报废周转材料的残料价值，借记“原材料”等科目，贷记“管理费用”“生产成本”“销售费用”“工程施工”等科目。会计分录如图 4-39 所示。

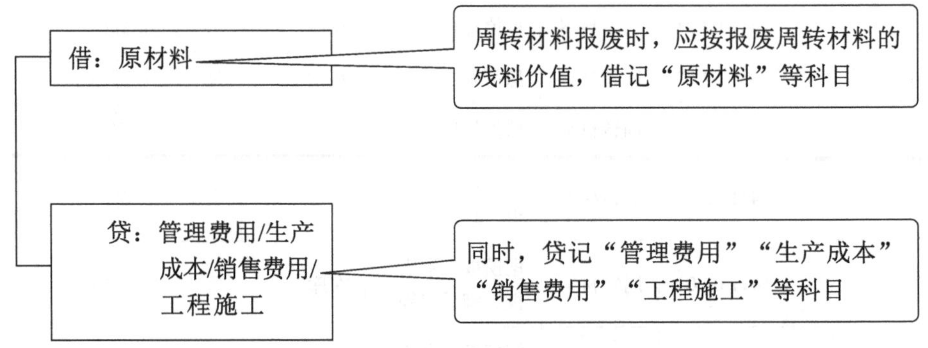

图 4-39　周转材料报废时的会计分录

* 案例解析

【例 4-47】甲公司某基本生产车间领用一批工具书，实际成本为 30 000 元，全部计入当期制造费用。甲公司应做如下会计分录：

借：制造费用　　30 000

　　贷：周转材料——低值易耗品　　30 000

业务 3：其他摊销法下领用材料

（1）采用其他摊销法的材料，领用时应按其账面价值，借记“周转材料（在用）”科目，贷记“周转材料（在库）”科目。其他摊销法下领用材料的会计分录如图 4-40 所示。

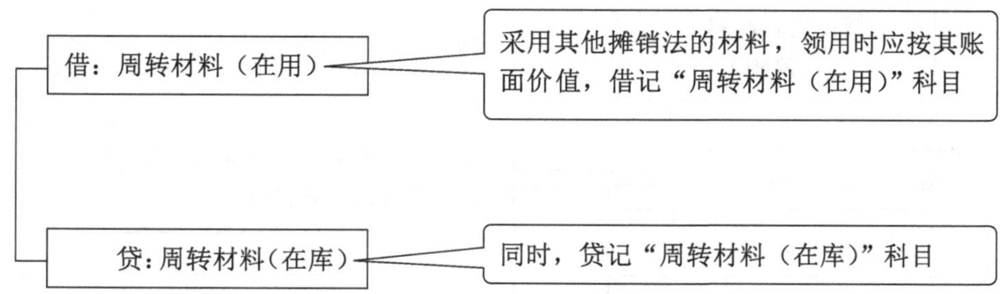

图 4-40　其他摊销法下领用材料时的会计分录

（2）周转材料摊销时应按摊销额，借记“管理费用”“生产成本”“销售费用”“工程施工”等科目，贷记“周转材料（摊销）”科目。会计分录如图 4-41 所示。

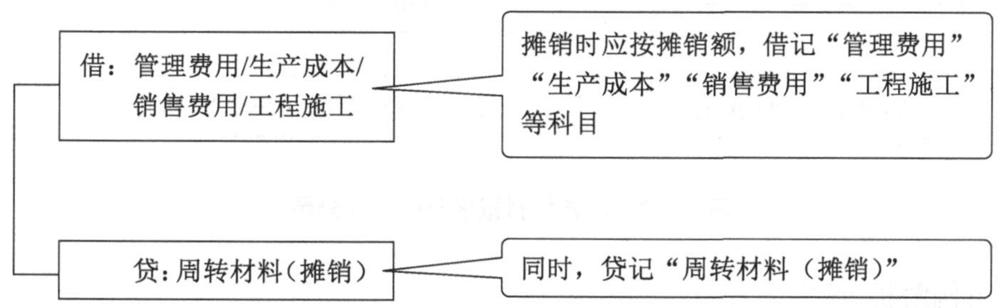

图 4-41　摊销周转材料时的会计分录

（3）周转材料报废时应补提摊销额，借记“管理费用”“生产成本”“销售费用”“工程施工”等科目，贷记“周转材料（摊销）”科目；同时，按报废周转材料的残料价值，借记“原材料”等科目，贷记“管理费用”“生产成本”“销售费用”“工程施工”等科目；并转销全部已提摊销额，借记“周转材料（摊销）”科目，贷记“周转材料（在用）”科目。会计分录如图 4-42 所示。

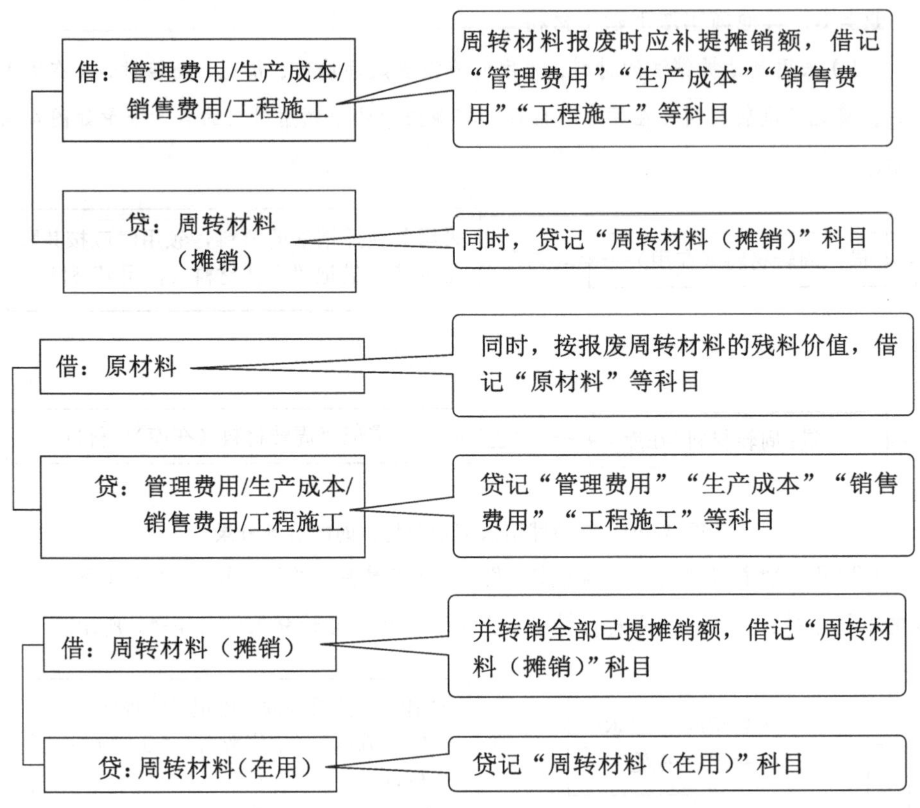

图 4 42　周转材料报废时的会计分录

* 案例解析

【例 4–48】甲公司的基本生产车间领用专用工具一批，实际成本为 100 000元，采用五五摊销法进行摊销。甲公司应做如下会计分录：

（1）领用专用工具：

借：周转材料——低值易耗品——在用　　100 000

　　贷：周转材料——低值易耗品——在库　　100 000

（2）领用时摊销其价值的一半：

借：生产成本——基本生产成本　　50 000

　　贷：周转材料——低值易耗品——摊销　　50 000

（3）报废时摊销其价值的另一半：

借：生产成本——基本生产成本　　50 000

贷：周转材料——低值易耗品——摊销　　50 000

同时，

借：周转材料——低值易耗品——摊销　　100 000

贷：周转材料——低值易耗品——在用　　100 000

4.21　融资租赁资产

4.21.1　什么是融资租赁

融资租赁，是指实质上转移了与资产所有权有关的全部风险和报酬的租赁。这时，资产的所有权最终可能转移，也可能不转移。企业与出租人签订的租赁合同能否认定为融资租赁合同，不在于租赁合同的形式，而应视出租人是否将租赁资产的风险的报酬转移给了承租人而定。如果实质上转移了与资产所有权有关的全部风险和报酬，则该项租赁应认定为融资租赁；如果实质上并没有转移与资产所有权有关的全部风险和报酬，则该项租赁应认定为经营租赁。

只要满足以下条件之一的，则该项租赁为融资租赁：

（1）租赁资产在租赁期届满时归承租人所有；

（2）承租人在租赁期开始日的最低租赁付款额现值几乎相当于租赁资产此时的公允价值（90% 及以上）或出租人在租赁开始日的最低租赁收款额现值几乎相当于租赁资产此时的公允价值（90% 及以上）；

（3）租赁期占租赁资产使用寿命的 75% 及以上（已使用超过 75% 的不适用本条标准）；

（4）租赁资产特点特殊，如无重大改动只有承租人才能使用；

（5）承租人有购买租赁资产选择权，而且购买价款远低于行使此权利时租赁资产的公允价值。

由于在融资租赁下，出租人将与租赁资产所有权有关的风险和报酬实质上转移给了承租人，并将租赁资产的使用权长期转让给了承租人，并以此获取租金。因此，出租人的租赁资产在租赁开始日实际上就变成了收取租金的债权。

4.21.2 如何使用“融资租赁资产 ”科目

本科目核算企业（租赁类）为开展融资租赁业务取得资产的成本。本科目可按承租人、租赁资产类别和项目进行明细核算。本科目期末借方余额，反映企业融资租赁资产的成本。

4.21.3 如何设置明细科目

“融资租赁资产”科目的明细科目设置如表 4-22 所示。

表 4-22　1461 融资租赁资产

顺序号	编号	会计科目名称	二级科目名称	三级科目名称	是否辅助核算	辅助核算类别
一、资产类						
	1461	融资租赁资产	承租人	项目	是	部门

4.21.4 会计处理分录与案例解析

业务 1：租赁期开始日的账务处理

在租赁期开始日，出租人应按最低租赁收款额与初始直接费用之和，借记“长期应收款——应收融资租赁款”科目；按未担保余值，借记“未担保余值”科目；按租赁资产的公允价值（最低租赁收款额的现值与未担保余值的现值之和），贷记“融资租赁资产”科目；按租赁资产公允价值与其账面价值的差额，借记“营业外支出”或贷记“营业外收入”科目；按发生的初始直接费用，贷记“银行存款”科目；按借方与贷方的差额，贷记“未实现融资收益”科目。租赁期开始日的账务处理的会计分录如图 4-43 所示。

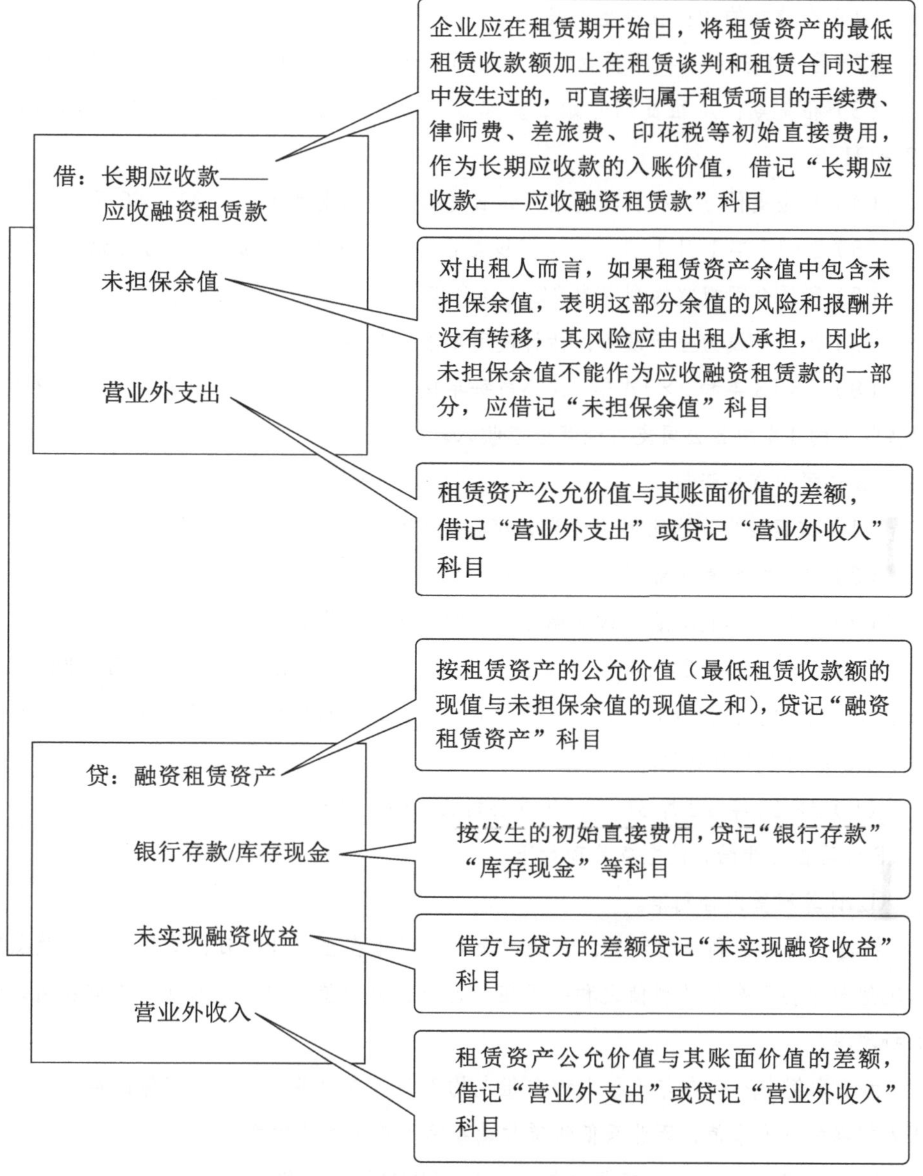

图 4–43　租赁期开始日的会计分录

* 案例解析

【**例 4–49**】资料：

1. 租赁合同

2×11 年 12 月 28 日，A 公司与 B 公司签订了一份租赁合同。合同主要条款如下。

（1）租赁标的物：程控生产线。

（2）租赁期开始日：租赁物运抵A公司生产车间之日（即2×12年1月1日）。

（3）租赁期：从租赁期开始日算起36个月（即2×12年1月1日～2×14年12月31日）。

（4）租金支付方式：自租赁期开始日起每年年末支付租金1 000 000元。

（5）2×12年1月1日，该生产线在B公司的公允价值为2 600 000元。

（6）租赁合同规定的利率为8%（年利率）。

（7）该生产线为全新设备，估计使用年限为5年。

（8）2×13年和2×14年，A公司每年按该生产线所生产的产品——微波炉的年销售收入的1%向B公司支付经营分享收入。

2.B公司的有关资料

（1）该程控生产线账面价值为2 600 000元。

（2）发生初始直接费用100 000元。

（3）采用实际利率法确认本期应分配的未实现融资收益。

（4）2×13年、2×14年A公司分别实现微波炉销售收入10 000 000元和15 000 000元。根据合同规定，这两年B公司应向该公司取得的经营分享收入分别为100 000元和150 000元。

（5）2×14年12月31日，从A公司收回该生产线。

B公司租赁开始日的账务处理如下。

① 计算租赁内含利率。

根据租赁内含利率的定义，租赁内含利率是指在租赁开始日，使最低租赁收款额的现值与未担保余值的现值之和等于租赁资产公允价值与出租人的初始直接费用之和的折现率。

由于本例中不存在与承租人和出租人均无关但在财务上有能力担保的第三方对出租人担保的资产余值，因此最低租赁收款额等于最低租赁付款额，即：

租金×期数+承租人担保余值=1 000 000×3+0=3 000 000（元）

因此有1 000 000×(*P/A*,*R*,3)=2 600 000+100 000=2 700 000（元）（租赁资产的公允价值+初始直接费用）经查表，可知：

年金系数（*P/A*）	利率（*R*）
2.723	5%
2.7	*R*
2.6730	6%

$$\frac{2.723-2.7}{2.723-2.6730}=\frac{5\%-R}{5\%-6\%}$$

R=5.46%

租赁内含利率为 5.46%。

② 计算租赁开始日最低租赁收款额及其现值和未实现融资收益。

最低租赁收款额 + 未担保余值

=（最低租赁付款额 + 第三方担保的余值）+ 未担保余值

=[（各期租金之和 + 承租人担保余值）+ 第三方担保余值]+ 未担保余值

=[（1 000 000×3+0）+0]+0=3 000 000（元）

最低租赁收款额 =1 000 000×3=3 000 000（元）

最低租赁收款额的现值 =1 000 000×（*P/A*，5.46%，3）=2 700 000（元）

未实现融资收益 =（最低租赁收款额 + 未担保余值）－（最低租赁收款额的现值 + 未担保余值的现值）=3 000 000−2 700 000=300 000（元）

③ 判断租赁类型。

本例中，租赁期（3 年）占租赁资产尚未可使用年限（5 年）的 60%，没有满足融资租赁的第 3 条标准。另外，最低租赁收款额的现值为 2 600 000 元，大于租赁资产原账面价值的 90% 即 2 340 000（2 600 000×90%）元，满足融资租赁的第 4 条标准，因此，B 公司应当将该项租赁认定为融资租赁。

④ 账务处理。

2×12 年 1 月 1 日，租出程控生产线，发生初始直接费用：

借：长期应收款	3 000 000	
贷：融资租赁资产		2 600 000
银行存款		100 000
未实现融资收益		300 000

业务 2：租赁期间的账务处理

（1）每期收取租金时，在分配未实现融资收益时，出租人应当采用实际利率法计算当期应确认的融资收入。由于在计算内含报酬率时已考虑了初始直接费用的因素，为了避免高估未实现融资收益，出租人在初始确认时应对未实现融资收益进行调整，其账务处理为：出租人每期收到租金时，按收到的租金，借记“银行存款”科目，贷记“长期应收款——应收融资租赁款”科目。在未确认融资收益初始确认时对其进行调整，借记“未实现融资收益”科目，贷记“长期应收款——应收融资租赁款”科目。

租赁期间的账务处理的会计分录如图4-44所示。

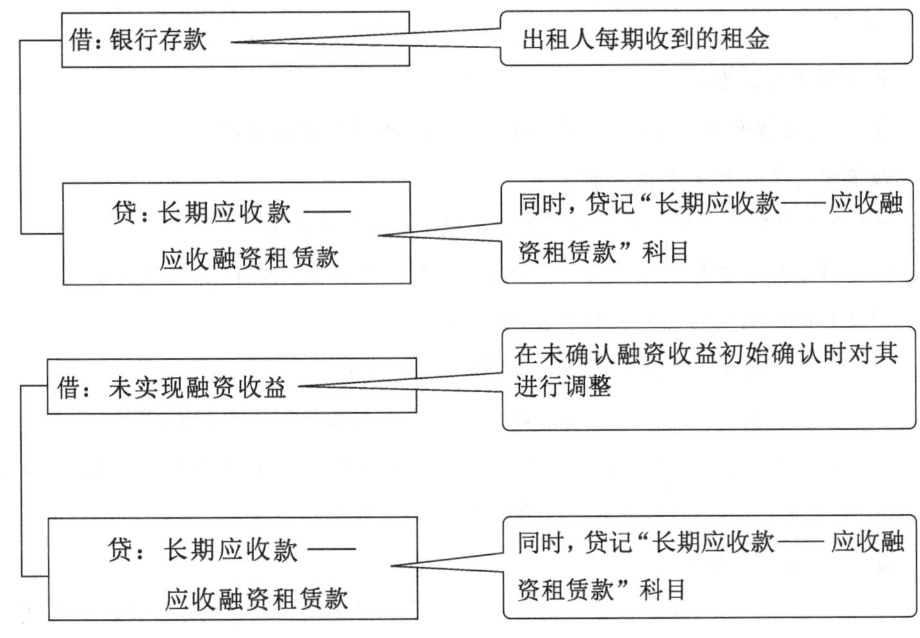

图4-44 租赁期间的会计分录

（2）每期采用合理方法分配未实现融资收益时，按当期应确认的融资收入金额，借记"未实现融资收益"科目，贷记"租赁收入"科目。会计分录如图4-45所示。

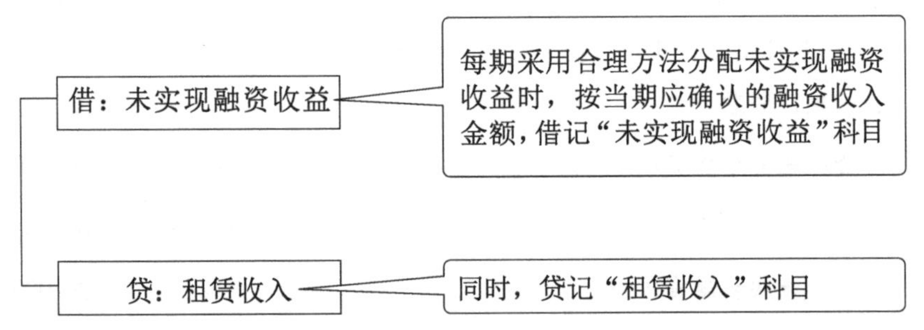

图4-45 分配未实现融资收益时的会计分录

* 案例解析

【例4-50】承【例4-49】，B公司未实现融资收益分配的账务处理如下：

① 计算租赁期内各租金收取期应分配的未实现融资收益（如表4-23所示）。

表 4-23　未实现融资收益

日期	租金	确认的融资收入	租赁投资净额减少额	租赁投资净额余额
①	②	③ = 期初⑤ ×5.46%	④ = ② - ③	期末⑤ = 期初⑤ - ④
（1）2×12.01.01				2 700 000.00
（2）2×12.12.31	1 000 000	147 420.00	852 580.00	1 847 420.00
（3）2×13.12.31	1 000 000	100 869.13	899 130.87	948 289.13
（4）2×14.12 31	1 000 000	51 710.87*	948 289.13	0.00
合计	3 000 000	300 000.00	2 700 000.00	
* 做尾数调整。51 710.87=1 000 000–948 289.13 948 289.13=948 289.13–0				

② 账务处理。

2×12 年 12 月 31 日，收到第一期租金：

借：银行存款　　1 000 000

　　贷：长期应收款——应收融资租赁款　　1 000 000

2×12 年 1 ~ 12 月，每月确认融资收入时：

借：未实现融资收益（147 420÷12）　　12 285

　　贷：租赁收入　　12 285

2×13 年 12 月 31 日，收到第二期租金：

借：银行存款　　1 000 000

　　贷：长期应收款——应收融资租赁款　　1 000 000

2×13 年 1 ~ 12 月，每月确认融资收入时：

借：未实现融资收益（100 869.13÷12）　　8 405.76

　　贷：租赁收入　　8 405.76

2×14 年 12 月 31 日，收到第三期租金：

借：银行存款　　1 000 000

　　贷：长期应收款——应收融资租赁款　　1 000 000

2×14 年 1 ～ 12 月，每月确认融资收入时：

借：未实现融资收益（51 710.87÷12）　　4 309.24

　　贷：租赁收入　　4 309.24

③ 或有租金的账务处理。

2×13 年 12 月 31 日，根据合同规定应向 A 公司收取经营分享收入 100 000 元：

借：未实现融资收益　　100 000

　　贷：租赁收入　　100 000

2×14 年 12 月 31 日，根据合同规定应向 A 公司收取经营分享收入 150 000 元：

借：未实现融资收益　　150 000

　　贷：租赁收入　　150 000

业务 3：租赁期届满时的会计处理

租赁期届满时，出租人应区别以下情况进行会计处理。

（1）存在担保余值，不存在未担保余值。出租人收到承租人返还的租赁资产时，借记“融资租赁资产”科目，贷记“长期应收款——应收融资租赁款”科目。租赁期届满时的会计分录如图 4-46 所示。

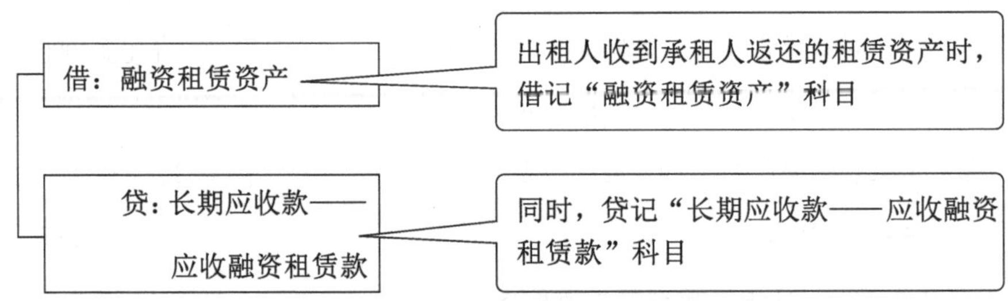

图 4-46　租赁期届满时的会计分录

如果收回租赁资产的价值低于担保余值，则应向承租人收取价值损失补偿金，借记“其他应收款”科目，贷记“营业外收入”科目。会计分录如图 4-47 所示。

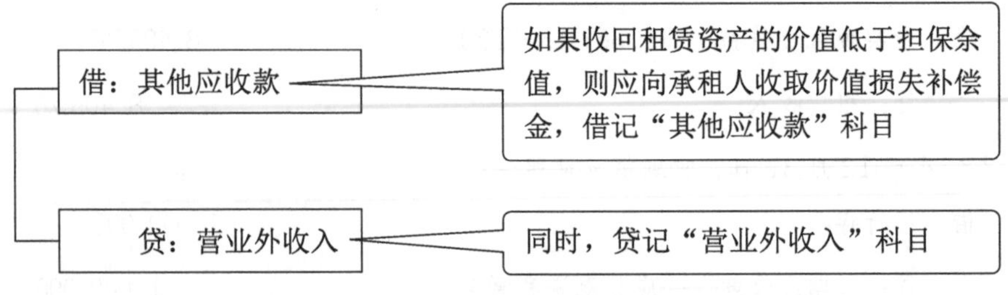

图 4-47　收回租赁资产的价值低于担保余值时的会计分录

（2）存在担保余值，同时存在未担保余值。出租人收到承租人返还的租赁资产时，借记“融资租赁资产”科目，贷记“长期应收款——应收融资租赁款”“未担保余值”等科目。

如果收回租赁资产的价值扣除未担保余值后的余额低于担保余值，则应向承租人收取价值损失补偿金，借记“其他应收款”科目，贷记“营业外收入”科目。会计分录如图 4-48 所示。

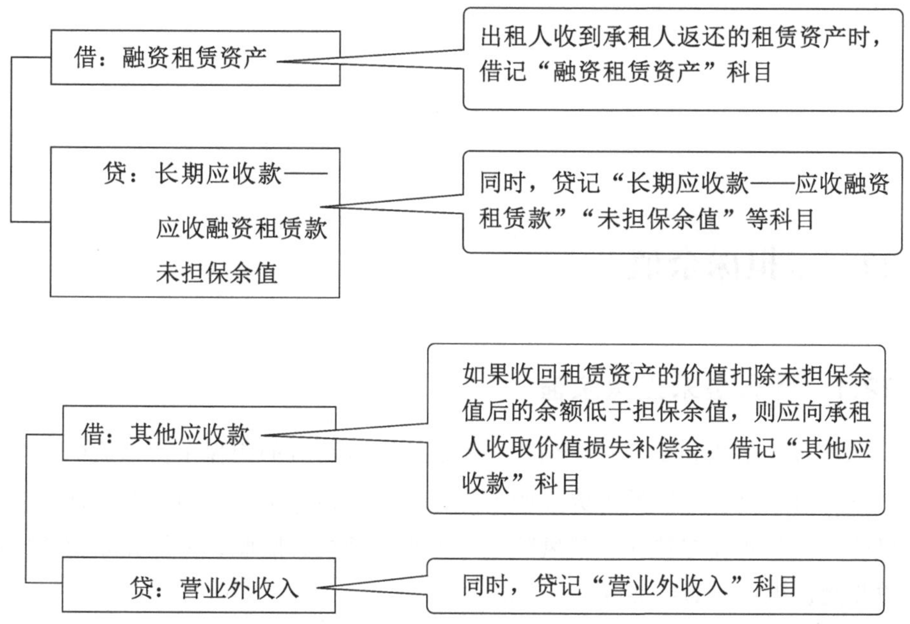

图 4-48　存在担保余值，同时存在未担保余值时的会计分录

（3）存在未担保余值，不存在担保余值。出租人收到承租人返还的租赁资产时，借记“融资租赁资产”科目，贷记“未担保余值”科目。会计分录如图 4-49 所示。

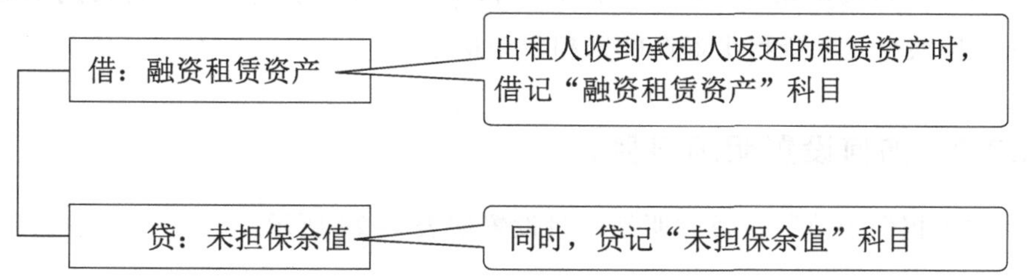

图 4-49　存在未担保余值但不存在担保余值时的会计分录

（4）担保余值和未担保余值均不存在。此时，出租人无需做会计处理，只需做相应的备查登记。

＊ 案例解析

【例 4-51】承【例 4-50】，2×14 年 12 月 31 日，租赁期届满时的账务处理如下：

2×14 年 12 月 31 日，将该生产线从 A 公司收回，做备查登记。

4.22 未担保余值

4.22.1 什么是未担保余值

未担保余值指租赁资产余值中扣除就出租人而言的担保余值以后的资产余值。对出租人而言，如果租赁资产余值中包含未担保余值，则表明这部分余值的风险和报酬并没有转移，其风险应由出租人承担，因此，未担保余值不能作为应收融资租赁款的一部分。

4.22.2 如何使用“未担保余值”科目

本科目核算企业（租赁）采用融资租赁方式租出资产的未担保余值。

本科目可按承租人、租赁资产类别和项目进行明细核算。本科目期末借方余额，反映企业融资租出资产的未担保余值。

4.22.3 如何设置明细科目

“未担保余值”科目的明细科目设置如表 4-24 所示。

表 4-24　1611 未担保余值

顺序号	编号	会计科目名称	二级科目名称	三级科目名称	是否辅助核算	辅助核算类别
一、资产类						
	1611	未担保余值	承租人	租赁资产类别和项目	是	部门

会计处理分录与案例解析主要账务处理参考上节融资租赁资产的账务处理，在此不再赘述。

4.23　存货跌价准备

4.23.1　什么是存货跌价准备

存货跌价准备是指在中期期末或年度终了，如由于存货遭受毁损、全部或部分陈旧过时或销售价格低于成本等原因，使存货成本不可以收回的部分，应按单个存货项目的成本高于其可变现净值的差额提取，并计入存货跌价损失。

4.23.2　如何使用“存货跌价准备”科目

本科目核算企业存货的跌价准备。本科目可按存货项目或类别进行明细核算。

本科目期末贷方余额，反映企业已计提但尚未转销的存货跌价准备。

4.23.3　如何设置明细科目

“存货跌价准备”科目的明细科目设置如表 4-25 所示。

表4-25 1471存货跌价准备

顺序号	编号	会计科目名称	二级科目名称	三级科目名称	是否辅助核算	辅助核算类别
一、资产类						
	1471	存货跌价准备		存货项目或类别	是	部门
	1471 01	存货跌价准备	原材料	存货项目或类别	是	部门
	1471 02	存货跌价准备	库存商品	存货项目或类别	是	部门
	1471 03	存货跌价准备	发出商品	存货项目或类别	是	部门
	1471 04	存货跌价准备	委托加工物资	存货项目或类别	是	部门
	1471 05	存货跌价准备	周转材料	存货项目或类别	是	部门
	1471 06	存货跌价准备	其他	存货项目或类别	是	部门

4.23.4 会计处理分录与案例解析

（1）资产负债表日，存货发生减值的，按存货可变现净值低于成本的差额，借记“资产减值损失”科目，贷记“存货跌价准备”科目。一般企业的存货跌价准备的会计分录如图4-50所示。

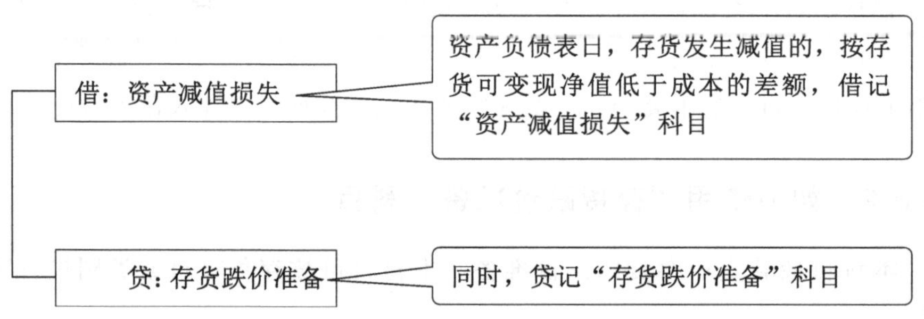

图4-50 一般企业的存货跌价准备的会计分录

（2）已计提跌价准备的存货价值以后又得以恢复，应在原已计提的存货跌价准备金额内，按恢复增加的金额，借记“存货跌价准备”科目，贷记“资产减值损失”科目。会计分录如图4-51所示。

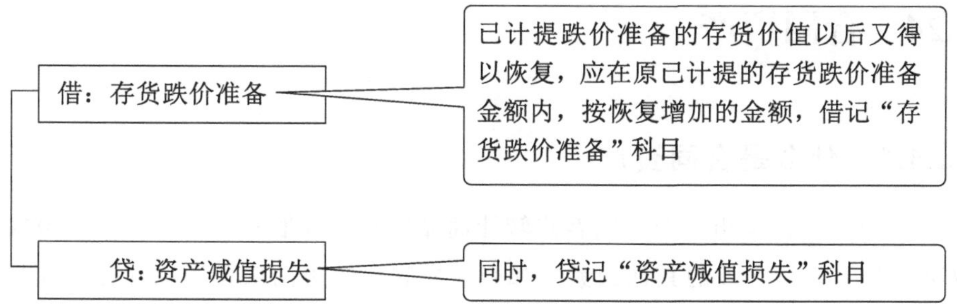

图 4-51　已计提跌价准备的存货价值得以恢复时的会计分录

（3）发出存货结转存货跌价准备的，借记“存货跌价准备”科目，贷记“主营业务成本”“生产成本”等科目。会计分录如图 4-52 所示。

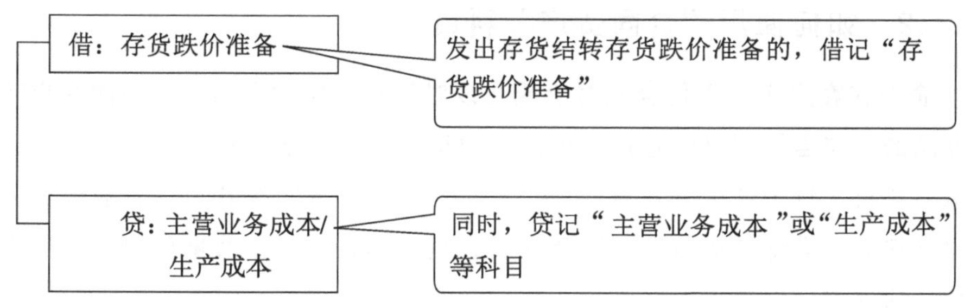

图 4-52　发出存货结转存货跌价准备时的会计分录

＊ 案例解析

【例 4-52】2×14 年 12 月 31 日，甲公司 X 材料的账面金额为 100 000 元，由于市场价格下跌，预计可变现净值为 80 000 元，由此应计提的存货跌价准备为 20 000 元。甲公司应做如下会计分录：

借：资产减值损失——计提的存货跌价准备　　20 000

　　贷：存货跌价准备　　20 000

【例 4-53】承【例 4-52】，假设 2×15 年 6 月 30 日，X 材料的账面金额为 100 000 元，由于市场价格有所上升，使得 X 材料的预计可变现净值为 95 000 元，应转回的存货跌价准备为 15 000 元。甲公司应做如下会计分录：

借：存货跌价准备　　15 000

　　贷：资产减值损失——计提的存货跌价准备　　15 000

4.24 合同资产

4.24.1 什么是合同资产

合同资产，是指企业已向客户转让商品而有权收取对价的权利，且该权利取决于时间流逝之外的其他因素。如企业向客户销售两项可明确区分的商品，企业因已交付其中一项商品而有权收取款项，但收取该款项还取决于企业交付另一项商品的，企业应当将该收款权利作为合同资产。企业拥有的、无条件（即，仅取决于时间流逝）向客户收取对价的权利应当作为应收款项单独列示。

4.24.2 如何使用“合同资产”科目

企业在客户实际支付合同对价或在该对价到期应付之前，已经向客户转让了商品的，应当按因已转让商品而有权收取的对价金额，借记本科目或“应收账款”科目，贷记“主营业务收入”“其他业务收入”等科目；企业取得无条件收款权时，借记“应收账款”等科目，贷记本科目。涉及增值税的，还应进行相应的处理。

4.24.3 如何设置明细科目

合同资产可以按照具体的项目进行明细核算，如表4-26所示。

表4-26 合同资产的明细科目设置

顺序号	会计科目名称	二级科目名称	明细科目名称	是否辅助核算	辅助核算类别
一、资产类					
	合同资产				
	合同资产	项目	种类	是	部门

4.24.4 会计处理分录与案例解析

业务1：企业提前向客户转让商品

企业提前向客户转让商品时的会计分录如图4-53所示。

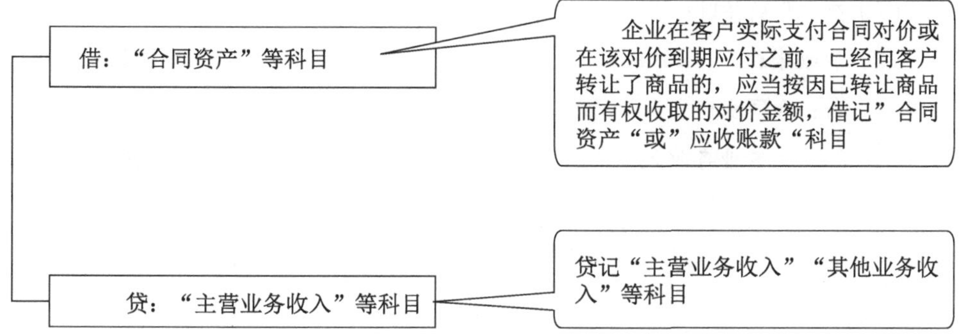

图 4–53　企业提前向客户转让商品时的会计分录

业务 2：企业取得无条件收款权

企业取得无条件收款权时的会计分录如图 4–54 所示。

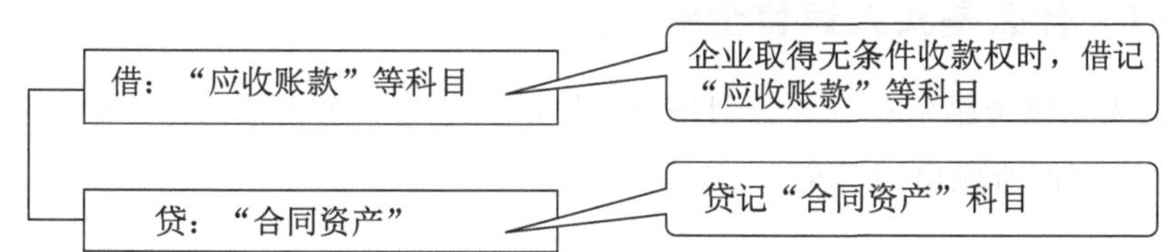

图 4–54　企业取得无条件收款权时的会计分录

* 案例解析

【例 4–54】2×19 年 3 月 1 日，甲公司与客户签订合同，向其销售 A、B 两项商品，A 商品的单独售价为 6 000 元，B 商品的单独售价为 24 000 元，合同价款为 25 000 元。合同约定，A 商品于合同开始日交付，B 商品在一个月之后交付，只有当两项商品全部交付之后，甲公司才有权收取 25 000 元的合同对价。假定 A 商品和 B 商品分别构成单项履约义务，其控制权在交付时转移给客户。上述价格均不包含增值税，且假定不考虑相关税费影响。

本例中，分摊至 A 商品的合同价款为 5 000（6 000÷（6 000+24 000）×25 000）元，分摊至 B 商品的合同价款为 20 000 （24 000÷（6 000+24 000）×25 000）元。甲公司的账务处理如下：

（1）交付 A 商品时：

借：合同资产　　5 000

　　贷：主营业务收入　　5 000

（2）交付B商品时：

借：应收账款　　25 000

　　贷：合同资产　　5 000

　　　　主营业务收入　　20 000

4.25 买入返售金融资产

4.25.1 什么是买入返售金融资产

买入返售金融资产是指公司按返售协议约定先买入再按固定价格返售的证券等金融资产所融出的资金。

4.25.2 如何使用“买入返售金融资产”科目

本科目核算以摊余成本计量的、企业（金融）按返售协议约定先买入再按固定价格返售给卖出方的票据、证券、贷款等金融资产所融出的资金。

4.25.3 如何设置明细科目

本科目可按买入返售金融资产的类别和融资方进行明细核算，如表4-27所示。

表4-27 买入返售金融资产

顺序号	编号	会计科目名称	二级科目名称	明细科目名称	是否辅助核算	辅助核算类别
一、资产类						
		买入返售金融资产				
	01	买入返售金融资产	类别	融资方		
	02	买入返售金融资产	类别	融资方		
	03	买入返售金融资产	类别	融资方		

4.25.4　会计处理分录与案例解析

业务 1：企业根据返售协议买入金融资产

企业根据返售协议买入金融资产时，应按实际支付的款项和交易费用之和，借记本科目，贷记“存放中央银行款项”“结算备付金”“银行存款”等科目，如图 4-55 所示。

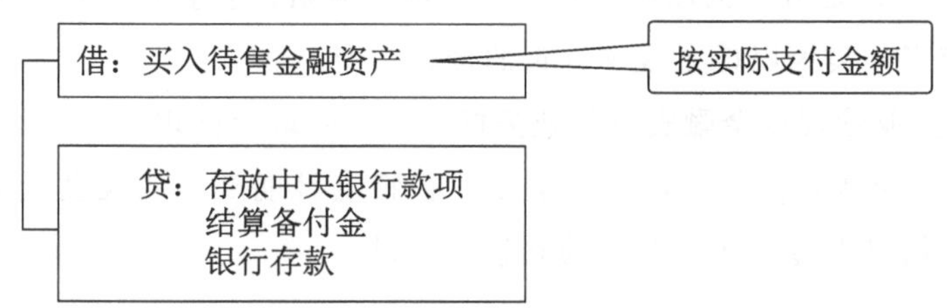

图 4-55　企业根据返售协议买入金融资产时的会计分录

业务 2：买入返售金融资产的利息收入

资产负债表日，按照计算确定的买入返售金融资产的利息收入，借记“应收利息”科目，贷记“利息收入”科目，如图 4-56 所示。

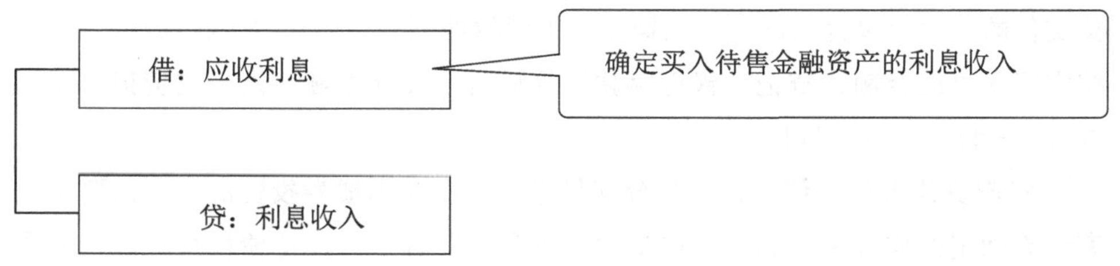

图 4-56　确认买入返售金融资产的利息收入时的会计分录

业务 3：返售日买入待售金融资产

应按实际收到的金额，借记“存放中央银行款项”“结算备付金”“银行存款”等科目；按其账面余额，贷记本科目、“应收利息”科目；按其差额，贷记“利息收入”科目，如图 4-57 所示。

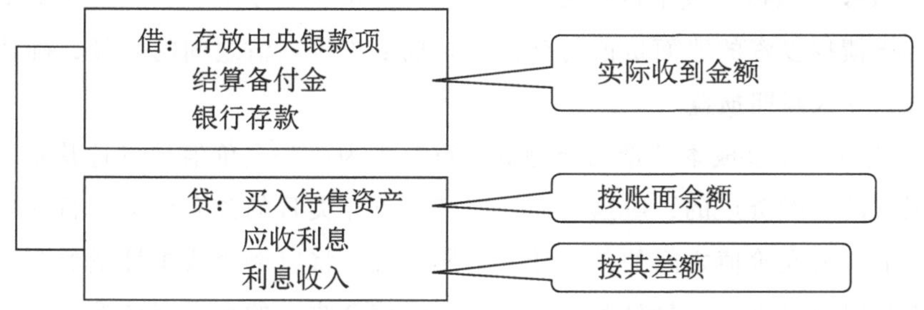

图 4-57　返售日买入待售金融资产时的会计分录

4.26 债权投资

4.26.1 什么是债权投资

债权投资，是分类为以摊余成本计量的金融资产。金融资产同时符合下列条件的，应当分类为以摊余成本计量的金融资产：

（1）企业管理该金融资产的业务模式是以收取合同现金流量为目标。

（2）该金融资产的合同条款规定，在特定日期产生的现金流量，仅为对本金和以未偿付本金金额为基础的利息的支付。

4.26.2 如何使用“债权投资”科目

本科目核算企业以摊余成本计量的债权投资的账面余额。本科目可按债权投资的类别和品种，分别“面值”“利息调整”“应计利息”等进行明细核算。

企业取得的债权投资，应按该投资的面值，借记“债权投资——成本”科目，按支付的价款中包含的已到付息期但尚未领取的利息，借记“应收利息”科目，按实际支付的金额，贷记“银行存款”等科目，按其差额，借记或贷记“债权投资——利息调整”科目。

资产负债表日，债权投资为分期付息、一次还本债券投资的，应按票面利率计算确定的应收未收利息，借记“应收利息”科目，按持债权投资摊余成本和实际利率确定的利息收入，贷记“投资收益”科目，按其差额，借记或贷记“债权投资——利息调整”科目。债权投资为一次还本付息债券投资的，应按票面利率计算确定的应收未收利息，借记“债权投资——应计利息”科目，按债权投资摊余成本和额实际利率计算确定的利息收入，贷记“投资收益”科目，按其差额，借记或贷记“债权投资——利息调整”科目。

债权投资以摊余成本进行后续计量的，当市场利率上升，其发生减值时，应当将该债权投资的账面价值与预计未来现金流量现值之间的差额，确认为减值损失，计入当期损益。

企业将以摊余成本计量的金融资产重分类为以公允价值计量且其变动计入当期损益的金融资产的，应当按照该资产在重分类日的公允价值进行计量。原账面价值与公允价值之间的差额计入当期损益；将以摊余成本计量的金融资产重分类为以公允价值计量且其变动计入其他综合收益的金融资产的，应当按照该金融资产在重分类日的公允价值进行计量。原账面价值与公允价值之间的差额计入其他综合收益。该金融资产重分类不影响其实际利率和预期信用损失的计量。

企业出售债权投资，应按实际收到的金额，借记“银行存款”等科目，按其账面余额，贷记“债权投资——成本、利息调整、应计利息”科目，按其差额，贷记或借记“投资收益”科目。已计提减值准备的，还应同时结转减值准备。

本科目期末借方余额，反映企业以摊余成本计量的债权投资的摊余成本。

4.26.3　如何设置明细科目

“债权投资”科目的明细科目设置如表 4-28 所示。

表 4-28　1501 债权投资

顺序号	编号	会计科目名称	二级科目名称	明细科目名称	是否辅助核算	辅助核算类别
一、资产类						
	1501	债权投资			是	按类别和品种
	1501 01	债权投资	企业债券		是	按类别和品种
	1501 01 01	债权投资	企业债券	成本	是	按类别和品种
	1501 01 02	债权投资	企业债券	利息调整	是	按类别和品种
	1501 01 03	债权投资	企业债券	应计利息	是	按类别和品种
	1501 02	债权投资	委托银行或其他金融机构向其他单位贷出的款项		是	按类别和品种
	1501 02 01	债权投资	委托银行或其他金融机构向其他单位贷出的款项	成本	是	按类别和品种
	1501 02 02	债权投资	委托银行或其他金融机构向其他单位贷出的款项	利息调整		按类别和品种
	1501 02 03	债权投资	委托银行或其他金融机构向其他单位贷出的款项	应计利息		按类别和品种

4.26.4 会计处理分录与案例解析

业务1：取得债权投资

企业取得的债权投资，应按该投资的面值，借记“债权投资——成本”科目，按支付的价款中包含的已到付息期但尚未领取的利息，借记“应收利息”科目，按实际支付的金额，贷记“银行存款”等科目，按其差额，借记或贷记“债权投资——利息调整”科目。值得注意的是，债权投资初始确认时，相关交易费用计入初始入账金额，而交易性金融资产的相关交易费用计入的是“投资收益”。取得债权投资时的会计分录见图4-58。

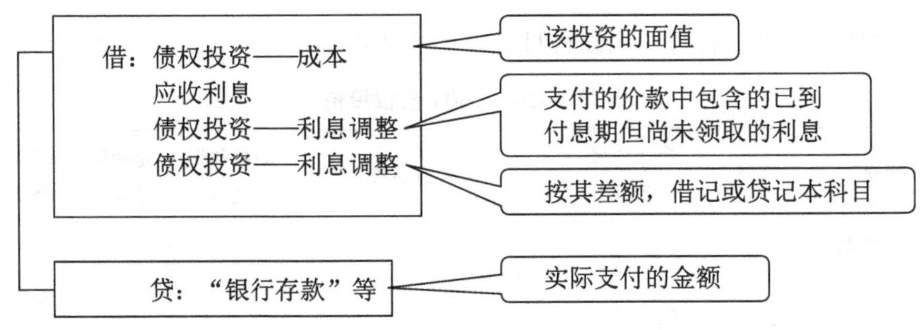

图4-58 取得债权投资时的会计分录

* 案例解析

【例4-55】甲公司于2×19年1月1日购入乙公司发行的2年期债券，支付价款41 486万元，债券面值为40 000万元，每半年付息一次，到期还本。合同约定债券发行方乙公司在遇到特定情况下可以将债券赎回，且不需要为赎回支付额外款项。甲公司在购买时预计发行方不会提前赎回，并将其划分为债权投资。

该债券票面利率8%，实际利率6%，采用实际利率法摊销。

假定不考虑其他因素，甲公司2×19年1月1日的账务处理如下：

借：债权投资——成本　　40 000

　　　　　　——利息调整　　1 486

　贷：银行存款　　41 486

业务2：持有期间确认投资收益

（1）资产负债表日，债权投资为分期付息、一次还本债券投资的，应按票面利率计算确定的应收未收利息，借记“应收利息”科目，按债权投资摊余成本和实际利率计算确定的利息收入，贷记“投资收益”科目，按其差额，借记或贷记“债权投资——利息调整”科目。持有期间确认投资收益时的会计分录见图 4-59。

会计分录：

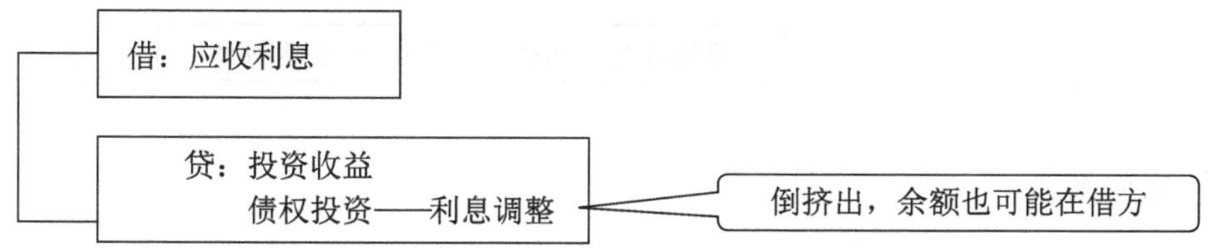

图 4-59　持有期间确认投资收益时的会计分录

（2）债权投资为一次还本付息债券投资的，应于资产负债表日按票面利率计算确定的应收未收利息，借记“债权投资——应计利息”科目，按债权投资摊余成本和实际利率计算确定的利息收入，贷记“投资收益”科目，按其差额，借记或贷记“债权投资——利息调整”科目。会计分录见图 4-60。

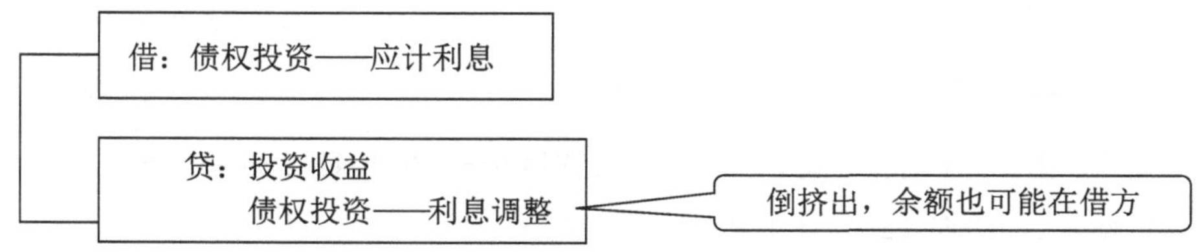

图 4-60　会计分录

（3）摊余成本的概念和计算方法：

金融资产或金融负债的摊余成本，是指该金融资产或金融负债的初始确认金额经下列调整后的结果：

①扣除已偿还的本金；

②加上或减去采用实际利率将该初始确认金额与到期日金额之间的差额进行摊销形成的累计摊销额；

③扣除已发生的减值损失（仅适用于金融资产）。

摊余成本的计算公式为：

期末摊余成本 = 期初摊余成本 + 投资收益 − 应收利息 − 已收回的本金 − 已发生的减值损失

投资收益 = 期初摊余成本 × 实际利率

* 案例解析

【例 4–56】接【例 4–55】，假定不考虑其他因素，甲公司 2×19 年 6 月 30 日的账务处理如下：

借：应收利息　　1 600（40 000×8% /2）

　　贷：投资收益　　1 244.58（41 486×6% /2）

　　　　债权投资——利息调整　　355.42

借：银行存款　　1 600

　　贷：应收利息　　1 600

此时，债权投资的摊余成本 =41 486+1 244.58−1 600=41 130.58（万元）。

甲公司 2×19 年 12 月 31 日的账务处理如下：

借：应收利息　　1 600（40 000×8% /2）

　　贷：投资收益　　1 233.92（41 130.58×6% /2）

　　　　债权投资——利息调整　　366.08

借：银行存款　　1 600

　　贷：应收利息　　1 600

此时，债权投资的摊余成本 =41 130.58+1 233.92−1 600=40 764.50（万元）。

甲公司 2×20 年 6 月 30 日的账务处理如下：

借：应收利息　　1 600（40 000×8% /2）

　　贷：投资收益　　1 222.93（40 764.50×6% /2）

　　　　债权投资——利息调整　　377.07

借：银行存款　　1 600

　　贷：应收利息　　1 600

此时，债权投资的摊余成本 =40 764.50+1 222.93−1 600=40 387.43（万元）。

甲公司 2×20 年 12 月 31 日的账务处理如下：

借：应收利息　　　　　　　　　　1 600（40 000×8% /2）

　　贷：投资收益　　　　　　　　　　　　1 212.57（倒挤）

　　　　债权投资——利息调整　387.43（1 486−355.42−366.08−377.07）

借：银行存款　　　　　　　　　　　　　1 600

　　贷：应收利息　　　　　　　　　　　　　1 600

业务 3：债权投资重分类为其他债权投资

将债权投资重分类为以公允价值计量且其变动计入其他综合收益的金融资产的，应在重分类日按其公允价值，借记“其他债权投资”科目，按其账面余额，贷记“债权投资——成本、利息调整、应计利息”科目，按其差额，贷记或借记“其他综合收益”科目。已计提减值准备的，还应同时结转减值准备。会计分录见图 4-61。

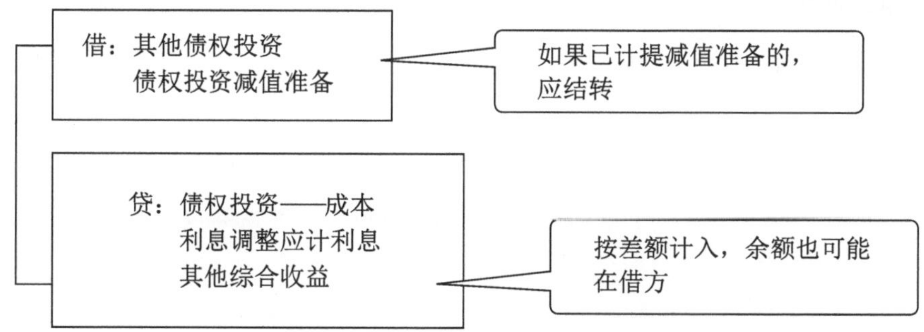

图 4-61　债权投资重分类为以公允价值计量且其变动计入其他综合收益的金融资产时的会计分录

业务 4：出售债权投资

出售债权投资，应按实际收到的金额，借记“银行存款”等科目，按其账面余额，贷记“债权投资——成本、利息调整、应计利息”科目，按其差额，贷记或借记“投资收益”科目。已计提减值准备的，还应同时结转减值准备。出售债权投资时的会计分录见图 4-62。

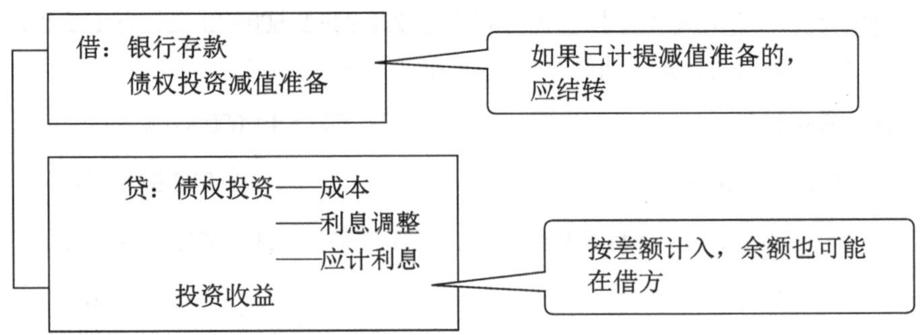

图4-62 出售债权投资时的会计分录

* 案例解析

【例4-57】接【例4-56】。2×20年12月31日，乙公司赎回债券。假定不考虑其他因素，甲公司2×20年12月31日的账务处理如下：

借：银行存款　　40 000

　　贷：债权投资——成本　　40 000

4.27 债权投资减值准备

4.27.1 什么是债权投资减值准备

债权投资，是分类为以摊余成本计量的金融资产。企业应当以预期信用损失为基础，对用摊余成本计量的金融工具进行减值会计处理并确认损失准备。预期信用损失，是指以发生违约的风险为权重的金融工具信用损失的加权平均值。

在估计现金流量时，企业应当考虑金融工具在整个预计存续期的所有合同条款（如提前还款、展期、看涨期权或其他类似期权等）。企业所考虑的现金流量应当包括出售所持担保品获得的现金流量，以及属于合同条款组成部分的其他信用增级所产生的现金流量。企业通常能够可靠估计金融工具的预计存续期。在极少数情况下，金融工具预计存续期无法 可靠估计的，企业在计算确定预期信用损失时，应当基于该金融工具的剩余合同期间。

4.27.2　如何使用“债权投资减值准备”科目

本科目核算企业债权投资的减值准备。

本科目可按债权投资类别和品种进行明细核算。

资产负债表日，债权投资发生减值的，按应减记的金额，借记“资产减值损失”科目，贷记本科目。已计提减值准备的债权投资价值以后又得以恢复，应在原已计提的减值准备金额内，按恢复增加的金额，借记本科目，贷记“资产减值损失”科目。

本科目期末贷方余额，反映企业已计提但尚未转销的债权投资减值准备。

4.27.3　如何设置明细科目

“债权投资减值准备”科目的明细科目设置如表 4-29 所示。

表 4-29　1502 债权投资减值准备

顺序号	编号	会计科目名称	二级科目名称	明细科目名称
一、资产类				
	1502	债权投资减值准备		
	1502 01	债权投资减值准备	企业债券	按类别和品种
	1502 02	债权投资减值准备	委托银行或其他金融机构向其他单位贷出的款项	按类别和品种
	1502 03	债权投资减值准备	其他	按类别和品种

4.27.4　会计处理分录与案例解析

业务 1：计提债权投资减值准备

债权投资、贷款和应收款项以摊余成本后续计量，其发生减值时，应当将该金融资产的账面价值减记至预计未来现金流量（不包括尚未发生的未来信用损失），减记的金额确认为资产减值损失，计入当期损益。计提债权投资减值准备时的会计分录见

图 4-63。

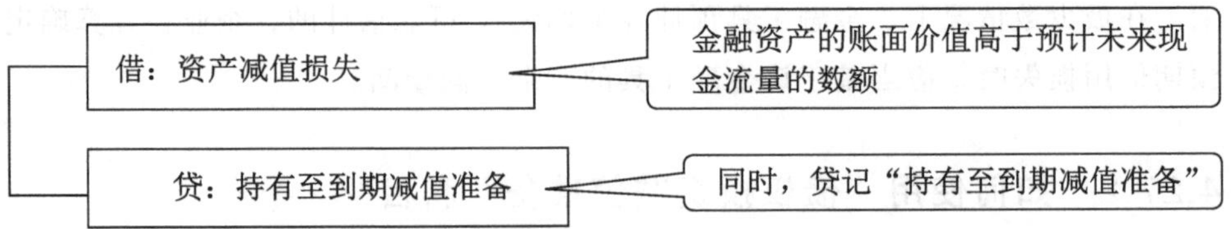

图 4-63 计提债权投资减值准备时的会计分录

业务 2：转回原计提的债权投资减值准备

债权投资在确认减值损失后，如有客观证据表明该债权投资的价值已恢复，且客观上与确认该损失后发生的事项有关（如债务人的信用评级已提高等），原确认的减值损失应当予以转回，计入当期损益。但是，该转回后的账面价值不应当超过假定不计提减值准备情况下该债权投资在转回日的摊余成本。转回原计提的债权投资减值准备时的会计分录见图 4-64。

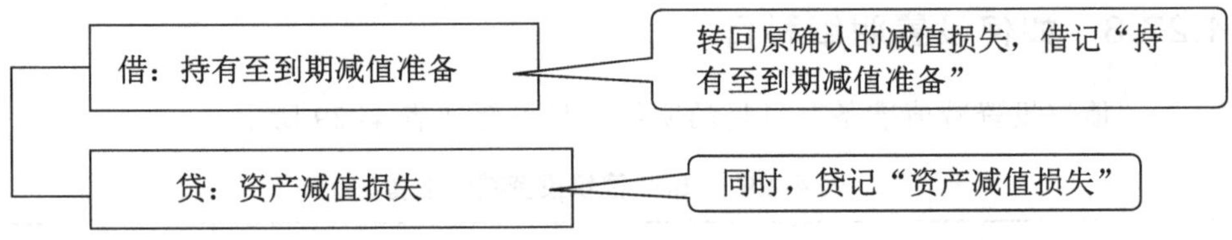

图 4-64 转回原计提的债权投资减值准备时的会计分录

4.28 其他债权投资

4.28.1 什么是其他债权投资

其他债权投资，是指由公允价值计量且其变动计入其他综合收益的金融资产。该类金融资产的条件如下：企业管理该资产的业务模式即以收取合同现金流量为目标又以出售该金融资产为目标；该金融资产的合同条款规定，在特定日期生产的现金流量，仅对本金和以未来偿付本金金额为基础的利息的支付。

4.28.2　如何使用“其他债权投资”科目

企业取得的以公允价值计量且其变动计入其他综合收益的金融资产，应按其公允价值与交易费用之和，借记本科目（成本），按支付的价款中包含的已宣告但尚未发放的现金股利，借记“应收股利”科目，按实际支付的金额，贷记“银行存款”等科目。企业取得的以公允价值计量且其变动计入其他综合收益的金融资产为债券投资的，应按债券的面值，借记本科目（成本），按支付的价款中包含的已到付息期但尚未领取的利息，借记“应收利息”科目，按实际支付的金额，贷记“银行存款”等科目，按差额，借记或贷记本科目（利息调整）。

资产负债表日，其他债权投资为分期付息、一次还本债券投资的，企业应按票面利率计算确定的应收未收利息，借记“应收利息”科目，按其他债权投资的摊余成本和实际利率计算确定的利息收入，贷记“投资收益”科目，按其差额，借记或贷记本科目（利息调整）。其他债权投资为一次还本付息债券投资的，应于资产负债表日按票面利率计算确定的应收未收利息，借记本科目（应计利息），按其他债权投资的摊余成本和实际利率计算确定的利息收入，贷记“投资收益”科目，按其差额，借记或贷记本科目（利息调整）。其他债权投资发生减值后利息的处理，比照“贷款”科目相关规定。资产负债表日，以公允价值计量且其变动计入其他综合收益的金融资产的公允价值高于其账面余额的差额，借记本科目（公允价值变动），贷记“其他综合收益”科目；公允价值低于其账面余额的差额做相反的会计分录。

以公允价值计量且其变动计入其他综合收益的金融资产发生减值的，企业按应减记的金额，借记“资产减值损失”科目，按应从所有者权益中转出原计入资本公积的累计损失金额，贷记“其他综合收益”科目，按其差额，贷记本科目（公允价值变动）。对于已确认减值损失的以公允价值计量且其变动计入其他综合收益的金融资产，在随后会计期间内公允价值已上升且客观上与确认原减值损失事项有关的，应按原确认的减值损失，借记本科目（公允价值变动），贷记“资产减值损失”科目；但以公允价值计量且其变动计入其他综合收益的金融资产为股票等权益工具投资的，借记本科目（公允价值变动），贷记“其他综合收益”科目。

将以摊余成本计量的金融资产划分为以公允价值计量且其变动计入其他综合收益的金融资产的，企业应在重分类日按其公允价值，借记本科目，按其账面余额，贷记“债权投资”科目，按其差额，贷记或借记“其他综合收益”科目。已计提减值准备的，还应同时结转减值准备。

出售以公允价值计量且其变动计入其他综合收益的金融资产时，企业应按实际收到的金额，借记“银行存款”“存放中央银行款项”等科目，按其账面余额，贷记本科目（成本、公允价值变动、利息调整、应计利息），按应从所有者权益中转出的公允价值累计变动额，借记或贷记“其他综合收益”科目，按其差额，贷记或借记“投资收益”科目。

本科目期末借方余额，反映企业以公允价值计量且其变动计入其他综合收益的金融资产的公允价值。

4.28.3 如何设置明细科目

“其他债权投资”科目的明细科目设置如表 4-30 所示。

表 4-30 1503 其他债权投资

顺序号	编号	会计科目名称	二级科目名称	明细科目名称	是否辅助核算	辅助核算类别
一、资产类						
	1503	其他债权投资				
	1503 01	其他债权投资	债券	成本	是	品种
	1503 02	其他债权投资	债券	利息调整	是	品种
	1503 03	其他债权投资	债券	应计利息	是	品种
	1503 04	其他债权投资	债券	公允价值变动	是	品种

4.28.4 会计处理分录与案例解析

业务 1：企业取得其他债权投资

企业取得的以公允价值计量且其变动计入其他综合收益的金融资产为债券投资的，应按债券的面值，借记“其他债权投资——成本”科目，按支付的价款中包含的已到付息期但尚未领取的利息，借记“应收利息”科目，按实际支付的金额，贷记“银行存款”等科目，按差额，借记或贷记“其他债权投资——利息调整”科目。会计分录见图 4-65。

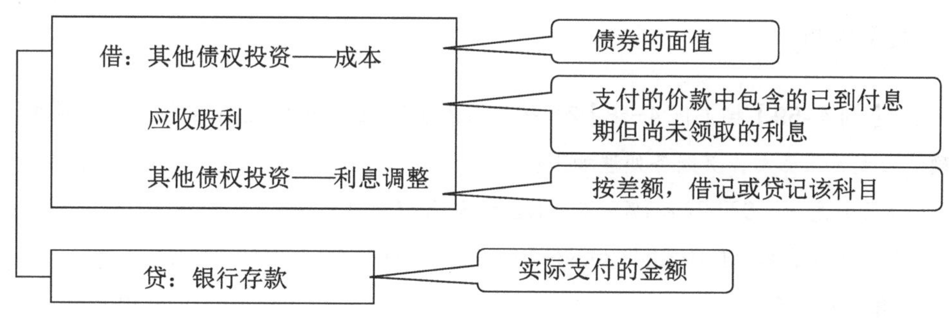

图 4-65　会计分录

* 案例解析

【例 4-58】 2×20 年 1 月 1 日，甲保险公司支付价款 1 028.24 元购入某公司发行的 3 年期公司债券。该公司债券的票面总金额为 1 000 元，票面利率 4%，实际利率为 3%，利息每年年末支付，本金到期支付。甲保险公司将该公司债券划分为其他债权投资。2×20 年 12 月 31 日，该债券的市场价格为 1 000.094 元。

假定无交易费用和其他因素的影响，甲保险公司 2×20 年 1 月 1 日购入债券的账务处理如下：

借：其他债权投资——成本	1 000	
——利息调整	28.244	
贷：银行存款		1 028.244

业务 2：持有期间其他债权投资的计量

（1）企业取得的其他债权投资，资产负债表日，可出售债券为分期付息、一次还本债券投资的，应按票面利率计算确定的应收未收利息，借记“应收利息”科目，按可出售债券的摊余成本和实际利率计算确定的利息收入，贷记“投资收益”科目，按其差额，借记或贷记“其他债权投资——利息调整”科目。会计分录见图 4-66。

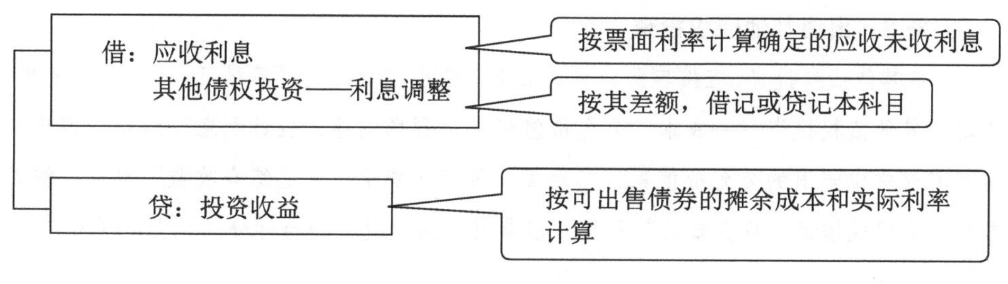

图 4-66　会计分录

* 案例解析

【例4–59】接【例4–58】2×20年12月31日，甲保险公司收到债券利息、确认公允价值变动，其账务处理如下：

实际利息 =1 028.24×3% =30.8472 ≈ 30.85（元）

年末摊余成本 =1 028.24+30.85–40=1 019.094（元）

借：应收利息　　40

　贷：投资收益　　30.85

　　其他债权投资——利息调整　　9.15

借：银行存款　　40

　贷：应收利息　　40

借：其他综合收益　　19

　贷：其他债权投资——公允价值变动　　19

（2）债券为一次还本付息债券投资的，应于资产负债表日按票面利率计算确定的应收未收利息，借记“其他债权投资——应计利息”科目，按可出售债券的摊余成本和实际利率计算确定的利息收入，贷记“投资收益”科目，按其差额，借记或贷记“其他债权投资——利息调整”科目。会计分录见图4–67。

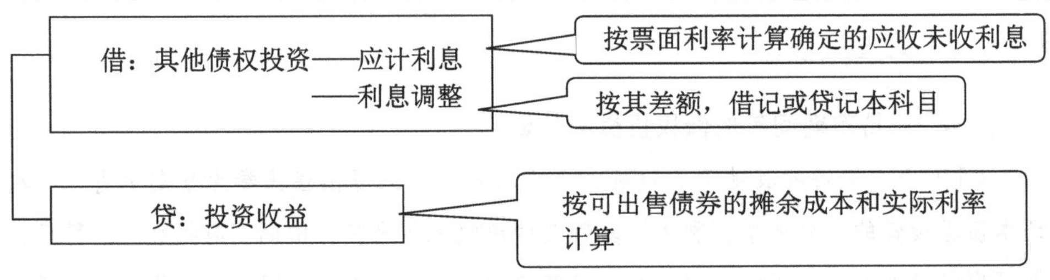

图4–67　会计分录

业务3：出售其他债权投资

出售其他债权投资，应按实际收到的金额，借记“银行存款”等科目，按其账面余额，贷记“其他债权投资——成本、公允价值变动、利息调整、应计利息”科目，按应从所有者权益中转出的公允价值累计变动额，借记或贷记“其他综合收益”科目，按其差额，贷记或借记“投资收益”科目。出售其他债权投资的会计分录见图4–68。

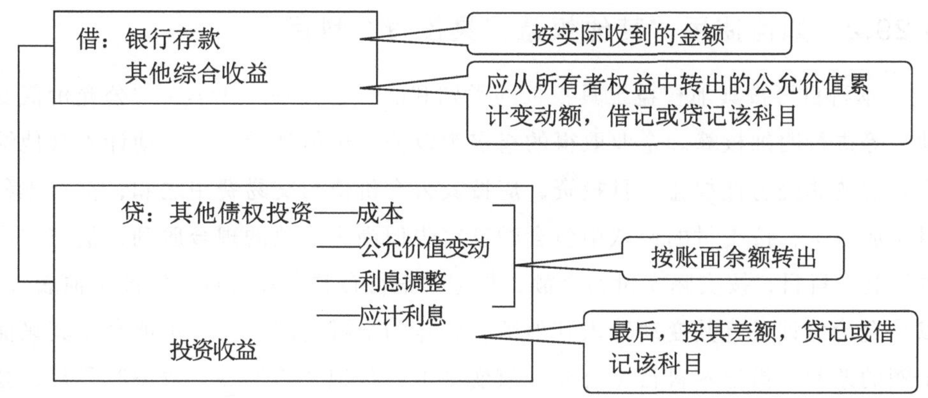

图 4-68　出售其他债权投资：会计分录

* 案例解析

【**例 4-60**】接【例 4-59】。2×21 年 2 月 1 日，乙公司将该债券售出，售价为 1 001 元。假定不考虑其他因素，乙公司 2×21 年 2 月 1 日售出债券的账务处理如下：

借：银行存款　　1 001

　　其他债权投资——利息调整　　19

　　投资收益　　18.094

　　贷：其他债权投资——成本　　1 000

　　　　——利息调整　　19.094

　　　　其他综合收益　　19

4.29　其他权益工具投资

4.29.1　什么是其他权益工具投资

本科目核算企业指定为以公允价值计量且其变动计入其他综合收益的非交易性权益工具投资。

4.29.2 如何使用“其他权益工具投资”科目

本科目可按其他权益工具投资的类别和品种，分别“成本”“公允价值变动”等进行明细核算。企业取得的指定为以公允价值计量且其变动计入其他综合收益的非交易性权益工具投资，应按其公允价值与交易费用之和，借记本科目（成本），按支付的价款中包含的已宣告但尚未发放的现金股利，借记“应收股利”科目，按实际支付的金额，贷记“银行存款”等科目。资产负债表日，以公允价值计量且其变动计入其他综合收益的金融资产的公允价值高于其账面余额的差额，借记本科目（公允价值变动），贷记“其他综合收益”科目；公允价值低于其账面余额的差额做相反的会计分录。

出售以公允价值计量且其变动计入其他综合收益的金融资产，应按实际收到的金额，借记“银行存款”“存放中央银行款项”等科目，按其账面余额，贷记本科目（成本、公允价值变动），按应从所有者权益中转出的公允价值累计变动额，借记或贷记“其他综合收益”科目，按其差额，计入留存收益。

本科目期末借方余额，反映企业指定为以公允价值计量且其变动计入其他综合收益的非交易性权益工具投资。

4.29.3 如何设置明细科目

“其他权益工具投资”科目的明细科目设置如表4-31所示。

表4-31　1504 其他权益工具投资

顺序号	编号	会计科目名称	二级科目名称	明细科目名称	是否辅助核算	辅助核算类别
一、资产类						
	1504	其他权益工具投资				
	1504 01	其他权益工具投资	股票	成本	是	品种
	1504 02	其他权益工具投资	股票	公允价值变动	是	品种

4.29.4 会计分录和案例处理分析

业务1：企业取得其他权益工具投资

企业取得的指定为以公允价值计量且其变动计入其他综合收益的非交易性权益工

具投资，按其公允价值与交易费用之和，借记“其他权益工具投资——成本”科目，按支付的价款中包含的尚未领取的股利，借记“应收股利”科目，按实际支付的金额，贷记“银行存款”等科目。会计分录见图 4-69。

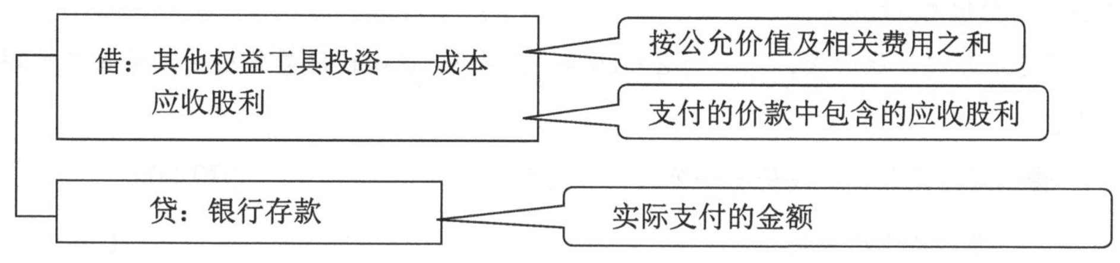

图 4-69　会计分录

* 案例解析

【例 4-61】乙公司于 2×19 年 7 月 13 日购入股票 1 000 000 股，每股市价 15 元，手续费 30 000 元；初始确认时，将该股票指定为以公允价值计量且其变动计入其他综合收益的非交易性权益工具投资。

假定不考虑其他因素，乙公司 2×19 年 7 月 13 日的账务处理如下：

借：其他权益工具投资——成本　　　　15 030 000

　贷：银行存款　　　　15 030 000

业务 2：持有期间其他权益工具投资的计量

企业取得的其他权益工具投资，资产负债表日，其他权益工具投资应当以公允价值计量，且公允价值变动计入“其他综合收益”。持有期间其他权益工具投资的计量的会计分录见图 4-70。

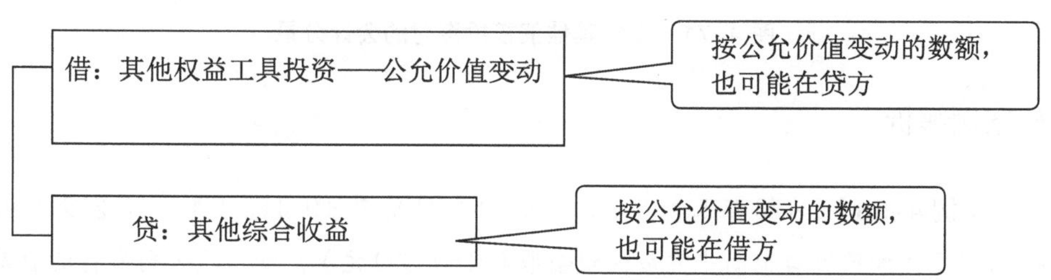

图 4-70　持有期间可供出售金融资产的计量的会计分录

＊ 案例解析

【例4-62】接【例4-61】甲公司至2×19年12月31日仍持有该股票，该股票当时的市价为16元。

假定不考虑其他因素，乙公司2×19年12月31日确认股票价格变动的账务处理如下：

借：其他权益工具投资——公允价值变动　　970 000

　　贷：其他综合收益　　970 000

业务3：出售其他债权投资

出售其他权益工具投资，应按实际收到的金额，借记“银行存款”等科目，按其账面余额，贷记“其他债权投资——成本、公允价值变动”科目，按应从所有者权益中转出的公允价值累计变动额，借记或贷记“其他综合收益”科目，按其差额，计入留存收益。出售其他债权投资时的会计分录见图4-71。

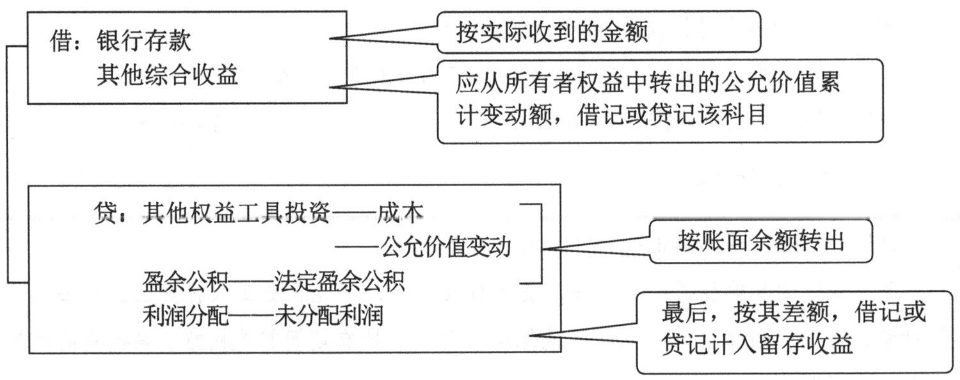

图4-71　出售其他债权投资时的会计分录

＊ 案例解析

【例4-63】2×20年5月6日，甲公司支付价款10 160 000元（含交易费用10 000元和已宣告但尚未发放的现金股利150 000元），购入乙公司发行的股票2 000 000股，占乙公司有表决权股份的0.5%。甲公司将其指定为以公允价值计量且其变动计入其他综合收益的非交易性权益工具投资。其他资料如下：

①2×20年5月10日，甲公司收到乙公司发放的现金股利150 000元。

②2×20年6月30日，该股票市价为每股5.2元。

③ 2×20 年 12 月 31 日，甲公司仍持有该股票；当日，该股票市价为每股 5 元。

④ 2×20 年 5 月 9 日，乙公司宣告发放股利 40 000 000 元。

⑤ 2×20 年 5 月 13 日，甲公司收到乙公司发放的现金股利。

⑥ 2×20 年 5 月 20 日，甲公司以每股 4.9 元的价格将该股票全部转让。

假定不考虑其他因素的影响，甲公司的账务处理如下：

① 2×20 年 5 月 6 日，购入股票：

借：应收股利　150 000

　　其他权益工具投资——成本　10 010 000

　　贷：银行存款　10 160 000

② 2×20 年 5 月 10 日，收到现金股利：

借：银行存款　150 000

　　贷：应收股利　150 000

③ 2×20 年 6 月 30 日，确认股票的价格变动：

借：其他权益工具投资——公允价值变动　390 000

　　贷：其他综合收益　390 000

④ 2×20 年 12 月 31 日，确认股票价格变动：

借：其他综合收益　400 000

　　贷：其他权益工具投资——公允价值变动　400 000

⑤ 2×20 年 5 月 9 日，确认应收现金股利：

借：应收股利　200 000

　　贷：投资收益　200 000

⑥ 2×20 年 5 月 13 日，收到现金股利：

借：银行存款　200 000

　　贷：应收股利　200 000

⑦ 2×20 年 5 月 20 日，出售股票：

借：银行存款　9 800 000

　　其他权益工具投资——公允价值变动　10 000

　　盈余公积——法定盈余公积　21 000

利润分配——未分配利润　　189 000

贷：其他权益工具投资——成本　　10 010 000

其他综合收益　　10 000

4.30　长期股权投资

4.30.1　什么是长期股权投资

长期股权投资包括企业持有的对其子公司、合营企业及联营企业的权益性投资等以及企业持有的对被投资单位不具有控制、共同控制或重大影响，且在活跃市场中没有报价、公允价值不能可靠计量的权益性投资。

4.30.2　如何使用"长期股权投资"科目

本科目核算企业持有的采用成本法和权益法核算的长期股权投资。本科目可按被投资单位进行明细核算。

长期股权投资采用权益法核算的，还应当分别"成本""损益调整""其他权益变动"进行明细核算。

本科目期末借方余额，反映企业长期股权投资的价值。

4.30.3　如何设置明细科目

"长期股权投资"科目的明细科目设置如表4-32所示。

表4-32　1 511 长期股权投资

顺序号	编号	会计科目名称	二级科目名称	三级科目名称	是否辅助核算	辅助核算类别
一、资产类						
	1511	长期股权投资			是	

续表

顺序号	编号	会计科目名称	二级科目名称	三级科目名称	是否辅助核算	辅助核算类别
	1511 01	长期股权投资	股票投资		是	按被投资单位
	1511 01 01	长期股权投资	股票投资	成本	是	按被投资单位
	1511 01 02	长期股权投资	股票投资	损益变动	是	按被投资单位
	1511 01 03	长期股权投资	股票投资	其他权益变动	是	按被投资单位
	1511 02	长期股权投资	其他股权投资		是	按被投资单位
	1511 02 01	长期股权投资	其他股权投资	成本	是	按被投资单位
	1511 02 02	长期股权投资	其他股权投资	损益变动	是	按被投资单位
	1511 02 03	长期股权投资	其他股权投资	其他权益变动	是	按被投资单位

4.30.4　会计处理分录与案例解析

业务 1：初始取得长期股权投资

（1）同一控制下企业合并形成的长期股权投资，应在合并日按取得被合并方所有者权益账面价值的份额，借记“长期股权投资”科目，按享有被投资单位已宣告但尚未发放的现金股利或利润，借记“应收股利”科目，按支付的合并对价的账面价值，贷记有关资产科目或借记有关负债科目，为贷方差额的，贷记“资本公积——资本溢价或股本溢价”科目，如图 4-72 所示；为借方差额的，借记“资本公积——资本溢价或股本溢价”科目，资本公积（资本溢价或股本溢价）不足冲减的，借记“盈余公积”“利润分配——未分配利润”科目，如图 4-73 所示。

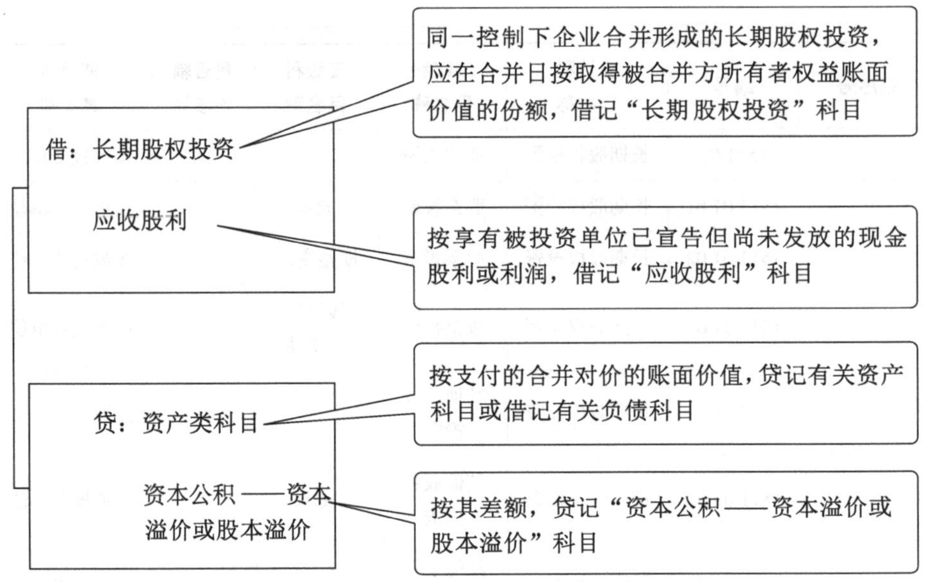

图 4–72　初始取得同一控制下企业合并形成的长期股权投资（差额在贷方）时的会计分录

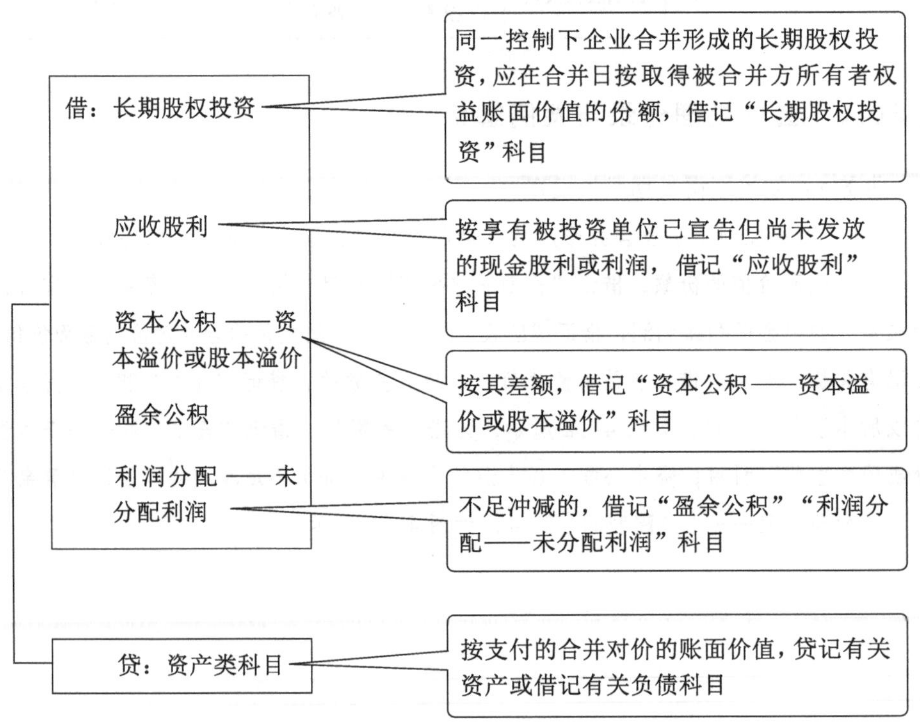

图 4–73　初始取得同一控制下企业合并形成的长期股权投资（差额在借方）时的会计分录

* 案例解析

【例 4-64】2×15 年 6 月 30 日，P 公司向同一集团内 S 公司发行 1 000 万股普通股（每股面值为 1 元，市价为 4.34 元），取得 S 公司 100% 的股权并于当日能够对 S 公司实施控制。合并后 S 公司仍维持其独立法人地位继续经营。参与合并企业在 2×15 年 6 月 30 日未考虑该项企业合并时，S 公司净资产的账面价值为 22 020 000 元。两公司在企业合并前采用的会计政策相同。

合并日，P 公司在其账簿及个别财务报表中应将所持有的 S 公司的股权确认对 S 公司的长期股权投资，其成本为合并日享有 S 公司账面所有者权益的份额。P 公司在合并日应进行的账务处理为：

借：长期股权投资　　22 020 000

　　贷：股本　　10 000 000

　　　　资本公积——资本溢价或股本溢价　　12 020 000

（2）非同一控制下企业合并形成的长期股权投资，应在购买日按企业合并成本（不含应自被投资单位收取的现金股利或利润），借记“长期股权投资”科目，按享有被投资单位已宣告但尚未发放的现金股利或利润，借记“应收股利”科目，按支付合并对价的账面价值，贷记有关资产科目或借记有关负债科目，按发生的直接相关费用，贷记“银行存款”等科目，按其差额，贷记“营业外收入”科目或借记“营业外支出”等科目。非同一控制下企业合并涉及以库存商品等作为合并对价的，应按库存商品的公允价值，贷记“主营业务收入”科目，并同时结转相关的成本。涉及增值税的，还应进行相应的处理。会计分录如图 4-74 所示。

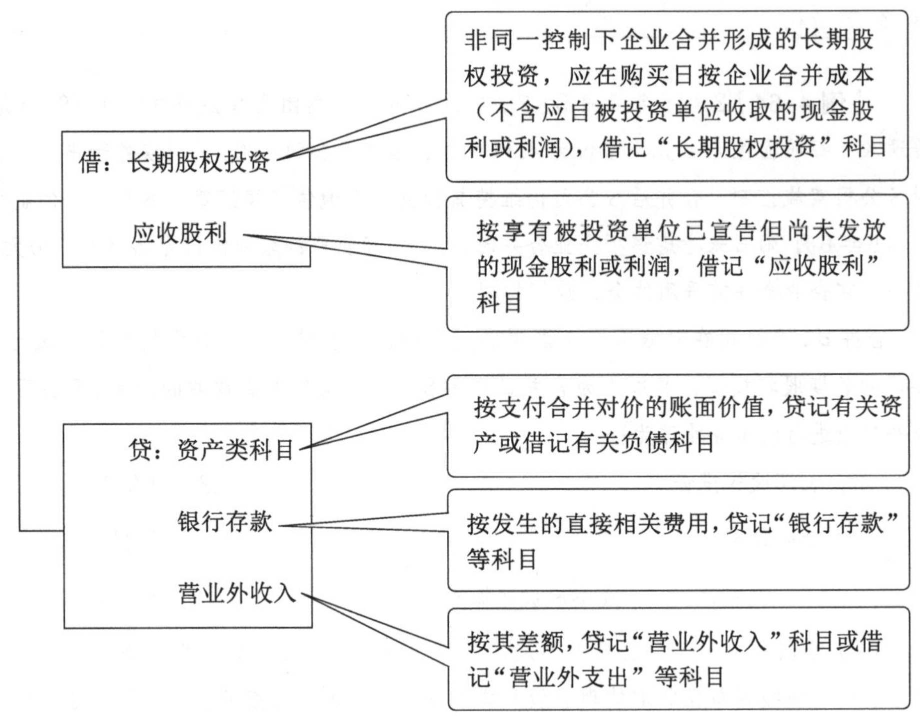

图4–74 初始取得非同一控制下企业合并形成的长期股权投资时的会计分录

* 案例解析

【例4–65】A公司于2×15年3月31日取得B公司70%的股权。为核实B公司的资产价值，A公司聘请专业资产评估机构对B公司的资产进行评估，支付评估费用3 000 000元。合并中，A公司支付的有关资产在购买日的账面价值与公允价值如表4–33所示。

表4–33 2×15年3月31日 单位：元

项目	账面价值	公允价值
土地使用权（自用）	60 000 000	96 000 000
专利技术	24 000 000	30 000 000
银行存款	24 000 000	24 000 000
合 计	108 000 000	150 000 000

假定合并前A公司与B公司不存在任何关联方关系，A公司用作合并对价的土地

使用权和专利技术原价为96 000 000元，至企业合并发生时已累计摊销12 000 000元。

分析：本例中因A公司与B公司在合并前不存在任何关联方关系，应作为非同一控制下的企业合并处理。

A公司对于合并形成的对B公司的长期股权投资，应按确定的企业合并成本作为其初始投资成本。A公司应进行如下账务处理：

借：长期股权投资　　150 000 000
　　累计摊销　　12 000 000
　　贷：无形资产　　96 000 000
　　　　银行存款　　24 000 000
　　　　资产处置损益　　42 000 000

借：管理费用　　3 000 000
　　贷：银行存款　　3 000 000

（3）以支付现金、非现金资产等其他方式（非企业合并）形成的长期股权投资，比照非同一控制下企业合并形成的长期股权投资的相关规定进行处理。投资者投入的长期股权投资，应按确定的长期股权投资成本，借记“长期股权投资”科目，贷记“实收资本”或“股本”科目。

* 案例解析

【例4-66】甲公司于2×15年2月10日，自公开市场中买入乙公司20%的股份，实际支付价款80 000 000元。另外，在购买过程中支付手续费等相关费用2 000 000元。甲公司取得该部分股权后，能够对乙公司的生产经营决策施加重大影响。

甲公司应当按照实际支付的购买价款作为取得长期股权投资的成本，其账务处理为：

借：长期股权投资　　82 000 000
　　贷：银行存款　　82 000 000

业务2：采用成本法核算的长期股权投资

（1）长期股权投资采用成本法核算的，应按被投资单位宣告发放的现金股利或利润中属于本企业的部分，借记“应收股利”科目，贷记“投资收益”科目。采用成本法核算长期股权投资的，会计分录如图4-75所示。

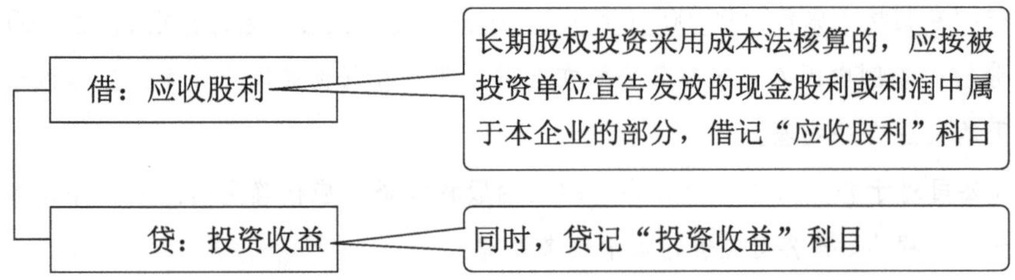

图 4–75　采用成本法核算长期股权投资时的会计分录

（2）属于被投资单位在取得本企业投资前实现净利润的分配额，应作为投资成本的收回，借记“应收股利”科目，贷记“长期股权投资”科目。会计分录如图 4–76 所示。

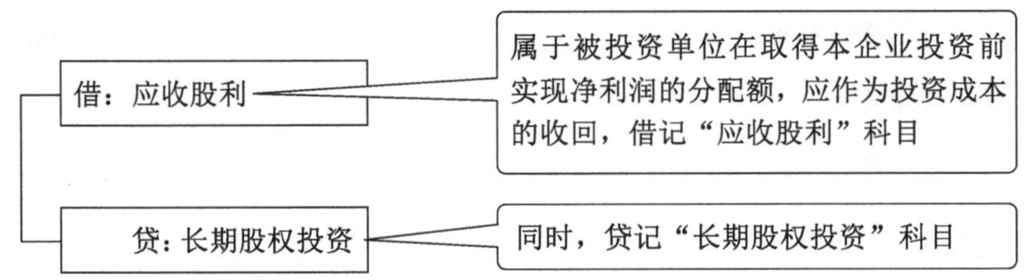

图 4–76　属于被投资单位在取得本企业投资前实现净利润分配额相关的会计分录

＊ 案例解析

【例 4–67】甲公司和乙公司均为我国境内居民企业。税法规定，我国境内居民企业之间取得的股息、红利免税。（1）2×18 年 12 月 31 日，甲公司自非关联方处以银行存款 80 000 万元取得对乙公司 80% 的股权，另付评估审计费用 600 万元。相关手续于当日完成，并能够对乙公司实施控制。

借：长期股权投资　　80 000
　　管理费用　　600
　　贷：银行存款　　80 600

（3）2×19 年 3 月 ，乙公司宣告分派现金股利 1 000 万元，2×19 年年末乙公司实现净利润为 6 000 万元。不考虑相关税费等其他因素影响。

借：应收股利　　（1 000×80%）800
　　贷：投资收益　　800

2×19 年年末，长期股权投资的账面价值为 80 000 万元。现金股利不计入应纳税所得额。

业务 3：采用权益法核算的长期股权投资

（1）长期股权投资的初始投资成本大于投资时应享有被投资单位可辨认净资产公允价值份额的，不调整已确认的初始投资成本。长期股权投资的初始投资成本小于投资时应享有被投资单位可辨认净资产公允价值份额的，应按其差额，借记“长期股权投资（成本）”科目，贷记“营业外收入”科目。采用权益法核算长期股权投资的，会计分录如图 4-77 所示。

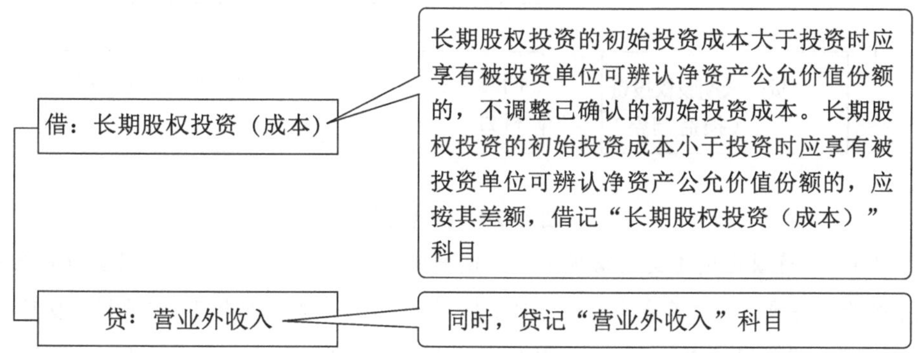

图 4-77　采用权益法核算长期股权投资的会计分录

（2）根据被投资单位实现的净利润或经调整的净利润计算应享有的份额，借记“长期股权投资（损益调整）”科目，贷记“投资收益”科目。被投资单位发生净亏损时做相反的会计分录，但以本科目的账面价值减记至零为限；还需承担的投资损失，应将其他实质上构成对被投资单位净投资的“长期应收款”等的账面价值减记至零为限；除按照以上步骤已确认的损失外，按照投资合同或协议约定将承担的损失，确认为预计负债。发生亏损的被投资单位以后实现净利润的，应按与上述相反的顺序进行处理。会计分录如图 4-78 所示。

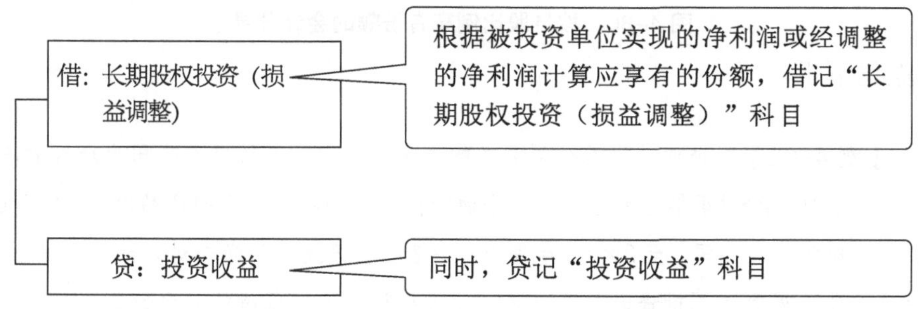

图 4-78　应享有被投资单位实现或经调整的净利润份额的会计分录

（3）被投资单位以后宣告发放现金股利或利润时，企业按计算应分得的部分，借记“应收股利”科目，贷记“长期股权投资（损益调整）”科目。收到被投资单位宣告发放的股票股利时，企业不进行账务处理，但应在备查簿中登记。会计分录如图 4-79 所示。

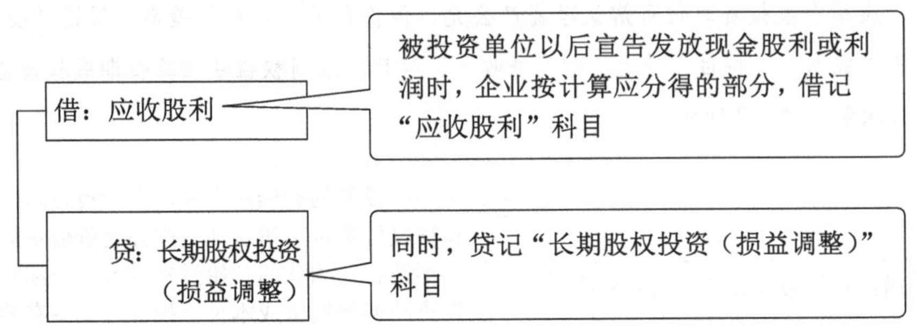

图 4-79　会计分录

（4）在持股比例不变的情况下，被投资单位除净损益以外所有者权益的其他变动，企业按持股比例计算应享有的份额，借记或贷记“长期股权投资（其他权益变动）”科目，贷记或借记“资本公积——其他资本公积”科目。会计分录如图 4-80 所示。

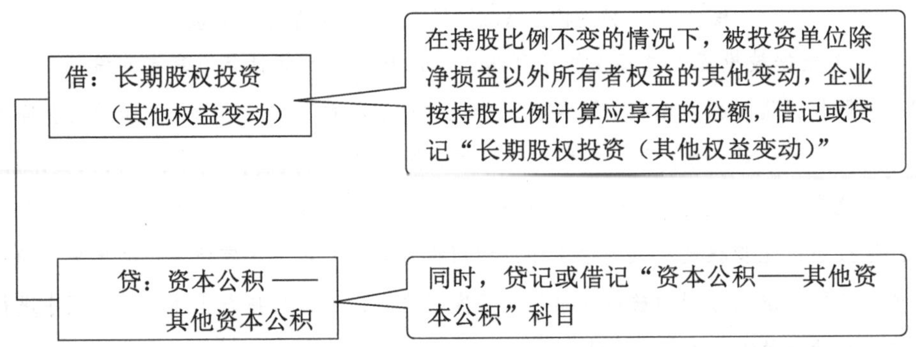

图 4-80　按持股比例享有份额的会计分录

* 案例解析

【例 4-68】甲企业持有乙公司 20% 的表决权股份，能够对乙公司生产经营决策施加重大影响。2×14 年，甲企业将其账面价值为 6 000 000 元的商品以 10 000 000 元的价格出售给乙公司。至 2×14 年资产负债表日，该批商品尚未对外部第三方出售。假定甲企业取得取该项投资时，乙公司各项可辨认资产、负债的公允价值与其账面价值相同，两者在以前期间未发生过内部交易。乙公司 20×7 年净利润为 20 000 000 元。假定不考虑所得税因素。

甲企业在该项交易中实现利润 4 000 000 元，其中 800 000（4 000 000×20%）元是针对本企业持有的对联营企业的权益份额，在采用权益法计算确认投资损益时应予抵销，即甲企业应当进行的账务处理为：

借：长期股权投资——损益调整［（20 000 000−4 000 000）×20%］

3 200 000

贷：投资收益　　3 200 000

甲企业如需编制合并财务报表，在合并财务报表中对该未实现内部交易损益应在个别报表已确认投资损益的基础上进行以下调整：

借：营业收入（10 000 000×20%）　　2 000 000

贷：营业成本（6 000 000×20%）　　1 200 000

投资收益　　800 000

【例 4-69】 A 企业持有 B 企业 30% 的股份，当期 B 企业因持有的可供出售金融资产公允价值的变动计入资本公积的金额为 6 000 000 元。除该事项外，B 企业当期实现的净损益为 32 000 000 元。假定 A 企业与 B 企业适用的会计政策、会计期间相同，投资时有关资产的公允价值与其账面价值也相同。不考虑相关的所得税影响。

A 企业在确认应享有被投资单位所有者权益的变动时：

借：长期股权投资——损益调整　　9 600 000

长期股权投资——其他权益变动　　1 800 000

贷：投资收益　　9 600 000

资本公积——其他资本公积　　1 800 000

业务 4：成本法与权益法之间的转换

（1）长期股权投资核算方法的转换将长期股权投资自成本法转按权益法核算的，应按转换时该项长期股权投资的账面价值作为权益法核算的初始投资成本，初始投资成本小于转换时占被投资单位可辨认净资产公允价值份额的差额，借记“长期股权投资（成本）”科目，贷记“营业外收入”科目。会计分录如图 4-81 所示。

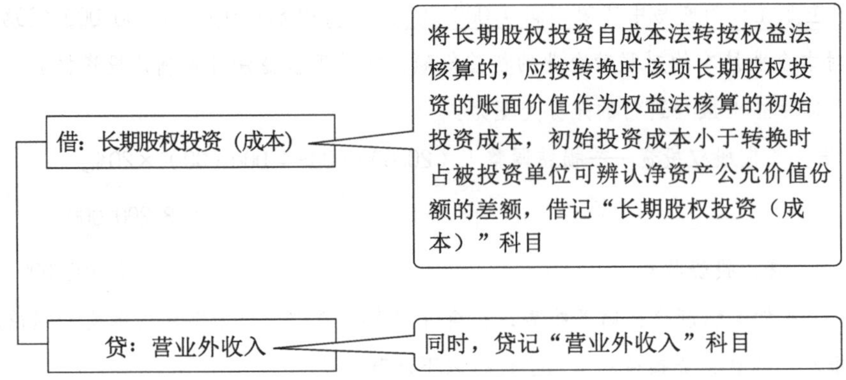

图 4-81 长期股权自成本法转权益法核算时的会计分录

（2）长期股权投资自权益法转按成本法核算的，除构成企业合并的以外，应按中止采用权益法时长期股权投资的账面价值作为成本法核算的初始投资成本。

* 案例解析

【例 4-70】A 公司于 2×14 年 2 月取得 B 公司 10% 的股权，成本为 9 000 000 元，取得时 B 公司可辨认净资产公允价值总额为 84 000 000 元（假定公允价值与账面价值相同）。因对被投资单位不具有重大影响且无法可靠确定该项投资的公允价值，A 公司对该投资采用成本法核算。本例中，A 公司按照净利润的 10% 提取盈余公积。

2×15 年 4 月 10 日，A 公司又以 18 000 000 元的价格取得 B 公司 12% 的股权，当日 B 公司可辨认净资产公允价值总额为 120 000 000 元。取得该部分股权后，按照 B 公司章程规定，A 公司能够派人参与 B 公司的生产经营决策，对该项长期股权投资转为采用权益法核算。假定 A 公司在取得对 B 公司 10% 的股权后，双方未发生任何内部及交易。B 公司通过生产经营活动实现的净利润为 9 000 000 元，未派发现金股利或利润。除所实现净利润外，未发生其他计入资本公积的交易或事项。

（1）2×15 年 4 月 10 日，A 公司应确认对 B 公司的长期股权投资，账务处理为：

借：长期股权投资 18 000 000

　　贷：银行存款 18 000 000

（2）对长期股权投资账面价值的调整：

确认该部分长期股权投资后，A 公司对 B 公司投资的账面价值为 27 000 000 元，其中与原持有比例相对应的部分为 9 000 000 元，新增股权的成本为 18 000 000 元。

①原 10% 股权的成本 9 000 000 元与原投资时应享有被投资单位可辨认净资产公

允价值份额 8 400 000（84 000 000×10%）元之间的差额 600 000 元，属于原投资时体现的商誉。该部分差额不影响长期股权投资的账面价值。

在被投资单位可辨认净资产在原投资时至新增投资交易日之间公允价值的变动相对于原持股比例的部分为 3 600 000 [（120 000 000-84 000 000）×10%] 元中，对于属于投资后被投资单位实现净利润部分为 900 000（9 000 000×10%）元，A 公司应调整增加长期股权投资的账面余额，同时调整留存收益；对于除实现净损益外其他原因导致的可辨认净资产公允价值的变动为 2 700 000 元，A 公司应当调整增加长期股权投资的账面余额，同时计入“资本公积——其他资本公积”科目。A 公司的账务处理为：

借：长期股权投资　　3 600 000

　贷：资本公积——其他资本公积　　2 700 000

　　盈余公积　　90 000

　　利润分配——未分配利润　　810 000

②新取得的股权的成本为 18 000 000 元，其与取得该投资时按照持股比例计算确定应享有被投资单位可辨认净资产公允价值的份额 14 400 000（120 000 000×12%）元之间的差额为投资作价中体现出的商誉。该部分商誉不影响长期股权投资的成本。

业务 5：处置长期股权投资

（1）处置长期股权投资时，应按实际收到的金额，借记“银行存款”等科目，按其账面余额，贷记“长期股权投资”科目，按尚未领取的现金股利或利润，贷记“应收股利”科目，按其差额，贷记或借记“投资收益”科目。已计提减值准备的，还应同时结转减值准备。处置长期股权投资时的会计分录如图 4-82 所示。

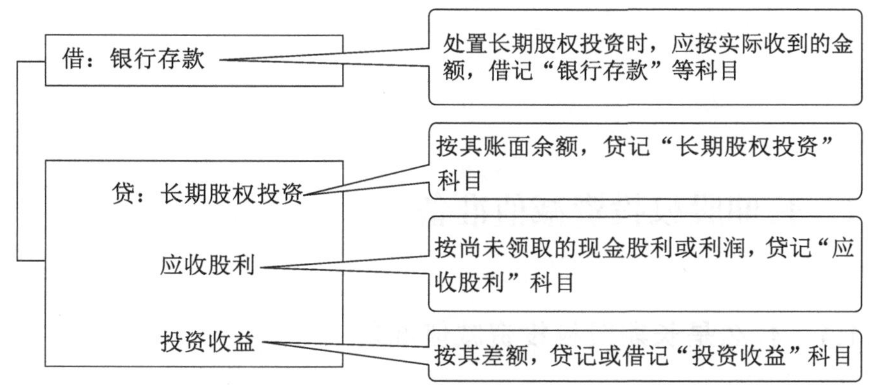

图 4-82　处置长期股权投资时的会计分录

（2）采用权益法核算长期股权投资的处置时，除上述规定外，还应结转原计入资本公积的相关金额，借记或贷记“资本公积——其他资本公积”科目，贷记或借记“投资收益”科目。会计分录如图4-83所示。

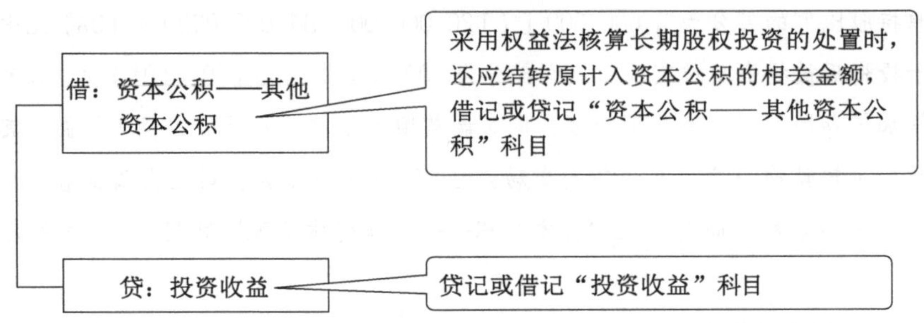

图4-83　采用权益法核算长期股权投资处置时的会计分录

＊ 案例解析

【例4-71】A企业原持有B企业40%的股权，2×14年12月20日，A企业决定出售10%。出售时，A企业账面上对B企业长期股权投资的构成为：投资成本18 000 000元，损益调整4 800 000元，其他权益变动3 000 000元。A企业出售该投资取得价款7 050 000元。

A企业确认处置损益的账务处理：

借：银行存款　　7 050 000

　　贷：长期股权投资　　6 450 000

　　　　投资收益　　600 000

4.31　长期股权投资减值准备

4.31.1　什么是长期股权投资减值准备

长期股权投资减值准备是针对长期股权投资账面价值而言的，在期末时按账面价值与可收回金额孰低的原则来计量，对可收回金额低于账面价值的差额计提长期股权投资减值准备。而可收回金额是依据核算日前后的相关信息确定的。相对而言，长期股权投资减值这种估算是事后的，客观一些，不同时间计提的减值准备金额具有不确定性。

4.31.2　如何使用“长期股权投资减值准备”科目

本科目核算企业长期股权投资的减值准备。本科目可按被投资单位进行明细核算。本科目期末贷方余额，反映企业已计提但尚未转销的长期股权投资减值准备。

4.31.3　如何设置明细科目

“长期股权投资减值准备”科目的明细科目设置如表 4-34 所示。

表 4-34　1512 长期股权投资减值准备

顺序号	编号	会计科目名称	二级科目名称	三级科目名称
一、资产类				
	1512	长期股权投资减值准备		
	1512 01	长期股权投资减值准备	股票投资	按被投资单位
	1512 02	长期股权投资减值准备	其他股权投资	按被投资单位

4.31.4　会计处理分录与案例解析

资产负债表日，长期股权投资发生减值的，按应减记的金额，借记“资产减值损失”科目，贷记“长期股权投资减值准备”科目。处置长期股权投资时，应同时结转已计提的长期股权投资减值准备。会计分录如图 4-84 所示。

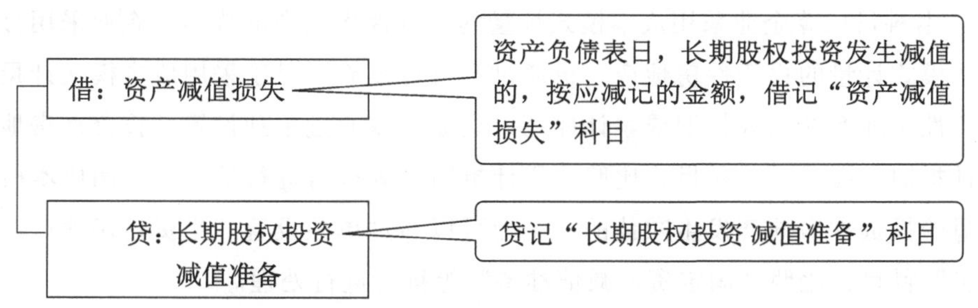

图 4-84　长期股权投资发生减值时的会计分录

＊ 案例解析

【例4-72】甲公司长期股权投资的账面价值为2 000 000元。某资产负债表日，该项投资的可收回金额为1 800 000元，则甲公司应做如下会计分录：

借：资产减值损失——计提的长期股权投资减值准备　　200 000

　贷：长期股权投资减值准备　　200 000

4.32 投资性房地产

4.32.1 什么是投资性房地产

投资性房地产，是指为赚取租金或资本增值，或两者兼有而持有的房地产。投资性房地产应当能够单独计量和出售。投资性房地产主要包括：已出租的土地使用权、持有并准备增值后转让的土地使用权和已出租的建筑物。

下列各项不属于投资性房地产。

（1）自用房地产，即为生产商品、提供劳务或者经营管理而持有的房地产。

（2）作为存货的房地产。

4.32.2 如何使用“投资性房地产”科目

本科目核算企业采用成本模式计量的投资性房地产的成本。企业采用公允价值模式计量的投资性房地产，也通过本科目核算。对于采用成本模式计量的投资性房地产的累计折旧或累计摊销，企业可以通过单独设置“投资性房地产累计折旧（摊销）”科目，比照“累计折旧”等科目进行处理。采用成本模式计量的投资性房地产发生减值的，企业可以通过单独设置“投资性房地产减值准备”科目，比照“固定资产减值准备”等科目进行处理。

本科目可按投资性房地产类别和项目进行明细核算。采用公允价值模式计量的投资性房地产，还应当将“成本”和“公允价值变动”分别进行明细核算。

本科目期末借方余额，反映企业采用成本模式计量的投资性房地产成本。企业采用公允价值模式计量的投资性房地产，反映投资性房地产的公允价值。

4.32.3　如何设置明细科目

"投资性房地产"科目的明细科目设置如表 4-35 所示。

表 4-35　1521 投资性房地产

顺序号	编号	会计科目名称	二级科目名称	三级科目名称	是否辅助核算	辅助核算类别
一、资产类						
	1521	投资性房地产				
	1521 01	投资性房地产	公允价值模式计量		是	项目
	1521 01 01	投资性房地产	公允价值模式计量	已出租的土地使用权	是	项目
	1521 01 02	投资性房地产	公允价值模式计量	持有并准备增值后转让的土地使用权	是	项目
	1521 01 03	投资性房地产	公允价值模式计量	已出租的建筑物	是	项目
	1521 02	投资性房地产	成本价值模式计量		是	项目
	1521 02 01	投资性房地产	成本价值模式计量	已出租的土地使用权	是	项目
	1521 02 02	投资性房地产	成本价值模式计量	持有并准备增值后转让的土地使用权	是	项目
	1521 02 03	投资性房地产	成本价值模式计量	已出租的建筑物	是	项目
	1521 03	投资性房地产	其他	类别	是	项目

4.32.4　会计处理分录与案例解析

业务 1：采用成本模式计量投资性房地产时的主要账务处理

（1）企业外购、自行建造等取得投资性房地产的，按应计入投资性房地产成本的金额，借记"投资性房地产"科目，贷记"银行存款""在建工程"等科目。采用成本模式计量投资性房地产的会计分录如图 4-85 所示。

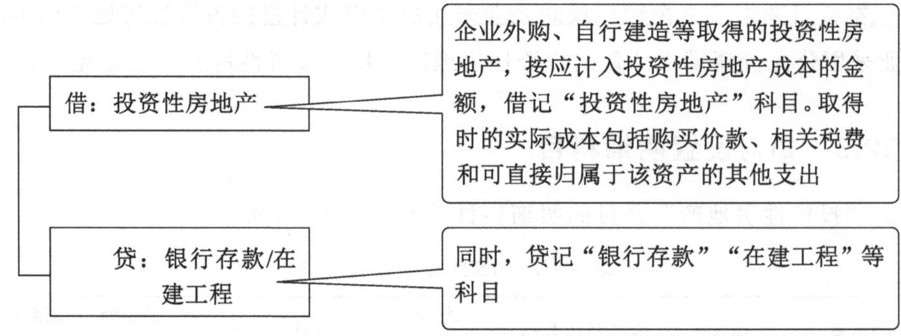

图4-85　采用成本模式计量投资性房地产的会计分录

* 案例解析

【例4-73】2×15年3月，甲企业计划购入一栋写字楼用于对外出租。3月15日，甲企业与乙企业签订了经营租赁合同，约定自写字楼购买日起将这栋写字楼出租给乙企业，为期5年。4月5日，甲企业实际购入写字楼，支付价款共计12 000 000元。假设不考虑其他因素，甲企业采用成本模式进行后续计量。

甲企业的账务处理如下：

借：投资性房地产——写字楼　　12 000 000

　贷：银行存款　　12 000 000

（2）将作为存货的房地产转换为投资性房地产的，企业应按其在转换日的账面余额，借记“投资性房地产”科目，贷记“开发产品”等科目。已计提跌价准备的，还应同时结转跌价准备。会计分录如图4-86所示。

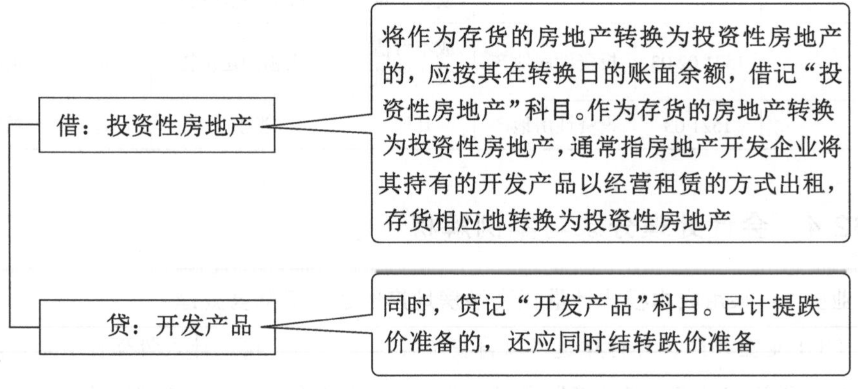

图4-86　将作为存货的房地产转换为投资性房地产时的会计分录

＊ 案例解析

【例 4-74】甲企业是从事房地产开发业务的企业，2×15 年 3 月 10 日，甲企业与乙企业签订了租赁协议，将其开发的一栋写字楼出租给乙企业使用，租赁期开始日为 2×15 年 4 月 15 日。2×15 年 4 月 15 日，该写字楼的账面余额为 450 000 000 元，未计提存货跌价准备。假设甲企业采用成本模式对其投资性房地产进行后续计量。

甲企业的账务处理如下：

借：投资性房地产——写字楼　　　　450 000 000

　贷：开发产品　　　　450 000 000

（3）将自用的建筑物等转换为投资性房地产的，企业应按其在转换日的原价、累计折旧、减值准备等，分别转入“投资性房地产”“投资性房地产累计折旧（摊销）”“投资性房地产减值准备”科目。按其账面余额，借记“投资性房地产”科目，贷记“固定资产”或“无形资产”科目。按已计提的折旧或摊销，借记“累计摊销”或“累计折旧”科目，贷记“投资性房地产累计折旧（摊销）”科目。会计分录如图 4-87 所示。

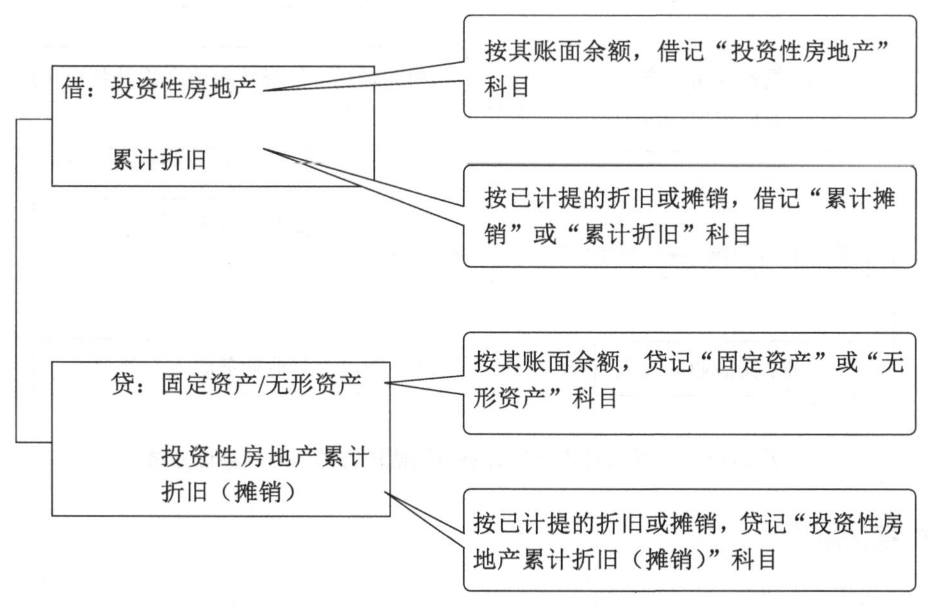

图 4-87　将自用的建筑物等转换为投资性房地产时的会计分录

＊ 案例解析

【例 4-75】甲企业拥有 1 栋办公楼，用于本企业总部办公。2×15 年 3 月 10 日，甲企业与乙企业签订了经营租赁协议，将这栋办公楼整体出租给乙企业使用，租赁期开始日为2×15年4月15日，为期5年。2×15年4月15日，这栋办公楼的账面余额450 000 000元，已计提折旧3 000 000元。假设甲企业采用成本计量模式。

甲企业的账务处理如下：

借：投资性房地产——写字楼　　450 000 000

　　累计折旧　　3 000 000

　　贷：固定资产　　450 000 000

　　　　投资性房地产累计折旧（摊销）　　3 000 000

（4）企业按期（月）对投资性房地产计提折旧或进行摊销时，借记“其他业务成本”科目，贷记“投资性房地产累计折旧（摊销）”科目；按取得的租金收入，借记“银行存款”等科目，贷记“其他业务收入”科目。会计分录如图4-88所示。

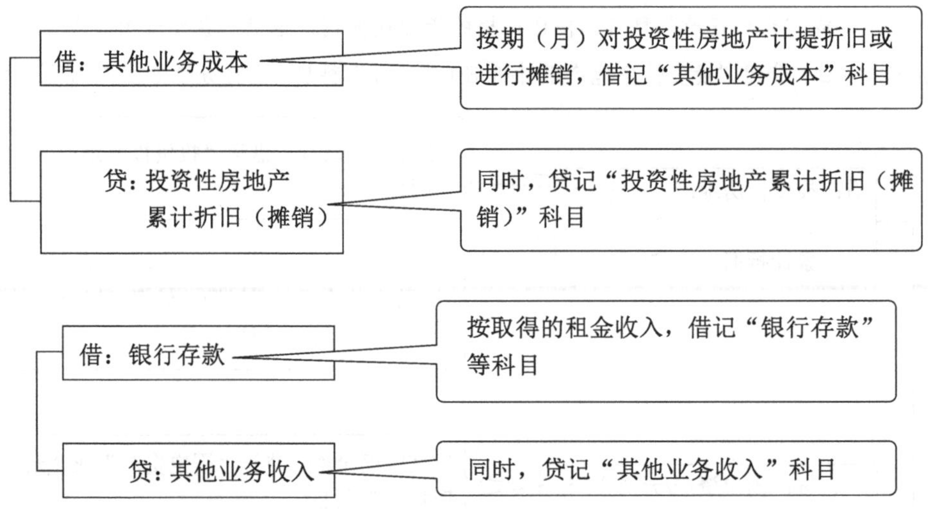

图4-88　对投资性房地产计提折旧或进行摊销时的会计分录

* 案例解析

【例4-76】甲企业将一栋办公楼出租给乙企业使用。该办公楼已被甲企业确认为投资性房地产，采用成本模式进行后续计量。假设这栋办公楼的成本为18 000 000元，按照直线法计提折旧，使用寿命为20年，预计净残值为零。按照经营租赁合同，乙企业每月支付甲企业租金80 000元。当年12月，这栋办公楼发生减值迹象，经减值测试，其可收回金额为12 000 000元。此时，办公楼的账面价值为15 000 000元，以前未计提减值准备。

甲企业的账务处理如下：

①计提折旧：

每月计提的折旧：18 000 000÷20÷12=75 000（元）

借：其他业务成本　　75 000

　　贷：投资性房地产累计折旧（摊销）　　75 000

②确认租金：

借：银行存款（或其他应收款）　　80 000

　　贷：其他业务收入　　80 000

③计提减值准备：

借：资产减值损失　　3 000 000

　　贷：投资性房地产减值准备　　3 000 000

（5）企业将投资性房地产转为自用时，应按其在转换日的账面余额、累计折旧、减值准备等，分别转入“固定资产”“累计折旧”“固定资产减值准备”等科目。会计分录如图 4-89 所示。

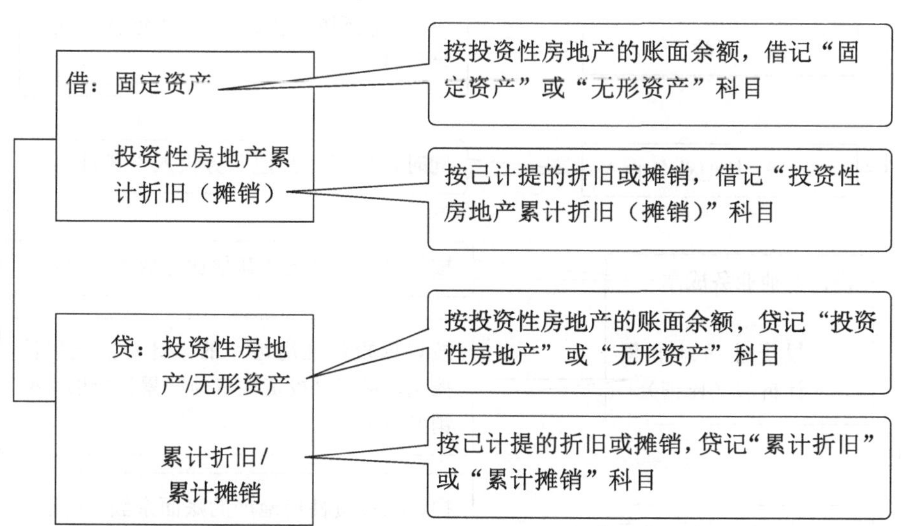

图 4-89　将投资性房地产转为自用时的会计分录

* 案例解析

【例4–77】2×15年8月1日，甲企业将出租在外的厂房收回，用于本企业生产商品。该项房地产的账面价值为37 650 000元，其原价为50 000 000元，累计已提折旧12 350 000元。假设甲企业采用成本计量模式计量该项房地产。

甲企业的账务处理如下：

借：固定资产　　50 000 000

　　投资性房地产累计折旧（摊销）　　12 350 000

　　贷：投资性房地产　　50 000 000

　　　　累计折旧　　12 350 000

（6）企业处置投资性房地产时，应按实际收到的金额，借记“银行存款”等科目，贷记“其他业务收入”科目，按该项投资性房地产的累计折旧或累计摊销，借记“投资性房地产累计折旧（摊销）”科目，按该项投资性房地产的账面余额，贷记“投资性房地产”科目，按其差额，借记“其他业务成本”科目。已计提减值准备的，还应同时结转减值准备。会计分录如图4–90所示。

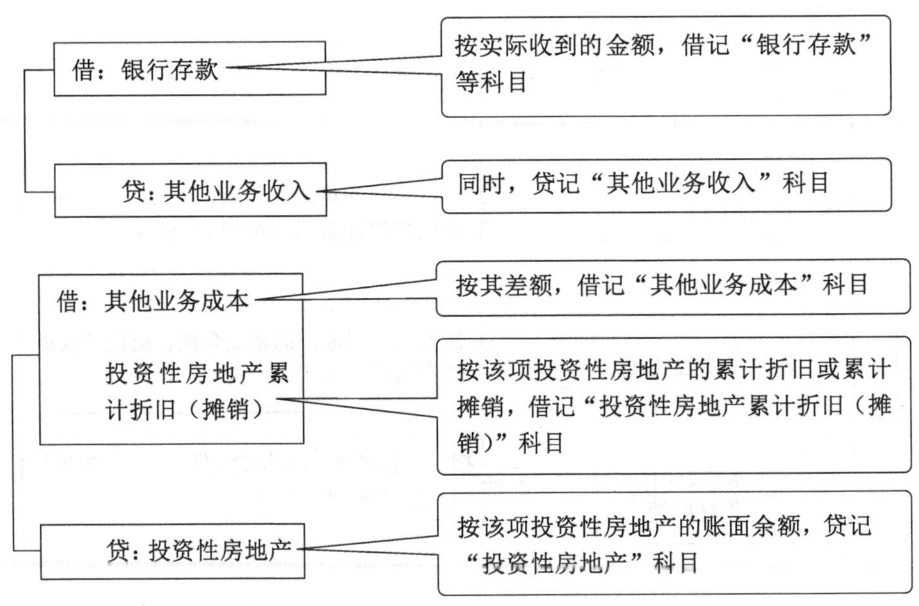

图4–90　处置投资性房地产时的会计分录

* 案例解析

【例 4–78】甲公司将其出租的一栋写字楼确认为投资性房地产，采用成本模式计量。租赁期届满后，甲公司将该栋写字楼出售给乙公司，合同价款为 300 000 000 元。乙公司已用银行存款付清账款。出售时，该栋写字楼的成本为 280 000 000 元，已计提折旧 30 000 000 元。假设不考虑相关税费。

甲企业的账务处理如下：

借：银行存款　　300 000 000

　　贷：其他业务收入　　300 000 000

借：其他业务成本　　250 000 000

　　投资性房地产累计折旧（摊销）　　30 000 000

　　贷：投资性房地产——写字楼　　280 000 000

业务 2：采用公允价值模式计量投资性房地产时的主要账务处理

（1）企业外购、自行建造等取得投资性房地产时，按应计入投资性房地产成本的金额，借记“投资性房地产（成本）”科目，贷记“银行存款”“在建工程”等科目。会计分录如图 4–91 所示。

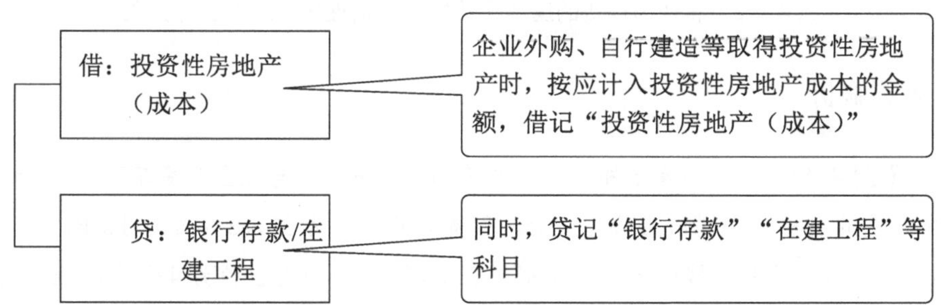

图 4–91　企业外购、自行建造取得投资性房地产时的会计分录

* 案例解析

【例 4–79】2×15 年 3 月，甲企业计划购入一栋写字楼用于对外出租。3 月 15 日，甲企业与乙企业签订了经营租赁合同，约定自写字楼购买日起将这栋写字楼出租给乙企业，为期 5 年。4 月 5 日，甲企业实际购入写字楼，支付价款共计 12 000 000 元。假设甲企业拥有的投资性房地产符合采用公允价值计量模式的条件，采用公允价值模式进行后续计量。

甲企业的账务处理如下：

借：投资性房地产——成本（写字楼） 12 000 000

贷：银行存款 12 000 000

（2）将作为存货的房地产转换为投资性房地产的，企业应按其在转换日的公允价值，借记“投资性房地产（成本）”科目，按其账面余额，贷记“开发产品”等科目，按其差额，贷记“资本公积——其他资本公积”科目或借记“公允价值变动损益”科目。已计提跌价准备的，还应同时结转跌价准备。会计分录如图 4-92 所示。

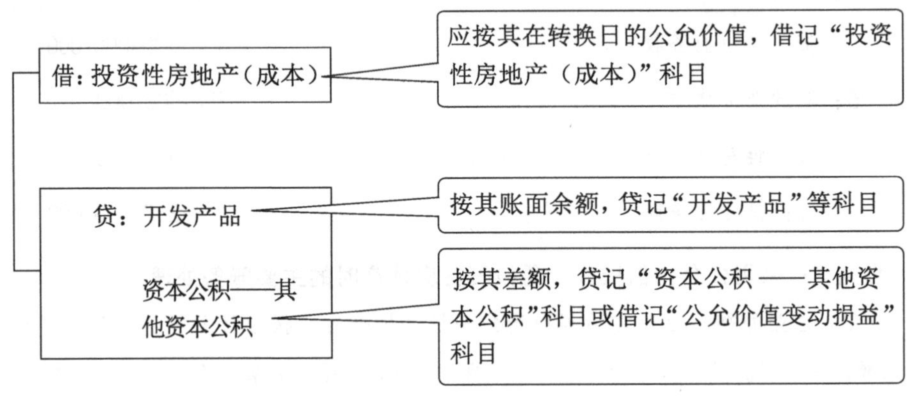

图 4-92　将作为存货的房地产转换为投资性房地产的会计分录

* 案例解析

【例 4-80】2×15 年 3 月 10 日，甲房地产开发公司与乙企业签订了租赁协议，将其开发的一栋写字楼出租给乙企业。租赁期开始日为 20×8 年 4 月 15 日。2×15 年 4 月 15 日，该写字楼的账面余额 450 000 000 元，公允价值为 470 000 000 元。2×15 年 12 月 31 日，该项投资性房地产的公允价值为 480 000 000 元。

甲企业的账务处理如下：

（1）2×15 年 4 月 15 日：

借：投资性房地产——成本 470 000 000

贷：开发产品 450 000 000

资本公积——其他资本公积 20 000 000

（2）2×15 年 12 月 31 日：

借：投资性房地产——公允价值变动 10 000 000

贷：公允价值变动损益　　　　　　　　　　　　　　10 000 000

(3)将自用的建筑物等转换为投资性房地产的，企业应按其在转换日的公允价值，借记“投资性房地产——成本”科目，按已计提的累计折旧等，借记“累计折旧”等科目，按其账面余额，贷记“固定资产”等科目，按其差额，贷记“资本公积——其他资本公积”科目或借记“公允价值变动损益”科目。已计提减值准备的，还应同时结转减值准备。会计分录如图 4-93 所示。

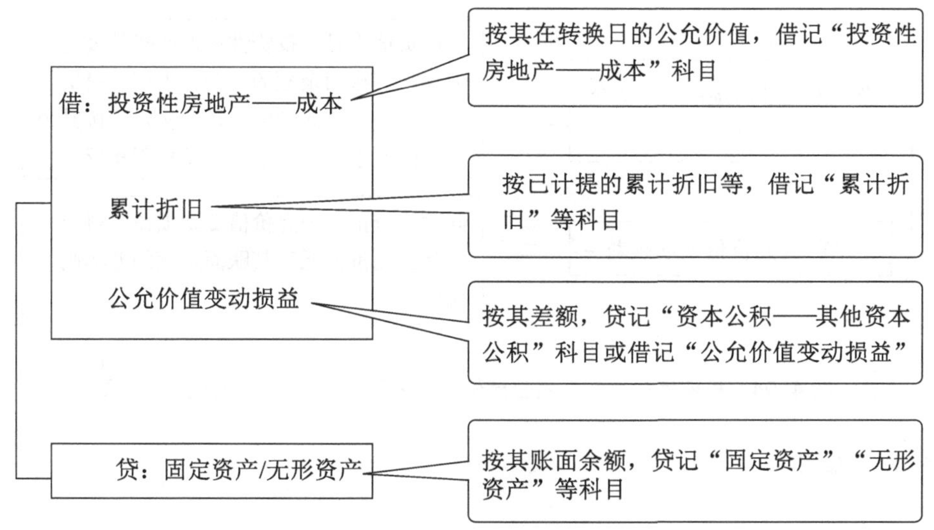

图 4-93　会计分录

* 案例解析

【例 4-81】 2×15 年 6 月，甲企业打算搬迁至新建办公楼。由于原办公楼处于商业繁华地段，所以甲企业准备将其出租，以赚取租金收入。2×15 年 10 月，甲企业完成了搬迁工作，将原办公楼停止自用并与乙企业签订了租赁协议。协议规定，甲企业将其原办公楼租赁给乙企业使用。租赁期开始日为 2×15 年 10 月 30 日，租赁期限为 3 年。2×15 年 10 月 30 日，该办公楼的原价为 500 000 000 元，已提折旧 142 500 000 元，公允价值为 350 000 000 元。甲企业采用公允价值模式计量。

甲企业的账务处理如下：

借：投资性房地产——成本　　　　　　　　　　350 000 000

　　公允价值变动损益　　　　　　　　　　　　　7 500 000

　　累计折旧　　　　　　　　　　　　　　　　142 500 000

贷：固定资产　　500 000 000

（4）投资性房地产采用公允价值模式进行后续计量的，不计提折旧或摊销，应当以资产负债表日的公允价值计量。资产负债表日，投资性房地产按其公允价值高于其账面余额的，企业应按两者的差额，借记“投资性房地产——公允价值变动”科目，贷记“公允价值变动损益”科目；按其公允价值低于其账面余额的，企业应按两者的差额做相反的会计分录。会计分录如图4-94所示。

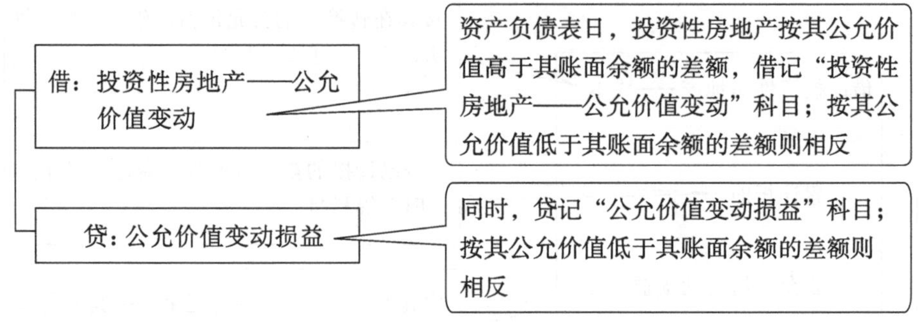

图4-94　投资性房地产采用公允价值模式进行后续计量时的会计分录

＊ 案例解析

【例4-82】甲企业为从事房地产经营开发的企业。2×15年8月，甲公司与乙公司签订租赁协议，约定将甲公司开发的一栋精装修的写字楼于开发完成的同时租赁给乙公司使用，租赁期为10年。当年10月1日，该写字楼开发完成并开始起租，写字楼的造价为90 000 000元。2×15年12月31日，该写字楼的公允价值为92 000 000元。假设甲企业采用公允价值计量模式。

甲企业的账务处理如下：

（1）2×15年10月1日，甲公司开发完成写字楼并出租：

借：投资性房地产——成本　　90 000 000

　　贷：开发成本　　90 000 000

（2）2×15年12月31日，按照公允价值为基础调整其账面价值，公允价值与原账面价值之间的差额计入当期损益：

借：投资性房地产——公允价值变动　　2 000 000

　　贷：公允价值变动损益　　2 000 000

（5）将投资性房地产转为自用时，企业应按其在转换日的公允价值，借记“固定资产”等科目，按其账面余额，贷记“投资性房地产——成本”“投资性房地产——公允价值变动”科目，按其差额，贷记或借记“公允价值变动损益”科目。会计分录如图 4-95 所示。

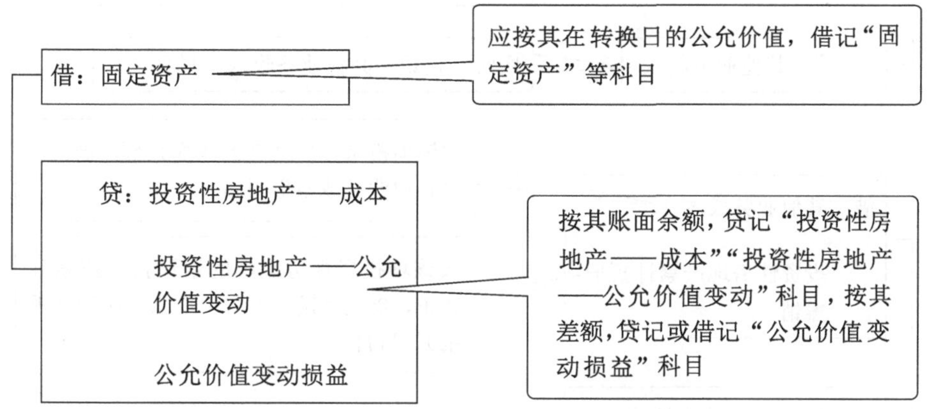

图 4-95　将投资性房地产转为自用时的会计分录

* 案例解析

【例 4-83】2×15 年 10 月 15 日，甲企业因租赁期满，将出租的写字楼收回，开始作为办公楼用于本企业的行政管理。2×15 年 10 月 15 日，该写字楼的公允价值为 48 000 000 元；在转换前，其采用公允价值模式计量，原账面价值为 47 500 000 元，其中，成本为 45 000 000 元，公允价值变动为增值 2 500 000 元。

甲企业的账务处理如下：

	借方	贷方
借：固定资产	48 000 000	
贷：投资性房地产——成本		45 000 000
投资性房地产——公允价值变动		2 500 000
公允价值变动损益		500 000

（6）处置投资性房地产时，企业应按实际收到的金额，借记“银行存款”等科目，贷记“其他业务收入”科目，按该项投资性房地产的账面余额，借记“其他业务成本”科目，贷记“投资性房地产——成本”科目，贷记或借记“投资性房地产——公允价值变动”科目；同时，按该项投资性房地产的公允价值变动，借记或贷记“公允价值变动损益”科目，贷记或借记“其他业务收入”科目。按该项投资性房地产在转换日

计入资本公积的金额，借记“资本公积——其他资本公积”科目，贷记“其他业务收入”科目。会计分录如图 4-96 所示。

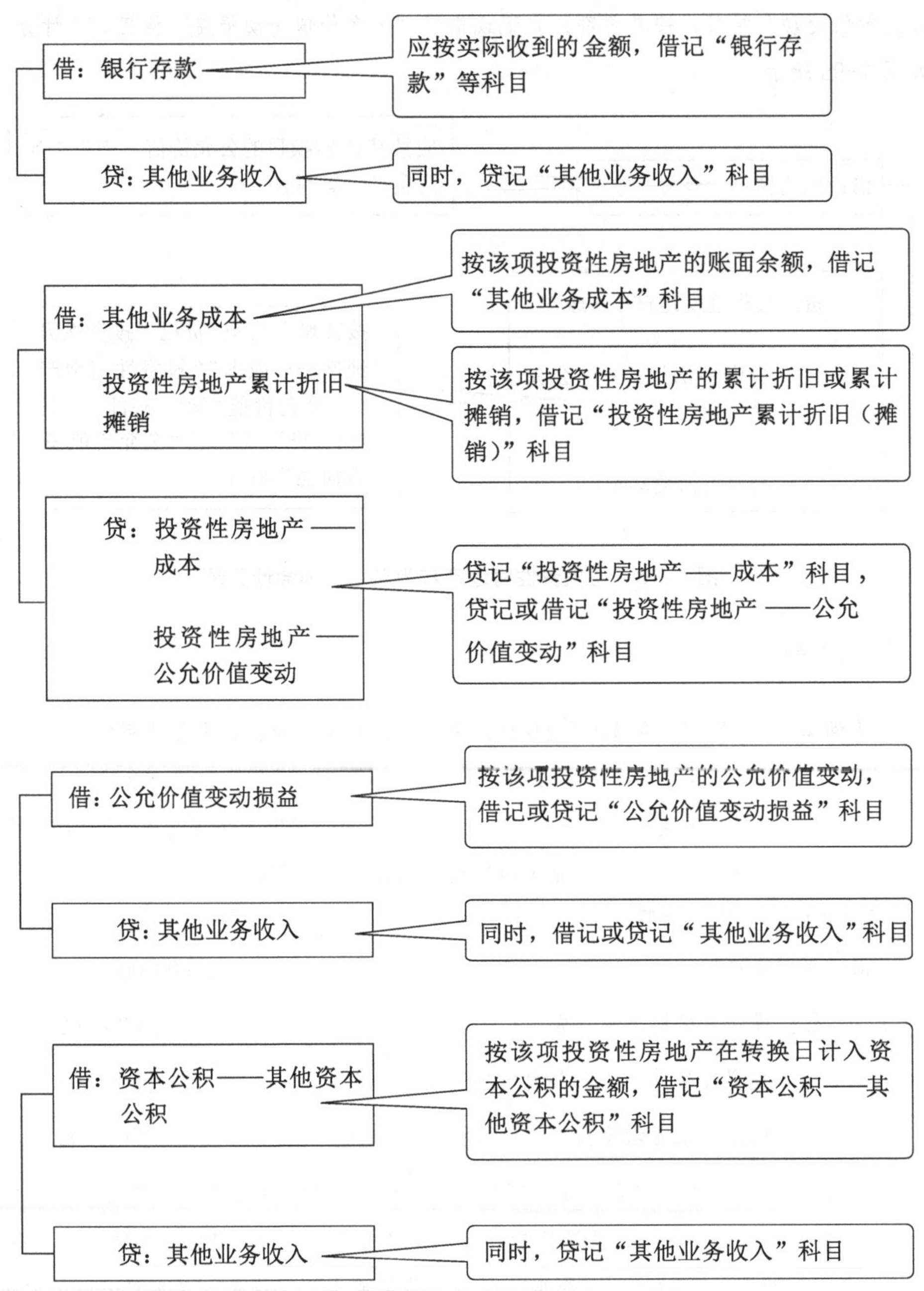

图 4-96　处置投资性房地产时的会计分录

＊ 案例解析

【例 4–84】甲公司将其出租的一栋写字楼确认为投资性房地产。租赁期满后，甲公司将该栋写字楼出售给乙公司，合同价款为 300 000 000 元，乙公司已用银行存款付清。假设这栋写字楼原采用公允价值模式计量。出售时，该栋写字楼的成本为 210 000 000 元，公允价值变动为借方余额 40 000 000 元。甲公司的账务处理如下：

借：银行存款　　　300 000 000

　　贷：其他业务收入　　　300 000 000

借：其他业务成本　　　250 000 000

　　贷：投资性房地产——×× 写字楼（成本）　　　210 000 000

　　　　——×× 写字楼（公允价值变动）　　　40 000 000

同时，将投资性房地产累计公允价值变动转入其他业务收入：

借：公允价值变动损益　　　40 000 000

　　贷：其他业务收入　　　40 000 000

4.33　长期应收款

4.33.1　什么是长期应收款

长期应收款是企业融资租赁产生的应收款项，以及采用递延方式分期收款、实质上具有融资性质的销售商品和提供劳务等经营活动产生的应收款项。

4.33.2　如何使用“长期应收款”科目

本科目核算企业的长期应收款项，包括融资租赁产生的应收款项、采用递延方式具有融资性质的销售商品和提供劳务等产生的应收款项等。实质上构成对被投资单位净投资的长期权益，也通过本科目核算。

本科目可按债务人进行明细核算。本科目的期末借方余额，反映企业尚未收回的长期应收款。

4.33.3 如何设置明细科目

“长期应收款”科目的明细科目设置如表4-36所示。

表4-36 1531 长期应收款

顺序号	编号	会计科目名称	二级科目名称	三级科目名称
一、资产类				
	1531	长期应收款		
	1531 01	长期应收款	融资租赁产生的应收账款	按债务人
	1531 02	长期应收款	采用递延方式具有融资性质的销售商品	按债务人
	1531 03	长期应收款	采用递延方式具有融资性质的提供劳务	按债务人
	1531 04	长期应收款	对被投资单位净投资的长期权益	按债务人
	1531 05	长期应收款	其他	按债务人

4.33.4 会计处理分录与案例解析

业务1：出租人融资租赁

出租人融资租赁产生应收租赁款的，在租赁期开始日，企业应按租赁开始日最低租赁收款额与初始直接费用之和，借记“长期应收款”科目，按未担保余值，借记“未担保余值”科目，按融资租赁资产的公允价值（最低租赁收款额和未担保余值的现值之和），贷记“融资租赁资产”科目，按融资租赁资产的公允价值与账面价值的差额，借记“营业外支出”科目或贷记“营业外收入”科目，按发生的初始直接费用，贷记“银行存款”等科目，按其差额，贷记“未实现融资收益”科目。会计分录如图4-97所示。

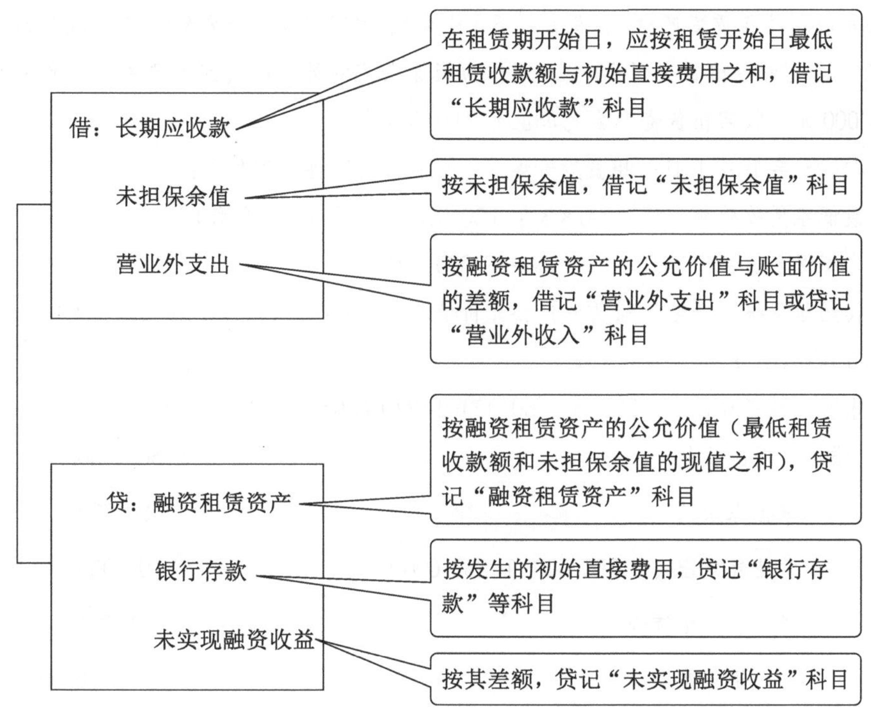

图 4–97　出租人融资租赁的会计分录

* 案例解析

【例 4–85】2×14 年 12 月 28 日，出租方甲租赁公司与承租方乙公司签订了一份租赁合同。合同主要条款如下。

（1）租赁标的物：大型生产设备 A 一套。

（2）租赁期开始日：生产设备 A 运抵乙公司之日（即 2×15 年 1 月 1 日）。

（3）租赁期：自 2×14 年 1 月 1 日起至 2×17 年 12 月 31 日止，共 3 年。

（4）租金支付方式：租赁期内每年年末支付租金 450 000 元。

（5）生产设备 A 在租赁期开始日的公允价值为 1 250 000 元，预计租赁期满，该生产设备公允价值为 200 000 元（其中乙公司担保余值 150 000 元，未担保余值 50 000 元）。

其他资料如下：（1）租赁期开始日，甲租赁公司租赁资产（生产设备 A）的账面价值 1 350 000 元；（2）甲租赁公司在该租赁业务中发生手续费等初始直接费用 20 000 元；（3）租赁期内每年年末如约收到乙公司支付的租金；（4）租赁期满甲租赁公司收回该租赁资产时，假设有以下3种情况：收回租赁资产公允价值为120 000元，由乙公司支付甲租赁公司30 000元作为担保余值的补偿；收回租赁资产公允价值为180 000元；收回租赁资产公允价值为210 000元。

2×15年1月1日，租赁期开始日甲租赁公司账务处理如下：

最低租赁收款额＝450 000×3＋150 000＝1 500 000（元）

未担保余值＝200 000−150 000＝50 000（元）

初始租赁投资净额＝租赁资产公允价值与初始直接费用之和＝1 250 000+20 000=1 270 000（元）

未实现融资收益＝1 500 000+50 000−1 270 000=280 000（元）

借：长期应收款	1 500 000	
未担保余值	50 000	
营业外支出（1 350 000−1 250 000）	100 000	
贷：融资租赁资产		1 350 000
银行存款		20 000
未实现融资收益		280 000

业务2：采用递延方式分期收款销售商品或提供劳务

采用递延方式分期收款的销售商品或提供劳务等经营活动产生的长期应收款，满足收入确认条件的，企业按应收的合同或协议价款，借记“长期应收款”科目，按应收合同或协议价款的公允价值（折现值），贷记“主营业务收入”等科目，按其差额，贷记“未实现融资收益”科目。涉及增值税的，还应进行相应的处理。采用递延方式分期收款的销售商品或提供劳务的，会计分录如图4-98所示。

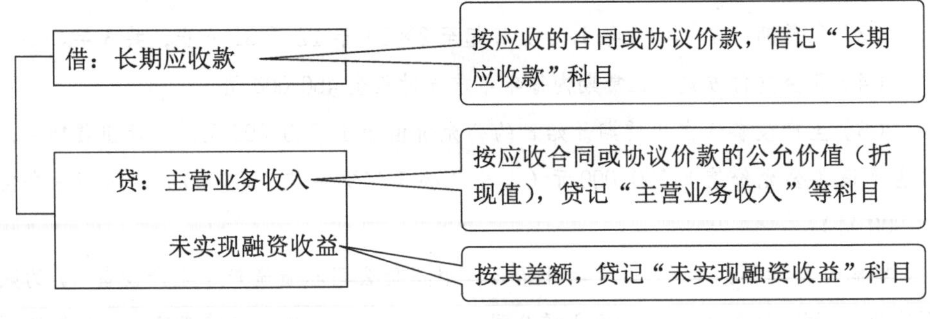

图4-98　采用递延方式分期收款的销售商品或提供劳务时的会计分录

＊ 案例解析

【例 4–86】甲公司 2×20 年年初分期收款销售一批产品给 C 公司，成本 8 000 000 元，长期应收款金额 10 000 000 元，当期收回增值税 1 300 000 元，现值 9 000 000 元，分五年每年年底收取 2 000 000。分期确认收入：

借：长期应收款　　10 000 000

　　银行存款　　1 300 000

　　贷：主营业务收入　　9 000 000

　　　　应交税费——应交增值税　　1 300 000

　　　　未实现融资收益　　1 000 000

4.34　未实现融资收益

4.34.1　什么是未实现融资收益

未实现融资收益是指未收到租金并未获担保的部分，因其是否能按期收回具有不确定性，所以按照稳健性原则的要求对预期收益就不计或少计，而且对于超过一个租金支付期未收到租金的应停止确认融资收入，其原已确认的融资收入应予以冲回，转作表外核算。这样处理有助于抵消管理人员和所有者的乐观主义情绪，以利于投资者和债权人更有利地评价风险。但是，将能够带来未来经济利益的相关支出全部由当期投资收益承担，有失配比性。

未实现融资收益是出租人在租赁开始日时记录的应收融资租赁款、未担保余值和租赁资产账面价值的差额，是其将来融资收入确认的基础。出租人未担保余值的预计可收回金额低于其账面价值时确认为当期损失。

4.34.2　如何使用“未实现融资收益”科目

本科目核算企业分期计入租赁收入或利息收入的未实现融资收益。

本科目可按未实现融资收益项目进行明细核算。本科目期末贷方余额，反映企业尚未转入当期收益的未实现融资收益。

4.34.3 如何设置明细科目

“未实现融资收益”科目的明细科目设置如表 4-37 所示。

表 4-37 1532 未实现融资收益

顺序号	编号	会计科目名称	二级科目名称	三级科目名称	是否辅助核算	辅助核算类别
一、资产类						
	1532	未实现融资收益	承租人	项目	是	部门

4.34.4 会计处理分录与案例解析

业务 1：出租人融资租赁

相关内容在“长期应收款”已详述，在此不赘述。

业务 2：采用递延方式分期收款销售商品或提供劳务

相关内容在“长期应收款”已详述，在此不赘述。

4.35 固定资产

4.35.1 什么是固定资产

固定资产是指同时具有以下特征的有形资产：（1）为生产商品、提供劳务、出租或经营管理而持有的；（2）使用寿命超过一个会计年度。

从这一定义可以看出，作为企业的固定资产应具备以下两个特征。

（1）企业持有固定资产，是为了满足生产商品、提供劳务、出租或经营管理的需要，而不像商品一样为了对外出售。这一特征是固定资产区别于商品等流动资产的重要标志。

（2）企业使用固定资产的期限较长，使用寿命一般超过一个会计年度。这一特征表明企业固定资产的收益期超过一年，能在一年以上的时间里为企业创造经济利益。

4.35.2　如何使用“固定资产”科目

本科目核算企业持有的固定资产原价。建造承包商的临时设施，以及企业购置计算机硬件所附带的、未单独计价的软件，也通过本科目核算。

本科目可按固定资产类别和项目进行明细核算。融资租入的固定资产，可在本科目通过设置“融资租入固定资产”明细科目进行核算。

本科目期末借方余额，反映企业固定资产的原价。

4.35.3　如何设置明细科目

“固定资产”科目的明细科目设置如表 4-38 所示。

表 4-38　1601 固定资产

顺序号	编号	会计科目名称	二级科目名称	三级科目名称	是否辅助核算	辅助核算类别
一、资产类						
	1601	固定资产				
	1601 01	固定资产	房屋及建筑物	项目	是	部门
	1601 02	固定资产	机械设备	项目	是	部门
	1601 03	固定资产	交通运输工具	项目	是	部门
	1601 04	固定资产	家具设备	项目	是	部门
	1601 05	固定资产	电气电子影视设备	项目	是	部门
	1601 06	固定资产	文体娱乐设备	项目	是	部门
	1601 07	固定资产	融资租入固定资产	项目	是	部门
	1601 08	固定资产	其他	项目	是	部门

4.35.4 会计处理分录与案例解析

业务1：购入固定资产

企业购入不需要安装的固定资产，按应计入固定资产成本的金额，借记“固定资产”科目，贷记“银行存款”等科目，如图4-99所示。购入固定资产超过正常信用条件延期支付价款、实质上具有融资性质的，企业应按应付购买价款的现值，借记“固定资产”或“在建工程”科目，按应支付的金额，贷记“长期应付款”科目，按其差额，借记“未确认融资费用”科目。

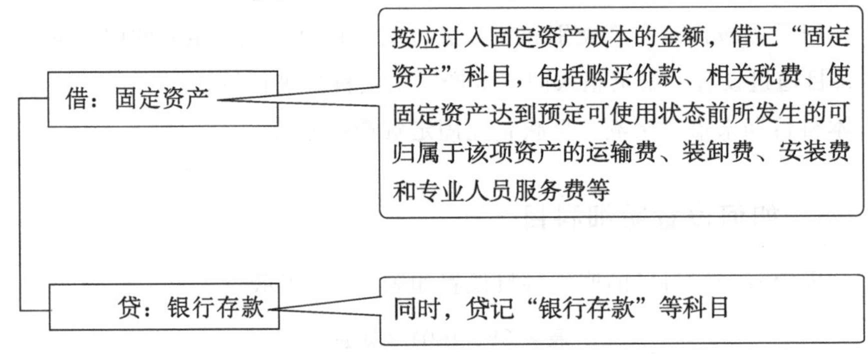

图4-99 购入不需安装的固定资产时的会计分录

* 案例解析

【例4-87】 2×19年9月12日，甲公司购入一台不需要安装就可投入使用的设备，取得的增值税专用发票上注明的设备价款为800 000元，增值税税额为104 000元，发生的保险费为5 000元，以银行存款转账支付。假定不考虑其他相关税费。甲公司的账务处理如下：

借：固定资产　　909 000

　　贷：银行存款　　909 000

业务2：自建固定资产

自行建造达到预定可使用状态的固定资产，借记“固定资产”科目，贷记“在建工程”科目。已达到预定可使用状态但尚未办理竣工决算手续的固定资产，应按估计价值入账，待确定实际成本后再进行调整。会计分录如图4-100所示。

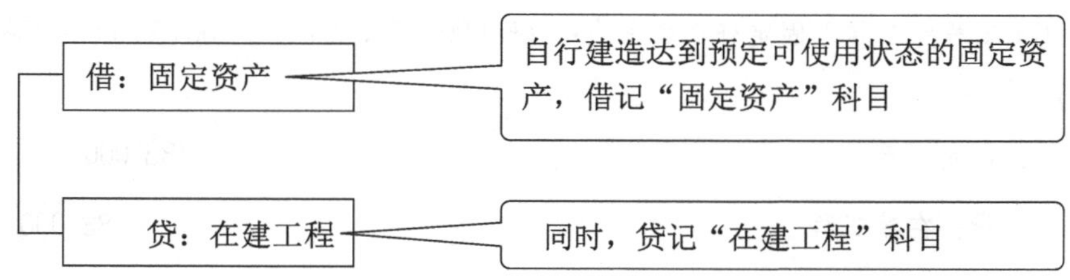

图 4-100　将“在建工程”结转至固定资产时的会计分录

* 案例解析

【例 4-88】某企业自建厂房一幢，购入为工程准备的各种物资 500 000 元，支付的增值税税额为 65 000 元，全部用于工程建设。领用本企业生产的水泥一批，实际成本为 80 000 元，税务部门确定的计税价格为 100 000 元，增值税税率 13%；工程人员应计工资 100 000 元，支付的其他费用 30 000 元。工程完工并达到预定可使用状态。该企业应做如下会计分录：

（1）购入工程物资时：

借：工程物资　　565 000

　　贷：银行存款　　565 000

（2）工程领用工程物资时：

借：在建工程　　565 000

　　贷：工程物资　　565 000

（3）工程领用本企业生产的水泥，确定应计入在建工程成本的金额为：

80 000+100 000×13%=93 000（元）

借：在建工程　　93 000

　　贷：库存商品　　80 000

　　　　应交税费——应交增值税（销项税额）　　13 000

（4）分配工程人员工资时：

借：在建工程　　100 000

　　贷：应付职工薪酬　　100 000

（5）支付工程发生的其他费用时：

借：在建工程　　30 000

　　贷：银行存款等　　30 000

（6）工程完工转入固定资产成本为：565 000+93 000+100 000+30 000=788 000（元）

借：固定资产　　788 000

　　贷：在建工程　　788 000

业务 3：融资租入固定资产

融资租入的固定资产，在租赁期开始日，按应计入固定资产成本的金额（租赁开始日租赁资产公允价值与最低租赁付款额现值两者中较低者，加上初始直接费用），借记“固定资产”或“在建工程”科目，按最低租赁付款额，贷记“长期应付款”科目，按发生的初始直接费用，贷记“银行存款”等科目，按其差额，借记“未确认融资费用”科目。

租赁期届满，企业取得该项固定资产所有权的，应将该项固定资产从“融资租入固定资产”明细科目转入有关明细科目。融资租入固定资产时的会计分录如图 4-101 所示。

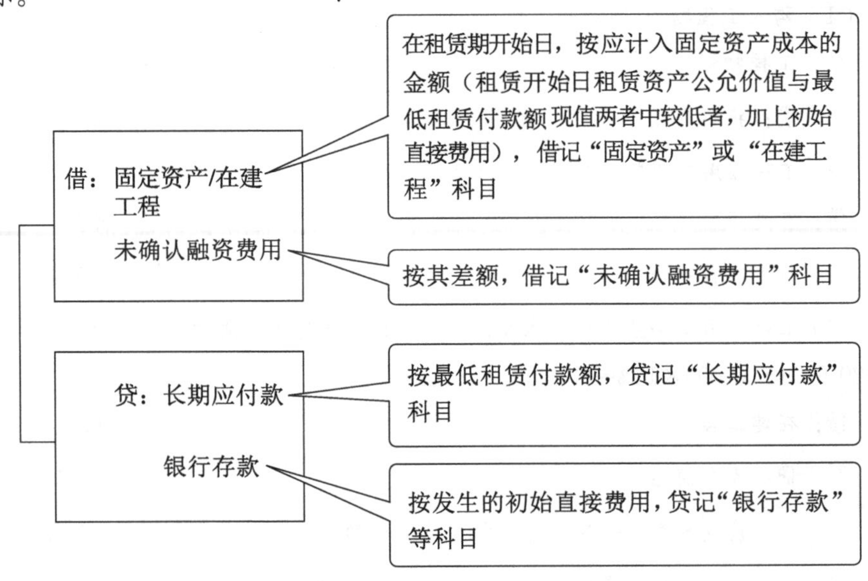

图 4-101　融资租入固定资产时的会计分录

＊ 案例解析

【例 4-89】2×14 年 12 月 1 日，甲公司与乙租赁公司签订了一份矿泉水生产线融资租赁合同。租赁合同规定：租赁期开始日为 2×15 年 1 月 1 日；租赁期为 3

年，每年年末支付租金 2 000 000 元；租赁期届满，矿泉水生产线的估计残余价值为 400 000 元，其中，甲公司担保余值为 300 000 元，未担保余值为 100 000 元。

该矿泉水生产线于 2×14 年 12 月 31 日运抵甲公司，当日投入使用：甲公司采用年限平均法计提固定折旧，于每年年末一次确认融资费用并计提折旧。假定该矿泉水生产线为全新生产线，租赁开始日的公允价值为 6 000 000 元；租赁内含利率为 6%。2×14 年 12 月 31 日，甲公司将该矿泉水生产线归还给乙租赁公司。甲公司的账务处理如下：

2×14 年 12 月 31 日，租入固定资产最低租赁付款额现值 =2 000 000×2.6730+300 000×0.8396=5 597 880（元）

融资租入固定资产入账价值 =5 597 880（元）

未确认融资费用 =6 300 000−5 597 880=702 120（元）

借：固定资产——融资租入固定资产　　5 597 880

　　未确认融资费用　　702 120

　　贷：长期应付款　　6 300 000

业务 4：存在弃置义务固定资产

对于特殊行业的特定固定资产，确定其初始入账成本时还应考虑弃置费用。弃置费用通常是指根据国家法律和行政法规、国际公约等规定，企业承担的环境保护和生态恢复等义务所确定的支出，如核电站核设施等的弃置和恢复环境等义务。

一般工商企业的固定资产发生的报废清理费用，不属于弃置费用，应当在发生时作为固定资产处置费用处理。

固定资产存在弃置义务的，应在取得固定资产时，按预计弃置费用的现值，借记“固定资产”科目，贷记“预计负债”科目。在该项固定资产的使用寿命内，计算确定各期应负担的利息费用，借记“财务费用”科目，贷记“预计负债”科目。会计分录如图 4-102 所示。

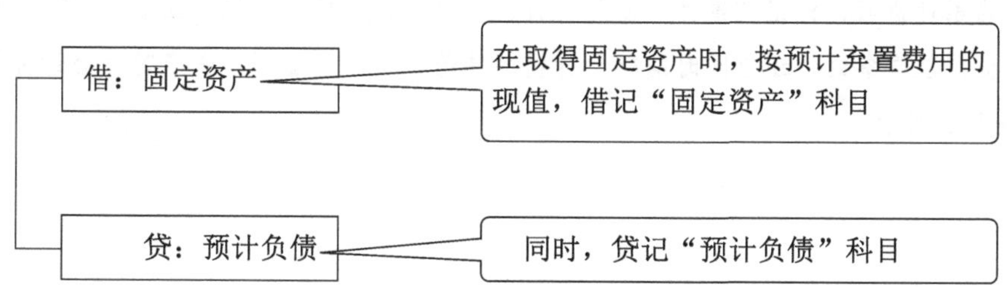

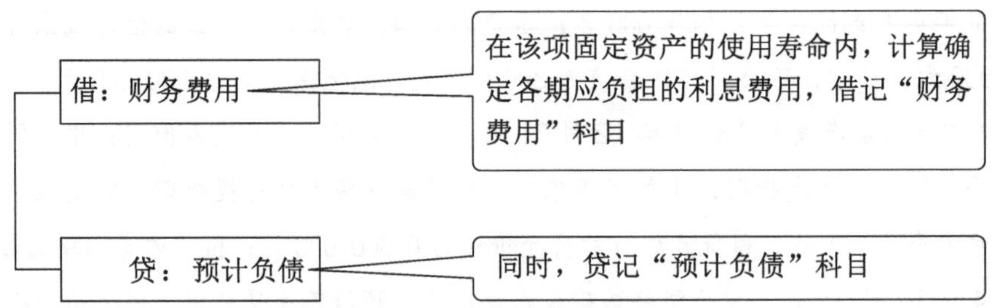

图 4-102　存在弃置义务固定资产初始入账时的会计分录

＊ 案例解析

【例 4-90】甲公司主要从事化工产品的生产和销售。2×14 年 12 月 31 日，甲公司一套化工产品生产线达到预定可使用状态并投入使用，预计使用寿命为 15 年。根据有关法律，甲公司在该生产线使用寿命届满时应对环境进行复原，预计将发生弃置费用 2 000 000 元。甲公司采用的折现率为 10%。甲公司与弃置费用有关的账务处理如下：

（1）2×14 年 12 月 31 日，将弃置费用的现值计入固定资产原价：

固定资产原价：2 000 000×0.2 394=478 800（元）

借：固定资产　　478 800

　　贷：预计负债　　478 800

（2）2×14 年 12 月 31 日，确认利息费用的账务处理如下：

借：财务费用　　47 880

　　贷：预计负债　　47 880

业务 5：处置固定资产

处置固定资产时，按该项固定资产的账面价值，借记“固定资产清理”科目，按已提的累计折旧，借记“累计折旧”科目，按其账面原价，贷记“固定资产”科目。已计提减值准备的，还应同时结转已计提的减值准备。处置固定资产时的会计分录如图 4-103 所示。

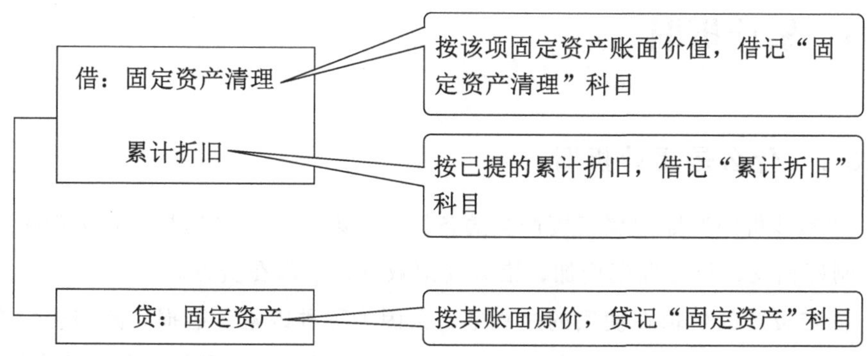

图 4–103　处置固定资产时的会计分录

* 案例解析

【例 4–91】甲公司有一台设备，因使用期满经批准报废。该设备原价为 186 700 元，累计已计提折旧 177 080 元，已计提减值准备 2 500 元。在清理过程中，以银行存款支付清理费用 5 000 元，残料变卖收入为 6 500 元。甲公司的账务处理如下：

（1）固定资产转入清理：

借：固定资产清理　　7 120

　　累计折旧　　177 080

　　固定资产减值准备　　2 500

　　贷：固定资产　　186 700

（2）发生清理费用：

借：固定资产清理　　5 000

　　贷：银行存款　　5 000

（3）收到残料变价收入：

借：银行存款　　6 500

　　贷：固定资产清理　　6 500

（4）结转固定资产净损益：

借：营业外支出——处置非流动资产损失　　5 620

　　贷：固定资产清理　　5 620

4.36 累计折旧

4.36.1 什么是累计折旧

“累计折旧”账户属于资产类的备抵调整账户，其结构与一般资产账户的结构刚好相反，贷方登记增加，借方登记减少，余额在贷方。

固定资产的价值在使用的过程中，会因为种种因素（磨损、陈旧等）不断地减少，我们称之为折旧。累计折旧实际上就是固定资产更新准备金的合计数。每一个会计期间都应计算这一期应计提的折旧金额。固定资产的折旧方法有很多种，具体分为直线折旧法、双倍余额递减法、年数总和法等。

4.36.2 如何使用“累计折旧”科目

本科目核算企业固定资产的累计折旧。本科目可按固定资产的类别或项目进行明细核算。本科目期末贷方余额，反映企业固定资产的累计折旧额。

4.36.3 如何设置明细科目

“累计折旧”科目的明细科目设置如表4-39所示。

表4-39 1602累计折旧

顺序号	编号	会计科目名称	二级科目名称	三级科目名称	是否辅助核算	辅助核算类别
一、资产类						
	1602	累计折旧				
	1602 01	累计折旧	房屋及建筑物	项目	是	部门
	1602 02	累计折旧	机械设备	项目	是	部门
	1602 03	累计折旧	交通运输工具	项目	是	部门
	1602 04	累计折旧	家具设备	项目	是	部门
	1602 05	累计折旧	电气电子影视设备	项目	是	部门
	1602 06	累计折旧	文体娱乐设备	项目	是	部门
	1602 07	累计折旧	其他	项目	是	部门

4.36.4　会计处理分录与案例解析

按期（月）计提固定资产的折旧，借记“制造费用”“销售费用”“管理费用”“研发支出”“其他业务成本”等科目，贷记“累计折旧”科目。处置固定资产还应同时结转累计折旧。计提固定资产折旧时的会计分录如图 4-104 所示。

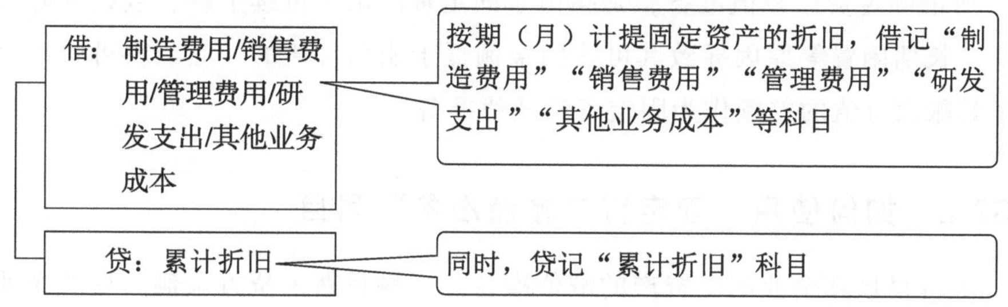

图 4-104　计提固定资产折旧时的会计分录

* 案例解析

【例 4-92】某企业采用年限平均法对固定资产计提折旧。2×15 年 1 月，该企业根据“固定资产折旧计算表”确定的各车间及厂部管理部门应分配的折旧额为：一车间 1 500 000 元，二车间 2 400 000 元，三车间 3 000 000 元，厂管理部门 600 000 元。该企业应做如下会计处理：

借：制造费用——一车间	1 500 000	
——二车间	2 400 000	
——三车间	3 000 000	
管理费用	600 000	
贷：累计折旧		7 500 000

4.37 固定资产减值准备

4.37.1 什么是固定资产减值准备

所谓固定资产减值准备，是指由于固定资产市价持续下跌，或技术陈旧、损坏、长期闲置等原因导致其可收回金额低于账面价值的，应当将可收回金额低于其账面价值的差额作为固定资产减值准备。

4.37.2 如何使用“固定资产减值准备”科目

本科目核算企业固定资产的减值准备。本科目期末贷方余额，反映企业已计提但尚未转销的固定资产减值准备。

4.37.3 如何设置明细科目

“固定资产减值准备”科目的明细科目设置如表4-40所示。

表4-40 1603固定资产减值准备

顺序号	编号	会计科目名称	二级科目名称	三级科目名称	是否辅助核算	辅助核算类别
一、资产类						
	1603	固定资产减值准备				
	1603 01	固定资产减值准备	房屋及建筑物	项目	是	部门
	1603 02	固定资产减值准备	机械设备	项目	是	部门
	1603 03	固定资产减值准备	交通运输工具	项目	是	部门
	1603 04	固定资产减值准备	家具设备	项目	是	部门
	1603 05	固定资产减值准备	电气电子影视设备	项目	是	部门
	1603 06	固定资产减值准备	文体娱乐设备	项目	是	部门
	1603 07	固定资产减值准备	其他	项目	是	部门

4.37.4 会计处理分录与案例解析

资产负债表日，固定资产发生减值的，按应减记的金额，借记“资产减值损失——计提的固定资产减值准备”科目，贷记“固定资产减值准备”科目。企业处置固定资产时还应同时结转减值准备。固定资产发生减值时的会计分录如图 4-105 所示。

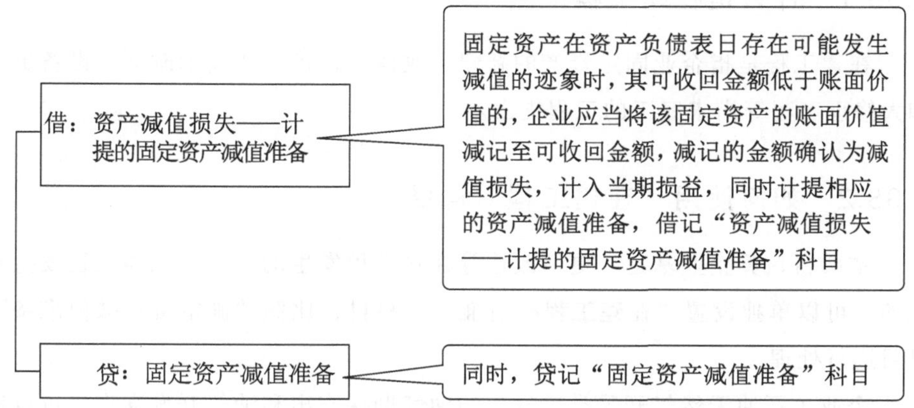

图 4-105　固定资产发生减值时的会计分录

* 案例解析

【例 4-93】2×14 年 12 月 31 日，丁公司的某生产线存在可能发生减值的迹象。经计算，该机器的可收回金额合计为 1 230 000 元，账面价值为 1 400 000 元，以前年度示对该生产线计提过减值准备。

由于该生产线的可收回金额为 1 230 000 元，账面价值为 1 400 000 元，可收回金额低于账面价值，应按两者之间的差额 170 000（1 400 000-1 230 000）元计提固定资产减值准备。丁公司应做如下会计分录：

借：资产减值损失——计提的固定资产减值准备　　　170 000

　　贷：固定资产减值准备　　　　　　　　　　　　　170 000

4.38 在建工程

4.38.1 什么是在建工程

在建工程是指企业固定资产的新建、改建、扩建，或技术改造、设备更新和大修理工程等尚未完工的工程支出。

4.38.2 如何使用“在建工程”科目

本科目核算企业基建、更新改造等在建工程发生的支出。在建工程发生减值的，可以单独设置“在建工程减值准备”科目，比照“固定资产减值准备”科目进行处理。

企业（石油天然气开采类）发生的油气勘探支出和油气开发支出，可以通过单独设置“油气勘探支出”“油气开发支出”科目进行核算。

本科目可按“建筑工程”“安装工程”“在安装设备”“待摊支出”以及单项工程等进行明细核算。

本科目的期末借方余额，反映企业尚未达到预定可使用状态的在建工程的成本。

4.38.3 如何设置明细科目

“在建工程”科目的明细科目设置如表 4-41 所示。

表 4-41 1604 在建工程

顺序号	编号	会计科目名称	二级科目名称	三级科目名称	是否辅助核算	辅助核算类别
一、资产类						
	1604	在建工程	类别	明细	是	
	1604 01	在建工程	自营过程		是	项目
	1604 01 01	在建工程	自营过程	建筑工程	是	项目
	1604 01 02	在建工程	自营过程	安装工程	是	项目
	1604 01 03	在建工程	自营过程	在安装设备	是	项目
	1604 01 04	在建工程	自营过程	待摊支出	是	项目

续表

顺序号	编号	会计科目名称	二级科目名称	三级科目名称	是否辅助核算	辅助核算类别
	1604 01 05	在建工程	自营过程	单项工程	是	项目
	1604 01 06	在建工程	自营过程	其他	是	项目
	1604 02	在建工程	出包过程		是	项目
	1604 02	在建工程	其他		是	项目

4.38.4　会计处理分录与案例解析

业务 1：领用工程物资、原材料或库存商品及负担的职工薪酬

自营的在建工程领用工程物资、原材料或库存商品的，借记“在建工程”科目，贷记“工程物资”“原材料”“库存商品”等科目。采用计划成本核算的，应同时结转应分摊的成本差异。涉及增值税的，还应进行相应的处理。在建工程应负担的职工薪酬，借记“在建工程”科目，贷记“应付职工薪酬”科目。会计分录如图 4-106 所示。

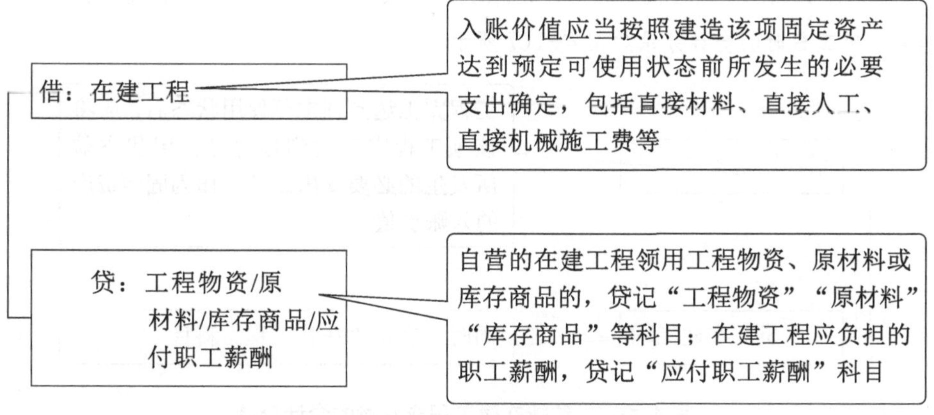

图 4-106　领用工程物资、原材料或库存商品及计提职工薪酬时的会计分录

＊ 案例解析

【例 4-94】甲公司为大中型煤矿企业，属于高瓦斯的矿井，按照国家规定该煤炭生产企业按原煤实际产量以每吨 30 元从成本中提取安全生产费。3 月 31 日，甲公司“专项储备——安全生产费”科目余额为 2 000 万元。

（1）4 月按照原煤实际产量计提安全生产费 1 000 万元。

借：生产成本　　1 000

　　贷：专项储备——安全生产费　　1 000

（2）4 月支付安全生产检查费 10 万元，以银行存款支付。

借：专项储备——安全生产费　　10

　　贷：银行存款　　10

（3）5 月购入一批需要安装的用于改造和完善矿井瓦斯抽采等安全防护设备，价款为 2 000 万元，立即投入安装，安装中应付安装人员薪酬 30 万元。

借：在建工程　　2 000

　　贷：银行存款　　2 000

借：在建工程　　30

　　贷：应付职工薪酬　　30

业务 2：结转在建工程成本

在建工程达到预定可使用状态时，借记“固定资产”等科目，贷记“在建工程”科目。结转在建工程时的会计分录如图 4-107 所示。

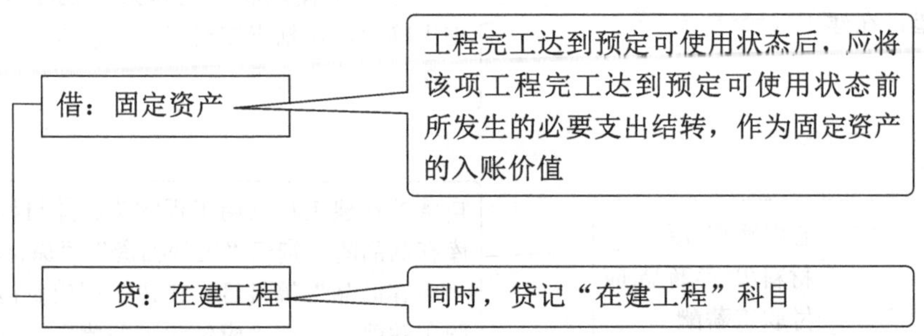

图 4-107　结转在建工程成本时的会计分录

* 案例解析

【例 4-95】承上题，5 月安装完毕达到预定可使用状态。

借：固定资产　　2 030

　　贷：在建工程　　2 030

借：专项储备——安全生产费　　2 030

　　贷：累计折旧　　2 030

4.39　工程物资

4.39.1　什么是工程物资

工程物资是指用于固定资产建造的建筑材料，如钢材、水泥、玻璃等。在资产负债表中并入在建工程项目。

4.39.2　如何使用“工程物资”科目

本科目核算企业为在建工程准备的各种物资的成本，包括工程用材料、尚未安装的设备以及为生产准备的工器具等。本科目可按“专用材料”“专用设备”“工器具”等进行明细核算。

工程物资发生减值的，可以通过单独设置“工程物资减值准备”科目，比照“固定资产减值准备”科目进行处理。

本科目期末借方余额，反映企业为在建工程准备的各种物资的成本。

4.39.3　如何设置明细科目

“工程物资”科目的明细科目设置如表 4-42 所示。

表 4-42　1605 工程物资

顺序号	编号	会计科目名称	二级科目名称	三级科目名称	是否辅助核算	辅助核算类别
一、资产类						
	1605	工程物资	类别	项目明细	是	存放地点
	1605 01	工程物资	专用材料	项目明细	是	存放地点
	1605 02	工程物资	专用设备	项目明细	是	存放地点
	1605 03	工程物资	工具器	项目明细	是	存放地点
	1605 04	工程物资	其他	项目明细	是	存放地点
	1605 05	工程物资	减值准备	项目明细	是	存放地点

4.39.4 会计处理分录与案例解析

业务1：购入工程物资

购入为工程准备的物资，借记“工程物资”科目，贷记“银行存款”“其他应付款”等科目。

购入工程物资时的会计分录如图4-108所示。

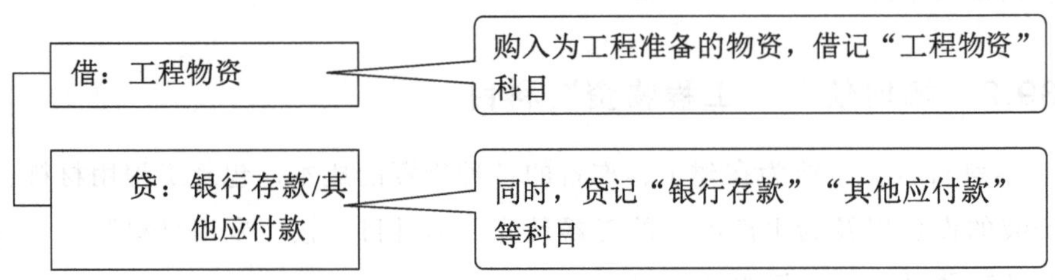

图4-108 购入工程物资时的会计分录

* 案例解析

【例4-96】C企业购入基建工程所用物资一批，价款及运输保险等费用合计100 000元，增值税专用发票上注明的增值税税额为13 000元，物资已验收入库，款项尚未支付。C企业的有关会计分录如下：

借：工程物资　　113 000

　　贷：应付账款　　113 000

业务2：领用工程物资

领用工程物资，借记“在建工程”科目，贷记“工程物资”科目。工程完工后将领出的剩余物资退库时做相反的会计分录。已计提减值准备的，还应同时结转减值准备。领用工程物资时的会计分录如图4-109所示。

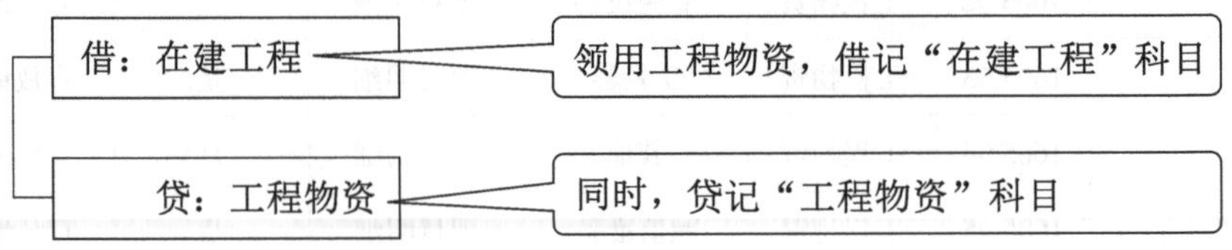

图4-109 领用工程物资时的会计分录

＊ 案例解析

【例 4–97】2×15 年 1 月，丙公司准备自行建造一座厂房，1 ~ 6 月，工程先后领用工程物资 272 500 元（含增值税税额）。丙公司的账务处理如下：

借：在建工程　　272 500

　　贷：工程物资　　272 500

业务 3：剩余工程物资转作企业存货

工程完工后剩余的工程物资转作本企业存货的，借记“原材料”等科目，贷记“工程物资”科目。剩余工程物资转作企业存货时的会计分录如图 4–110 所示。

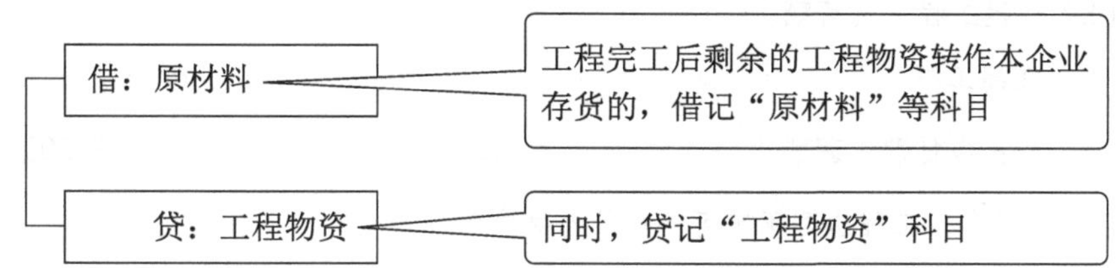

图 4–110　剩余工程物资转作企业存货时的会计分录

＊ 案例解析

【例 4–98】2×19 年 4 月，丙公司准备自行建造一座厂房，为此购入工程物资一批，价款为 250 000 元，支付的增值税进项税额为 32 500 元，款项以银行存款支付。4 ~ 9 月，工程先后领用工程物资 272 500 元（含增值税税额）；剩余工程物资转为该公司的存货，其所含的增值税进项税额可以抵扣；领用生产用原材料一批，实际成本为 32 000 元，未计提存货跌价准备，购进该批原材料时支付的增值税进项税额为 4 160 元；辅助生产车间为工程提供有关劳务支出 35 000 元；应支付工程人员薪酬 65 800 元；9 月底，工程达到预定可使用状态并交付使用。假定丙公司适用的增值税税率为 13%，不考虑其他相关税费。

丙公司的账务处理如下：

（1）购入为工程准备的物资：

借：工程物资　　282 500

　　贷：银行存款　　282 500

（2）领用工程物资：

借：在建工程　　272 500

贷：工程物资　272 500

（3）工程领用原材料：

借：在建工程　36 160

贷：原材料　32 000

应交税费——应交增值税（进项税额转出）　4 160

（4）辅助生产车间为工程提供劳务支出：

借：在建工程　35 000

贷：生产成本——辅助生产成本　35 000

（5）计提工程人员薪酬：

借：在建工程　65 800

贷：应付职工薪酬　65 800

（6）9月底，工程达到预定可使用状态并交付使用：

借：固定资产　409 460

贷：在建工程　409 460

（7）剩余工程物资转作存货

借：原材料　8 849.56

应交税费——应交增值税（进项税额）　1 150.44

贷：工程物资　10 000

4.40 固定资产清理

4.40.1 什么是固定资产清理

固定资产清理是指企业因出售、报废和毁损等原因转入清理的固定资产价值及其在清理过程中所发生的清理费用和清理收入等。

4.40.2　如何使用“固定资产清理”科目

本科目核算企业因出售、报废、毁损、对外投资、非货币性资产交换、债务重组等原因转出的固定资产价值以及在清理过程中发生的费用。

本科目可按被清理的固定资产项目进行明细核算。本科目期末借方余额，反映企业尚未清理完毕的固定资产清理净损失。

4.40.3　如何设置明细科目

“固定资产清理”科目的明细科目设置如表 4-43 所示。

表 4-43　1606 固定资产清理

顺序号	编号	会计科目名称	二级科目名称	三级科目名称
一、资产类				
	1606	固定资产清理		项目
	1606 01	固定资产清理	房屋及建筑物	项目
	1606 02	固定资产清理	机械设备	项目
	1606 03	固定资产清理	交通运输工具	项目
	1606 04	固定资产清理	家具设备	项目
	1606 05	固定资产清理	电气电子影视设备	项目
	1606 06	固定资产清理	文体娱乐设备	项目
	1606 07	固定资产清理	其他	项目

4.40.4　会计处理分录与案例解析

业务 1：固定资产转清理

企业因出售、报废、毁损、对外投资、非货币性资产交换、债务重组等转出的固定资产，按该项固定资产的账面价值，借记“固定资产清理”科目，按已计提的累计折旧，借记“累计折旧”科目，按其账面原价，贷记“固定资产”科目。已计提减值准备的，还应同时结转减值准备。固定资产转清理的会计分录如图 4-111 所示。

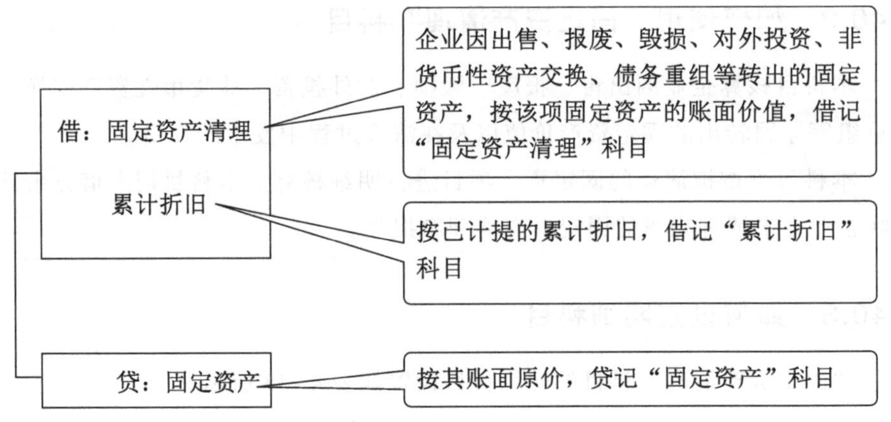

图 4-111　固定资产转清理的会计分录

＊ 案例解析

【例 4-99】甲公司出售一座建筑物，原价为 2 000 000 元，已计提折旧 1 000 000 元，未计提减值准备。将出售固定资产转入清理时，甲公司应做如下会计分录：

借：固定资产清理　　　　1 000 000

　　累计折旧　　　　　　1 000 000

　　贷：固定资产　　　　　　2 000 000

业务 2：清理过程相关支出

清理过程中应支付的相关税费及其他费用，借记"固定资产清理"科目，贷记"银行存款"等科目。

收回出售固定资产的价款、残料价值和变价收入等，借记"银行存款""原材料"等科目，贷记"固定资产清理"科目。

应由保险公司或过失人赔偿的损失，借记"其他应收款"等科目，贷记"固定资产清理"科目。

清理过程中发生相关支出时的会计分录如图 4-112 所示。

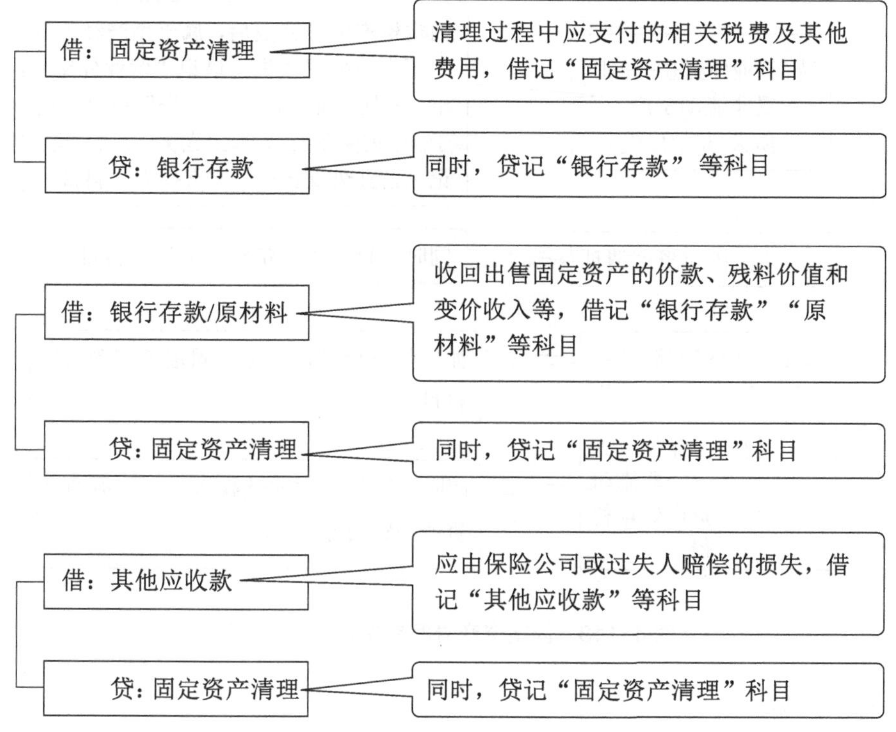

图 4–112　清理过程中发生相关支出时的会计分录

* 案例解析

【例 4–100】承【例 4–99】，甲公司实际出售价格为 1 200 000 元，增值税销项税额为 156 000，已通过银行收回价款，甲公司应作如下会计处理：

借：银行存款　　1 356 000

　贷：固定资产清理　　1 200 000

　　应交税费——应交增值税（销项税额）　　156 000

业务 3：固定资产清理完成

固定资产清理完成后，属于生产经营期间正常的处理损失，借记“营业外支出——处置非流动资产损失”科目，贷记“固定资产清理”科目；属于自然灾害等非正常原因造成的损失，借记“营业外支出——非常损失”科目，贷记“固定资产清理”科目。如为贷方余额，借记“固定资产清理”科目，贷记“营业外收入——非流动资产处置利得”科目。固定资产清理完成时的会计分录如图 4–113 所示。

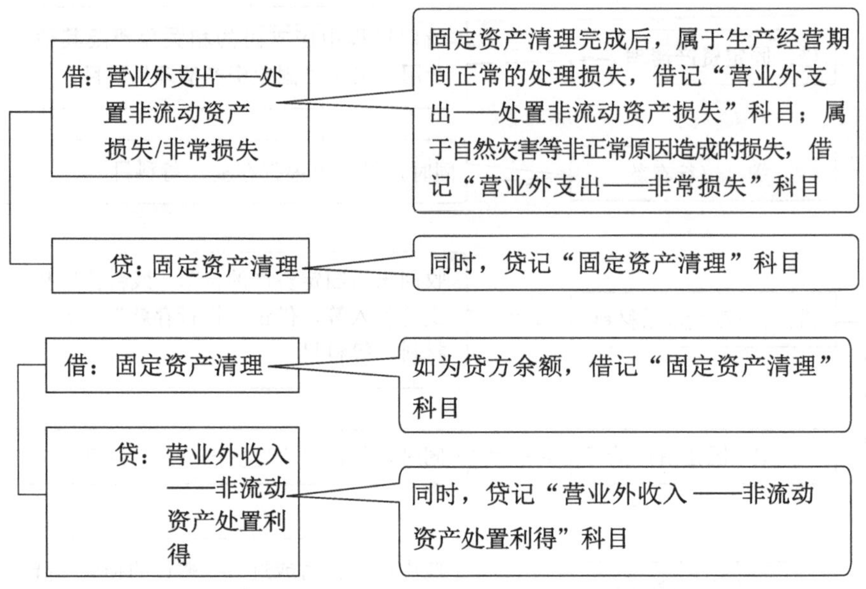

图 4-113　固定资产清理完成时的会计分录

* 案例解析

【例 4-101】承【例 4-100】，结转出售固定资产实现的利得时，甲公司应做如下会计分录：

借：固定资产清理　　200 000

　　贷：营业外收入——非流动资产处置利得　　200 000

4.41　无形资产

4.41.1　什么是无形资产

无形资产是指企业拥有或者控制的没有实物形态的可辨认非货币性资产。无形资产具有以下 3 个主要特征。

（1）不具有实物形态。无形资产不像固定资产、存货等有形资产具有实物形体。

（2）具有可辨认性。资产满足下列条件之一的，符合无形资产定义中的可辨认性标准：

①能够从企业中分离或者划分出来，并能单独或者与相关合同、资产或负债一起，用于出售、转移、授予许可、租赁或者交换。

②源自合同性权利或其他法定权利，无论这些权利是否可以从企业或其他权利和义务中转移或者分离。

商誉的存在无法与企业自身分离，不具有可辨认性，不在本节讲解。

（3）属于非货币性长期资产。无形资产属于非货币性资产且能够在多个会计期间为企业带来经济利益。无形资产的使用年限在一年以上，其价值将在各个受益期间逐渐摊销。

4.41.2　如何使用“无形资产”科目

本科目核算企业持有的无形资产成本，包括专利权、非专利技术、商标权、著作权、土地使用权等。

本科目可按无形资产项目进行明细核算。本科目期末借方余额，反映企业无形资产的成本。

4.41.3　如何设置明细科目

“无形资产”科目的明细科目设置如表 4-44 所示。

表 4-44　1701 无形资产

顺序号	编号	会计科目名称	二级科目名称	三级科目名称
一、资产类				
	1701	无形资产		
	1701 01	无形资产	专利权	项目
	1701 02	无形资产	非专利权	项目
	1701 03	无形资产	商标权	项目
	1701 04	无形资产	著作权	项目

续表

顺序号	编号	会计科目名称	二级科目名称	三级科目名称
	1701 05	无形资产	土地使用权	项目
	1701 06	无形资产	其他	项目

4.41.4 会计处理分录与案例解析

业务1：购入或自行开发无形资产

（1）企业外购的无形资产，按应计入无形资产成本的金额，借记“无形资产”科目，贷记“银行存款”等科目。购入无形资产时的会计分录如图4-114所示。

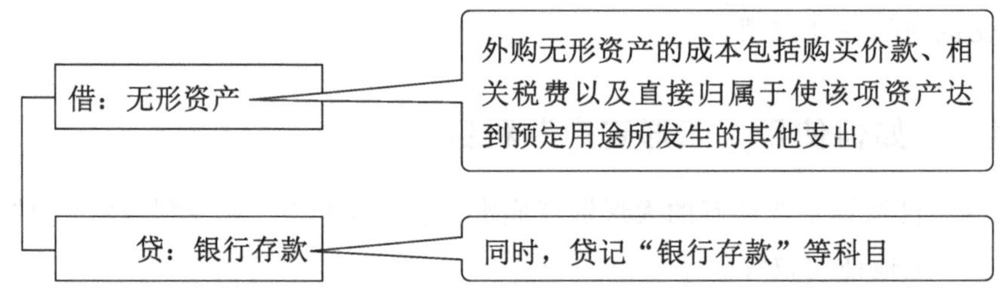

图4-114 购入无形资产时的会计分录

* 案例解析

【例4-102】甲公司购入一项非专利技术，支付的买价和有关费用合计900 000元，以银行存款支付。甲公司应做如下会计分录：

借：无形资产——非专利技术品　　900 000

　贷：银行存款　　900 000

（2）企业内部研究开发项目所发生的支出应区分研究阶段支出和开发阶段支出，企业自行开发无形资产发生的研发支出，不满足资本化条件的，借记“研发支出——费用化支出”科目（满足资本化条件的，借记“研发支出——资本化支出”科目），贷记“原材料”“银行存款”“应付职工薪酬”等科目。会计分录如图4-115所示。

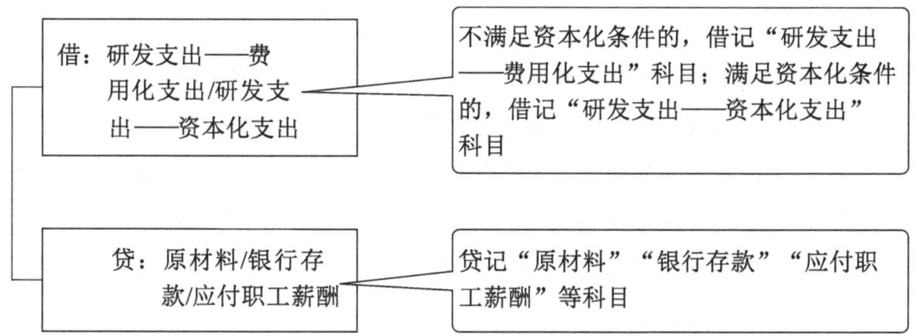

图 4–115　与企业内部研究开发项目所发生的支出相关的会计分录

研究开发项目达到预定用途形成无形资产的，应按“研发支出——资本化支出”科目的余额，借记“无形资产”科目，贷记“研发支出——资本化支出”科目。期（月）末，应将“研发支出——费用化支出”科目归集的金额转入“管理费用”科目，借记“管理费用”科目，贷记“研发支出——费用化支出”科目。会计分录如图 4-116 所示。

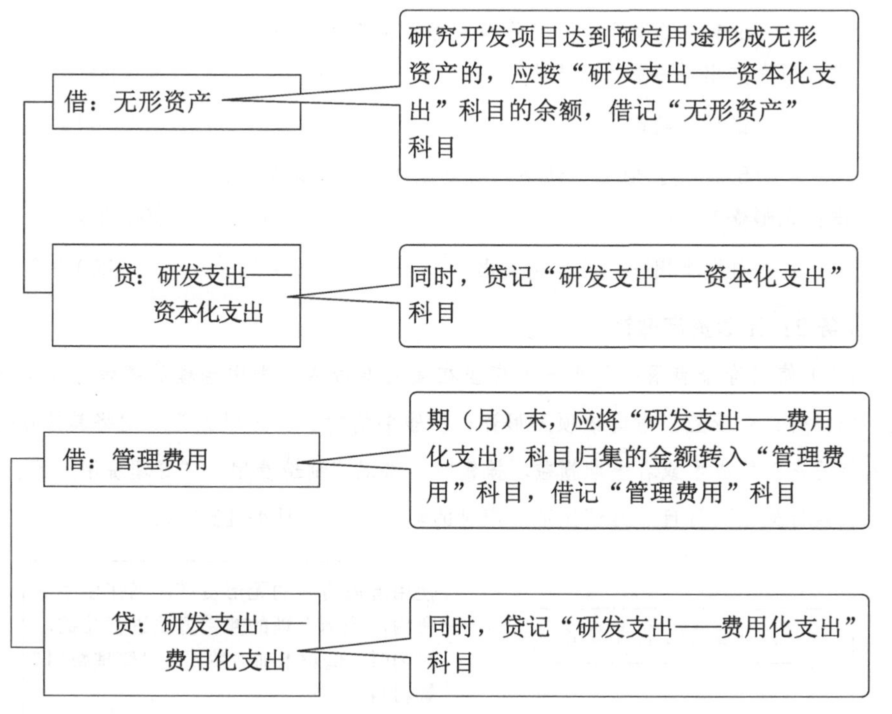

图 4–116　研究开发项目达到预定用途形成无形资产时的会计分录

* 案例解析

【例 4-103】甲公司自行研究、开发一项技术，截至 2×14 年 12 月 31 日，发生研发支出合计 2 000 000 元，以银行存款支付，经测试该项研发活动完成了研究阶段，从 2008 年 1 月 1 日开始进入开发阶段。2×15 年发生研发支出 300 000 元，以银行存款支付，假定符合《企业会计准则第 6 号——无形资产》规定的开发支出资本化的条件。2×15 年 6 月 30 日，该项研发活动结束，最终开发出一项非专利技术。甲公司应做如下会计分录：

（1）2×14 年发生的研发支出：

借：研发支出——费用化支出　　2 000 000

　　贷：银行存款　　2 000 000

（2）2×14 年 12 月 31 日，发生的研发支出全部属于研究阶段的支出：

借：管理费用　　2 000 000

　　贷：研发支出——费用化支出　　2 000 000

（3）2×15 年，发生开发支出并满足资本化确认条件：

借：研发支出——资本化支出　　300 000

　　贷：银行存款等　　300 000

（4）2×15 年 6 月 30 日，该技术研发完成并形成无形资产：

借：无形资产　　300 000

　　贷：研发支出——资本化支出　　300 000

业务 2：无形资产摊销

（1）使用寿命有限的无形资产应当在使用寿命内，采用合理的摊销方法进行摊销。摊销时，企业应当考虑该项无形资产所服务的对象，并以此为基础将其摊销价值计入相关资产的成本或者当期损益。摊销时，借记“制造费用”“管理费用”等科目，贷记“累计摊销”科目。摊销无形资产时的会计分录如图 4-117 所示。

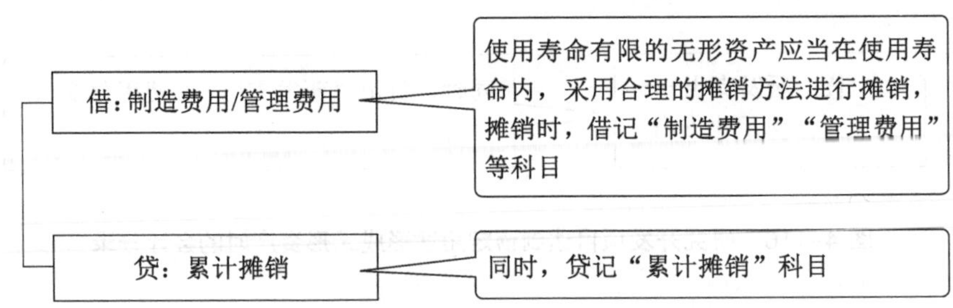

图 4-117　摊销无形资产时的会计分录

* 案例解析

【例 4–104】 甲公司购买了一项特许权，成本为 4 800 000 元，合同规定受益年限为 10 年，甲公司每月应摊销 40 000（4 800 000÷10÷12）元。每月摊销时，甲公司应做如下会计分录：

借：管理费用　　40 000

　　贷：累计摊销　　40 000

（2）根据可获得的相关信息判断，如果无法合理估计某项无形资产的使用寿命，则企业应将其作为使用寿命不确定的无形资产进行核算。对于使用寿命不确定的无形资产，在持有期间内不需要进行摊销，但应当在每个会计期间进行减值测试。

业务 3：处置无形资产

处置无形资产时，企业应按实际收到的金额，借记“银行存款”等科目，按已计提的累计摊销，借记“累计摊销”科目，按应支付的相关税费及其他费用，贷记“应交税费”“银行存款”等科目，按其账面余额，贷记“无形资产”科目，按其差额，贷记“营业外收入——处置非流动资产利得”科目或借记“营业外支出——处置非流动资产损失”科目。已计提减值准备的，企业还应同时结转减值准备。处置无形资产时的会计分录如图 4-118 所示。

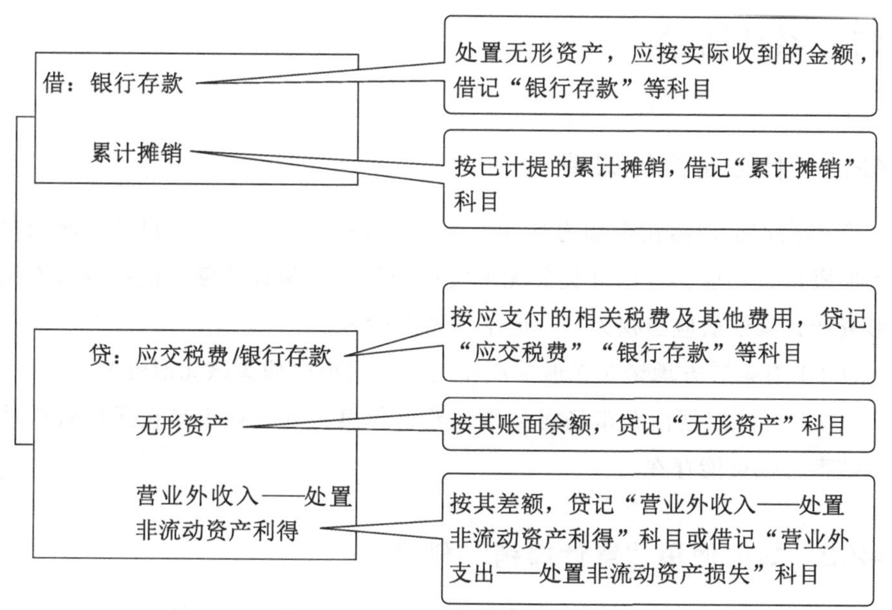

图 4–118　处置无形资产时的会计分录

* 案例解析

【例4-105】甲公司所拥有的某项商标权的成本为5 000 000元，已摊销金额为3 000 000元，已计提的减值准备为500 000元。该公司于当期出售该商标权的所有权，取得出售收入2 000 000元，增值税销项税额120 000元。

据此，甲公司的账务处理如下：

借：银行存款	2 120 000	
累计摊销	3 000 000	
无形资产减值准备	500 000	
贷：无形资产		5 000 000
应交税费——应交增值税（销项税额）		120 000
营业外收入——处置非流动资产利得		500 000

4.42 累计摊销

4.42.1 什么是累计摊销

无形资产的应摊销金额为其成本扣除预计残值后的金额。已计提减值准备的无形资产，还应扣除已计提的无形资产减值准备累计金额。使用寿命有限的无形资产，其残值应当视为零，但下列情况除外。

（1）有第三方承诺在无形资产使用寿命结束时购买该无形资产。

（2）可以根据活跃市场得到预计残值信息，并且该市场在无形资产使用寿命结束时很可能存在。

4.42.2 如何使用“累计摊销”科目

本科目核算企业对使用寿命有限的无形资产计提的累计摊销。

本科目可按无形资产项目进行明细核算。本科目期末贷方余额，反映企业无形资产的累计摊销额。

4.42.3　如何设置明细科目

“累计摊销”科目的明细科目设置如表 4-45 所示。

表 4-45　1702 累计摊销

顺序号	编号	会计科目名称	二级科目名称	三级科目名称
一、资产类				
	1702	累计摊销		
	1702 01	累计摊销	专利权	项目
	1702 02	累计摊销	非专利权	项目
	1702 03	累计摊销	商标权	项目
	1702 04	累计摊销	著作权	项目
	1702 05	累计摊销	土地使用权	项目
	1702 06	累计摊销	其他	项目

4.42.4　会计处理分录与案例解析

企业按期（月）计提无形资产的摊销，借记“管理费用”“其他业务成本”等科目，贷记本科目。处置无形资产还应同时结转累计摊销。

相关内容“无形资产”已详述，在此不赘述。

4.43　无形资产减值准备

4.43.1　什么是无形资产减值准备

无形资产减值准备，是指企业应当将在期末因技术陈旧、损坏、长期闲置等原因、导致其可收回金额低于其账面价值的无形资产计提的无形资产减值准备。

4.43.2 如何使用“无形资产减值准备”科目

本科目核算企业无形资产的减值准备。

本科目可按无形资产项目进行明细核算。本科目期末贷方余额，反映企业已计提但尚未转销的无形资产减值准备。

4.43.3 如何设置明细科目

“无形资产减值准备”科目的明细科目设置如表 4-46 所示。

表 4-46 1703 无形资产减值准备

顺序号	编号	会计科目名称	二级科目名称	三级科目名称
一、资产类				
	1703	无形资产减值准备		
	1703 01	无形资产减值准备	专利权	项目
	1703 02	无形资产减值准备	非专利权	项目
	1703 03	无形资产减值准备	商标权	项目
	1703 04	无形资产减值准备	著作权	项目
	1703 05	无形资产减值准备	土地使用权	项目
	1703 06	无形资产减值准备	其他	项目

4.43.4 会计处理分录与案例解析

资产负债表日，无形资产发生减值的，按应减记的金额，借记“资产减值损失——计提的无形资产减值准备”科目，贷记“无形资产减值准备”科目。处置无形资产还应同时结转减值准备。无形资产发生减值时的会计分录如图 4-119 所示。

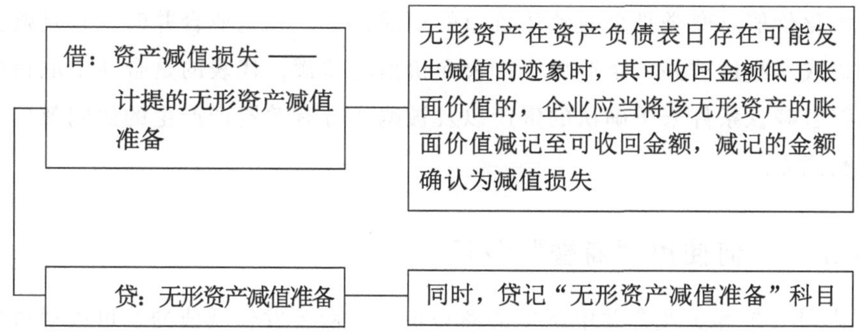

图 4-119　无形资产发生减值时的会计分录

＊ 案例解析

【例 4-106】2×14 年 12 月 31 日，市场上某项技术生产的产品销售势头较好，已对甲公司产品的销售产生重大不利影响。甲公司外购的类似专利技术的账面价值为 800 000 元，剩余摊销年限为 4 年。经减值测试，该专利技术的可收回金额为 750 000 元。

由于该专利权在资产负债表日的账面价值为 800 000 元，可收回金额为 750 000 元，可收回金额低于其账面价值，应按其差额 50 000（800 000-750 000）元计提减值准备。甲公司应做如下会计分录：

借：资产减值损失——计提的无形资产减值准备　　50 000

　　贷：无形资产减值准备　　50 000

4.44　商誉

4.44.1　什么是商誉

商誉是指能在未来期间为企业经营带来超额利润的潜在经济价值，或一家企业预期的获利能力超过可辨认资产正常获利能力（如社会平均投资回报率）

的资本化价值。商誉是企业整体价值的组成部分。在企业合并时，它是购买企业投资成本超过被并入企业净资产公允价值的差额，代表的是合并中取得的由于不符合确认条件未予确认的资产以及被购买方有关资产产生的协同效应或合并盈利能力。

4.44.2 如何使用“商誉”科目

本科目核算企业合并中形成的商誉价值。商誉发生减值的，可以通过单独设置“商誉减值准备”科目，比照“无形资产减值准备”科目进行处理。商誉在确认以后，持有期间不要求摊销，应当按照《企业会计准则第 8 号——资产减值》的规定对其价值进行测试，按照账面价值与可收回金额孰低的原则计量，对于可收回金额低于账面价值的部分，计提减值准备，有关减值准备在提取以后，不能够转回。

本科目期末借方余额，反映企业商誉的价值。

4.44.3 如何设置明细科目

“商誉”科目的明细科目设置如表 4-47 所示。

表 4-47 1711 商誉

顺序号	编号	会计科目名称	二级科目名称	三级科目名称
一、资产类				
	1711	商誉	项目	被合并企业

4.44.4 会计处理分录与案例解析

非同一控制下企业合并中确定的商誉价值，借记“商誉”科目，贷记有关科目。非同一控制下企业合并中确定商誉时的会计分录如图 4-120 所示。

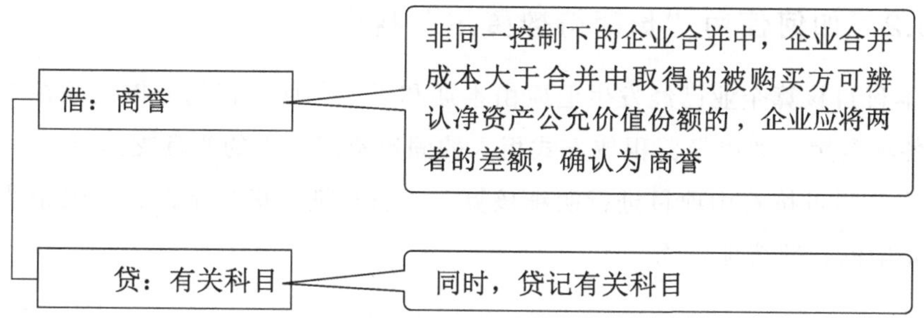

图 4-120　非同一控制下企业合并中确定商誉时的会计分录

＊ 案例解析

【例 4-107】甲公司和乙公司均为独立的集团公司，以前无关联关系，甲公司于 2008 年 1 月 1 日以 10 000 000 元货币资金购买乙公司 90% 的股份，合并后乙公司继续存在。2008 年 1 月 1 日乙公司净资产的公允价值为 10 100 000 元。甲公司购买日的账务处理为：

借：长期股权投资（10 100 000×90%）　　9 090 000

　　商誉（10 000 000-9 090 000）　　10 000

　　贷：银行存款　　10 000 000

4.45　长期待摊费用

4.45.1　什么是长期待摊费用

长期待摊费用是指企业已经支出，但摊销期限在 1 年以上（不含 1 年）的各项费用，包括开办费、租入固定资产的改良支出以及摊销期在 1 年以上的固定资产大修理支出、股票发行费用等。应当由本期负担的借款利息、租金等，不得作为长期待摊费用处理。

4.45.2 如何使用“长期待摊费用”科目

本科目核算企业已经发生但应由本期和以后各期负担的分摊期限在1年以上的各项费用，如以经营租赁方式租入的固定资产发生的改良支出等。

本科目可按费用项目进行明细核算。本科目期末借方余额，反映企业尚未摊销完毕的长期待摊费用。

4.45.3 如何设置明细科目

“长期待摊费用”科目的明细科目设置如表4-48所示。

表4-48 1801 长期待摊费用

顺序号	编号	会计科目名称	二级科目名称	三级科目名称
一、资产类				
	1801	长期待摊费用	明细	项目
	1801 01	长期待摊费用	租入固定资产的改良支出	项目
	1801 02	长期待摊费用	摊销期在1年以上的固定资产大修理支出	项目
	1801 03	长期待摊费用	股票发行费用	项目
	1801 04	长期待摊费用	开办费	项目
	1801 05	长期待摊费用	其他	项目

4.45.4 会计处理分录与案例解析

业务1：发生长期待摊费用

企业发生的长期待摊费用，借记“长期待摊费用”科目，贷记“银行存款”“原材料”等科目。

发生长期待摊费用时的会计分录如图4-121所示。

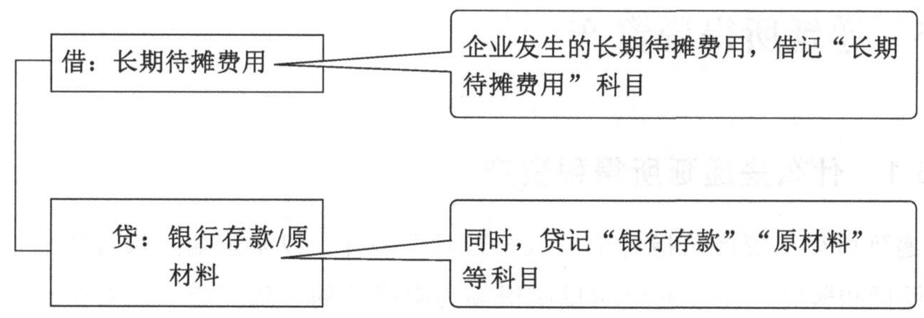

图 4-121　发生长期待摊费用时的会计分录

* 案例解析

【**例 4-108**】企业在筹建期间发生开办费 48 000 元，其中，应付相关人员的工资 20 000 元，以银行存款支付其他各项开办费 28 000 元。设以上费用合并一次做分录，分录如下：

借：长期待摊费用——开办费　　48 000

　贷：应付职工薪酬　　20 000

　　银行存款　　28 000

业务 2：待摊长期待摊费用

摊销长期待摊费用，借记“管理费用”“销售费用”等科目，贷记“长期待摊费用”科目。摊销长期待摊费用时的会计分录如图 4-122 所示。

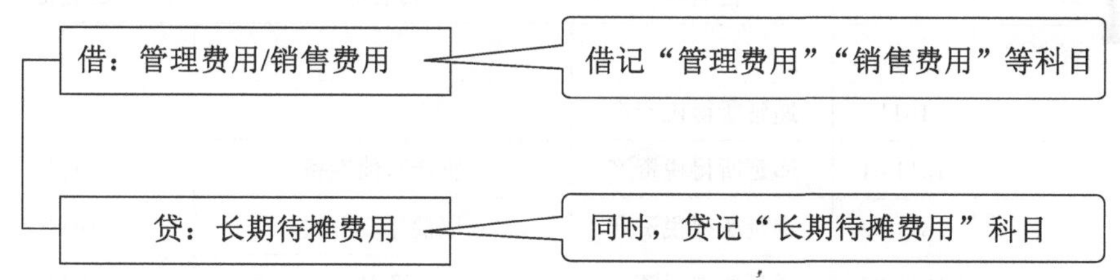

图 4-122　摊销长期待摊费用时的会计分录

* 案例解析

【**例 4-109**】企业本月正式投入生产经营，一次摊销上述开办费 48 000 元，分录如下：

借：管理费用　　48 000

　贷：长期待摊费用——开办费　　48 000

4.46 递延所得税资产

4.46.1 什么是递延所得税资产

递延所得税资产是指对于可抵扣暂时性差异，以未来期间很可能取得用来抵扣可抵扣暂时性差异的应纳税所得额为限确认的一项资产。而对于所有应纳税暂时性差异均应确认为一项递延所得税负债，但某些特殊情况除外。

4.46.2 如何使用“递延所得税资产”科目

本科目核算企业确认的可抵扣暂时性差异产生的递延所得税资产。

本科目应按可抵扣暂时性差异等项目进行明细核算。根据税法规定可用以后年度税前利润弥补的亏损及税款抵减产生的所得税资产，也在本科目核算。

本科目期末借方余额，反映企业确认的递延所得税资产。

4.46.3 如何设置明细科目

“递延所得税资产”科目的明细科目设置如表 4-49 所示。

表 4-49 1811 递延所得税资产

顺序号	编号	会计科目名称	二级科目名称	三级科目名称
一、资产类				
	1811	递延所得税资产		
	1811 01	递延所得税资产	资产减值准备	项目
	1811 02	递延所得税资产	以前年度亏损	项目
	1811 03	递延所得税资产	商誉	项目
	1811 04	递延所得税资产	预计负债	项目
	1811 05	递延所得税资产	公允价值变动	项目
	1811 06	递延所得税资产	其他	项目

4.46.4 会计处理分录与案例解析

（1）资产负债表日递延所得税资产的应有余额大于其账面余额的，应按其差额确认，借记“递延所得税资产”科目，贷记“所得税费用——递延所得税费用”等科目；资产负债表日递延所得税资产的应有余额小于其账面余额的差额做相反的会计分录。会计分录如图 4–123 所示。

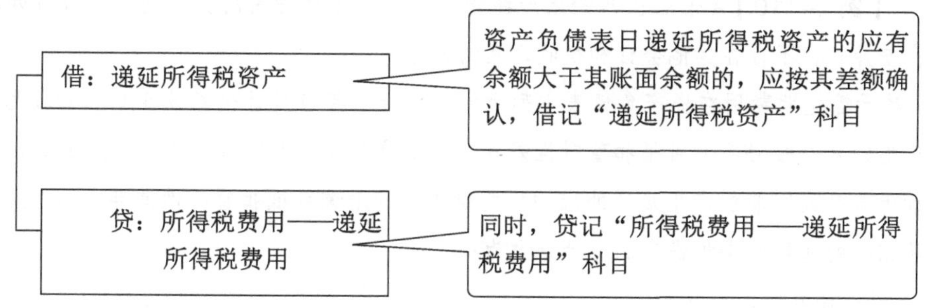

图 4–123　递延所得税资产确认的会计分录

（2）企业合并中取得资产、负债的入账价值与其计税基础不同形成可抵扣暂时性差异的，应于购买日确认递延所得税资产，借记“递延所得税资产”科目，贷记“商誉”等科目。按直接计入所有者权益的交易或事项相关的递延所得税资产，借记“递延所得税资产”科目，贷记“资本公积——其他资本公积”科目。会计分录如图 4–124 所示。

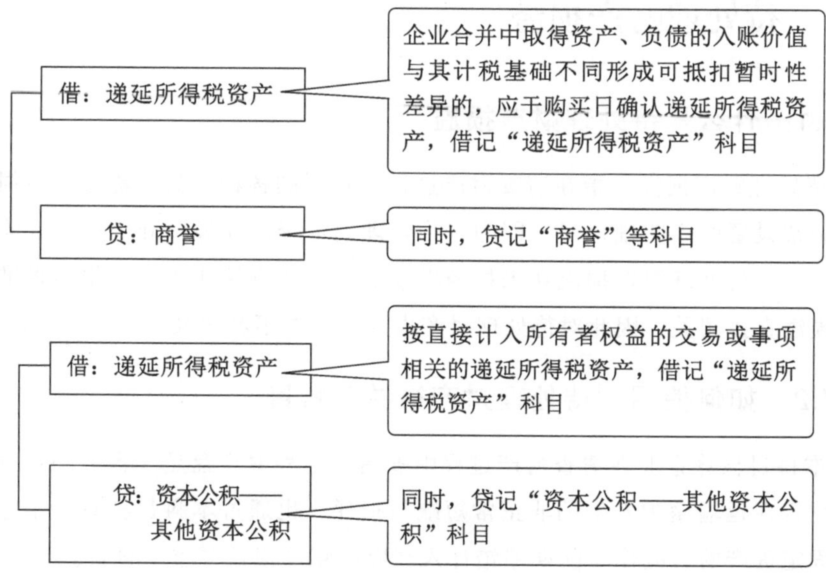

图 4–124　企业合并中确认递延所得税时的会计分录

＊ 案例解析

【例4–110】A企业在开始生产经营当期，除筹建费用的会计处理与税务处理存在差异外，不存在其他会计和税收之间的差异。

对于筹建期费用在资产负债表中列示的账面价值年与其计税基础4 000 000元之间产生的4 000 000元可抵扣暂时性差异，假定该企业适用的所得税税率为25%，其估计于未来期间能够产生足够的应纳税所得额以利用该可抵扣暂时性差异，则企业应确认相关的递延所得税资产的会计分录为：

借：递延所得税资产　　1 000 000

　　贷：所得税费用　　1 000 000

4.47 待处理财产损溢

4.47.1 什么是待处理财产损溢

待处理财产损溢是指在清查财产过程中查明的各种盘盈、盘亏、毁损的价值。经常设置两个明细科目，即为“待处理固定资产损溢”和“待处理流动资产损溢”。待处理财产损溢在未报经批准前与资产直接相关，在报经批准后与当期损溢直接相关。因此对待处理财产损溢的检查不容忽视。

4.47.2 如何使用“待处理财产损溢”科目

本科目核算企业在清查财产过程中查明的各种财产盘盈、盘亏和毁损的价值。物资在运输途中发生的非正常短缺与损耗，也通过本科目核算。企业如有盘盈固定资产的，应作为前期差错计入“以前年度损益调整”科目。

本科目可按盘盈、盘亏的资产种类和项目进行明细核算。

企业的财产损溢，应查明原因，在期末结账前处理完毕，处理后本科目应无余额。

4.47.3　如何设置明细科目

“待处理财产损溢”科目的明细科目设置如表 4-50 所示。

表 4-50　1901 待处理财产损溢

顺序号	编号	会计科目名称	二级科目名称	三级科目名称	四级科目名称
一、资产类					
	1901	待处理财产损溢			
	1901 01	待处理财产损溢	盘盈		项目
	1901 01 01	待处理财产损溢	盘盈	待处理固定资产损溢	项目
	1901 01 02	待处理财产损溢	盘盈	待处理流动资产损溢	项目
	1901 02	待处理财产损溢	盘亏		项目
	1901 02 01	待处理财产损溢	盘亏	待处理固定资产损溢	项目
	1901 02 02	待处理财产损溢	盘亏	待处理流动资产损溢	项目
	1901 03	待处理财产损溢	其他		

4.47.4　会计处理分录与案例解析

业务 1：盘盈 / 盘亏各种材料、产成品、商品、生物资产

（1）盘盈的各种材料、产成品、商品、生物资产等，借记“原材料”“库存商品”“消耗性生物资产”等科目，贷记“待处理财产损溢”科目。盘盈各种材料、产成品、商品、生物资产时的会计分录如图 4-125 所示。

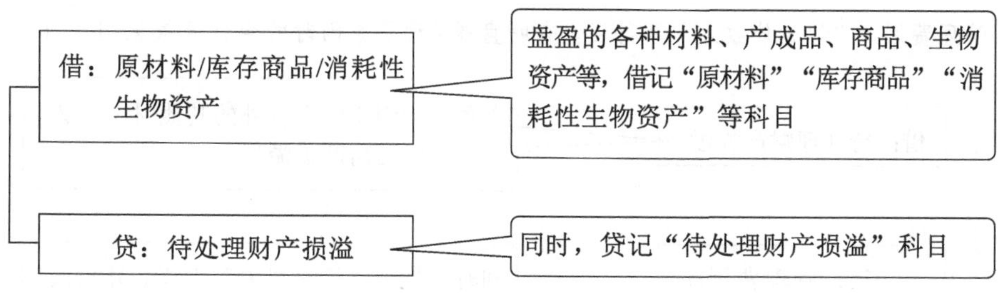

图 4-125　盘盈各种材料、产成品、商品、生物资产时的会计分录

（2）盘亏、毁损的各种材料、产成品、商品、生物资产等中，盘亏的固定资产，借记“待处理财产损溢”科目，贷记“原材料”“库存商品”“消耗性生物资产”“固定资产”等科目；材料、产成品、商品采用计划成本（或售价）核算的，还应同时结转成本差异（或商品进销差价）。涉及增值税的，还应进行相应处理。会计分录如图 4-126 所示。

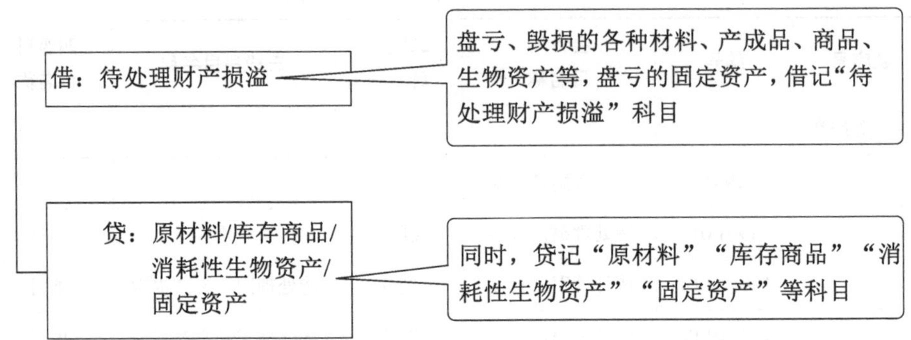

图 4-126　盘亏、毁损的各种材料、产成品、商品、生物资产及盘亏固定资产时的会计分录

＊ 案例解析

【例 4-111】 2×15 年 3 月 4 日，企业在进行现金清查时，发现库存现金较账面余额多出 500 元。经查，其中 300 元为应付给乙企业的货款，其余 200 元无法查明原因，经批准转入“营业外收入”。发现现金溢余时，企业应做如下账务处理：

借：库存现金　　500

　　贷：待处理财产损溢　　500

业务 2：查明盘盈 / 盘亏原因

（1）盘盈的除固定资产以外的其他财产，借记“待处理财产损溢”科目，贷记“管理费用”“营业外收入”等科目。查明盘盈 / 盘亏原因时的会计分录见图 4-127。

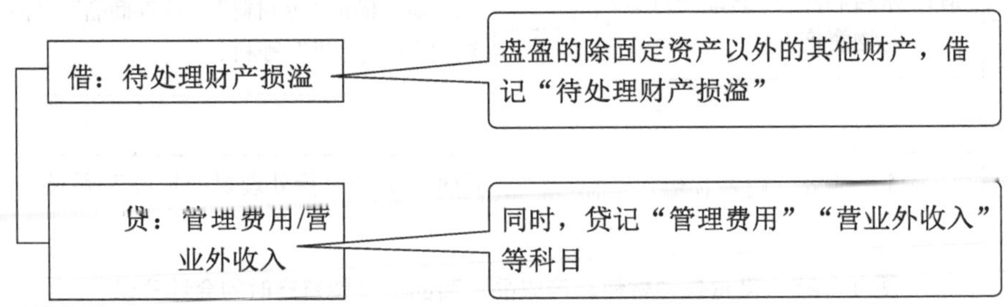

图 4-127　查明盘盈原因时的会计分录

（2）盘亏、毁损的各项资产，按管理权限报经批准后处理时，按残料价值，借记“原材料”等科目，按可收回的保险赔偿或过失人赔偿，借记“其他应收款”科目，按本科目余额，贷记“待处理财产损溢”科目，按其借方差额，借记“管理费用”“营业外支出”等科目。会计分录如图 4–128 所示。

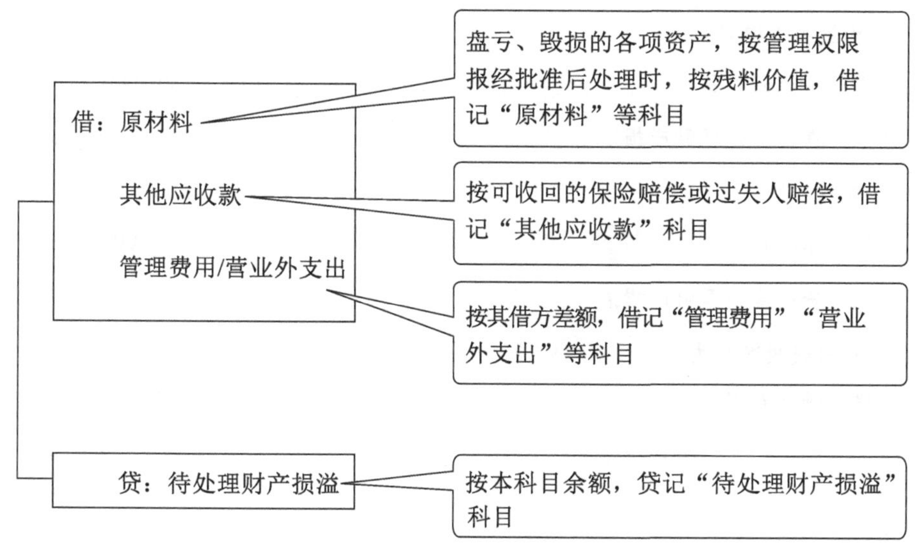

图 4–128　查明盘亏、毁损原因经批准处理时的会计分录

* 案例解析

【例 4–112】甲公司在财产清查中盘盈 J 材料 1 000 千克，实际单位成本 60 元，经查属于材料收发计量方面的错误。应做如下会计分录：

（1）批准处理前：

借：原材料　　60 000

　　贷：待处理财产损溢　　60 000

（2）批准处理后：

借：待处理财产损溢　　60 000

　　贷：管理费用　　60 000

【例 4–113】甲公司在财产清查中发现毁损 L 材料 300 千克，实际单位成本 100 元，经查属于材料保管员的过失造成的，按规定由其个人赔偿 20 000 元，残料已办理入库手续，价值 2 000 元。应做如下会计分录：

（1）批准处理前：

借：待处理财产损溢　　30 000

　　贷：原材料　　30 000

（2）批准处理后：

①由过失人赔款部分：

借：其他应收款　　20 000

　　贷：待处理财产损溢　　20 000

②残料入库：

借：原材料　　2 000

　　贷：待处理财产损溢　　2 000

③材料毁损净损失：

借：管理费用　　8 000

　　贷：待处理财产损溢　　8 000

第5章 负债类科目的设置与账务处理

本章导读

负债对于企业来说是一个“包袱”，对于企业而言，长远的发展离不开“包袱”的合理存在。企业既要保证承担“包袱”的重量，又要使得“包袱”能够为我们提供动力。会计人员要想做好企业的财务工作，离不开对负债业务的详细了解。本章我们将从以下几个方面学习：

（1）短期借款等负债类科目的定义。

（2）短期借款等负债类科目的适用范围。

（3）短期借款等负债类科目明细科目的设置。

（4）短期借款等负债类科目在实务中的具体业务操作。

5.1　短期借款

5.1.1　什么是短期借款

短期借款是指企业向银行或其他金融机构等借入的期限在 1 年以下（含 1 年）的各种借款，通常是为了满足正常生产经营的需要。无论借入款项的来源如何，企业均需要向债权人按期偿还借款的本金及利息。在会计核算上，企业要及时如实地反映短期借款的借入、利息的发生和本金及利息的偿还情况。

5.1.2 如何使用“短期借款”科目

本科目核算企业向银行或其他金融机构等借入的期限在1年以下（含1年）的各种借款。

本科目可按借款种类、贷款人和币种进行明细核算。本科目期末贷方余额，反映企业尚未偿还的短期借款。

5.1.3 如何设置明细科目

“短期借款”科目的明细科目设置如表5-1所示。

表5-1 2001短期借款

顺序号	编号	会计科目名称	二级科目名称	三级科目名称	四级科目名称
二、负债类					
	2001	短期借款			
	2001 01	短期借款	人民币		
	2001 01 01	短期借款	人民币	经营周转借款	贷款人
	2001 01 02	短期借款	人民币	临时借款	贷款人
	2001 01 03	短期借款	人民币	结算借款	贷款人
	2001 01 04	短期借款	人民币	票据贴现借款	贷款人
	2001 01 05	短期借款	人民币	卖方信贷	贷款人
	2001 01 06	短期借款	人民币	预购定金借款	贷款人
	2001 01 07	短期借款	人民币	专项储备借款	贷款人
	2001 02	短期借款	外币		贷款人
	2001 02 01	短期借款	外币	美元	贷款人
	2001 02 02	短期借款	外币	欧元	贷款人
	2001 02 03	短期借款	外币	其他	贷款人

5.1.4 会计处理分录与案例解析

业务1：借入短期借款

企业借入的各种短期借款，借记“银行存款”科目，贷记“短期借款”科目；归还借款时做相反的会计分录。借入短期借款时的会计分录如图5-1所示。

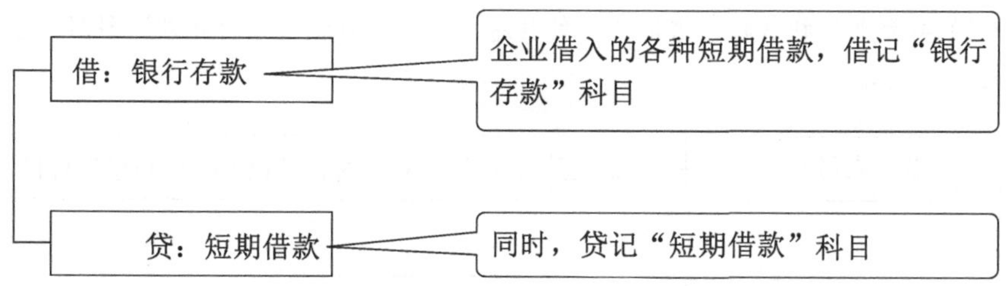

图 5-1　借入短期借款时的会计分录

＊ 案例解析

【例 5-1】A 股份有限公司于 2×14 年 1 月 1 日向银行借入一笔生产经营用短期借款，共计 120 000 元，期限为 9 个月，年利率为 8%。根据与银行签署的借款协议，该项借款的本金到期后一次归还；利息分月预提，按季支付。1 月 1 日借入短期借款时，A 股份有限公司的账务处理如下：

借：银行存款　　120 000

　　贷：短期借款　　120 000

业务 2：短期借款利息

（1）资产负债表日，应按计算确定的短期借款利息费用，借记“财务费用”等科目，贷记“应付利息”科目。计提短期借款利息时的会计分录如图 5-2 所示。

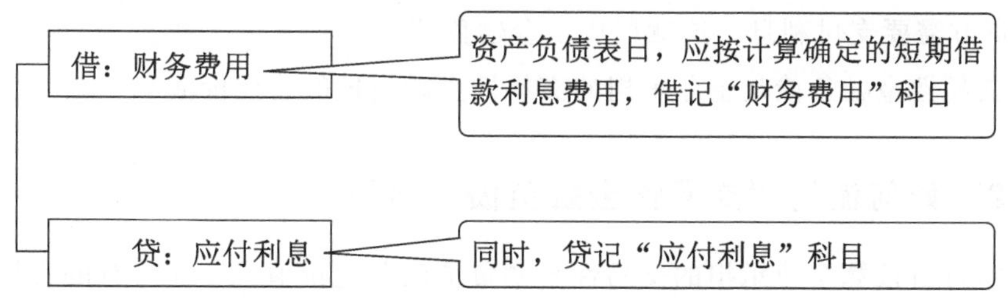

图 5-2　计提短期借款利息时的会计分录

＊ 案例解析

【例 5-2】承【例 5-1】，1 月月末，计提 1 月应计利息时，A 股份有限公司的会计处理如下：

借：财务费用　　800

　　贷：应付利息　　800

（2）实际支付利息时，借记“应付利息”科目，贷记“银行存款”科目。会计分录如图5-3所示。

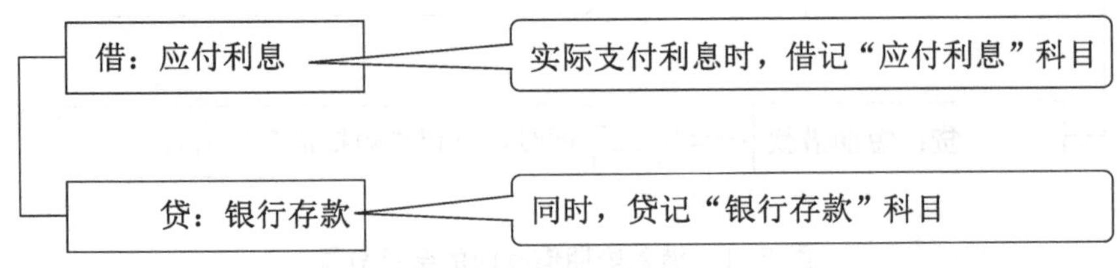

图5-3　支付利息时的会计分录

5.2　交易性金融负债

5.2.1　什么是交易性金融负债

交易性金融负债是指企业采用短期获利模式进行融资所形成的负债，例如应付短期债券。作为交易双方来说，甲方的金融债权就是乙方的金融负债，由于融资方需要支付利息，这就形成了金融负债。

交易性金融负债是企业承担的交易性金融负债的公允价值。

5.2.2　如何使用“交易性金融负债”科目

本科目核算企业承担的交易性金融负债的公允价值。企业持有的直接指定为以公允价值计量且其变动计入当期损益的金融负债，也在本科目核算。衍生金融负债在“衍生工具”科目核算。

5.2.3　如何设置明细科目

“交易性金融负债”科目的明细科目设置如表5-2所示。

表 5-2　2101 交易性金融负债

顺序号	编号	会计科目名称	二级科目名称	三级科目名称
二、负债类				
	2101	交易性金融负债		项目名称
	2101 01	交易性金融负债	本金	项目名称
	2101 02	交易性金融负债	公允价值变动	项目名称

5.2.4　会计处理分录与案例解析

业务 1：取得交易性金融负债

企业承担的交易性金融负债，应按实际收到的金额，借记“银行存款”“存放中央银行款项”“结算备付金”等科目，按发生的交易费用，借记“投资收益”科目，按交易性金融负债的公允价值，贷记“交易性金融负债（本金）”科目。取得交易性金融负债时的会计分录如图 5-4 所示。

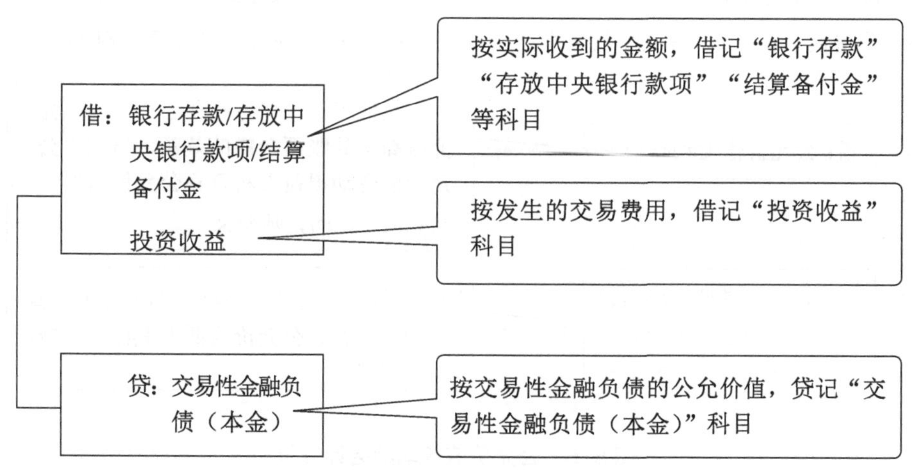

图 5-4　取得交易性金融负债时的会计分录

* 案例解析

【例 5-3】甲公司在 2×14 年和 2×15 年分别对乙公司发生如下交易：甲公司投资 250 000 元购买乙公司的债券，占其股份比例 1%。2×14 年 11 月 1 日乙公司承担负债的账务处理如下：

借：银行存款　　　　　　　　　　　　　　　　　　250 000

　　贷：交易性金融负债——本金　　　　　　　　　　　250 000

业务 2：计提利息和公允价值变动

（1）资产负债表日，按交易性金融负债票面利率计算的利息，借记“投资收益”科目，贷记“应付利息”科目。会计分录如图 5-5 所示。

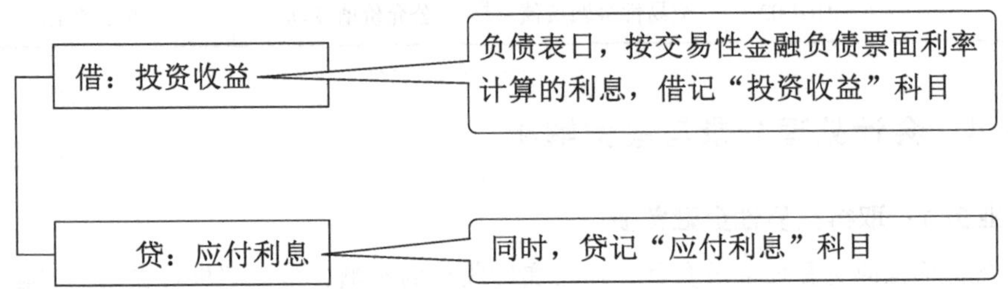

图 5-5　计提交易性金融负债票面利息时的会计分录

（2）资产负债表日，交易性金融负债的公允价值高于其账面余额的，按两者的差额，借记“公允价值变动损益”科目，贷记“交易性金融负债（公允价值变动）”科目；公允价值低于其账面余额的，按两者的差额做相反的会计分录。会计分录如图 5-6 所示。

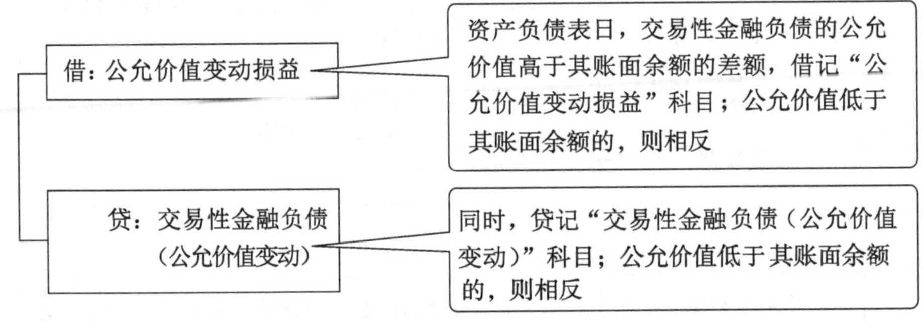

图 5-6　公允价值变动的会计分录

＊ 案例解析

【例 5-4】承【例 5-3】，该债券在 2×14 年 12 月 31 日的公允价值为 260 000 元，在 2×15 年 12 月 31 日的公允价值为 245 000 元。乙公司的账务处理如下：

（1）2×14 年 12 月 31 日，计公允价值变动：

因为公允价值（260 000 元）＞账面余额（250 000 元），所以会计分录为：

借：公允价值变动损益　　　　　　　　　　　　　　10 000

贷：交易性金融负债——公允价值变动　　10 000

（2）2×15 年 12 月 31 日公允价值变动：

因为公允价值（245 000 元）＜账面余额 250 000 ＋ 10 000 元，所以会计分录为：

借：交易性金融负债——公允价值变动　　15 000

贷：公允价值变动损益　　15 000

业务 3：处置交易性金融负债

处置交易性金融负债，应按该金融负债的账面余额，借记“交易性金融负债”科目，按实际支付的金额，贷记“银行存款”“存放中央银行款项”“结算备付金”等科目，按其差额，贷记或借记“投资收益”科目。处置交易性金融负债时的会计分录如图 5-7 所示。

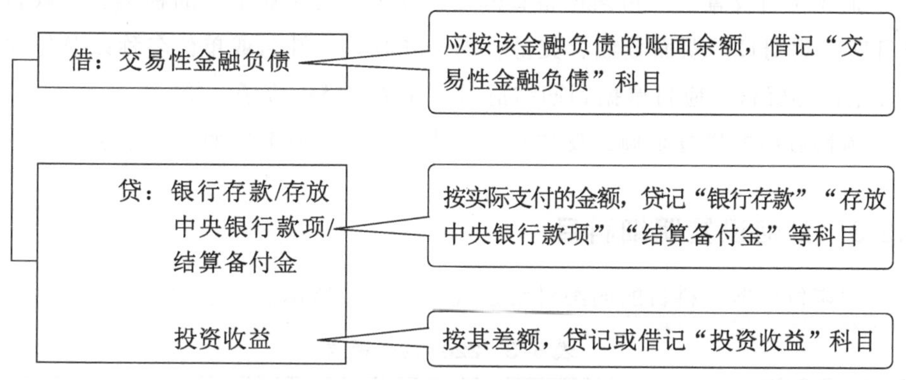

图 5-7　处置交易性金融负债时的会计分录

* 案例解析

【例 5-5】承【例 5-4】，2×15 年 1 月 5 日甲公司以 244 000 的价格将该债券卖给乙公司。乙公司的账务处理如下：

借：交易性金融负债——本金　　250 000

贷：银行存款　　244 000

交易性金融负债——公允价值变动（15 000-10 000）　　5 000

投资收益　　1 000

5.3 应付票据

5.3.1 什么是应付票据

应付票据是指企业因购买材料、商品和接受劳务供应等而开出、承兑的商业汇票，包括商业承兑汇票和银行承兑汇票。

5.3.2 如何使用“应付票据”科目

本科目核算企业因购买材料、商品和接受劳务供应等而开出、承兑的商业汇票，包括银行承兑汇票和商业承兑汇票。本科目可按债权人进行明细核算。

企业应当设置“应付票据备查簿”，详细登记商业汇票的种类、号数和出票日期、到期日、票面金额、交易合同号和收款人姓名或单位名称以及付款日期和金额等资料。应付票据到期结清时，在备查簿中应予注销。

本科目期末贷方余额，反映企业尚未到期的商业汇票的票面金额。

5.3.3 如何设置明细科目

“应付票据”科目的明细科目设置如表5-3所示。

表5-3 2201 应付票据

顺序号	编号	会计科目名称	二级科目名称	三级科目名称	是否辅助核算	辅助核算类别
二、负债类						
	2201	应付票据			是	按债权人
	2201 01	应付票据	银行承兑汇票		是	按债权人
	2201 01 01	应付票据	银行承兑汇票	带息	是	按债权人
	2201 01 02	应付票据	银行承兑汇票	不带息	是	按债权人
	2201 02	应付票据	商业承兑汇票		是	按债权人
	2201 02 01	应付票据	商业承兑汇票	带息	是	按债权人
	2201 02 02	应付票据	商业承兑汇票	不带息	是	按债权人
	2201 03	应付票据	其他		是	按债权人

5.3.4　会计处理分录与案例解析

业务 1：开出、承兑商业汇票或承兑商业汇票

企业开出、承兑商业汇票或以承兑商业汇票抵付货款、应付账款等，借记“材料采购”“库存商品”等科目，贷记“应付票据”科目。涉及增值税进项税额的，还应进行相应的处理。会计分录如图 5-8 所示。

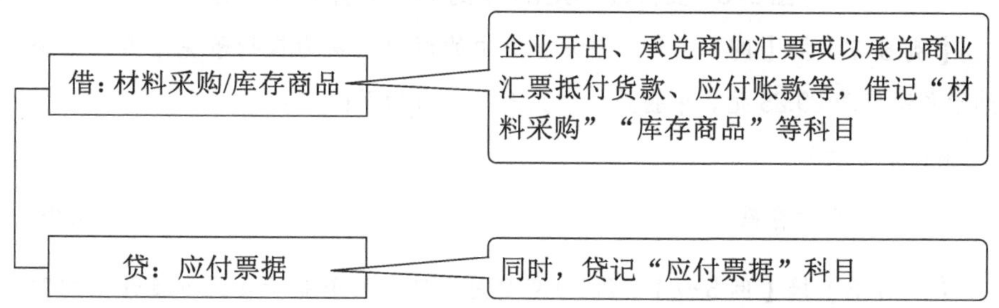

图 5-8　开出、承兑商业汇票或承兑商业汇票时的会计分录

* 案例解析

【例 5-6】甲企业为增值税一般纳税人。该企业于 2×19 年 4 月 6 日开出一张面值为 56 500 元、期限 5 个月的不带息商业汇票，用于采购一批材料。增值税专用发票上注明的材料价款为 50 000 元，增值税额为 6 500 元。该企业的有关会计分录如下：

借：材料采购　　50 000

　　应交税费——应交增值税（进项税额）　　6 500

　　贷：应付票据　　56 500

业务 2：支付手续费

支付银行承兑汇票的手续费，借记“财务费用”科目，贷记“银行存款”科目。支付票款，借记“应付票据”科目，贷记“银行存款”科目。会计分录如图 5-9 所示。

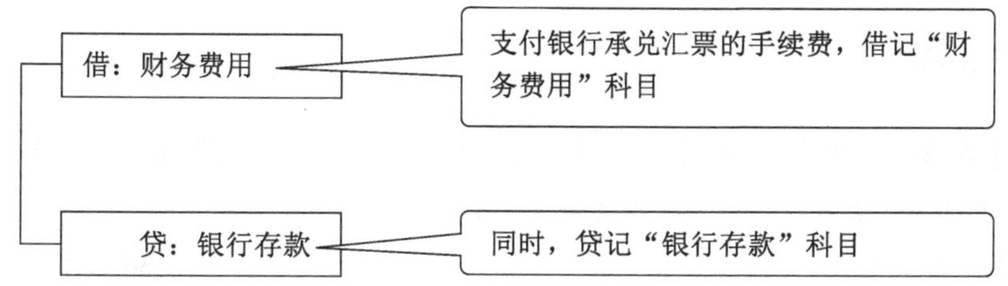

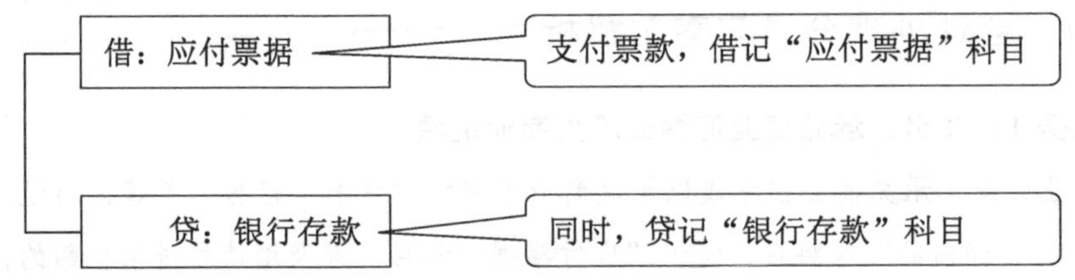

图 5-9　支付银行承兑汇票的手续费时的会计分录

【例 5-7】接【例 5-6】，假设上例中的商业汇票为银行承兑汇票，甲企业已交纳承兑手续费 29.25 元。甲企业的有关会计分录如下：

借：财务费用　　29.25

　　贷：银行存款　　29.25

【例 5-8】接【例 5-7】，2019 年 9 月 6 日，甲企业于 4 月 6 日开出的商业汇票到期。甲企业通知其开户银行以银行存款支付票款。该企业的有关会计分录如下：

借：应付票据　　56 500

　　贷：银行存款　　56 500

业务 3：到期无力支付票据

银行承兑汇票到期，企业无力支付票款的，按应付票据的票面金额，借记“应付票据”科目，贷记“短期借款”科目。到期无力支付票据时的会计分录如图 5-10 所示。

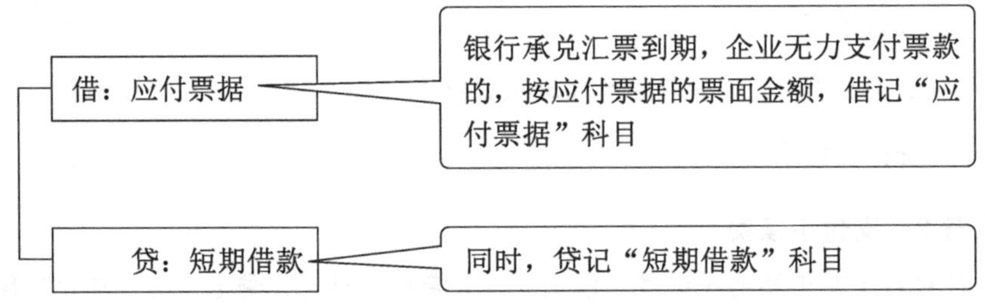

图 5-10　到期无力支付票据时的会计分录

* 案例解析

【例 5-9】接【例 5-8】，假设上述商业汇票为银行承兑汇票。该汇票到期时甲企业无力支付票款。该企业的有关会计分录如下：

借：应付票据　　56 500

　　贷：短期借款　　56 500

5.4　应付账款

5.4.1　什么是应付账款

应付账款是指企业因购买材料、商品或接受劳务供应等经营活动应支付的款项，一般应在与所购买物资所有权相关的主要风险和报酬已经转移，或者所购买的劳务已经接受时确认。

在实务工作中，为了使所购入物资的金额、品种、数量和质量等与合同规定的条款相符，避免因验收时发现所购物资存在数量或质量问题而对入账的物资或应付账款金额进行改动，企业在物资和发票账单同时到达的情况下，一般在所购物资验收入库后，再根据发票账单登记入账，确认应付账款。在所购物资已经验收入库，但是发票账单未能同时到达的情况下，企业应付物资供应单位的债务已经成立。在会计期末，为了反映企业的负债情况，企业需要将所购物资和相关的应付账款暂估入账，待下月初做相反分录予以冲回。

5.4.2　如何使用“应付账款”科目

应付账款是指企业因购买材料、商品或接受劳务供应等业务而应支付给供应者的账款。应付账款是由于在购销活动中买卖双方取得物资与支付货款在时间上的不一致而产生的负债。企业的其他应付账款，如应付赔偿款、应付租金、存入保证金等，不属于应付账款的核算内容。

企业（保险类）应支付但尚未支付的赔付款项，可以通过单独设置“应付赔付款”科目进行核算。

本科目可按债权人进行明细核算。本科目期末贷方余额，反映企业尚未支付的应付账款余额。

5.4.3　如何设置明细科目

“应付账款”科目的明细科目设置如表 5-4 所示。

表 5-4　2202 应付账款

顺序号	编号	会计科目名称	二级科目名称	三级科目名称	是否辅助核算	辅助核算类别
二、负债类						
	2202	应付账款				
	2202 01	应付账款	人民币	类别	是	按债权人
	2202 02	应付账款	外币	类别	是	按债权人

5.4.4　会计处理分录与案例解析

业务 1：发生和偿还应付账款

（1）企业购入材料、商品等验收入库，但货款尚未支付，根据有关凭证（发票账单、随货同行发票上记载的实际价款或暂估价值），借记“材料采购”“在途物资”等科目，按应付的款项，贷记“应付账款”科目。发生和偿还购入材料、商品等的应付账款时的会计分录如图 5-11 所示。

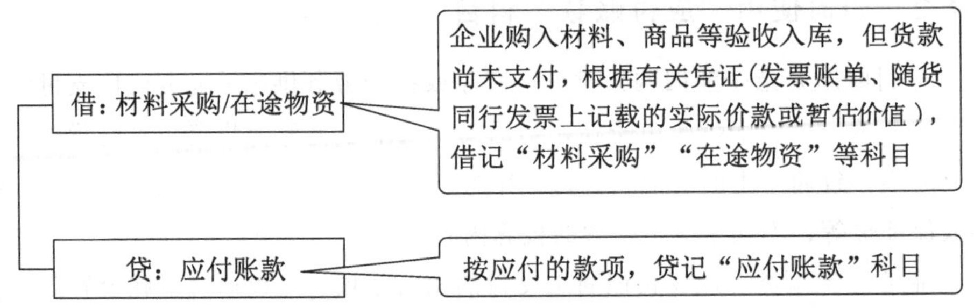

图 5-11　发生和偿还购入材料、商品等的应付账款时的会计分录

接受供应单位提供劳务而发生的应付未付款项，根据供应单位的发票账单，借记“生产成本”“管理费用”等科目，贷记“应付账款”科目。会计分录如图 5-12 所示。

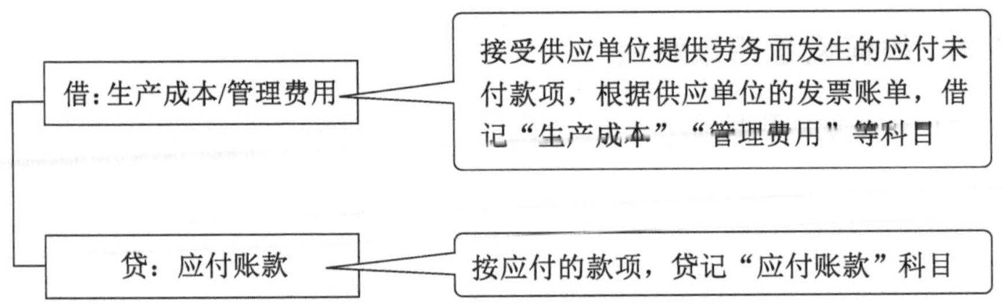

图 5-12　发生和偿还接受供应单位提供劳务的应付账款时的会计分录

＊ 案例解析

【例 5-10】甲企业为增值税一般纳税人。2×19 年 9 月 1 日，甲企业从 A 公司购入一批材料，贷款为 100 000 元，增值税税款为 13 000 元，对方代垫运杂费 1 000 元。材料已运到并验收入库（该企业材料按实际成本计价核算），款项尚未支付。甲企业的有关会计分录如下：

借：材料采购　　101 000

　　应交税费——应交增值税（进项税额）　　13 000

　　贷：应付账款——A 公司　　114 000

（2）支付应付账款，借记“应付账款”科目，贷记“银行存款”等科目。会计分录如图 5-13 所示。

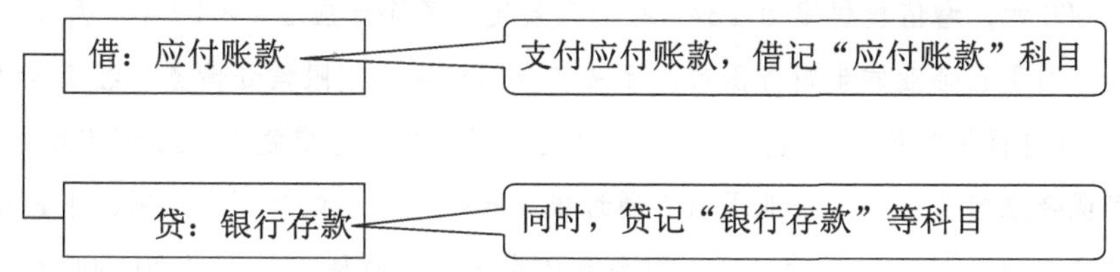

图 5-13　支付应付账款时的会计分录

＊ 案例解析

【例 5-11】接【例 5-10】，9 月 31 日，甲企业用银行存款支付上述应付账款。该企业的有关会计分录如下：

借：应付账款——A 公司　　114 000

　　贷：银行存款　　114 000

业务 2：债务重组

（1）以低于重组债务账面价值的款项清偿债务的，应按应付账款的账面余额，借记“应付账款”科目，按实际支付的金额，贷记“银行存款”科目，按其差额，贷记“营业外收入——债务重组利得”科目。会计分录如图 5-14 所示。

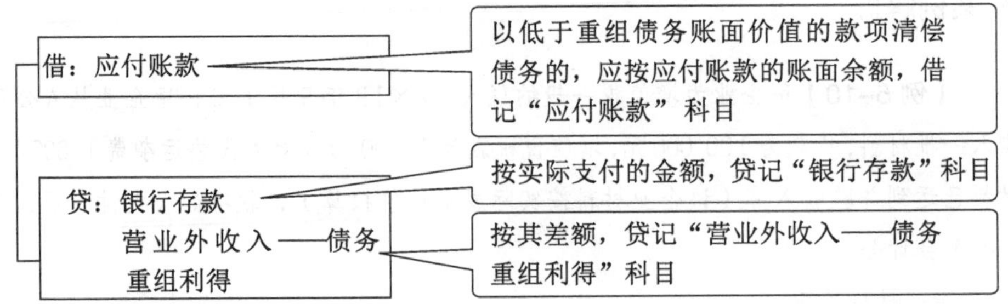

图 5-14　以低于重组债务账面价值的款项进行债务重组时的会计分录

* 案例解析

【例 5-12】甲企业于2×19年4月20日销售一批材料给乙企业，不含税价格为200 000元，增值税税率为13%。按合同规定，乙企业应于2×19年7月1日前偿付货款。由于乙企业发生财务困难，无法按合同规定的期限偿还债务，经双方协议于10月1日进行债务重组。债务重组协议规定，甲企业同意减免乙企业30 000元债务，余额用现金立即偿清。乙企业于当日通过银行转账支付了该笔剩余款项，甲企业随即收到了通过银行转账偿还的款项。甲企业已为该项应收债权计提了20 000元的坏账准备。乙企业的账务处理如下：

①计算债务重组利得：

应付账款账面余额 = 226 000（元）

支付的现金 = 196 000（元）

债务重组利得 = 226 000-196 000 = 30 000（元）

②应做会计分录：

借：应付账款　　226 000

　贷：银行存款　　196 000

　　营业外收入——债务重组利得　　30 000

（2）以非现金资产清偿债务的，应按应付账款的账面余额，借记“应付账款”科目，按用于清偿债务的非现金资产的公允价值，贷记“主营业务收入”“其他业务收入”“固定资产清理”“无形资产”“长期股权投资”等科目，按应支付的相关税费和其他费用，贷记“应交税费”“银行存款”等科目，按其差额，贷记“营业外收入——债务重组利得”科目。会计分录如图5-15所示。

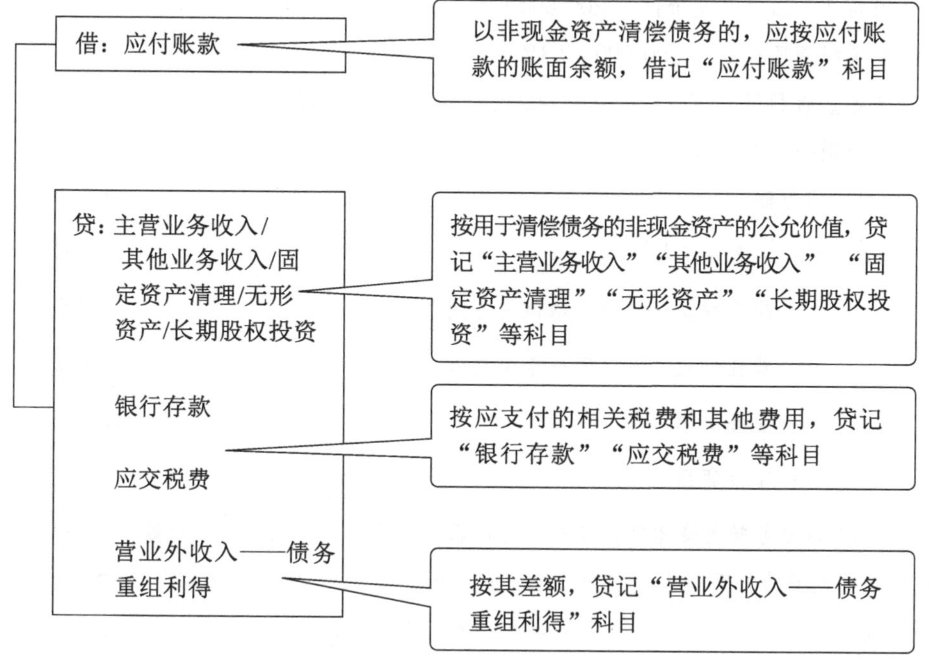

图5-15　以非现金资产清偿债务时的会计分录

抵债资产为存货的，还应同时结转成本，计入“主营业务成本”“其他业务成本”等科目；抵债资产为固定资产、无形资产的，其公允价值和账面价值的差额，计入“营业外收入——处置非流动资产利得”或“营业外支出——处置非流动资产损失”科目；抵债资产为可供出售金融资产、持有至到期投资、长期股权投资等的，其公允价值和账面价值的差额，计入“投资收益”科目。

* 案例解析

【例5-13】甲公司欠乙公司购货款350 000元。由于甲公司财务发生困难，短期内不能支付已于2×19年5月1日到期的货款。2×19年7月1日，经双方协商，乙公司同意甲公司以其生产的产品偿还债务。该产品的公允价值为200 000元，实际成本为120 000元。甲公司为增值税一般纳税人，适用的增值税税率为13%。乙公司于2×19年8月1日收到甲公司抵债的产品，并作为库存商品入库；乙公司对该项应收账款计提了50 000元的坏账准备。甲公司的账务处理如下：

①计算债务重组利得：

应付账款的账面余额＝350 000（元）

所转让产品的公允价值 = 200 000（元）

增值税销项税额 = 200 000×13% = 26 000（元）

债务重组利得 = 350 000-200 000-26 000 = 124 000（元）

②应做会计分录如下：

借：应付账款　　350 000

　　贷：主营业务收入　　200 000

　　　　应交税费——应交增值税（销项税额）　　26 000

　　　　营业外收入——债务重组利得　　124 000

借：主营业务成本　　120 000

　　贷：库存商品　　120 000

（3）以债务转为资本的，应按应付账款的账面余额，借记“应付账款”科目，按债权人因放弃债权而享有股权的公允价值，贷记“实收资本”或“股本”“资本公积——资本溢价或股本溢价”科目，按其差额，贷记“营业外收入——债务重组利得”科目。会计分录如图 5-16 所示。

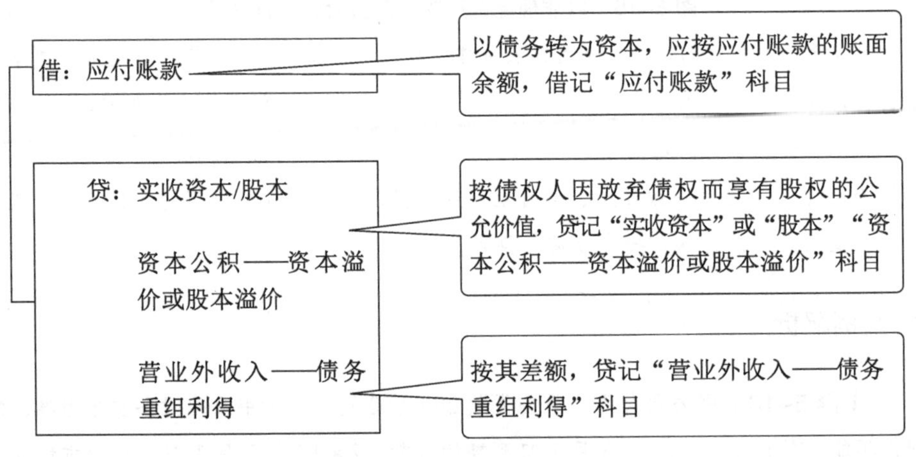

图 5-16　以债务转为资本时的会计分录

* 案例解析

【例 5-14】甲公司于 2×13 年 7 月 1 日销售给乙公司一批产品，价值 450 000 元（包括应收取的增值税额），乙公司于 2×13 年 7 月 1 日开出六个月承兑的商业汇票。乙公司于 2×14 年 12 月 31 日尚未支付货款。由于乙公司财务发生困难，短期内不能支付货款。当日经与甲公司协商，甲公司同意乙公司以其所拥有并作为以公允价值计量且公允价值变动计入当期损益的某公司股票抵偿债务。乙公司该股票的账面价值为 400 000 元（假定该资产账面公允价值变动额为零），当日的公允价值 380 000 元。假定甲公司为该项应收账款提取了坏账准备 40 000 元。用于抵债的股票于当日即办理相关转让手续，甲公司将取得的股票作为以公允价值计量且公允价值变动计入当期损益的金融资产处理。债务重组前甲公司已将该项应收票据转入应收账款；乙公司已将应付票据转入应付账款。假定不考虑与商业汇票或者应付款项有关的利息。乙公司的账务处理如下：

（1）计算债务重组利得：

应付账款的账面余额 = 450 000（元）

股票的公允价值 = 380 000（元）

债务重组利得 = 450 000−380 000 = 70 000（元）

（2）计算转让股票损益：

股票的公允价值 = 380 000（元）

股票的账面价值 = 400 000（元）

转让股票损益 = 380 000−400 000 = −20 000（元）

（3）应做会计分录如下：

借：应付账款	450 000	
投资收益	20 000	
贷：交易性金融资产		400 000
营业外收入——债务重组利得		70 000

（4）以修改其他债务条件进行清偿的，应将重组债务的账面余额与重组后债务的公允价值的差额，借记“应付账款”科目，贷记“营业外收入——债务重组利得”科目。会计分录如图 5-17 所示。

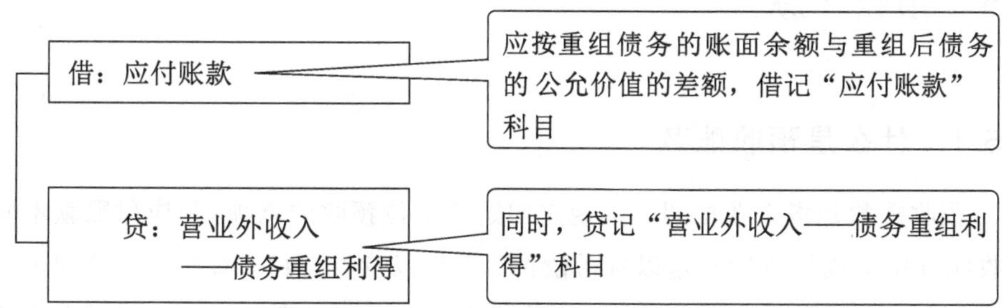

图 5-17　以修改其他债务条件进行清偿的会计分录

* 案例解析

【例 5-15】甲公司2×14年12月31日应收乙公司票据的账面余额为65 400元其中，5 400元为累计未付的利息，票面年利率4%。由于乙公司连年亏损，资金周转困难，不能偿付应于2×14年12月31日前支付的应付票据。经协商，双方于2×15年1月5日进行债务重组。甲公司同意将债务本金减至50 000元；免去债务人所欠的全部利息；将利率从4%降低到2%（等于实际利率），并将债务到期日延至2×14年12月31日，利息按年支付。该项债务重组协议从协议签订日起开始实施。甲、乙公司已将应收、应付票据转入应收、应付账款。甲公司已为该项应收款项计提了5 000元坏账准备。

乙公司的账务处理：

①计算债务重组利得：

应付账款的账面余额 = 65 400（元）

重组后债务公允价值 = 50 000（元）

债务重组利得 = 65 400-50 000 = 15 400（元）

②债务重组时的会计分录：

借：应付账款　　65 400

　贷：应付账款——债务重组　　50 000

　　营业外收入——债务重组利得　　15 400

5.5 预收账款

5.5.1 什么是预收账款

预收账款是指企业按照合同规定向购货单位预收的款项。与应付账款不同，预收账款所形成的负债不是以货币偿付，而是以货物偿付。有些购销合同规定，销货企业可向购货企业预先收取一部分货款，待向对方发货后再收取其余货款。

企业在发货前收取的货款，表明了企业承担了会在未来导致经济利益流出企业的应履行的义务，就成为企业的一项负债。

5.5.2　如何使用“预收账款”科目

本科目核算企业按照合同规定预收的款项。预收账款情况不多的，也可以不设置本科目，将预收的款项直接计入“应收账款”科目。本科目可按购货单位进行明细核算。

企业应通过“预收账款”科目，核算预收账款的取得、偿付等情况。该科目贷方登记发生的预收账款的数额和购货单位补付账款的数额，借方登记企业向购货方发货后冲销的预收账款数额和退回购货方多付账款的数额，余额一般在贷方，反映企业向购货单位预收款项但尚未向购货方发货的数额，如为借方余额，反映企业尚未转销的款项。企业应当按照购货单位设置明细科目进行明细核算。

5.5.3　如何设置明细科目

“预收账款”科目的明细科目设置如表 5-5 所示。

表 5-5　2203 预收账款

顺序号	编号	会计科目名称	二级科目名称	三级科目名称	是否辅助核算	辅助核算类别
二、负债类						
	2203	预收账款				
	2203 01	预收账款	预收的货款	商品、劳务类别	是	按购货单位、个人
	2203 02	预收账款	预收购货定金	商品、劳务类别	是	按购货单位、个人
	2203 03	预收账款	预收工程款	商品、劳务类别	是	按购货单位、个人
	2203 04	预收账款	预收备料款	商品、劳务类别	是	按购货单位、个人
	2203 05	预收账款	其他	商品、劳务类别	是	按购货单位、个人

5.5.4 会计处理分录与案例解析

业务 1：收到预收账款

企业向购货单位预收的款项，借记“银行存款”等科目，贷记“预收账款”科目。收到预收账款时的会计分录如图 5-18 所示。

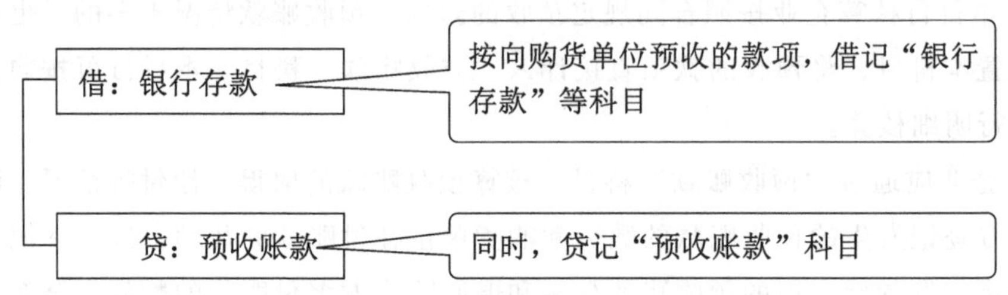

图 5-18 收到预收账款时的会计分录

* 案例解析

【例 5-16】 D 公司为增值税一般纳税人。2×19 年 6 月 3 日，D 公司与甲企业签订供货合同，向其出售一批设备，货款金额共计 100 000 元，应交纳的增值税税额为 13 000 元。根据购货合同规定，甲企业在购货合同签订一周内，应当向 D 公司预付货款 60 000 元，剩余货款在交货后付清。2×19 年 6 月 8 日，D 公司收到甲企业交来的预付款 60 000 元并存入银行。6 月 18 日，D 公司将货物发到甲企业并开出增值税发票；甲企业验收合格后付清了剩余货款。6 月 8 日，收到甲企业交来的预付款 60 000 元时，D 公司的账务处理如下：

借：银行存款　　60 000

　　贷：预收账款——甲企业　　60 000

业务 2：销售实现

销售实现时，按实现的收入和应交的增值税销项税额，借记“预收账款”科目，按照实现的营业收入，贷记“主营业务收入”科目，按照增值税专用发票上注明的增值税额，贷记“应交税费——应交增值税（销项税额）”等科目。企业收到购货单位补付的款项，借记“银行存款”科目，贷记“预收账款”科目。向购货单位退回其多付的款项时，借记“预收账款”科目，贷记“银行存款”科目。

销售实现时的会计分录如图 5-19 所示。

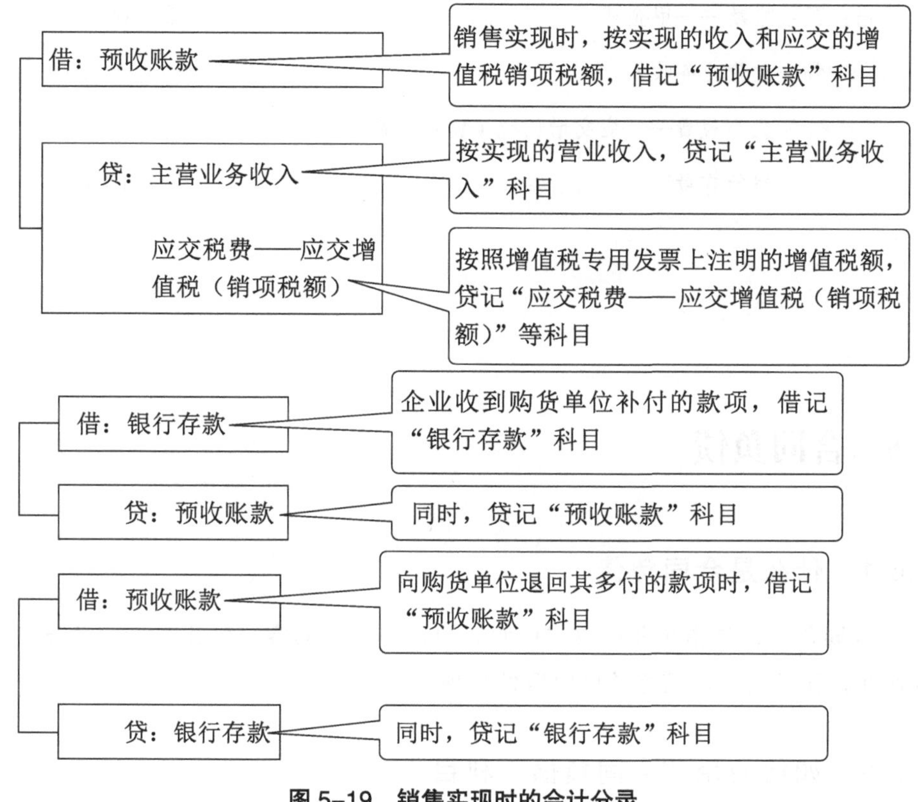

图 5–19　销售实现时的会计分录

* 案例解析

【例 5–17】接【例 5–16】，6 月 18 日，D 公司发货后收到甲企业剩余货款，D 公司的账务处理如下：

借：预收账款——甲企业　　113 000

　　贷：主营业务收入　　100 000

　　　　应交税费——应交增值税（销项税额）　　13 000

甲企业补付的货款 =113 000 － 60 000 = 53 000（元）

借：银行存款　　53 000

　　贷：预收账款——甲企业　　53 000

【例 5–18】接【例 5–17】，假若 D 公司只能向甲企业供 40 000 元的货，则 D 公司应退回预收款 13 200 元，有关会计分录如下：

借：预收账款——甲企业　　60 000
　贷：主营业务收入　　40 000
　　应交税费——应交增值税（销项税额）　　5 200
　　银行存款　　14 800

5.6 合同负债

5.6.1 什么是合同负债

合同负债，是指企业已收或应收客户对价而应向客户转让商品的义务。如企业在转让承诺的商品之前已收取的款项。

5.6.2 如何使用“合同负债”科目

在企业向客户转让商品之前，客户已经支付了合同对价或企业已经取得了无条件收取合同对价权利的，企业应当在客户实际支付款项与到期应支付款项孰早时点，按照该已收或应收的金额，借记“银行存款”“应收账款”“应收票据”等科目，贷记本科目；企业向客户转让相关商品时，借记本科目，贷记“主营业务收入”“其他业务收入”等科目。涉及增值税的，还应进行相应的处理。

企业因转让商品收到的预收款适用《企业会计准则第14号——收入》进行会计处理时，不再使用“预收账款”科目及“递延收益”科目。

本科目期末贷方余额，反映企业在向客户转让商品之前，已经收到的合同对价或已经取得的无条件收取合同对价权利的金额。

5.6.3 如何设置明细科目

“合同负债”科目的明细科目设置如表5-6所示。

表 5-6　合同负债的明细设置

顺序号	会计科目名称	二级科目名称	明细科目名称	是否辅助核算	辅助核算类别
二、损益类					
	合同负债				
	合同负债	甲项目	种类	是	部门
	合同负债	乙项目	种类	是	部门

5.6.4　会计处理分录与案例解析

业务 1：在企业向客户转让商品之前

在企业向客户转让商品之前，客户已经支付了合同对价或企业已经取得了无条件收取合同对价权利的，会计分录如图 5-20 所示。

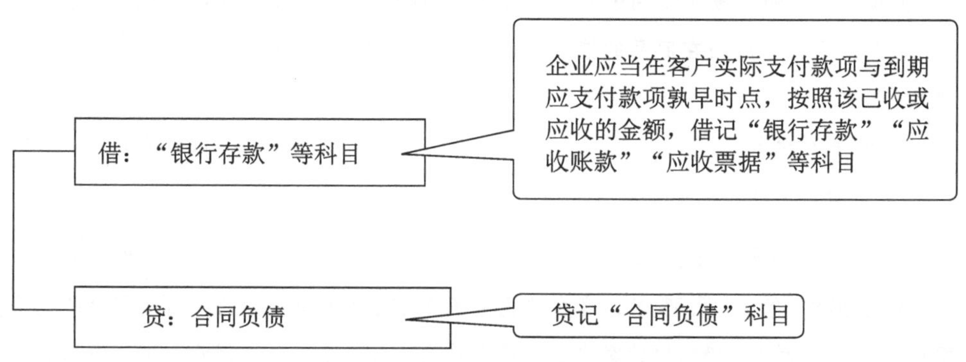

图 5-20　企业在向客户转让商品之前的会计分录

业务 2：企业向客户转让相关商品时

企业向客户转让商品时的会计分录如图 5-21 所示。

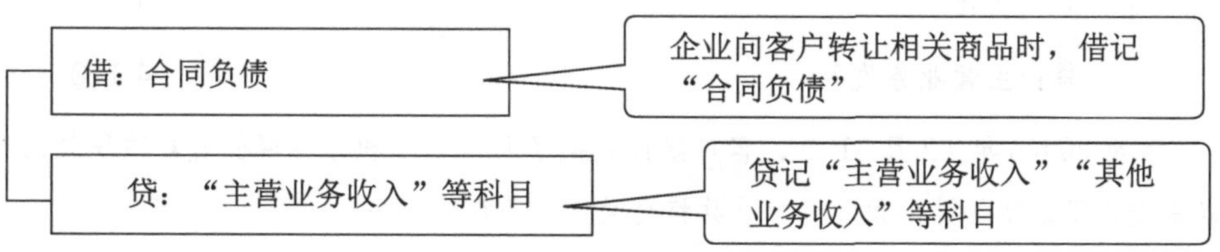

图 5-21　企业向客户转让相关商品时的会计分录

＊ 案例解析

【例5–19】 20×7年1月1日，甲公司开始推行一项奖励积分计划。根据该计划，客户在甲公司每消费10元可获得1个积分，每个积分从次月开始在购物时可以抵减1元。截至20×7年1月31日，客户共消费100 000元，可获得10 000个积分。根据历史经验，甲公司估计该积分的兑换率为95%。假定上述金额均不包含增值税等的影响。

本例中，甲公司认为其授予客户的积分为客户提供了一项重大权利，应当作为一项单独的履约义务。客户购买商品的单独售价合计为100 000元。考虑到积分的兑换率，甲公司估计积分的单独售价为9 500（1×10 000×95%）元。甲公司按照商品和积分单独售价的相对比例对交易价格进行分摊，具体如下：

分摊至商品的交易价格=[100 000÷（100 000+9 500）]×100 000=91 324（元）

分摊至积分的交易价格=[9 500÷（100 000+9 500）]×100 000=8 676（元）

因此，甲公司应当在商品的控制权转移时确认收入91 324元，同时确认合同负债8 676元。

借：银行存款	100 000	
贷：主营业务收入		91 324
合同负债		8 676

截至20×7年12月31日，客户共兑换了4 500个积分，甲公司对该积分的兑换率进行了重新估计，仍然预计客户总共将会兑换9 500个积分。因此，甲公司以客户兑换的积分数占预期将兑换的积分总数的比例为基础确认收入。

积分应当确认的收入=4 500÷9 500×8 676=4 110（元）；剩余未兑换的积分对应的金额=8 676−4 110=4 566（元），仍然作为合同负债。

借：合同负债	4 110	
贷：主营业务收入		4 110

截至20×8年12月31日，客户累计兑换了8 500个积分。甲公司对该积分的兑换率进行了重新估计，预计客户总共将会兑换9 700个积分。

积分应当确认的收入=8 500÷9 700×8 676−4 110=3 493（元）；剩余未兑换的积分=8 676−4 110−3 493=1 073（元），仍然作为合同负债。

在企业向客户转让商品之前，如果客户已经支付了合同对价或企业已经取得了无条件收取合同对价的权利，则企业应当在客户实际支付款项与到期应支付款项孰早时点，将该已收或应收的款项列示为合同负债。合同资产和合同负债应当在资产负债表中单独列示，并按流动性分别列示为“合同资产”或“其他非流动资产”以及“合同负债”或“其他非流动负债”。同一合同下的合同资产和合同负债应当以净额列示，不同合同下的合同资产和合同负债不能互相抵销。

5.7　应付职工薪酬

5.7.1　什么是应付职工薪酬

应付职工薪酬是指企业根据有关规定应付给职工的各种薪酬，包括职工工资、奖金、津贴和补贴；职工福利费；医疗、养老、失业、工伤、生育等社会保险费；住房公积金；工会经费；职工教育经费；非货币性福利等因职工提供服务而产生的义务。从广义上讲，职工薪酬是企业必须付出的人力成本，是吸引和激励职工的重要手段。也就是说，职工薪酬既是职工对企业投入劳动获得的报酬，也是企业的成本费用。

5.7.2　如何使用“应付职工薪酬”科目

本科目核算企业根据有关规定应付给职工的各种薪酬。企业（外商类）按规定从净利润中提取的职工奖励及福利基金，也在本科目核算。

本科目可按“工资”“职工福利”“社会保险费”“住房公积金”“工会经费”“职工教育经费”“非货币性福利”“辞退福利”“股份支付”等进行明细核算。

本科目期末贷方余额，反映企业应付未付的职工薪酬。

5.7.3　如何设置明细科目

“应付职工薪酬”科目的明细科目设置如表 5-7 所示。

表 5-7　2211 应付职工薪酬

顺序号	编号	会计科目名称	二级科目名称	三级科目名称	是否辅助核算	辅助核算类别
二、负债类						
	2211	应付职工薪酬				
	2211 01	应付职工薪酬	工资、奖金、津贴、补贴	项目	是	部门
	2211 02	应付职工薪酬	职工福利	项目	是	部门
	2211 03	应付职工薪酬	社会保险费	项目	是	部门
	2211 04	应付职工薪酬	住房公积金	项目	是	部门
	2211 05	应付职工薪酬	工会经费	项目	是	部门
	2211 06	应付职工薪酬	职工教育经费	项目	是	部门
	2211 07	应付职工薪酬	解除职工劳务关系补偿	项目	是	部门
	2211 08	应付职工薪酬	非货币性福利	项目	是	部门
	2211 09	应付职工薪酬	辞退福利	项目	是	部门
	2211 10	应付职工薪酬	股份支付	项目	是	部门
	2211 11	应付职工薪酬	其他	项目	是	部门

5.7.4　会计处理分录与案例解析

业务 1：发生应付职工薪酬

（1）生产部门人员的职工薪酬，借记“生产成本”“制造费用”“劳务成本”等科目，贷记“应付职工薪酬”科目。应由在建工程、研发支出负担的职工薪酬，借记“在建工程”“研发支出”等科目，贷记“应付职工薪酬”科目。管理部门人员、销售人员的职工薪酬，借记“管理费用”或“销售费用”科目，贷记“应付职工薪酬”科目。发生应付职工薪酬时的会计分录如图 5-22 所示。

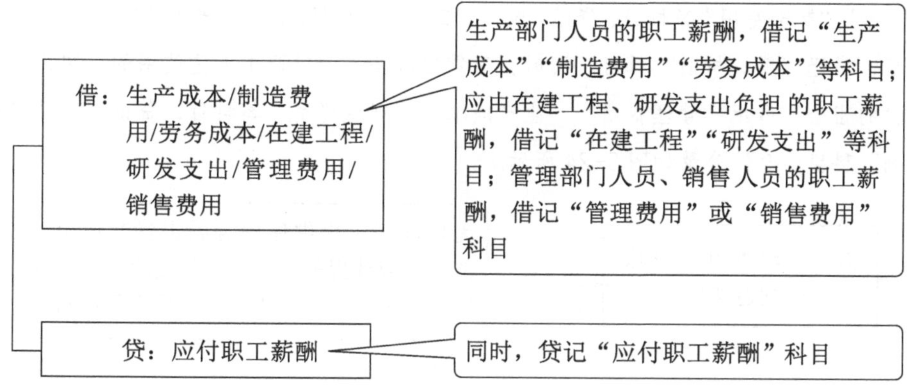

图 5-22　发生应付职工薪酬时的会计分录

* 案例解析

【例 5-20】乙企业本月应付工资总额 462 000 元，工资费用分配汇总表中列示的产品生产人员工资为 320 000 元，车间管理人员工资为 70 000 元，企业行政管理人员工资为 60 400 元，销售人员工资为 11 600 元。乙企业的有关会计分录如下：

借：生产成本——基本生产成本	320 000	
制造费用	70 000	
管理费用	60 400	
销售费用	11 600	
贷：应付职工薪酬——工资		462 000

（2）企业以其自产产品发放给职工作为职工薪酬的，借记“管理费用”“生产成本”“制造费用”等科目，贷记“应付职工薪酬”科目。会计分录如图 5-23 所示。

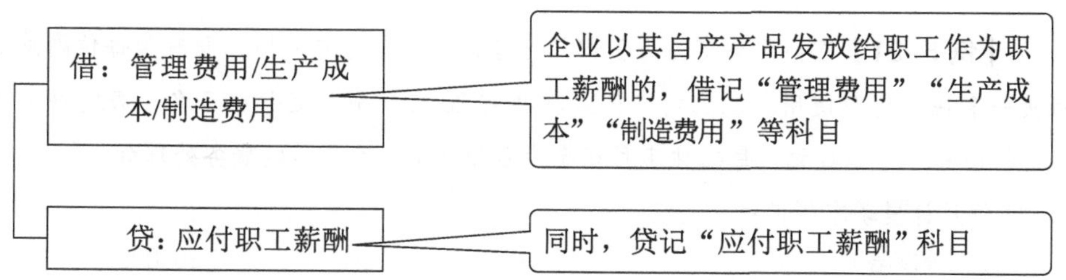

图 5-23　企业以其自产产品作为职工薪酬的会计分录

无偿向职工提供住房等固定资产使用的，按应计提的折旧额，借记“管理费用”“生产成本”“制造费用”等科目，贷记“应付职工薪酬”科目；同时，借记“应付职工薪酬”科目，贷记“累计折旧”科目。同时，租赁住房等资产供职工无偿使用的，按每期应支付的租金，借记“管理费用”“生产成本”“制造费用”等科目，贷记“应付职工薪酬”科目。会计分录如图5-24所示。

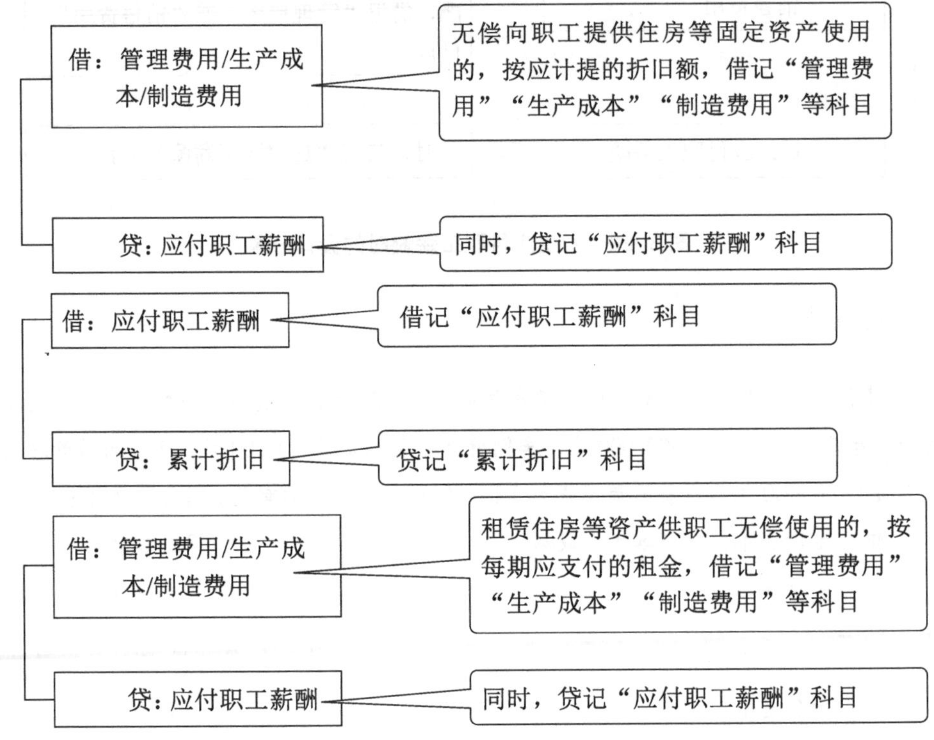

图5-24　向职工提供住房等固定资产使用时的会计分录

＊ 案例解析

【例5-21】乙公司决定为每位部门经理提供轿车免费使用，同时为每位副总裁租赁一套住房免费使用。乙公司部门经理共有20名，副总裁共有5名。假定每辆轿车月折旧额为1 000元，每套住房月租金为8 000元。乙公司的账务处理如下：

①每月计提轿车折旧：

借：管理费用	20 000	
贷：应付职工薪酬		20 000
借：应付职工薪酬	20 000	

贷：累计折旧　　20 000

②每月确认住房租金费用：

借：管理费用　　40 000

贷：应付职工薪酬　　40 000

借：应付职工薪酬　　40 000

贷：银行存款　　40 000

（3）因解除与职工的劳动关系给予的补偿，借记“管理费用”科目，贷记“应付职工薪酬”科目。会计分录如图 5-25 所示。

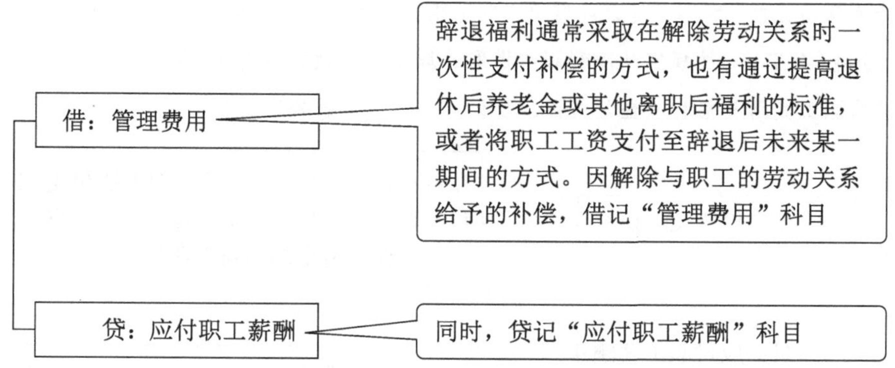

图 5-25　因解除与职工劳动关系给予补偿时的会计分录

* 案例解析

【例 5-22】丙公司主要从事家用电器的生产和销售。2×14 年 11 月，丙公司为在 2×15 年顺利实施转产，公司管理层制定了一项辞退计划，规定自 2×15 年 1 月 1 日起，以职工自愿方式，辞退平面直角彩色电视机生产车间职工。2×14 年 12 月 31 日，丙公司预计平面直角彩色电视机生产车间职工接受辞退应支付的补偿金额为 1 400 000 元。丙公司的账务处理如下：

借：管理费用　　1 400 000

贷：应付职工薪酬　　1 400 000

（4）企业以现金与职工结算的股份支付，在等待期内每个资产负债表日，按当期应确认的成本费用金额，借记“管理费用”“生产成本”“制造费用”等科目，贷记“应付职工薪酬”科目。会计分录如图 5-26 所示。

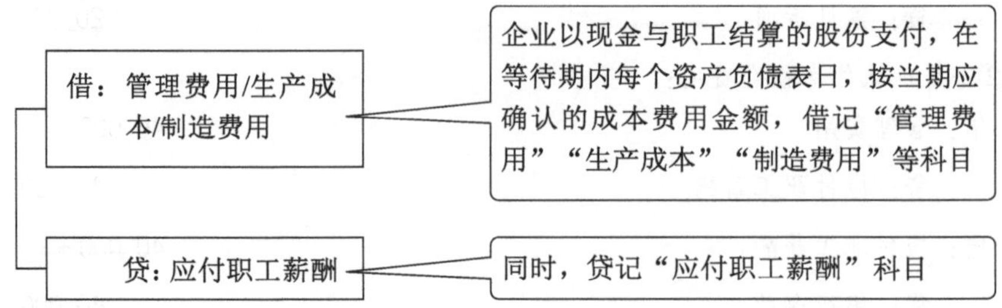

图 5-26　企业以现金与职工结算股份支付时的会计分录

在可行权日之后，以现金结算的股份支付当期公允价值的变动金额，借记或贷记“公允价值变动损益”科目，贷记或借记“应付职工薪酬”科目。会计分录如图 5-27 所示。

企业（外商类）按规定从净利润中提取的职工奖励及福利基金，借记“利润分配——提取的职工奖励及福利基金”科目，贷记“应付职工薪酬”科目。

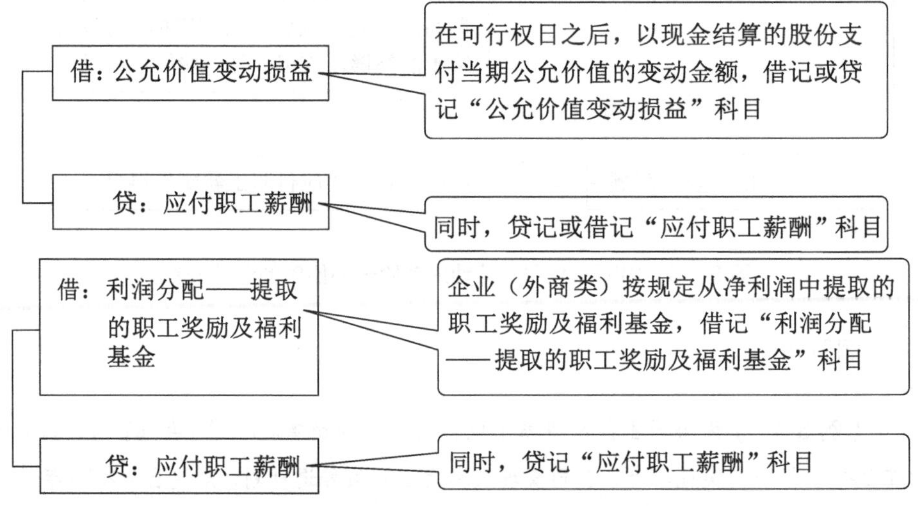

图 5-27　公允价值变动及从净利润中提取职工奖励及福利基金时的会计分录

* 案例解析

【例 5-23】 2×10 年年初，公司为其 200 名中层以上职员每人授予 100 份现金股票增值权。这些职员从 2×10 年 1 月 1 日起在该公司连续服务 3 年，即可按照当时股价的增长幅度获得现金。该增值权应在 2×15 年 12 月 31 日之前行使。A 公司估计，该增值权在负债结算之前的每一资产负债表日以及结算日的公允价值和可行权后的每份增值权现金支出额如表 5-8 所示。

表 5-8　增值权的公允价值和现金支出额　　单位：元

年份	公允价值	支付现金
2×12	14	
2×13	15	
2×14	18	16
2×15	21	20
2×16		25

第一年有 20 名职员离开 A 公司，A 公司估计三年中还将有 15 名职员离开；第二年又有 10 名职员离开公司，公司估计还将有 10 名职员离开；第三年又有 15 名职员离开。第三年年末，有 70 人行使股份增值权取得了现金。第四年年末，有 50 人行使了股份增值权。第五年年末，剩余 35 人也行使了股份增值权。

费用和资本公积计算过程如表 5-9 所示。

表 5-9　费用和资本公积计算过程　　单位：元

年份	负债计算（1）	支付现金计算(2)	负债（3）	支付现金(4)	当期费用(5)
2×12	（200-35）×100×14×1/3		77 000		77 000
2×13	（200-40）×100×15×2/3		160 000		83 000
2×14	（200-45-70）×100×18	70×100×16	153 000	112 000	105 000
2×15	（200-45-70-50）×100×21	50×100×20	73 500	100 000	20 500
2×16	0	35×100×25	0	87 500	14 000
总额				299 500	299 500

其中：（1）计算得（3），（2）计算得（4）；

当期（3）－前一期（3）＋当期（4）＝当期（5）

账务处理如下：

（1）2×12 年 12 月 31 日：

借：管理费用　　77 000

　　贷：应付职工薪酬——股份支付　　77 000

（2）2×13年12月31日：

借：管理费用　83 000

　　贷：应付职工薪酬——股份支付　83 000

（3）2×14年12月31日：

借：管理费用　105 000

　　贷：应付职工薪酬——股份支付　105 000

借：应付职工薪酬——股份支付　112 000

　　贷：银行存款　112 000

（4）2×15年12月31日：

借：公允价值变动损益　20 500

　　贷：应付职工薪酬——股份支付　20 500

借：应付职工薪酬——股份支付　100 000

　　贷：银行存款　100 000

（5）2×16年12月31日：

借：公允价值变动损益　14 000

　　贷：应付职工薪酬——股份支付　14 000

借：应付职工薪酬——股份支付　87 500

　　贷：银行存款　87 500

业务2：发放职工薪酬

（1）向职工支付工资、奖金、津贴、福利费等，从应付职工薪酬中扣还的各种款项（代垫的家属药费、个人所得税等）等，借记“应付职工薪酬”科目，贷记“银行存款”“库存现金”“其他应收款”“应交税费——应交个人所得税”等科目。发放职工薪酬时的会计分录如图5-28所示。

* 案例解析

【例5-24】A企业根据“工资结算汇总表”结算本月应付职工工资总额462 000元，代扣职工房租40 000元，企业代垫职工家属医药费2 000元，实发工资420 000元。A企业的有关会计分录如下：

①向银行提取现金：

借：库存现金　　420 000

　　贷：银行存款　　420 000

②发放工资，支付现金：

借：应付职工薪酬——工资　　420 000

　　贷：库存现金　　420 000

③代扣款项：

借：应付职工薪酬——工资　　42 000

　　贷：其他应收款——职工房租　　40 000

　　　　　　　　——代垫医药费　　2 000

（2）企业以其自产产品发放给职工的，借记“应付职工薪酬”科目，贷记“主营业务收入”科目；同时，还应结转产成品的成本。涉及增值税销项税额的，还应进行相应的处理。同时，结转用于发放福利的商品成本。会计分录如图 5-28 所示。

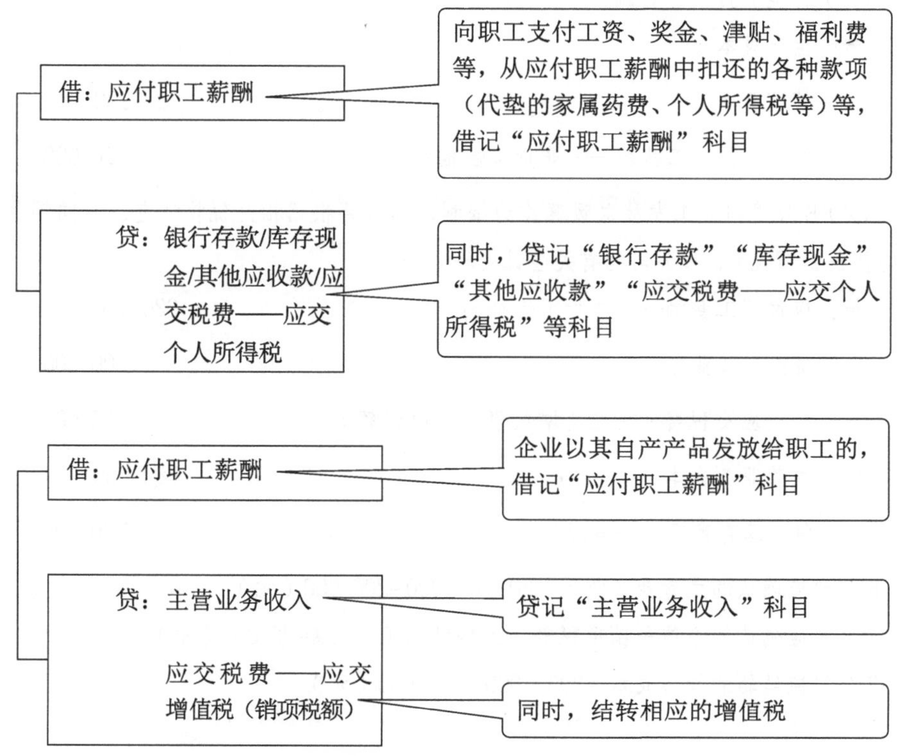

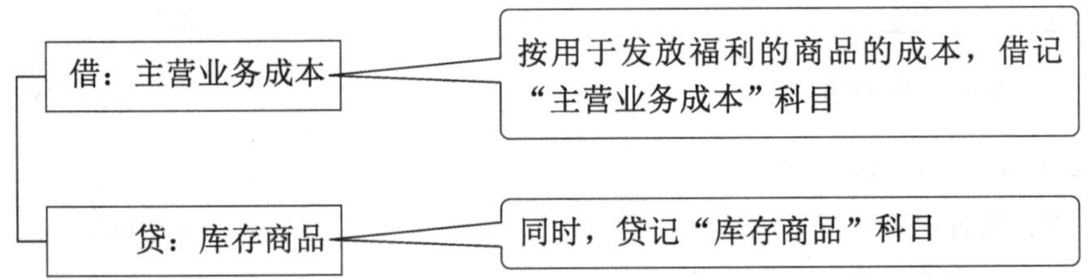

图 5-28　发放职工薪酬的会计分录

* 案例解析

【例 5-25】 B 公司为小家电生产企业，共有职工 200 名，其中，170 名为直接参加生产的职工，30 名为总部管理人员。2×19 年 9 月，B 公司以其生产的每台成本为 900 元的电暖器作为春节福利发放给公司每名职工。该型号的电暖器市场售价为每台 1 000 元，B 公司适用的增值税税率为 13%。B 公司的有关会计分录如下：

（1）计提应付职工薪酬：

	借方	贷方
借：生产成本	192 100	
管理费用	33 900	
贷：应付职工薪酬——非货币性福利		226 000

（2）B 公司向职工发放电暖器作为福利，同时要根据相关税收规定，视同销售计算增值税销项税额。B 公司的有关会计处理如下：

	借方	贷方
借：应付职工薪酬——非货币性福利	226 000	
贷：主营业务收入		200 000
应交税费——应交增值税（销项税额）		26 000
借：主营业务成本	180 000	
贷：库存商品——电暖器		180 000

B 公司应确认的主营业务收入 =200×1 000=200 000（元）

B 公司应确认的增值税销项税额 =200×1 000×13%=26 000（元）

B 公司应结转的销售成本 =200×900=180 000（元）

5.8 应交税费

5.8.1 什么是应交税费

企业根据税法规定应交纳的各种税费包括增值税、消费税、城市维护建设税、资源税、所得税、土地增值税、房产税、车船使用税、城镇土地使用税、教育费附加、矿产资源补偿费等。

5.8.2 如何使用“应交税费”科目

本科目核算企业按照税法等规定计算应交纳的各种税费，包括增值税、消费税、所得税、资源税、土地增值税、城市维护建设税、房产税、土地使用税、车船使用税、教育费附加、矿产资源补偿费等。企业代扣代交的个人所得税等，也通过本科目核算。

本科目可按应交的税费项目进行明细核算。应交增值税还应分别对“进项税额”“销项税额”“出口退税”“进项税额转出”“已交税金”等设置明细科目。

本科目期末贷方余额，反映企业尚未交纳的税费；期末借方余额，反映企业多交或尚未抵扣的税费。

5.8.3 如何设置明细科目

“应交税费”科目的明细科目设置如表 5-10 所示。

表 5-10　2221 应交税费

顺序号	编号	会计科目名称	二级科目名称	三级科目名称
二、负债类				
	2221	应交税费	应交增值税	
	2221 01	应交税费	应交增值税	
	222101 01	应交税费	应交增值税	销项税
	2221 01 02	应交税费	应交增值税	进项税
	2221 01 03	应交税费	应交增值税	已交税金
	2221 01 04	应交税费	应交增值税	进项税额转出

续表

顺序号	编号	会计科目名称	二级科目名称	三级科目名称
	2221 01 05	应交税费	应交增值税	出口退税
	2221 02	应交税费	应交城建税	
	2221 03	应交税费	应交教育费附加	
	2221 04	应交税费	应交地方教育费附加	
	2221 05	应交税费	应交文化事业建设税	
	2221 06	应交税费	应交个人所得税	
	2221 07	应交税费	应交所得税	
	2221 08	应交税费	应交房产税	
	2221 09	应交税费	应交土地使用税	
	2221 10	应交税费	应交车船使用税	
	2221 11	应交税费	应交土地增值税	
	2221 12	应交税费	应交残疾人就业保障金	

5.8.4　会计处理分录与案例解析

业务 1：应交的增值税

（1）所购材料、商品到达并验收入库，借记“原材料”“库存商品”等科目，根据增值税专用发票上注明的可抵扣的增值税税额，借记“应交税费——应交增值税（进项税额）”科目，贷记“在途物资”科目。会计分录如图 5-29 所示。

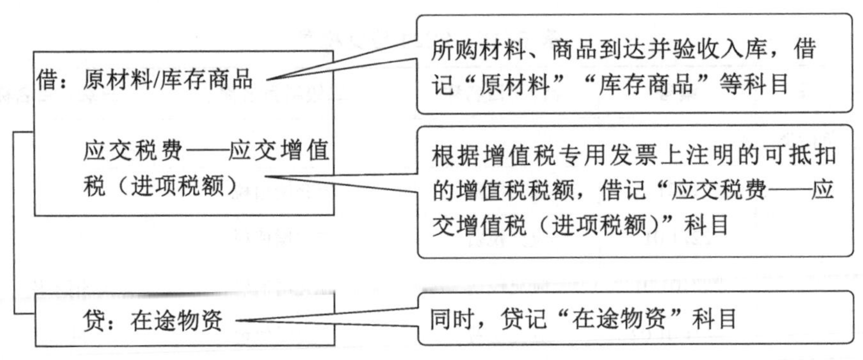

图 5-29　所购材料、商品到达并验收入库时与应交增值税相关的会计分录

* 案例解析

【例 5–26】甲企业购入原材料一批，增值税专用发票上注明货款 60 000 元、增值税税进项税额 7 800 元。货款和增值税进项税款已用银行存款支付。所购材料到达验收入库时，甲企业的有关会计分录如下：

借：原材料　60 000

　　应交税费——应交增值税（进项税额）　7 800

　　贷：在途物资　67 800

（2）销售物资或提供应税劳务，按营业收入和应收取的增值税额，借记“应收账款”“应收票据”“银行存款”等科目，按专用发票上注明的增值税额，贷记“应交税费——应交增值税（销项税额）”科目，按确认的营业收入，贷记“主营业务收入”“其他业务收入”等科目。发生销售退回的，做相反的会计分录。会计分录如图 5–30 所示。

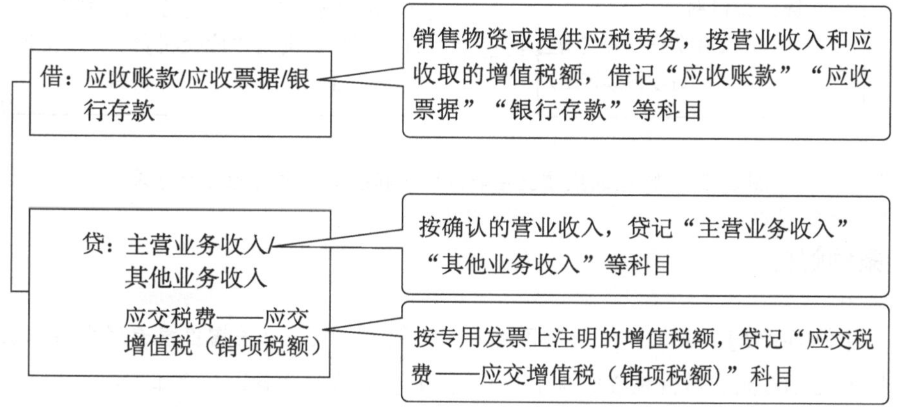

图 5–30　销售物资或提供应税劳务时与应收取增值税相关的会计分录

* 案例解析

【例 5–27】甲公司将生产的产品用于在建工程。该产品成本为 200 000 元，计税价格（公允价值）为 300 000 元，适用的增值税税率为 13%。甲公司的账务处理如下：

用于工程的产品增值税销项税额 =300 000×13%=39 000（元）

借：在建工程　339 000

　　贷：主营业务收入　300 000

应交税费——应交增值税（销项税额）　　39 000

借：主营业务成本　　200 000

贷：库存商品　　200 000

（3）企业购进的货物发生非常损失，以及将购进货物改变用途（如用于非应税项目、集体福利或个人消费等），其进项税额应通过“应交税费——应交增值税（进项税额转出）”科目转入有关科目，借记“待处理财产损溢”“在建工程”“应付职工薪酬”等科目，贷记“应交税费——应交增值税（进项税额转出）”科目；属于转作待处理财产损溢的进项税额，应与遭受非常损失的购进货物、在产品或库存商品的成本一并处理。会计分录如图5-31所示。

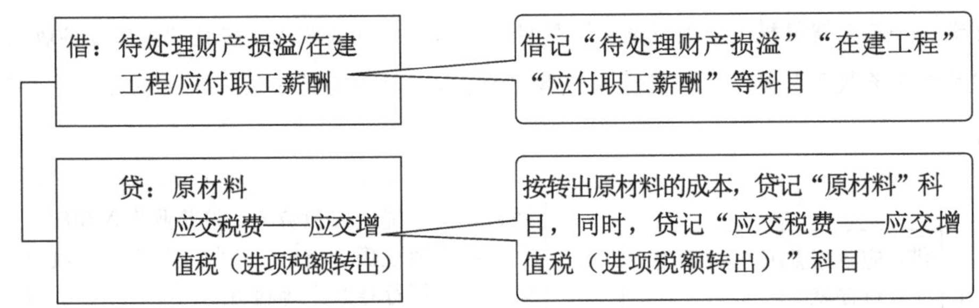

图5-31　购进的货物发生非常损失和改变用途时的会计分录

* 案例解析

【例5-28】E企业库存材料因意外火灾毁损一批，有关增值税专用发票确认的成本为10 000元、增值税税额为1 300元。E企业的有关会计分录如下：

借：待处理财产损溢——待处理流动资产损溢　　11 300

贷：原材料　　10 000

应交税费——应交增值税（进项税额转出）　　1 300

业务2：计提消费税、资源税、城市维护建设税、教育费附加等

（1）企业按规定计算应交的消费税、资源税、城市维护建设税、教育费附加等，借记“税金及附加”科目，贷记“应交税费”科目。应交的消费税、资源税、城市维护建设税、教育费附加等的会计分录如图5-32所示。

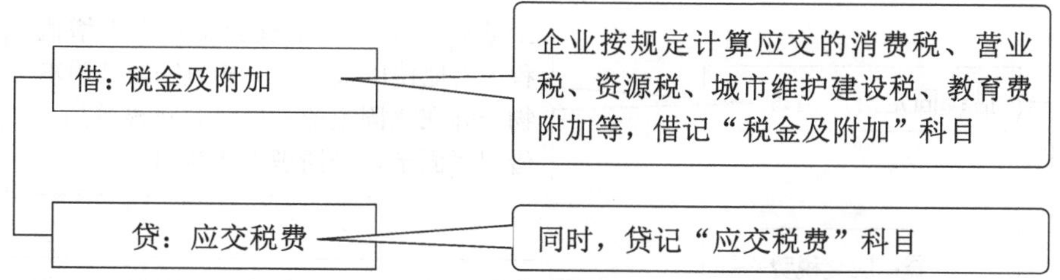

图 5-32　计提消费税、资源税、城市维护建设税、教育费附加等时的会计分录

* 案例解析

【例 5-29】 某企业销售所生产的化妆品，价款 2 000 000 元（不含增值税），适用的消费税税率为 30%。甲企业的有关会计分录如下：

应交消费税额 =2 000 000×30%=600 000（元）

借：税金及附加　　　　　　　　　　600 000

　　贷：应交税费——应交消费税　　　　　　600 000

（2）出售不动产计算应交的增值税，借记“应收账款”等科目，贷记“应交税费——应交增值税（销项税额）”科目。会计分录如图 5-33 所示。

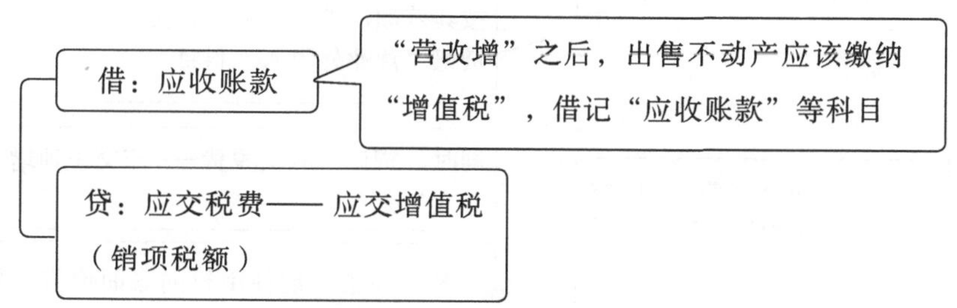

图 5-33　出售不动产时与增值税相关的会计分录

（3）企业转让土地使用权应交的土地增值税，土地使用权与地上建筑物及其附着物一并在“固定资产”等科目核算的，借记“固定资产清理”等科目，贷记“应交税费——应交土地增值税”科目。会计分录如图 5-34 所示。

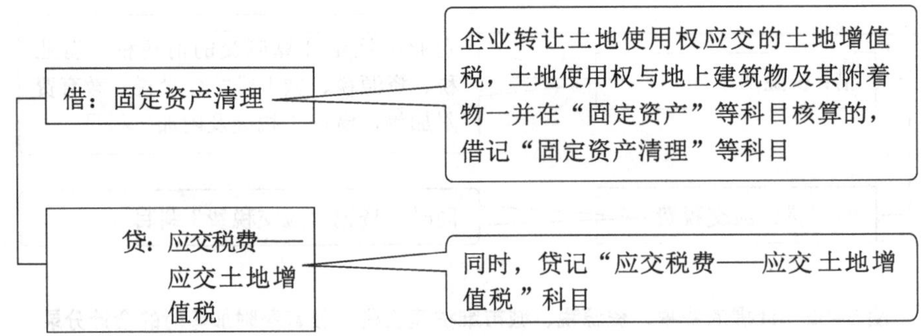

图 5-34　转让土地使用权时与土地增值税相关的会计分录

（4）土地使用权在“无形资产”科目核算的，按实际收到的金额，借记“银行存款”科目，按应交的土地增值税，贷记“应交税费——应交土地增值税”科目，同时冲销土地使用权的账面价值，贷记“无形资产”科目，按其差额，借记“营业外支出”科目或贷记“营业外收入”科目。会计分录如图 5-35 所示。

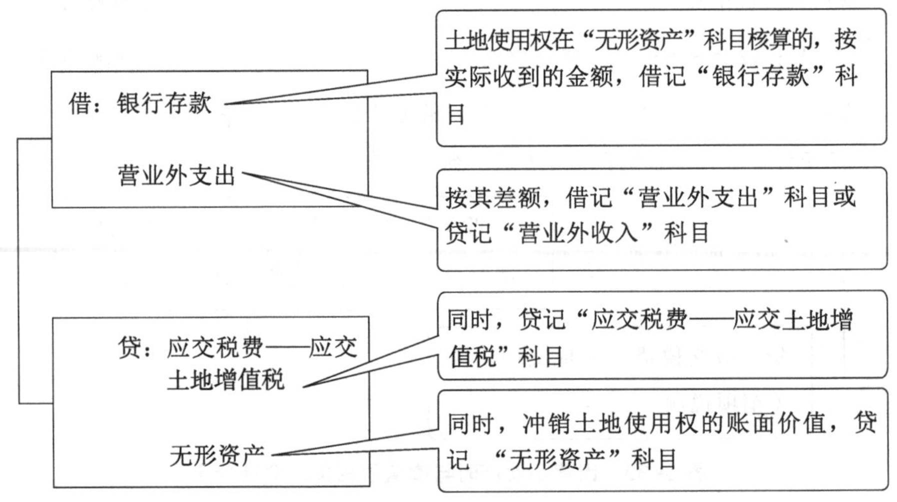

图 5-35　转让在“无形资产”科目核算的土地使用权时与土地增值税相关的会计分录

* 案例解析

【例 5-30】某企业出售一栋办公楼，出售收入 320 000 元已存入银行。该办公楼的账面原价为 400 000 元，已提折旧 100 000 元，未曾计提减值准备；出售过程中用银行存款支付清理费用 5 000 元。销售该项固定资产适用增值税简易征税办法，税率为 5%。该企业的有关账务处理如下：

（1）该固定资产转入清理：

借：固定资产清理　　300 000

　　累计折旧　　100 000

　　贷：固定资产　　400 000

（2）收到出售收入 320 000 元：

借：银行存款　　336 000

　　贷：固定资产清理　　320 000

　　　　应交税费——应交增值税（销项税额）　　16 000

（3）支付清理费用 5 000 元：

借：固定资产清理　　5 000

　　贷：银行存款　　5 000

（4）结转销售该固定资产的净损失：

清理该办公楼的损益 =320 000-300 000-5 000=15 000（元）

借：固定资产清理　　15 000

　　贷：营业外支出　　15 000

【例 5-31】某企业对外转让一栋厂房，根据税法规定计算的应交土地增值税为 27 000 元。有关会计处理如下：

（1）计算应交纳的土地增值税：

借：固定资产清理　　27 000

　　贷：应交税费——应交土地增值税　　27 000

（2）企业用银行存款交纳应交土地增值税税款：

借：应交税费——应交土地增值税　　27 000

　　贷：银行存款　　27 000

业务 3：应交的房产税、土地使用税、车船使用税、矿产资源补偿费

企业按规定计算应交的房产税、土地使用税、车船使用税、矿产资源补偿费，借记“管理费用”科目，贷记“应交税费”科目。与应交的房产税、土地使用税、车船使用税、矿产资源补偿费相关的会计分录如图 5-36 所示。

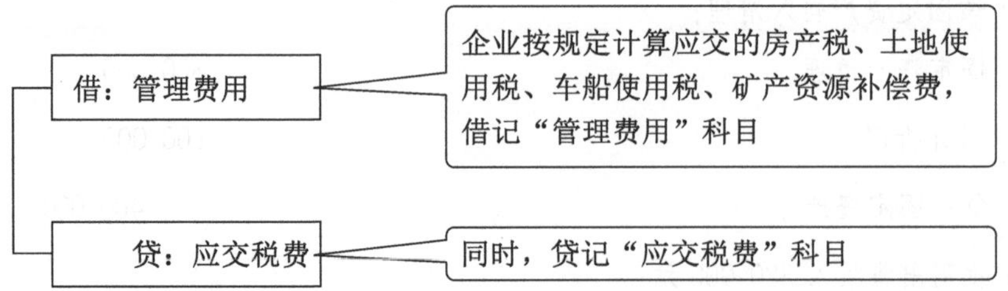

图 5-36　与应交的房产税、土地使用税、车船使用税、矿产资源补偿费相关的会计分录

* 案例解析

【**例 5-32**】设在某城市的一家企业使用土地面积为 1000 平方米。经税务机关核定，该土地为应税土地，每平方米年土地使用税税额为 12 元。根据该项经济业务，企业应做的账务处理如下：

土地使用税税额＝1 000×12＝12 000（元）

借：管理费用　　12 000

　　贷：应交税费——土地使用税　　12 000

5.9　应付利息

5.9.1　什么是应付利息

应付利息是指企业按照合同约定应支付的利息，包括吸收存款、分期付息到期还本的长期借款、企业债券等应支付的利息。

5.9.2　如何使用“应付利息”科目

本科目核算企业按照合同约定应支付的利息，包括吸收存款、分期付息到期还本的长期借款、企业债券等应支付的利息。

本科目可按存款人或债权人进行明细核算。本科目期末贷方余额，反映企业应付未付的利息。

5.9.3　如何设置明细科目

“应付利息”科目的明细科目设置如表 5-11 所示。

表 5-11　2231 应付利息

顺序号	编号	会计科目名称	二级科目名称	三级科目名称	是否辅助核算	辅助核算类别
二、负债类						
	2231	应付利息			是	存款人或债权人
	2231 01	应付利息	吸收存款	项目	是	存款人或债权人
	223 102	应付利息	分期付息到期还本的长期借款	项目	是	存款人或债权人
	223 103	应付利息	企业债券	项目	是	存款人或债权人
	2231 04	应付利息	其他	项目	是	存款人或债权人

5.9.4　会计处理分录与案例解析

业务 1：发生应付利息

资产负债表日，应按摊余成本和实际利率计算确定的利息费用，借记“利息支出”“在建工程”“财务费用”“研发支出”等科目，按合同利率计算确定的应付未付利息，贷记“应付利息”科目，按其差额，借记或贷记“长期借款——利息调整”“吸收存款——利息调整”等科目。合同利率与实际利率差异较小的，也可以采用合同利率计算确定利息费用。发生应付利息时的会计分录如图 5-37 所示。

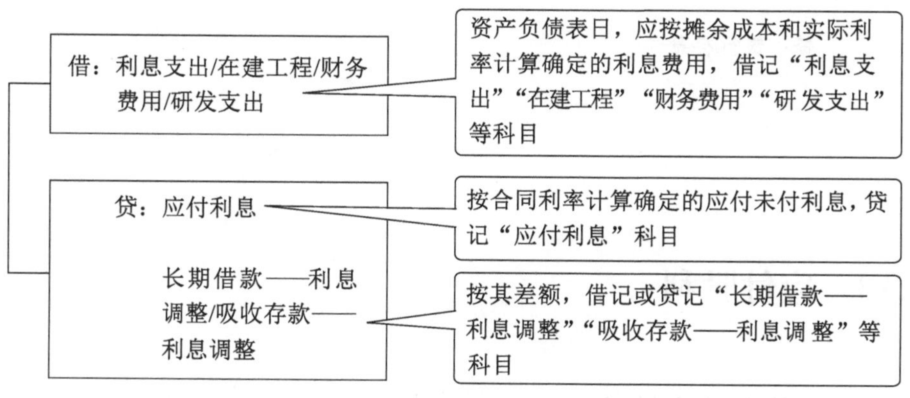

图 5-37　发生应付利息时的会计分录

* 案例解析

【例 5-33】企业借入 5 年期到期还本每年付息的长期借款 5 000 000 元，合同约定年利率为 3.5%，假定不符合资本化条件。每年计算确定利息费用时，该企业的账务处理如下：

企业每年应支付的利息 =5 000 000×3.5%=175 000（元）

借：财务费用　　175 000

　　贷：应付利息　　175 000

业务 2：支出利息

实际支付利息时，借记“应付利息”科目，贷记“银行存款”等科目。支出利息的会计分录如图 5-38 所示。

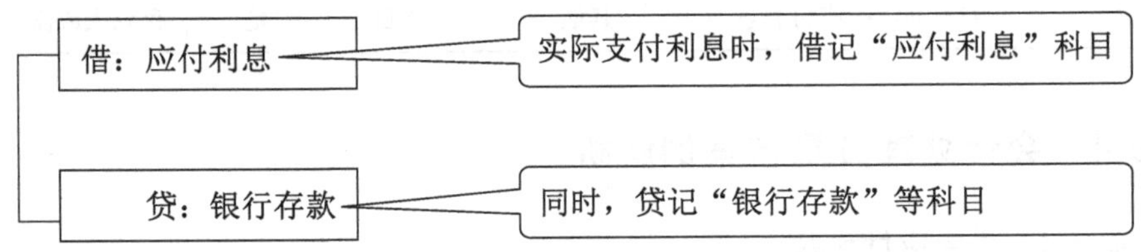

图 5-38　支出利息时的会计分录

* 案例解析

【例 5-34】接【例 5-33】，每年实际支付利息时，该企业的有关账务处理如下：

借：应付利息　　175 000

　　贷：银行存款　　175 000

5.10　应付股利

5.10.1　什么是应付股利

应付股利是指企业经董事会或股东大会，或类似机构决议确定分配的现金股利或利润。获得投资收益是出资者对企业进行投资的初衷。企业在宣告给投资者分配股利或利润时，一方面将冲减企业的所有者权益，另一方面也形成“应付股利”；随着企业向投资者实际支付利润，该项负债即行消失。

5.10.2　如何使用“应付股利”科目

本科目核算企业分配的现金股利或利润。

董事会或类似机构通过的利润分配方案中拟分配的现金股利或利润，不做账务处理，但应在附注中披露。

本科目可按投资者进行明细核算。本科目期末贷方余额，反映企业应付未付的现金股利或利润。

5.10.3　如何设置明细科目

“应付股利”科目的明细科目设置如表 5-12 所示。

表 5-12　2231 应付股利

顺序号	编号	会计科目名称	二级科目名称	三级科目名称
二、负债类				
	2232	应付股利	按投资者设置	投资者

5.10.4　会计处理分录与案例解析

业务 1：发生应付股利

企业根据股东大会或类似机构审议批准的利润分配方案，按应支付的现金股利或利润，借记“利润分配”科目，贷记“应付股利”科目。发生应付股利时的会计分录如图 5-39 所示。

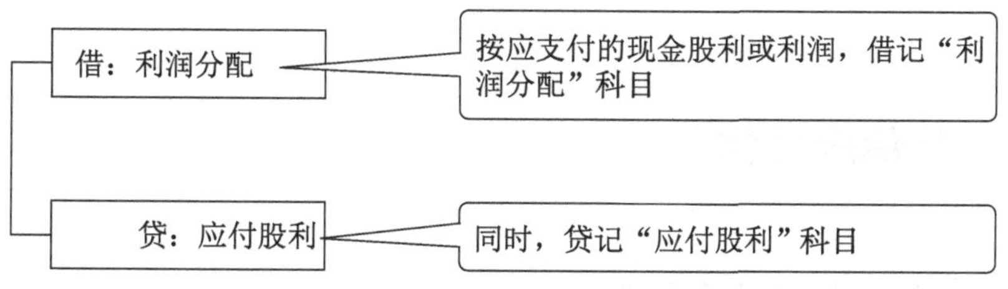

图 5-39　发生应付股利时的会计分录

＊ 案例解析

【例 5-35】 A 有限责任公司 2×14 年度实现净利润 8 000 000 元，经过股东大会批准，决定 2×14 年度分配股利 5 000 000 元。A 有限责任公司的会计分录如下：

借：利润分配——应付现金股利或利润　　5 000 000

　　贷：应付股利　　5 000 000

业务 2：支付应付股利

实际支付现金股利或利润时，借记“应付股利”科目，贷记“银行存款”等科目。支付应付股利的会计分录如图 5-40 所示。

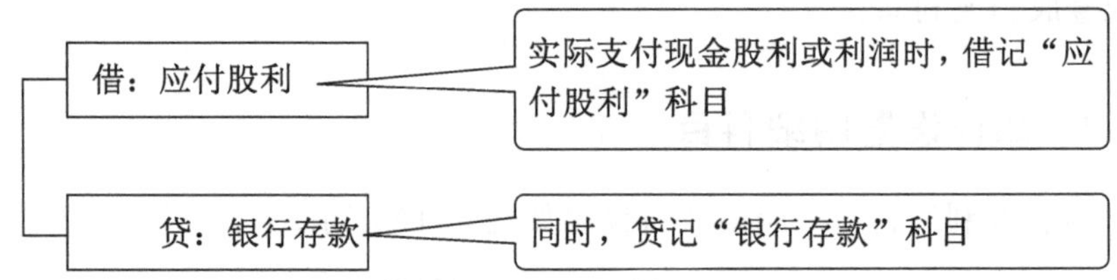

图 5-40　支付应付股利时的会计分录

＊ 案例解析

【例 5-36】 接【例 5-35】，股利已经用银行存款支付。A 有限责任公司的会计分录如下：

借：应付股利　　5 000 000

　　贷：银行存款　　5 000 000

5.11　其他应付款

5.11.1　什么是其他应付款

其他应付款是指企业除应付票据、应付账款、预收账款、应付职工薪酬、应交税费、应付股利等经营活动以外的其他各项应付、暂收的款项，如应付包装物租金、存入保证金等。

5.11.2　如何使用“其他应付款”科目

本科目核算企业除应付票据、应付账款、预收账款、应付职工薪酬、应付利息、应付股利、应交税费、长期应付款等以外的其他各项应付、暂收的款项。企业（保险）应交纳的保险保障基金，也通过本科目核算。

本科目可按其他应付款的项目和对方单位（或个人）进行明细核算。本科目期末贷方余额，反映企业应付未付的其他应付款项。

5.11.3　如何设置明细科目

“其他应付款”科目的明细科目设置如表 5-13 所示。

表 5-13　2241 其他应付款

顺序号	编号	会计科目名称	二级科目名称	三级科目名称	是否辅助核算	辅助核算类别
二、负债类						
	2241	其他应付款				
	2241 01	其他应付款	职工医药费	项目	是	按项目或对方单位（个人）
	2241 02	其他应付款	职工结余分配	项目	是	同上
	2241 03	其他应付款	个人往来	项目	是	同上
	2241 04	其他应付款	代收款项	项目	是	同上
	2241 05	其他应付款	单位往来	项目	是	同上
	2241 06	其他应付款	总公司内部企业往来款	项目	是	同上
	2241 07	其他应付款	押金	项目	是	同上
	2241 08	其他应付款	合同履约保证金	项目	是	同上
	2241 09	其他应付款	应付租入固定资产和包装物的租金	项目	是	同上

续表

顺序号	编号	会计科目名称	二级科目名称	三级科目名称	是否辅助核算	辅助核算类别
	2241 10	其他应付款	存入保证金	项目	是	同上
	2241 11	其他应付款	管辖区内业主和物业管户装修存入保证金	项目	是	同上
	2241 12	其他应付款	预提费用	项目	是	同上

5.11.4 会计处理分录与案例解析

业务1：售后回购方式的其他应付款

（1）企业采用售后回购方式融入资金的，应按实际收到的金额，借记“银行存款”科目，贷记“其他应付款”科目。售后回购方式下，与其他应付款相关的会计分录如图5-41所示。

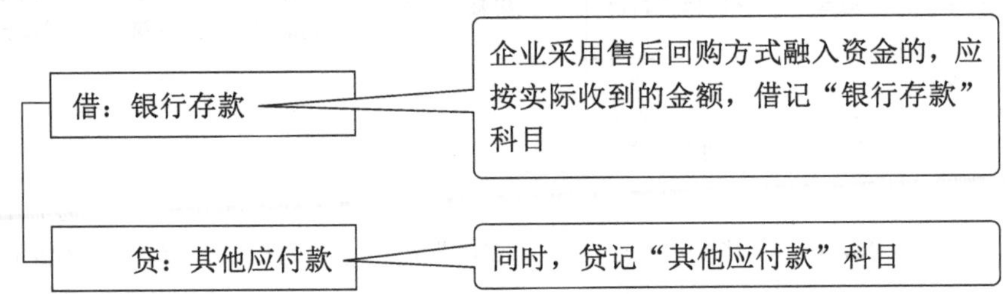

图5-41 售后回购方式下与其他应付款相关的会计分录

* 案例解析

【例5-37】2×19年5月1日，甲公司向乙公司销售一批商品，开出的增值税专用发票上注明的销售价款为1 000 000元，增值税税额为130 000元。该批商品成本为800 000元；商品已经发出，款项已经收到。协议约定，甲公司应于9月30日将所售商品购回，回购价为1 100 000元（不含增值税税额）。5月1日，发出商品时，甲公司的账务处理如下：

借：银行存款　　1 130 000

　　贷：其他应付款　　1 000 000

　　　　应交税费——应交增值税（销项税额）　　130 000

借：发出商品　　　　　　　　　　　　　　　　　　　　　800 000

　　贷：库存商品　　　　　　　　　　　　　　　　　　　　　800 000

（2）回购价格与原销售价格之间的差额，应在售后回购期间内按期计提利息费用，借记“财务费用”科目，贷记“其他应付款”科目。会计分录如图 5-42 所示。

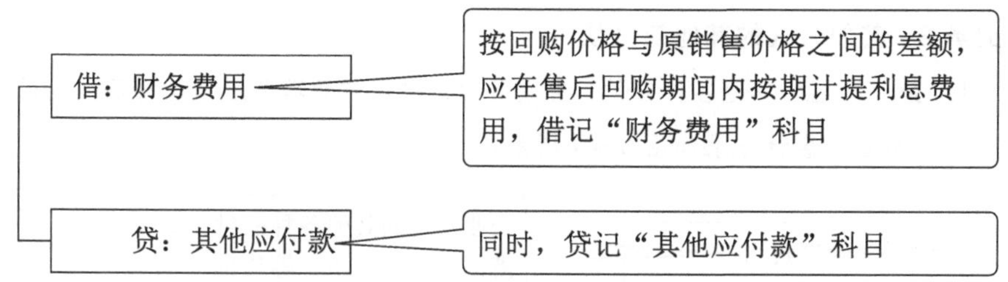

图 5-42　按回购价格与原销售价格之间的差额计提的会计分录

＊ 案例解析

【例 5-38】接【例 5-37】，回购价大于原售价的差额，应在回购期间按期计提利息费用，计入当期财务费用。由于回购期间为 5 个月，货币时间价值影响不大，采用直线法计提利息费用，每月计提利息费用为 20 000（100 000÷5）元。甲公司的账务处理如下：

借：财务费用　　　　　　　　　　　　　　　　　　　　　20 000

　　贷：其他应付款　　　　　　　　　　　　　　　　　　　　20 000

（3）按照合同约定购回商品等时，应按实际支付的金额，借记“其他应付款”科目，贷记“银行存款”科目。会计分录如图 5-43 所示。

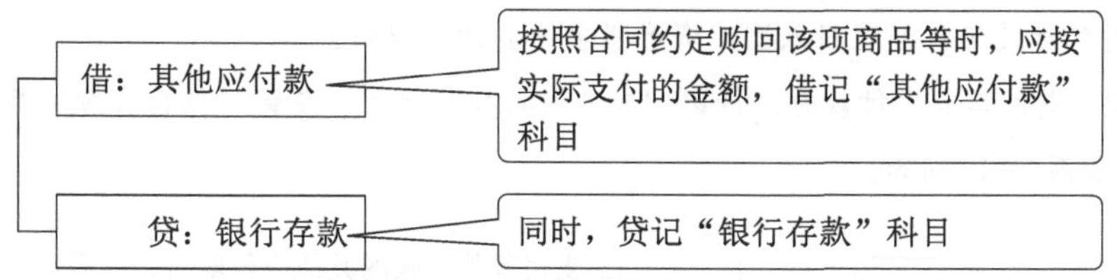

图 5-43　按照合同约定购回商品时的会计分录

＊ 案例解析

【例 5-39】接【例 5-38】，9 月 30 日回购商品时，收到的增值税专用发票上注明的商品价格为 1 100 000 元、增值税税额为 143 000 元。假定商品已验收入库，款项已经支付。甲公司的账务处理如下：

借：其他应付款　　1 100 000

应交税费——应交增值税（进项税额）　　143 000

贷：银行存款　　1 243 000

业务2：其他方式的其他应付款

（1）企业发生的其他各种应付、暂收款项，借记“管理费用”等科目，贷记“其他应付款”科目。会计分录如图5-44所示。

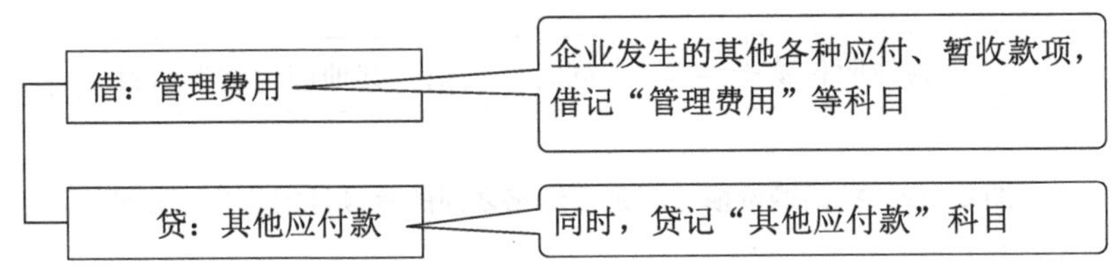

图5-44　发生其他各种应付、暂收款项时的会计分录

* 案例解析

【例5-40】甲公司从2×15年1月1日起，以经营租赁方式租入管理用办公设备一批，每月租金5 000元，按季支付。3月31日，甲公司以银行存款支付应付租金。1月31日，计提应付经营租入固定资产租金时，甲公司的账务处理如下：

借：管理费用　　5 000

贷：其他应付款　　5 000

2月底计提应付经营租入固定资产租金的会计处理同上。

（2）支付其他应付款时，借记“其他应付款”科目，贷记“银行存款”科目。会计分录如图5-45所示。

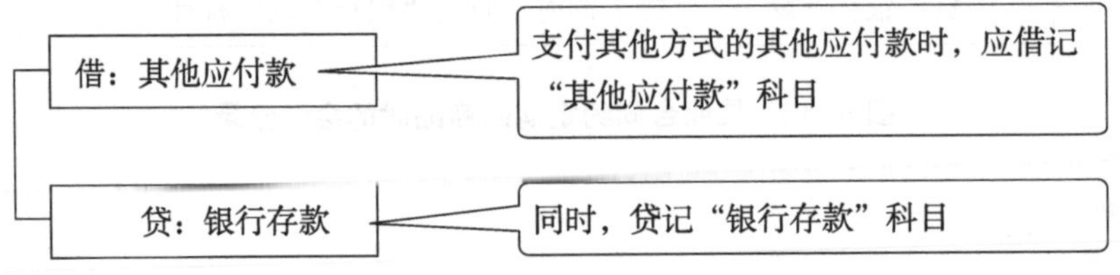

图5-45　支付其他应付款时的会计分录

* 案例解析

【例 5-41】接【例 5-40】，3 月 31 日支付租金，甲公司的会计处理如下：

借：其他应付款　　10 000

　　管理费用　　5 000

　　贷：银行存款　　15 000

注：3 月 31 日支付租金时不用再先计提租金，而是直接计入“管理费用”科目了。

5.12　递延收益

5.12.1　什么是递延收益

递延收益是指尚待确认的收入或收益，也可以说是暂时未确认的收益。它是权责发生制在收益确认上的运用。递延收益属于负债类科目，在可以确认相关收入时同时借记递延收益科目。

5.12.2　如何使用“递延收益”科目

本科目核算企业确认的应在以后期间计入当期损益的政府补助。

本科目可按政府补助的项目进行明细核算。本科目期末贷方余额，反映企业应在以后期间计入当期损益的政府补助。

5.12.3　如何设置明细科目

“递延收益”科目的明细科目设置如表 5-14 所示。

表 5-14　2401 递延收益

顺序号	编号	会计科目名称	二级科目名称	三级科目名称
二、负债类				
	2401	递延收益	按政府补助项目设置	项目名称

5.12.4 会计处理分录与案例解析

业务：政府补助用于补偿以后期间相关费用或损失

（1）与收益相关的政府补助，是用于补偿企业以后期间相关费用或损失的，按收到或应收的金额，借记“银行存款”“其他应收款”等科目，贷记“递延收益”科目。与政府补助相关的会计分录如图5-46所示。

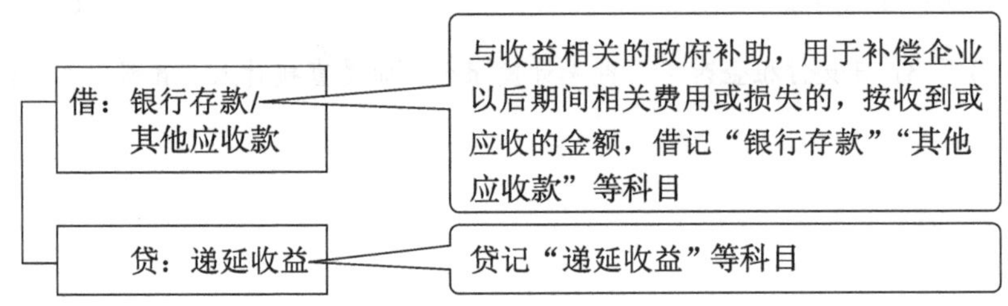

图5-46 与政府补助相关的会计分录

* 案例解析

【例5-42】2×14年1月1日，政府拨付A企业5 000 000元财政拨款（同日到账），要求用于购买大型科研设备1台；并规定若有结余，留归企业自行支配。2×14年2月1日，A企业购入大型设备（假设不需要安装），实际成本为4 800 000元，使用寿命为10年。2×19年2月1日，A企业出售了这台设备。2×14年1月1日，A企业实际收到财政拨款，确认政府补助，其账务处理如下：

借：银行存款　　5 000 000

　贷：递延收益　　5 000 000

（2）在发生相关费用或损失的未来期间，按应补偿的金额，借记“递延收益”科目，贷记“营业外收入”科目。会计分录如图5-47所示。

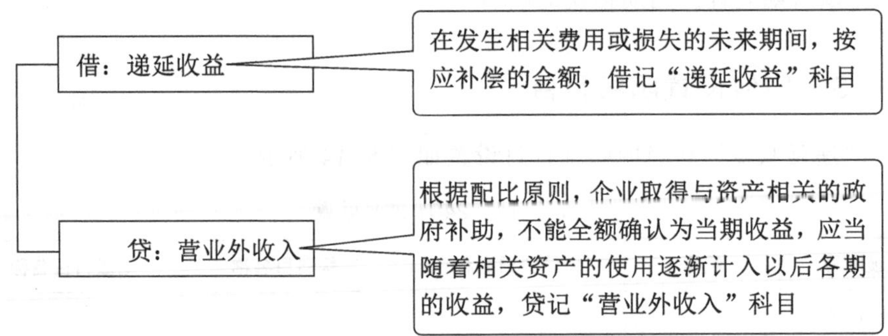

图5-47 补偿发生相关费用或损失金额时的会计分录

＊ 案例解析

【例 5-43】接【例 5-42】，A 企业的会计处理如下：

（1）结余的处理。结余需要上交或部分上交的，按需上交的金额冲减“递延收益”科目；不需上交的结余，计入当期营业外收入：

借：递延收益　　200 000

　　贷：营业外收入　　200 000

（2）分配递延收益。自 2×14 年 2 月起，每个资产负债表日：

借：递延收益　　40 000

　　贷：营业外收入　　40 000

5.13 长期借款

5.13.1 什么是长期借款

长期借款是指企业向银行或其他金融机构借入的期限在 1 年以上（不含 1 年）的各种借款。长期借款一般用于固定资产的购建、改扩建工程、大修理工程、对外投资以及保持长期经营能力等方面。它是企业长期负债的重要组成部分，必须加强管理与核算。

5.13.2 如何使用“长期借款”科目

本科目核算企业向银行或其他金融机构借入的期限在 1 年以上（不含 1 年）的各项借款。由于长期借款的使用关系到企业的生产经营规模和效益，企业除了要遵守有关的贷款规定、编制借款计划并要有不同形式的担保外，还应监督借款的使用、按期支付长期借款的利息以及按规定的期限归还借款本金等。因此，长期借款会计处理的基本要求是反映和监督企业长期借款的借入、借款利息的结算和借款本息的归还情况，促使企业遵守信贷纪律、提高信用等级，同时也要确保长期借款发挥效益。

本科目可按贷款单位和贷款种类，分别以“本金”“利息调整”等进行明细核算。本科目期末贷方余额，反映企业尚未偿还的长期借款。

5.13.3 如何设置明细科目

“长期借款”科目的明细科目设置如表5-15所示。

表5-15 2501长期借款

顺序号	编号	会计科目名称	二级科目名称	三级科目名称	是否辅助核算	辅助核算类别
二、负债类						
	2501	长期借款				
	2501 01	长期借款	本金	贷款种类	是	按贷款单位或贷款种类
	2501 02	长期借款	利息调整	贷款种类	是	同上
	2501 03	长期借款	溢折价	贷款种类	是	同上
	2501 04	长期借款	交易费用	贷款种类	是	同上
	2501 05	长期借款	其他	贷款种类	是	同上

5.13.4 会计处理分录与案例解析

业务1：取得长期借款

企业借入长期借款，应按实际收到的金额，借记“银行存款”科目，贷记“长期借款——本金”科目。如存在差额，还应借记“长期借款——利息调整”科目。取得长期借款时的会计分录如图5-48所示。

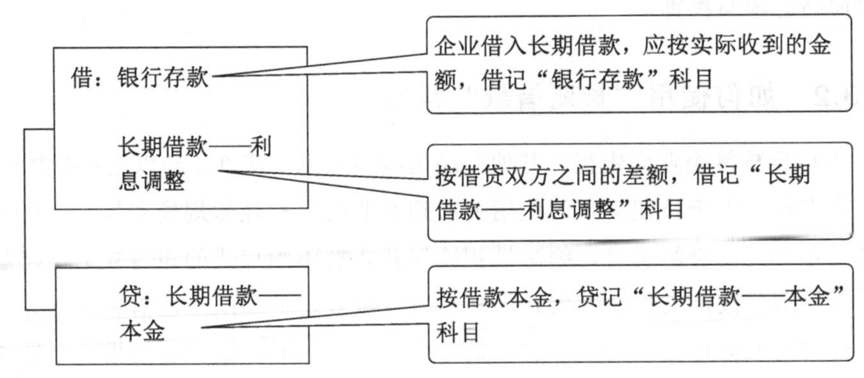

图5-48 取得长期借款时的会计分录

* 案例解析

【例 5-44】A 企业于 2×14 年 11 月 30 日从银行借入资金 4 000 000 元，借款期限为 3 年，年利率为 8.4%（到期一次还本付息，不计复利）。所借款项已存入银行。A 企业用该借款于当日购买不需安装的设备一台，价款 3 900 000 元，另支付运杂费及保险等费用 100 000 元，设备已于当日投入使用。A 企业的有关会计分录如下：

（1）取得借款时：

借：银行存款　　4 000 000

　　贷：长期借款——本金　　4 000 000

（2）支付设备款和运杂费、保险费时：

借：固定资产　　4 000 000

　　贷：银行存款　　4 000 000

业务 2：长期借款利息

资产负债表日，应按摊余成本和实际利率计算确定的长期借款的利息费用，借记“在建工程”“制造费用”“财务费用”“研发支出”等科目，按合同利率计算确定的应付未付利息，贷记“应付利息”“长期借款——应计利息”科目，按其差额，贷记“长期借款——利息调整”科目。

实际利率与合同利率差异较小的，也可以采用合同利率计算确定利息费用。与长期借款利息相关的会计分录如图 5-49 所示。

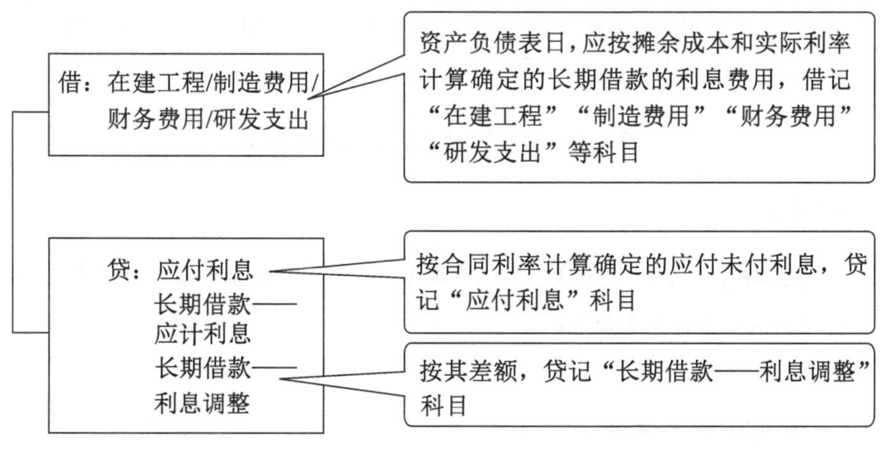

图 5-49　与长期借款利息相关的会计分录

* 案例解析

【例 5-45】接【例 5-44】，A 企业于 2×14 年 12 月 31 日计提长期借款利息。A 企业的有关会计分录如下：

2×14 年 12 月 31 日计提的长期借款利息 =4 000 000×8.4% ÷12=28 000（元）

2×15 年 1 月至 2×17 年 10 月每月末预提利息分录同上。

借：财务费用　　28 000

　　贷：长期借款——应计利息　　28 000

业务 3：归还长期借款

归还的长期借款本金，借记“长期借款——本金”科目，贷记“银行存款”科目。同时，存在利息调整余额的，借记或贷记“在建工程”“制造费用”“财务费用”“研发支出”等科目，贷记或借记“长期借款——利息调整”科目。归还长期借款时的会计分录如图 5-50 所示。

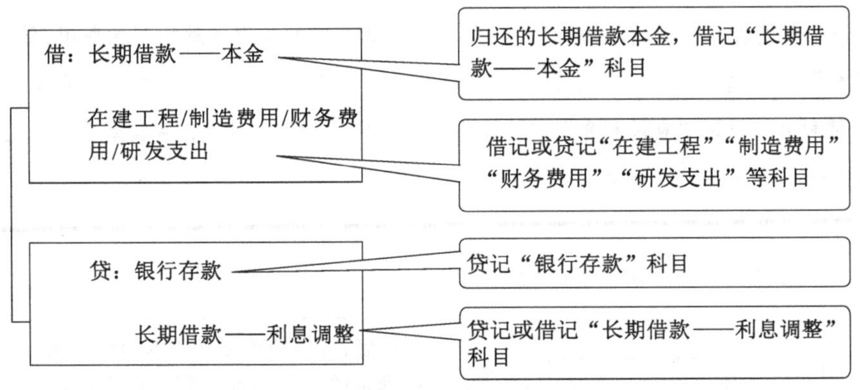

图 5-50　归还长期借款时的会计分录

* 案例解析

【例 5-46】接【例 5-45】，2×17 年 11 月 30 日，A 企业偿还该笔银行借款本息。A 企业的有关会计分录如下：

借：财务费用　　28 000

　　长期借款——本金　　4 000 000

　　长期借款——应计利息　　980 000

　　贷：银行存款　　5 008 000

5.14　应付债券

5.14.1　什么是应付债券

应付债券是指企业为筹集长期资金而实际发行的债券及应付的利息。它是企业筹集长期资金的一种重要方式。企业发行债券的价格受同期银行存款利率的影响较大，一般情况下，企业可以按面值发行、溢价发行和折价发行债券。

企业债券发行价格的高低一般取决于债券票面金额、债券票面利率、发行当时的市场利率以及债券期限的长短等因素。债券发行有面值发行、溢价发行和折价发行 3 种情况。企业债券按其面值出售的，称为面值发行；以低于债券面值价格发行的，称为折价发行；以高于债券面值价格发行的，则称为溢价发行。债券溢价或折价不是债券发行企业的收益或损失，而是发行债券企业在债券存续期内对利息费用的一种调整。

5.14.2　如何使用“应付债券”科目

本科目核算企业为筹集（长期）资金而发行债券的本金和利息。

企业应将自身发行的可转换公司债券分拆为负债和权益成分。分拆后形成的负债部分在本科目核算。

企业应当设置“企业债券备查簿”，详细登记企业债券的票面金额、债券票面利率、还本付息期限与方式、发行总额、发行日期和编号、委托代售单位、转换股份等资料。企业债券到期兑付，在备查簿中应予注明。

本科目可按“面值”“利息调整”“应计利息”等进行明细核算。本科目期末贷方余额，反映企业尚未偿还的长期债券摊余成本。

5.14.3　如何设置明细科目

“应付债券”科目的明细科目设置如表 5-16 所示。

表 5-16　2502 应付债券

顺序号	编号	会计科目名称	二级科目名称	三级科目名称	是否辅助核算	辅助核算类别
二、负债类						

续表

顺序号	编号	会计科目名称	二级科目名称	三级科目名称	是否辅助核算	辅助核算类别
	2502	应付债券				
	2502	应付债券	面值	种类	是	购买人
	2502	应付债券	利息调整（债券溢价）	种类	是	购买人
	2502	应付债券	利息调整（债券折价）	种类	是	购买人
	2502	应付债券	应计利息	种类	是	购买人
	2502	长期借款	其他	种类	是	购买人

5.14.4 会计处理分录与案例解析

业务 1：发行债券

企业发行债券，应按实际收到的金额，借记“银行存款”等科目，按债券票面金额，贷记“应付债券——面值”科目。存在差额的，还应借记或贷记“应付债券——利息调整”科目。发行债券时的会计分录如图 5-51 所示。

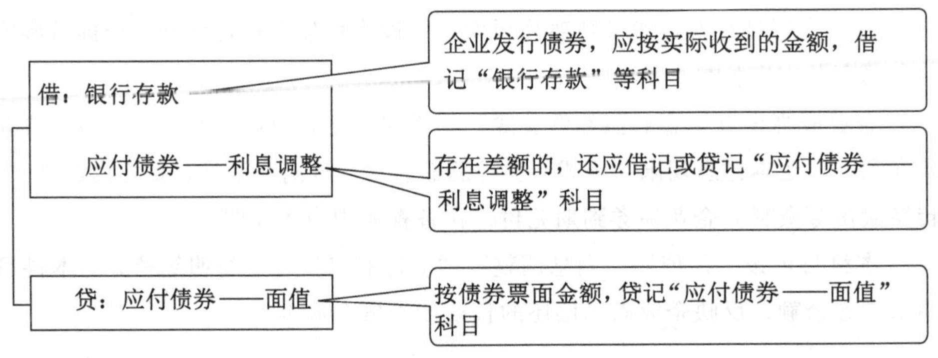

图 5-51 发行债券时的会计分录

＊ 案例解析

【例 5-47】 B 企业于 2×14 年 7 月 1 日发行 3 年期、到期时一次还本付息、年利率为 8%（不计复利）发行面值总额为 40 000 000 元的债券。该债券按面值发行。B 企业的有关会计分录如下：

借：银行存款　　40 000 000

　贷：应付债券——面值　　40 000 000

业务 2：债券利息

（1）资产负债表日，对于分期付息、一次还本的债券，企业应按摊余成本和实际利率计算确定的债券利息费用，借记“在建工程”“制造费用”“财务费用”“研发支出”等科目，按票面利率计算确定的应付未付利息，贷记“应付利息”科目，按其差额，借记或贷记“应付债券——利息调整”科目。会计分录如图 5-52 所示。

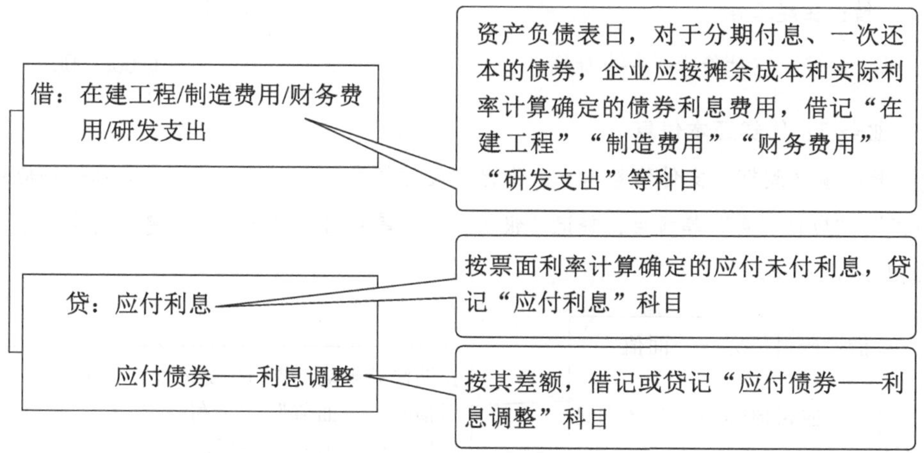

图 5-52　分期付息、一次还本方式下计提债券利息时的会计分录

（2）对于一次还本付息的债券，企业应于资产负债表日按摊余成本和实际利率计算确定的债券利息费用，借记“在建工程”“制造费用”“财务费用”“研发支出”等科目，按票面利率计算确定的应付未付利息，贷记“应付债券——应计利息”科目，按其差额，借记或贷记“应付债券——利息调整”科目。实际利率票面利率差异较小的，也可以采用票面利率计算确定利息费用。会计分录如图 5-53 所示。

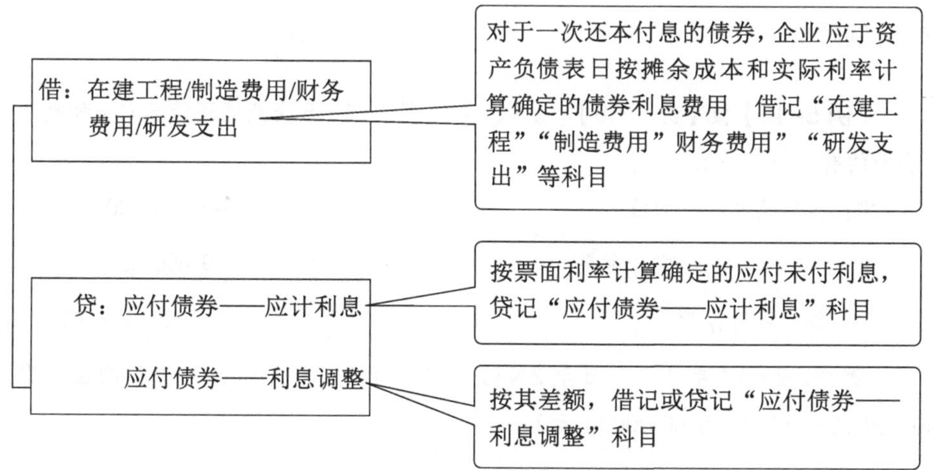

图 5-53　一次还本付息方式下计提债券利息时的会计分录

* 案例解析

【例5-48】接【例5-47】，B企业发行债券所筹资金用于建造固定资产，至2×14年12月31日时工程尚未完工，计提本年长期债券利息。B企业的有关会计分录如下：

借：在建工程　　　　1 600 000

　贷：应付债券——应计利息　　　　1 600 000

业务3：债券还本付息

长期债券到期，支付债券本息，借记“应付债券——面值”“应付债券——应计利息”“应付利息”等科目，贷记“银行存款”等科目。债券还本付息时的会计分录如图5-54所示。

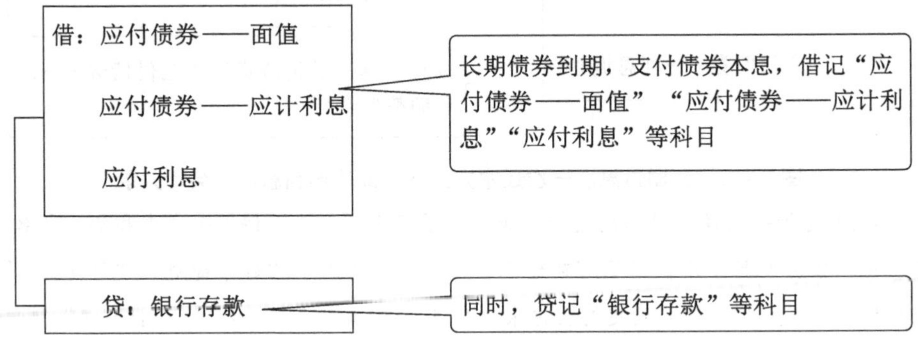

图5-54　债券还本付息时的会计分录

* 案例解析

【例5-49】接【例5-48】，2×17年7月1日，B企业偿还债券本金和利息。B企业的有关会计分录如下：

借：应付债券——面值　　　　40 000 000

　　　　　　——应计利息　　　　9 600 000

　贷：银行存款　　　　49 600 000

本例中，2×14年7月1日至2×17年7月1日，B企业长期债券的应计利＝40 000 000×8%×3=9 600 000（元）。

5.15　长期应付款

5.15.1　什么是长期应付款

长期应付款，是指企业除长期借款和应付债券以外的其他各种长期应付款项，包括应付融资租入固定资产的租赁费、以分期付款方式购入固定资产发生的应付款项等。长期应付款除具有长期负债的一般特点外，还具有款项主要形成固定资产并分期付款的特点。

5.15.2　如何使用“长期应付款”科目

“长期应付款”科目用于核算企业融资租入固定资产和以分期付款方式购入固定资产时应付的款项及偿还情况。该科目贷方反映应付的长期应付款项；借方反映偿还的长期应付款项；期末贷方余额，反映企业应付未付的长期应付款项。本科目可按长期应付款的种类和债权人设置明细科目进行明细核算。本科目可按长期应付款的种类和债权人进行明细核算。

5.15.3　如何设置明细科目

“长期应付款”科目的明细科目设置如表 5-17 所示。

表 5-17　2701 长期应付款

顺序号	编号	会计科目名称	二级科目名称	三级科目名称
二、负债类				
	2701	长期应付款	按种类和债权人设置	项目名称

5.15.4　会计处理分录与案例解析

业务 1：融资租入固定资产

企业融资租入的固定资产，在租赁期开始日，按应计入固定资产成本的金额（租赁开始日租赁资产公允价值与最低租赁付款额现值两者中较低者，加上初始直接费用），借记“在建工程”或“固定资产”科目，按最低租赁付款额，贷记“长期应付款”科目，按发生的初始直接费用，贷记“银行存款”等科目，按其差额，借记“未确认融资费用”科目。融资租入固定资产时的会计分录如图 5-55 所示。

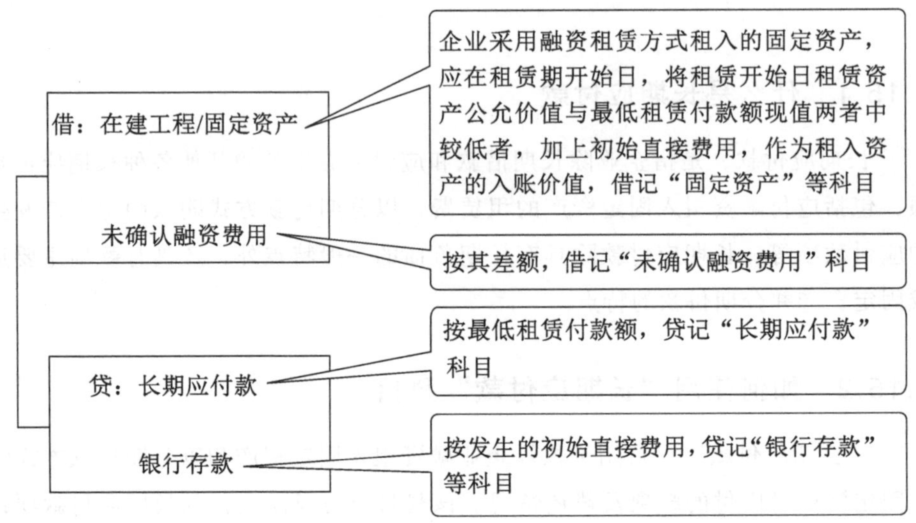

图 5-55　融资租入固定资产时的会计分录

业务 2：购入有关资产超过正常信用条件延期支付价款

购入有关资产超过正常信用条件延期支付价款、实质上具有融资性质的，应按购买价款的现值，借记“固定资产”“在建工程”等科目，按应支付的金额，贷记“长期应付款”科目，按其差额，借记“未确认融资费用”科目。购入有关资产超过正常信用条件延期支付价款的会计分录如图 5-56 所示。

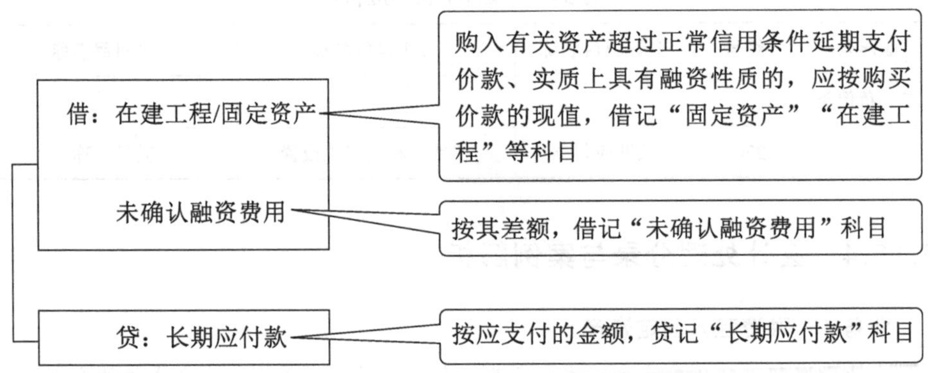

图 5-56　购入超过正常信用条件延期支付价款、实质上具有融资性质的有关资产时的会计分录

＊ 案例解析

【例 5-50】 2×10 年 1 月 1 日，甲公司与乙公司签订一项购货合同，甲公司从乙公司购入一台需要安装的特大型设备。合同约定，甲公司采用分期付款方式支付价款。该设备价款共计 9 000 000 元，在 2×10 年至 2×14 年的 5 年内每半年支付 900 000 元，每年的付款日期分别为当年 6 月 30 日和 12 月 31 日。

2×10 年 1 月 1 日，设备如期运抵甲公司并开始安装，发生运杂费和相关税费 300 860 元，已用银行存款付讫。2×10 年 12 月 31 日，设备达到预定可使用状态，发生安装费 97 670.60 元，已用银行存款付讫。

假定甲公司适用的半年折现率为 10%。

（1）购买价款的现值为：

900 000×(*P/A*,10% ,10) =900 000×6.1446=5 530 140（元）

2×12 年 1 月 1 日甲公司的账务处理如下：

借：在建工程　　5 530 140

　　未确认融资费用　　3 469 860

　　贷：长期应付款　　9 000 000

借：在建工程　　300 860

　　贷：银行存款　　300 860

（2）确定信用期间未确认融资费用的分摊额，如表 5-18 所示。

表 5-18　确认融资费用分摊表

2×10 年 1 月 1 日　　单位：元

日期	分期付款额	确认的融资费用	应付本金减少额	应付本金余额
①	②	③ = 期初⑤ ×10%	④ = ② - ③	期末⑤ = 期初⑤ - ④
2×10.01.01				5 530 140.00
2×10.06.30	900 000	553 014.00	346 986.00	5 183 154.00
2×10.12.31	900 000	518 315.40	381 684.60	4 801 469.40
2×11.06.30	900 000	480 146.94	419 853.06	4 381 616.34
2×11.12.31	900 000	438 161.63	461 838.37	3 919 777.97
2×12.06.30	900 000	391 977.80	508 022.20	3 411 755.77
2×12.12.31	900 000	341 175.58	558 824.42	2 852 931.35
2×13.06.30	900 000	285 293.14	614 706.86	2 238 224.47

续表

日期	分期付款额	确认的融资费用	应付本金减少额	应付本金余额
2×13.12.31	900 000	223 822.45	676 177.55	1 562 046.92
2×14.06.30	900 000	156 204.69	743 795.31	818 251.61
2×14.12.31	900 000	81 748.39*	818 251.61	0.00
合计	9 000 000	3 469 860	5 530 140	0.00

* 尾数调整：81 748.39=900 000−818 251.61，818 251.61，为最后一期应付本金余额。

（3）2×10年1月1日至2×10年12月31日为设备的安装期间，未确认融资费用的分摊额符合资本化条件，计入固定资产成本。

① 2×10年6月30日，甲公司的账务处理如下：

借：在建工程　　553 014

　贷：未确认融资费用　　553 014

借：长期应付款　　900 000

　贷：银行存款　　900 000

② 2×10年12月31日，甲公司的账务处理如下：

借：在建工程　　518 315.40

　贷：未确认融资费用　　518 315.40

借：长期应付款　　900 000

　贷：银行存款　　900 000

借：在建工程　　97 670.60

　贷：银行存款　　97 670.60

借：固定资产　　7 000 000

　贷：在建工程　　7 000 000

固定资产的成本= 5 530 140 + 300 860 + 553 014 + 518 315.40 + 97 670.60= 7 000 000（元）

（4）2×11年1月1日至2×13年12月31日，该设备已经达到预定可使用状态，未确认融资费用的分摊额不再符合资本化条件。应计入当期损益。

2×11年6月30日：

借：财务费用　　480 146.94

　　贷：未确认融资费用　　480 146.94

借：长期应付款　　900 000

　　贷：银行存款　　900 000

以后期间的账务处理与 2×11 年 6 月 30 日相同，此略。

5.16　未确认融资费用

5.16.1　什么是未确认融资费用

未确认融资费用是指最低租赁付款额——最低租赁付款额的现值。

5.16.2　如何使用“未确认融资费用”科目

本科目核算企业应当分期计入利息费用的未确认融资费用。

本科目可按债权人和长期应付款项目进行明细核算。本科目期末借方余额，反映企业未确认融资费用的摊余价值。

5.16.3　如何设置明细科目

“未确认融资收益”科目的明细科目设置如表 5-19 所示。

表 5-19　2702 未确认融资收益

顺序号	编号	会计科目名称	二级科目名称	三级科目名称
二、负债类				
	2702	未确认融资费用	按债权人和项目设置	债权人或项目名称

5.16.4 会计处理分录与案例解析

业务1：融资租入固定资产

（1）融资租入的固定资产，在租赁期开始日，按应计入固定资产成本的金额（租赁开始日租赁资产公允价值与最低租赁付款额现值两者中较低者，加上初始直接费用），借记“在建工程”或“固定资产”科目，按最低租赁付款额，贷记“长期应付款”科目，按发生的初始直接费用，贷记“银行存款”等科目，按其差额，借记“未确认融资费用”科目。

相关内容详见“长期应付款”，在此不赘述。

（2）实际利率法分期摊销未确认融资费用，借记“财务费用”“在建工程”等科目，贷记“未确认融资费用”科目。会计分录如图5-55所示。

业务2：购入有关资产超过正常信用条件

（1）购入有关资产超过正常信用条件延期支付价款、实质上具有融资性质的，应按购买价款的现值，借记“固定资产”“在建工程”等科目，按应支付的金额，贷记“长期应付款”科目，按其差额，借记“未确认融资费用”科目。

相关内容详见“长期应付款”，在此不赘述。

（2）采用实际利率法分期摊销未确认融资费用，借记“在建工程”“财务费用”等科目，贷记“未确认融资费用”科目。会计分录如图5-57所示。

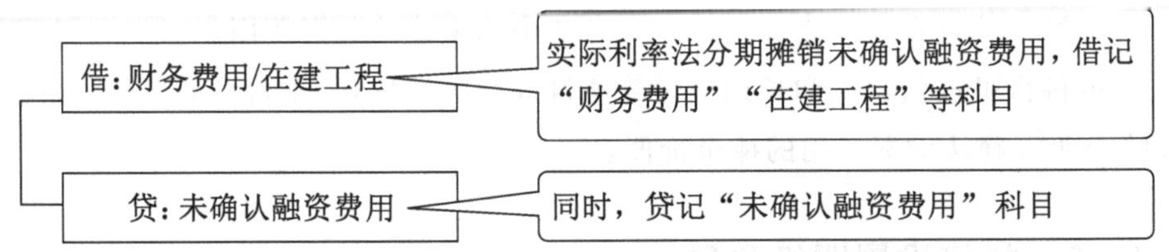

图5-57 采用实际利率法分期摊销未确认融资费用时的会计分录

5.17　预计负债

5.17.1　什么是预计负债

预计负债是因或有事项可能产生的负债。根据《企业会计准则第 13 号——或有事项》的规定，与或有事项相关的义务同时符合以下 3 个条件的，企业应将其确认为负债。

（1）该义务是企业承担的现时义务。

（2）该义务的履行很可能导致经济利益流出企业，这里的“很可能”指发生的可能性为“大于 50%，但小于或等于 90%”。

（3）该义务的金额能够可靠地计量。

5.17.2　如何使用“预计负债”科目

本科目核算企业确认的对外提供担保、未决诉讼、产品质量保证、重组义务、亏损性合同等预计负债。

本科目可按形成预计负债的交易或事项进行明细核算。本科目期末贷方余额，反映企业已确认尚未支付的预计负债。

5.17.3　如何设置明细科目

“预计负债”科目的明细科目设置如表 5-20 所示。

表 5-20　2801 预计负债

顺序号	编号	会计科目名称	二级科目名称	三级科目名称
二、负债类				
	2801	预计负债	按交易或事项设置	债权人或项目

5.17.4　会计处理分录与案例解析

业务 1：发生预计负债

企业由对外提供担保、未决诉讼、重组义务产生的预计负债，应按确定的金额，借记“营业外支出”等科目，贷记“预计负债”科目。由产品质量保证产生的预计负债，应按确定的金额，借记“销售费用”科目，贷记“预计负债”科目。由资产弃置义务产生的预计负债，应按确定的金额，借记“固定资产”或“油气资产”科目，贷记“预计负债”科目。在固定资产或油气资产的使用寿命内，按计算确定各期应负担的利息费用，借记“财务费用”科目，贷记“预计负债”科目。发生预计负债时的会计分录如图5-58所示。

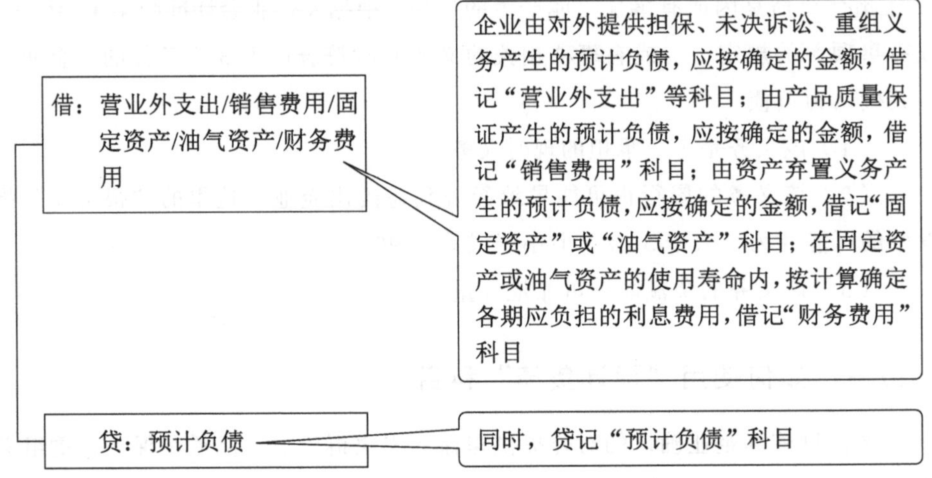

图5-58　发生预计负债时的会计分录

＊ 案例解析

【例5-51】 2×14年12月27日，甲企业因合同违约而涉及一桩诉讼案。根据企业的法律顾问判断，最终的判决很可能对甲企业不利。2×14年12月31日，甲企业尚未接到法院的判决，因诉讼须承担的赔偿金额也无法准确地确定。不过，据专业人士估计，赔偿金额可能是800 000元至1 000 000元之间的某一金额，而且这个区间内每个金额的可能性都大致相同。

此例中，甲企业应在2×14年12月31日的资产负债表中确认一项负债金额为：

（800 000+1 000 000）÷2=900 000（元）

借：营业外支出　　900 000

　　贷：预计负债　　900 000

业务2：清偿或冲减预计负债

实际清偿或冲减的预计负债，借记“预计负债”科目，贷记“银行存款”等科目。清偿或冲减预计负债时的会计分录如图5-59所示。

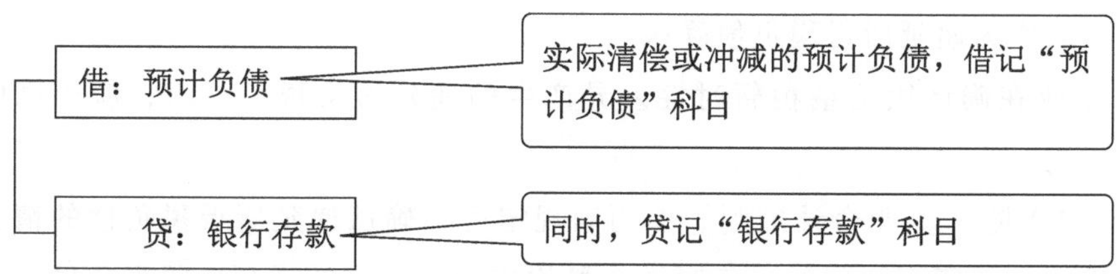

图 5-59　清偿或冲减预计负债时的会计分录

注意：企业预期从第三方获得的补偿，是一种潜在资产，其最终是否真的会转化为企业真正的资产（即企业是否能够收到这项补偿）具有较大的不确定性，企业只能在基本确定能够收到补偿时才能对其进行确认。根据资产和负债不能随意抵销的原则，预期可获得的补偿在基本确定能够收到时应当确认为一项资产，而不能作为预计负债金额的扣减。

* 案例解析

【例 5-52】2×14 年 12 月 31 日，乙股份有限公司因或有事项而确认了一笔金额为 1 000 000 元的负债；同时，公司因该或有事项，基本确定可从甲股份有限公司获得 400 000 元的赔偿。

本例中，乙股份有限公司应分别确认一项金额为 1 000 000 元的负债和一项金额为 400 000 元的资产，而不能只确认一项金额为 600 000（1 000 000−400 000）元的负债。同时，公司所确认的补偿金额 400 000 元不能超过所确认的负债的账面价值 1 000 000 元。

5.18　递延所得税负债

5.18.1　什么是递延所得税负债

应纳税暂时性差异在转回期间将增加本来期间企业的应纳税所得额和应交所得税，导致企业经济利益的流出，从其发生当期看，构成企业应支付税金的义务，应作为递延所得税负债确认。

企业在确认因应纳税暂时性差异产生的递延所得税负债时，应遵循以下原则。

（1）除《企业会计准则》中明确规定可不确认递延所得税负债的情况以外，企业对于所有的应纳税暂时性差异均应确认相关的递延所得税负债。除直接所有者权益的交易或事项以及企业合并外，在确认递延所得税负债的同时，应增加利润表中的所得税费用。

（2）确认应纳税暂时性差异产生的递延所得税负债时，交易或事项发生时影响到会计利润或应纳税所得额的，相关的所得税影响应作为利润表中所得税费用的组成部分，即递延所得税负债的确认应导致利润表中所得税费用的增加；与直接所有者权益的交易或事项相关的，其所得税影响应增加或减少所有者权益；企业合并产生的，相关的递延所得税影响应调整购买回应确认的商誉或是当期损益的金额。

5.18.2 如何使用“递延所得税负债”科目

本科目核算企业确认的应纳税暂时性差异产生的所得税负债。

本科目可按应纳税暂时性差异的项目进行明细核算。本科目期末贷方余额，反映企业已确认的递延所得税负债。

5.18.3 如何设置明细科目

“递延所得税负债”科目的明细科目设置如表5-21所示。

表5-21 2901递延所得税负债

顺序号	编号	会计科目名称	二级科目名称	三级科目名称
二、负债类				
	2901	递延所得税负债	按应纳税暂时性差异的项目	项目名称

5.18.4 会计处理分录与案例解析

业务1：确认递延所得税负债

（1）资产负债表日，企业确认的递延所得税负债，借记“所得税费用——递延所得税费用”科目，贷记“递延所得税负债”科目。资产负债表日递延所得税负债的应有余额大于其账面余额的，应按其差额确认，借记“所得税费用——递延所得税费用”科目，贷记“递延所得税负债”科目；资产负债表日递延所得税负债的应有余额小于其账面余额的，做相反的会计分录。确认递延所得税负债时的会计分录如图 5-60 所示。

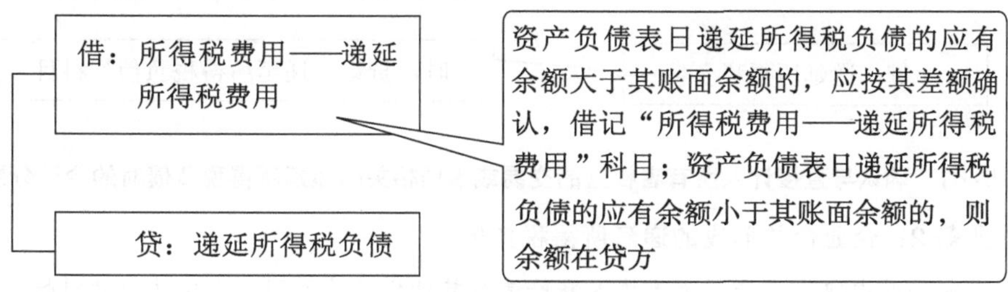

图 5-60　确认递延所得税负债时的会计分录

* 案例解析

【例 5-53】A 企业于 2×14 年 1 月 1 日购入某项环保设备，取得成本为 2 000 000 元，会计上采用直线法计提折旧，使用年限为 10 年，净残值为零，计税时按双倍余额递减法计列折旧，使用年限及净残值与会计相同。A 企业适用的所得税税率为 25%。假定该企业不存在其他会计与税收处理的差异，该项固定资产在期末未发生减值。

2×14 年资产负债表日，该项固定资产检照会计规定计提的折旧额为 200 000 元，计税时允许扣除的折旧额为 400 000 元，则该固定资产的账面价值 1 800 000 元与其计税基础 1 600 000 元的差额构成应纳税暂时性差异，企业应确认相关的递延所得税负债。

借：所得税费用——递延所得税费用　　　　（200 000×25%）50 000

　　贷：递延所得税负债　　　　　　　　　　　　　　　　　50 000

（2）与直接计入所有者权益的交易或事项相关的递延所得税负债，借记“资本公积——其他资本公积”科目，贷记“递延所得税负债”科目。会计分录如图 5-61 所示。

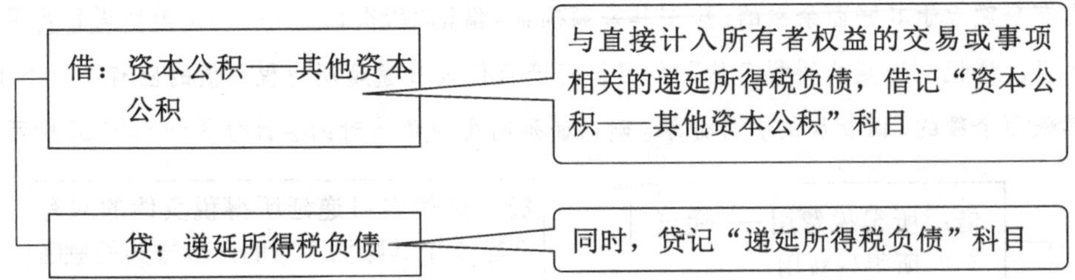

图 5-61　确认与直接计入所有者权益的交易或事项相关的递延所得税负债时的会计分录

业务 2：企业合并形成的递延所得税负债

企业合并中取得资产、负债的入账价值与其计税基础不同形成应纳税暂时性差异的，应于购买日确认递延所得税负债，同时调整商誉，借记“商誉”等科目，贷记“递延所得税负债”科目。确认企业合并形成的递延所得税负债时的会计分录如图 5-62 所示。

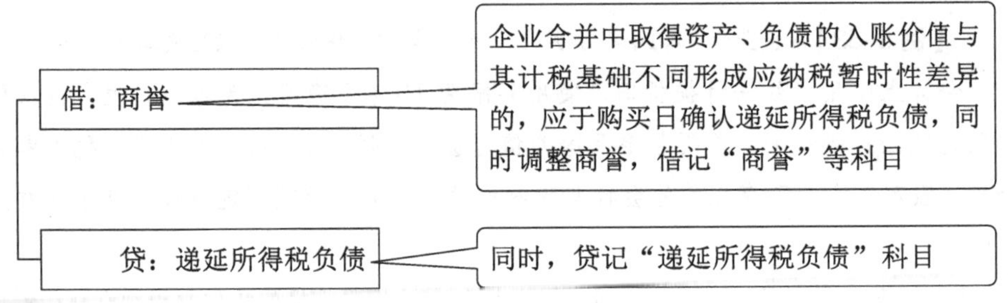

图 5-62　确认企业合并形成的递延所得税负债时的会计分录

第 6 章 所有者权益类科目的设置与账务处理

本章导读

经济学中的重要假设就是经济人理论。这个理论在会计领域也同样适用，对于企业的所有者而言最关注的莫过于企业的价值增值部分，即为其带来的实实在在的收益。作为企业的雇员，准确把好雇主的脉就非常重要。本章我们将从以下几个方面学习。

（1）实收资本、资本公积、盈余公积等权益类科目的定义。

（2）实收资本、资本公积、盈余公积等权益类科目的适用范围。

（3）实收资本、资本公积、盈余公积等权益类科目明细科目的设置。

（4）实收资本、资本公积、盈余公积等权益类科目在实务中的具体业务操作。

6.1 实收资本

6.1.1 什么是实收资本

为了反映和监督投资者投入资本的增减变动情况，企业必须按照国家统一的会计制度的规定进行实收资本的核算，真实地反映所有者投入企业资本的状况，维护所有者各方在企业的权益。除股份有限公司以外，其他各类企业应通过“实收资本”科目核算所有者投入企业资本的状况，股份有限公司应通过“股本”科目核算所有者投入企业资本的状况。

企业收到所有者投入企业的资本后，应根据有关原始凭证（如投资清单、银行通知单等），分别针对不同的出资方式进行会计处理。

6.1.2 如何使用“实收资本”科目

本科目核算企业接受投资者投入的实收资本。股份有限公司应将本科目改为“股本”科目。企业收到投资者出资超过其在注册资本或股本中所占份额的部分，作为资本溢价或股本溢价，在“资本公积”科目核算。

本科目可按投资者进行明细核算。企业（中外合作经营）在合作期间归还投资者的投资，应在本科目设置“已归还投资”明细科目进行核算。本科目期末贷方余额，反映企业实收资本或股本总额。

6.1.3 如何设置明细科目

“实收资本”科目的明细科目设置如表6-1所示。

表6-1 4001实收资本

顺序号	编号	会计科目名称	二级科目名称	三级科目名称
一、所有者权益类				
	4001	实收资本		按股东设明细
	4001 01	实收资本	国有资本	按股东设明细
	4001 02	实收资本	法人资本	按股东设明细
	4001 03	实收资本	集体资本	按股东设明细
	4001 04	实收资本	个人资本	按股东设明细
	4001 05	实收资本	已归还投资	按股东设明细
	4001 06	实收资本	外商资本	按股东设明细
	4001 07	实收资本	其他	按股东设明细

6.1.4 会计处理分录与案例解析

业务1：企业接受投资

企业接受投资者投入的资本，借记“银行存款”“其他应收款”“固定资产”“无形资产”“长期股权投资”等科目，按其在注册资本或股本中所占份额，贷记“实收资本”科目，按其差额，贷记“资本公积——资本溢价或股本溢价”科目。企业接受投资时的会计分录如图6-1所示。

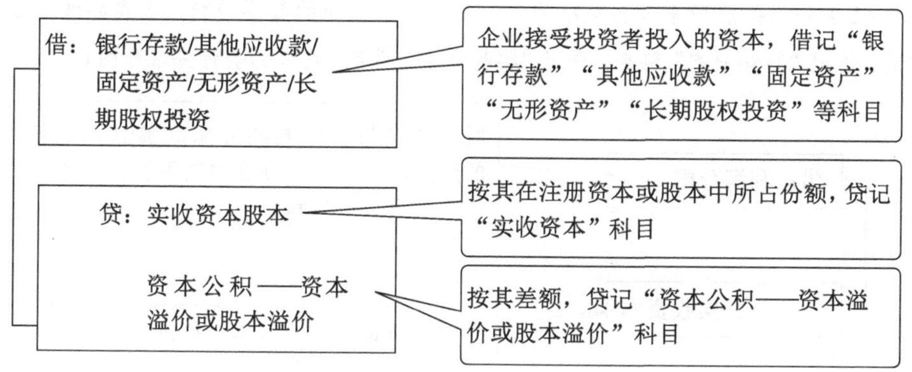

图6-1　企业接受投资时的会计分录

* 案例解析

【例6-1】甲、乙、丙共同投资设立A有限责任公司，注册资本为2 000 000元，甲、乙、丙持股比例分别为60%、25%和15%。按照章程规定，甲、乙、丙投入资本分别为120 000元、500 000元和300 000元。A有限责任公司已如期收到各投资者一次缴足的款项。A有限责任公司在进行账务处理时，应编制会计分录如下：

借：银行存款　　2 000 000

　贷：实收资本——甲　　1 200 000

　　　　　　——乙　　500 000

　　　　　　——丙　　300 000

【例6-2】乙有限责任公司于设立时收到B公司作为资本投入的原材料一批。投资合同或协议约定该批原材料的价值（不含可抵扣的增值税进项税额部分）为100 000元，增值税进项税额为13 000元。B公司已开具了增值税专用发票。

假设合同约定的价值与公允价值相符，该进项税额允许抵扣，不考虑其他因素，则乙有限责任公司在进行账务处理时，应编制如下会计分录：

借：原材料　　100 000

　应交税费——应交增值税（进项税额）　　13 000

　贷：实收资本——B公司　　113 000

业务2：增资或资本公积转增资本

（1）企业按照股东大会批准的利润分配方案分配的股票股利，应在办理增资手续后，借记“利润分配”科目，贷记“实收资本”科目。增资的会计分录如图6-2所示。

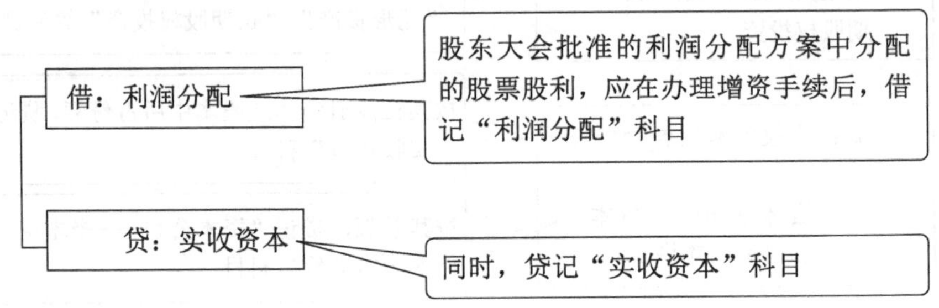

图6-2 增资时的会计分录

（2）经股东大会或类似机构决议，用资本公积转增资本，借记“资本公积——资本溢价或股本溢价”科目，贷记“实收资本”科目。会计分录如图6-3所示。

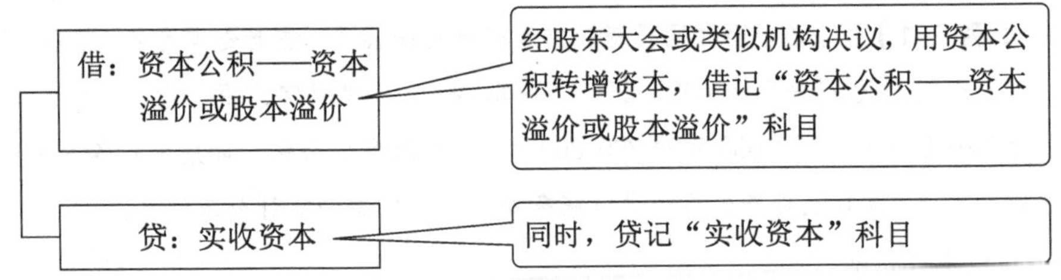

图6-3 资本公积转增资本时的会计分录

* 案例解析

【例6-3】甲、乙、丙三人共同投资设立A有限责任公司，原注册资本为4 000 000元，甲、乙、丙分别出资500 000元、2 000 000元和1 500 000元。为扩大经营规模，经批准，A公司注册资本扩大为5 000 000元，甲、乙、丙按照原出资比例分别追加投资125 000元、500 000元和375 000元。A公司如期收到甲、乙、丙追加的现金投资。A公司的会计分录如下：

借：银行存款	1 000 000
贷：实收资本——甲	125 000
——乙	500 000
——丙	375 000

本例中，甲、乙、丙按原出资比例追加实收资本，因此，A公司应分别按照125 000元、500 000元和375 000元的金额贷记“实收资本”科目中甲、乙、丙明细分类账。

【例 6-4】承【例 6-3】，因扩大经营规模需要，经批准，A 公司按原出资比例将资本公积 1 000 000 元转增资本。A 公司会计分录如下：

借：资本公积——资本溢价或股本溢价　　1 000 000

　　贷：实收资本——甲　　125 000

　　　　　　　　——乙　　500 000

　　　　　　　　——丙　　375 000

本例中，资本公积 1 000 000 元按原出资比例转增实收资本，因此，A 公司应分别按照 125 000 元、500 000 元和 375 000 元的金额贷记“实收资本”科目中甲、乙、丙明细分类账。

业务 3：减少注册资本

（1）企业按法定程序报经批准减少注册资本的，借记“实收资本”科目，贷记“库存现金”“银行存款”等科目。减少注册资本时的会计分录如图 6-4 所示。

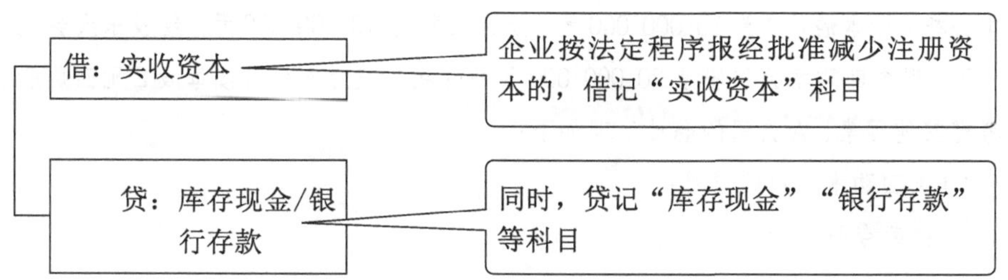

图 6-4　减少注册资本时的会计分录

（2）股份有限公司采用收购本公司股票方式减资的，按股票面值和注销股数计算的股票面值总额，借记“实收资本”科目，按所注销库存股的账面余额，贷记“库存股”科目，按其差额，借记或贷记“资本公积——股本溢价”科目，股本溢价不足冲减的，应借记“盈余公积”“利润分配——未分配利润”科目。会计分录如图 6-5 所示。

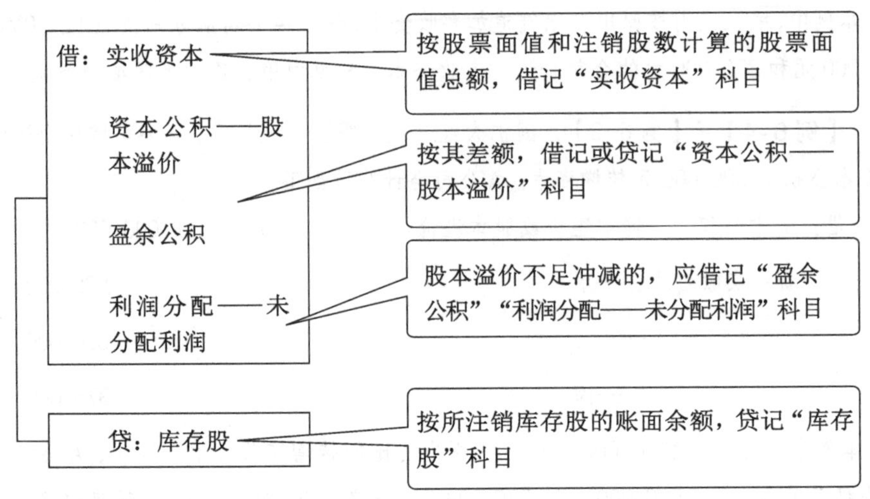

图 6-5　股份有限公司采用收购本公司股票方式减资时的会计分录

* 案例解析

【例 6-5】A 公司 2×14 年 12 月 31 日的股本为 100 000 000 股，面值为 1 元，资本公积（股本溢价）为 30 000 000 元，盈余公积为 40 000 000 元。经股东大会批准，A 公司以现金回购本公司股票 20 000 000 股并注销。假定 A 公司按每股 2 元回购股票，不考虑其他因素，A 公司的会计处理如下：

（1）回购本公司股票时：

借：库存股　　40 000 000

　　贷：银行存款　　40 000 000

库存股成本 =20 000 000×2 = 40 000 000（元）

（2）注销本公司股票时：

借：股本　　20 000 000

　　资本公积——股本溢价　　20 000 000

　　贷：库存股　　40 000 000

应冲减的资本公积 =20 000 000×2−20 000 000×1=20 000 000（元）

【例 6-6】承【例 6-5】，假定 A 公司按每股 3 元回购股票，其他条件不变，A 公司的会计处理如下：

（1）回购本公司股票时：

借：库存股　　60 000 000

　　贷：银行存款　　60 000 000

库存股成本 =20 000 000×3=60 000 000（元）

（2）注销本公司股票时：

借：股本　　20 000 000

　　资本公积——股本溢价　　30 000 000

　　盈余公积　　10 000 000

　　贷：库存股　　60 000 000

应冲减的资本公积 =20 000 000×3-20 000 000×1=40 000 000（元）

由于应冲减的资本公积大于公司现有的资本公积，所以只能冲减资本公积 30 000 000 元，剩余的 10 000 000 元应冲减盈余公积。

6.2　资本公积

6.2.1　什么是资本公积

资本公积是企业收到投资者的超出其在企业注册资本（或股本）中所占份额的投资（即资本溢价或股本溢价），以及直接计入所有者权益的利得和损失等。

资本溢价（或股本溢价），是企业收到投资者的超出其在企业注册资本（或股本）中所占份额的投资。形成资本溢价（或股本溢价）的原因有溢价发行股票、投资者超额缴入资本等。

直接计入所有者权益的利得和损失是指不应计入当期损益、会导致所有者权益发生增减变动的、与所有者投入资本或者向所有者分配利润无关的利得或者损失。

6.2.2 如何使用“资本公积”科目

本科目核算企业收到投资者出资额超出其在注册资本或股本中所占份额的部分。直接计入所有者权益的利得和损失，也通过本科目核算。

本科目应当分别“资本溢价（股本溢价）”“其他资本公积”进行明细核算。本科目期末贷方余额，反映企业的资本公积。

6.2.3 如何设置明细科目

“资本公积”科目的明细科目设置如表6-2所示。

表6-2 4002资本公积

顺序号	编号	会计科目名称	二级科目名称	三级科目名称
一、所有者权益类				
	4002	资本公积		
	4002 01	资本公积	资本溢价（股本溢价）	
	4002 02	资本公积	其他资本公积	
	4002 02 01	资本公积	其他资本公积	可供出售的金融资产公允价值变动
	4002 02 02	资本公积	其他资本公积	长期股权投资权益法下被投资单位净利润以外的变动
	4002 02 03	资本公积	其他资本公积	其他

6.2.4 会计处理分录与案例解析

业务1：资本溢价（或股本溢价）

企业接受投资者投入的资本，借记“银行存款”“其他应收款”“固定资产”“无形资产”“长期股权投资”等科目，按其在注册资本或股本中所占份额，贷记“实收资本”科目，按其差额，贷记“资本公积——资本溢价或股本溢价”科目。发生资本溢价（或股本溢价）时的会计分录如图6-6所示。

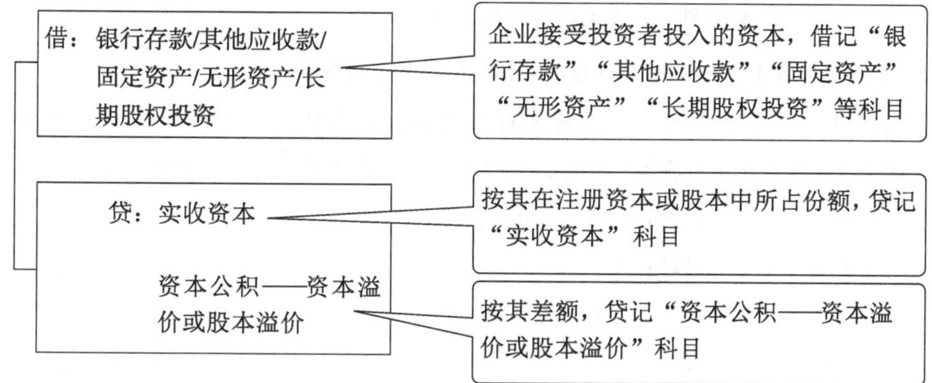

图 6–6　发生资本溢价（或股本溢价）时的会计分录

* 案例解析

【例 6–7】A 有限责任公司由两位投资者投资 200 000 元设立，每人各出资 100 000 元。一年后，为扩大经营规模，经批准，A 有限责任公司注册资本增加到 300 000 元，并引入第三位投资者加入。按照投资协议，新投资者需缴入现金 110 000 元，同时享有该公司三分之一的股份。A 有限责任公司已收到该现金投资。假定不考虑其他因素，A 有限责任公司的会计分录如下：

借：银行存款　　　　　　　　　　　　　　　110 000

　　贷：实收资本　　　　　　　　　　　　　　　100 000

　　　　资本公积——资本溢价或股本溢价　　　　　10 000

本例中，A 有限责任公司收到第三位投资者的现金投资 110 000 元中，100 000 元属于第三位投资者在注册资本中所享有的份额，应计入“实收资本”科目，10 000 元属于资本溢价，应计入“资本公积——资本溢价或股本溢价”科目。

【例 6–8】B 股份有限公司首次公开发行了普遍股 50 000 000 股，每股面值 1 元，每股发行价格为 4 元。B 公司以银行存款支付发行手续费、咨询费等费用共计 6 000 000 元。假定发行收入已全部收到，发行费用已全部支付，不考虑其他因素，B 公司的会计处理如下：

（1）收到发行收入时：

借：银行存款　　　　　　　　　　　　　　200 000 000

　　贷：股本　　　　　　　　　　　　　　　　　50 000 000

资本公积——资本溢价或股本溢价　　　　150 000 000

应增加的资本公积=50 000 000×（4-1）=150 000 000（元）

本例中，B股份有限公司溢价发行普通股，发行收入中等于股票面值的部分50 000 000元应计入“股本”科目，发行收入超出股票面值的部分150 000 000元计入“资本公积——资本溢价或股本溢价”科目。

（2）支付发行费用时：

借：资本公积——资本溢价或股本溢价　　　　6 000 000

　贷：银行存款　　　　6 000 000

本例中，B股份有限公司的股本溢价150 000 000元高于发行中发生的交易费用6 000 000元，因此，交易费用可从股本溢价中扣除，作为冲减资本公积处理。

业务2：其他资本公积

长期股权投资采用权益法核算的，在持股比例不变的情况下，被投资单位除净损益以外所有者权益的其他变动，企业按持股比例计算应享有的份额，借记或贷记“长期股权投资——其他权益变动”科目，贷记或借记“资本公积——其他资本公积”科目。

处置采用权益法核算的长期股权投资，还应结转原计入资本公积的相关金额，借记或贷记“资本公积——其他资本公积”科目，贷记或借记“投资收益”科目。

相关内容已在“长期股权投资”详述，在此不赘述。

6.3 盈余公积

6.3.1 什么是盈余公积

盈余公积是指企业按规定从净利润中提取的企业积累资金。公司制企业的盈余公积包括法定盈余公积和任意盈余公积。

企业提取的盈余公积经批准可用于弥补亏损、转增资本、发放现金股利或利润等。

6.3.2　如何使用“盈余公积”科目

本科目核算企业从净利润中提取的盈余公积。本科目应当分别对“法定盈余公积”“任意盈余公积”进行明细核算。

外商投资企业还应分别“储备基金”“企业发展基金”进行明细核算。企业（中外合作经营）在合作期间归还投资者的投资，应在本科目设置“利润归还投资”明细科目进行核算。

本科目期末贷方余额，反映企业的盈余公积。

6.3.3　如何设置明细科目

“盈余公积”科目的明细科目设置如表 6-3 所示。

表 6-3　4101 盈余公积

顺序号	编号	会计科目名称	二级科目名称
一、所有者权益类			
	4101	盈余公积	
	4101 01	盈余公积	法定盈余公积
	4101 02	盈余公积	任意盈余公积
	4101 03	盈余公积	储备基金
	4101 04	盈余公积	企业发展基金
	4101 05	盈余公积	利润归还投资

6.3.4　会计处理分录与案例解析

业务 1：提取盈余公积

企业按规定提取的盈余公积，借记“利润分配——提取法定盈余公积、提取任意盈余公积”科目，贷记“盈余公积——法定盈余公积、任意盈余公积”科目。提取盈余公积时的会计分录如图 6-7 所示。

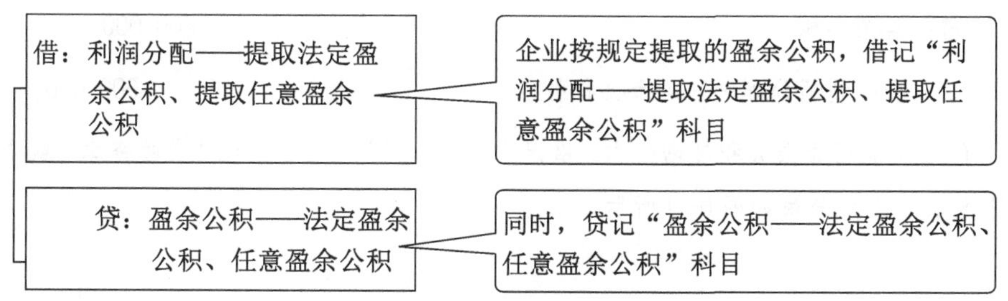

图 6-7　提取盈余公积时的会计分录

* 案例解析

【例 6-9】E 股份有限公司本年实现净利润为 5 000 000 元，年初未分配利润为 0。经股东大会批准，E 股份有限公司按当年净利润的 10% 提取法定盈余公积。假定不考虑其他因素，E 股份有限公司的会计分录如下：

借：利润分配——提取法定盈余公积　　500 000

　　贷：盈余公积——法定盈余公积　　500 000

本年提取盈余公积金额 =5 000 000×10%=500 000（元）

业务 2：使用盈余公积

（1）企业经股东大会或类似机构决议，用盈余公积弥补亏损的，借记“盈余公积”科目，贷记“利润分配——盈余公积补亏”科目。使用盈余公积弥补亏损时的会计分录如图 6-8 所示。

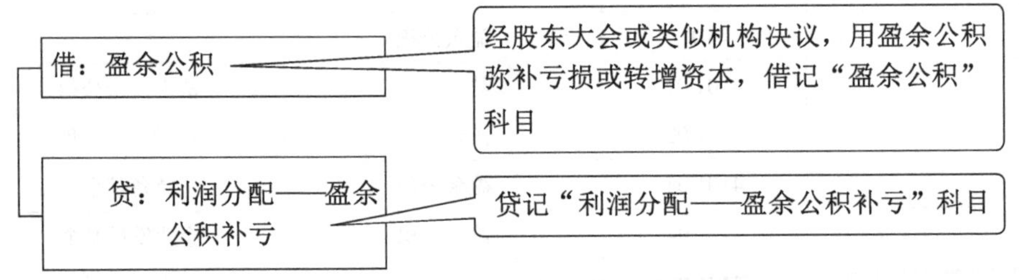

图 6-8　使用盈余公积弥补亏损时的会计分录

* 案例解析

【例 6-10】经股东大会批准，F 股份有限公司用以前年度提取的盈余公积弥补当年亏损，当年弥补亏损的数额为 600 000 元。假定不考虑其他因素，E 股份有限公司的会计分录如下：

借：盈余公积　　600 000

　　贷：利润分配——盈余公积补亏　　600 000

（2）企业用盈余公积转增资本，借记“盈余公积”科目，贷记“实收资本”或“股本”科目。会计分录如图 6-9 所示。

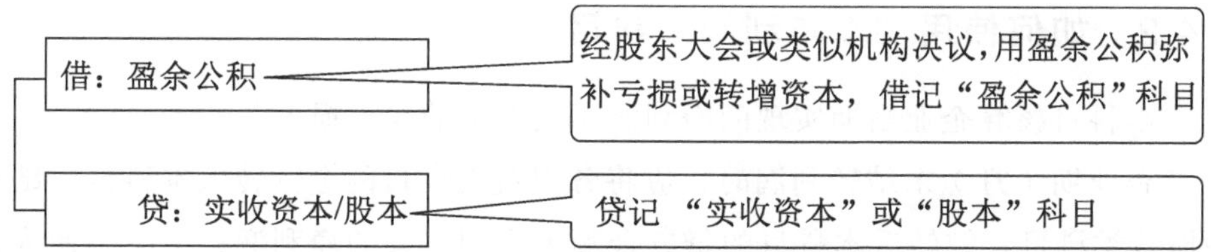

图 6–9　使用盈余公积转增资本时的会计分录

* 案例解析

【例 6–11】因扩大经营规模需要，经股东大会批准，G 股份有限公司将盈余公积 400 000 元转增股本。假定不考虑其他因素，G 股份有限公司的会计分录如下：

借：盈余公积　　400 000

　贷：股本　　400 000

6.4　本年利润

6.4.1　什么是本年利润

本年利润是指企业某个会计年度的净利润（或净亏损）。它是由企业利润组成内容计算确定的，是企业从公历年 1 月份至 12 月份逐步累计而形成的一个动态指标。

利润是指企业在一定会计期间的经营成果。它是企业在一定会计期间内实现的收入减去费用后的余额。会计制度规定各种费用的结转在期末进行。期末结转费用的方法有两种：一是表结法；二是账结法。账结法的优点是各月均可通过“本年利润”科目提供其当期利润额，记账业务程序完整，但增加了编制结转损益分录的工作量。

6.4.2 如何使用“本年利润”科目

本科目核算企业当期实现的净利润（或发生的净亏损）。

企业期（月）末结转利润时，应将各损益类科目的金额转入本科目，结平各损益类科目。结转后本科目的贷方余额为当期实现的净利润；借方余额为当期发生的净亏损。

6.4.3 如何设置明细科目

“本年利润”科目的明细科目设置如表6-4所示。

表6-4 4103本年利润

顺序号	编号	会计科目名称	二级科目名称	三级科目名称
一、所有者权益类				
	4103	本年利润		
	4103 01	本年利润	主营业务收入	项目
	4103 02	本年利润	其他业务收入	项目
	4103 03	本年利润	营业外收入	项目
	4103 04	本年利润	主营业务成本	项目
	4103 05	本年利润	其他业务成本	项目
	4103 06	本年利润	税金及附加	项目
	4103 07	本年利润	销售费用	项目
	4103 08	本年利润	管理费用	项目
	4103 09	本年利润	财务费用	项目
	4103 10	本年利润	投资收益	项目
	4103 11	本年利润	资产减值损失	项目
	4103 12	本年利润	营业外收入	项目
	4103 13	本年利润	营业外支出	项目
	4103 14	本年利润	所得税费用	项目

6.4.4　会计处理分录与案例解析

业务：结转本年利润

年度终了，企业应将本年收入和支出相抵后结出的本年实现的净利润，转入“利润分配”科目，借记“本年利润”科目，贷记“利润分配——未分配利润”科目；如为净亏损，则做相反的会计分录。结转后本科目应无余额。结转本年利润时的会计分录如图 6-10 所示。

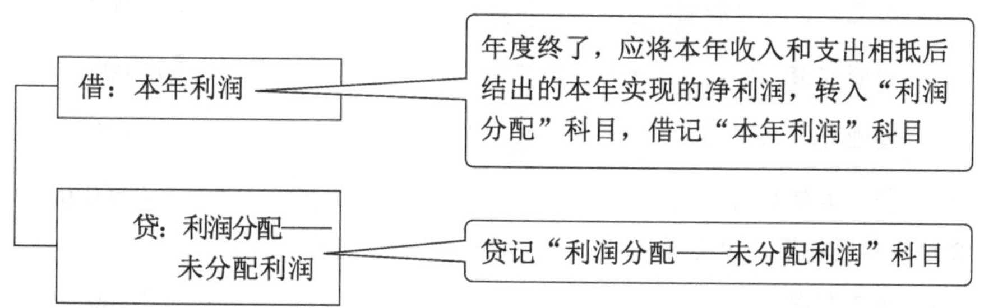

图 6-10　结转本年利润时的会计分录

* 案例解析

【例 6-12】乙公司 2×14 年有关损益类科目的年末余额如下（该企业采用表结法年末一次转损益类科目，所得税税率为 25%）：

科目名称：结账前余额

科目名称	结账前余额
主营业务收入	6 000 000 元（贷）
其他业务收入	700 000 元（贷）
公允价值变动损益	150 000 元（贷）
投资收益	600 000 元（贷）
营业外收入	50 000 元（贷）
主营业务成本	4 000 000 元（借）
其他业务成本	400 000 元（借）
税金及附加	80 000 元（借）
销售费用	500 000 元（借）
管理费用	770 000 元（借）
财务费用	200 000 元（借）
资产减值损失	100 000 元（借）

营业外支出　　250 000元（借）

乙公司2×14年末结转本年利润的会计分录如下：

（1）将各损益类科目的年末余额结转入“本年利润”科目：

①结转各项收入、利得类科目：

借：主营业务收入　　6 000 000

　　其他业务收入　　700 000

　　公允价值变动损益　　150 000

　　投资收益　　600 000

　　营业外收入　　50 000

　　贷：本年利润　　7 500 000

②结转各项费用、损失类科目：

借：本年利润　　6 300 000

　　贷：主营业务成本　　4 000 000

　　　　其他业务成本　　400 000

　　　　税金及附加　　80 000

　　　　销售费用　　500 000

　　　　管理费用　　770 000

　　　　财务费用　　200 000

　　　　资产减值损失　　100 000

　　　　营业外支出　　250 000

（2）经过上述结转后，“本年利润”科目的贷方发生额合计7 500 000元，减去借方发生额合计6 300 000元即为税前会计利润1 200 000元。假设将该税前会计利润进行纳税调整后，应纳税所得额为1 000 000元，则应交所得税额=1 000 000×25%=250 000（元）。假定将该应交所得税按照企业会计准则进行调整后计算确认的所得税费用为280 000元。

①确认所得税费用，会计分录略。

②将所得税费用结转入“本年利润”科目：

借：本年利润　　280 000

　　贷：所得税费用　　280 000

6.5　利润分配

6.5.1　什么是利润分配

利润分配是指企业根据国家有关规定和企业章程、投资者协议等，对企业当年可供分配的利润所进行的分配。

可供分配的利润 = 当年实现的净利润 + 年初未分配利润（或 - 年初未弥补亏损）+ 其他转入利润。分配的顺序依次是：（1）提取法定盈余公积；（2）提取任意盈余公积；（3）向投资者分配利润。

未分配利润是经过弥补亏损、提取法定盈余公积、提取任意盈余公积和向投资者分配利润等利润分配之后剩余的利润。它是企业留待以后年度进行分配的历年结存的利润。相对于所有者权益的其他部分来说，企业对未分配利润的使用有较大的自主权。

6.5.2　如何使用“利润分配”科目

本科目核算企业利润的分配（或亏损的弥补）和历年分配（或弥补）后的余额。

本科目应当分别“提取法定盈余公积”“提取任意盈余”“应付现金股利或利润”“转作股本的股利”“盈余公积补亏”和“未分配利润”等进行明细核算。本科目年末余额，反映企业的未分配利润（或未弥补亏损）。

6.5.3　如何设置明细科目

“利润分配”科目的明细科目设置如表 6-5 所示。

表 6-5　4104 利润分配

顺序号	编号	会计科目名称	二级科目名称
一、所有者权益类			
	4104	利润分配	
	4104 01	利润分配	提取法定盈余公积
	4104 02	利润分配	提取任意盈余公积
	4104 03	利润分配	应付现金股利或利润

续表

顺序号	编号	会计科目名称	二级科目名称
	4104 04	利润分配	转作股本的股利
	4104 05	利润分配	盈余公积补亏
	4104 06	利润分配	未分配利润

6.5.4　会计处理分录与案例解析

业务1：提取盈余公积

在“盈余公积”业务1中已详述，在此不赘述。

业务2：分配股利

企业经股东大会或类似机构决议，分配给股东或投资者的现金股利或利润，借记“利润分配——应付现金股利或利润”科目，贷记“应付股利”科目。会计分录如图6-11所示。

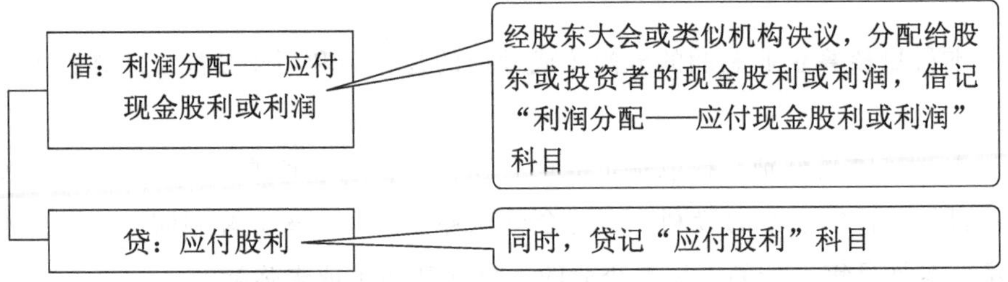

图6-11　分配给股东或投资者现金股利或利润时的会计分录

* 案例解析

【例6-13】D股份有限公司年初未分配利润为0，本年实现净利润2 000 000元，本年提取法定盈余公积200 000元，宣告发放现金股利800 000元。假定不考虑其他因素，D股份有限公司的会计处理如下：

（1）结转本年利润：

借：本年利润　　2 000 000

　　贷：利润分配——未分配利润　　2 000 000

如企业当年发生亏损，则应借记“利润分配——未分配利润”科目，贷记“本年利润”

科目。

（2）提取法定盈余公积、宣告发放现金股利：

借：利润分配——提取法定盈余公积　　200 000

　　　　　　——应付现金股利或利润　　800 000

　贷：盈余公积　　200 000

　　　应付股利　　800 000

同时，

借：利润分配——未分配利润　　1 000 000

　贷：利润分配——提取法定盈余公积　　200 000

　　　　　　　——应付现金股利　　800 000

（3）经股东大会或类似机构决议，分配给股东的股票股利，应在办理增资手续后，借记“利润分配——转作股本的股利”科目，贷记“股本”科目。会计分录如图 6-12 所示。

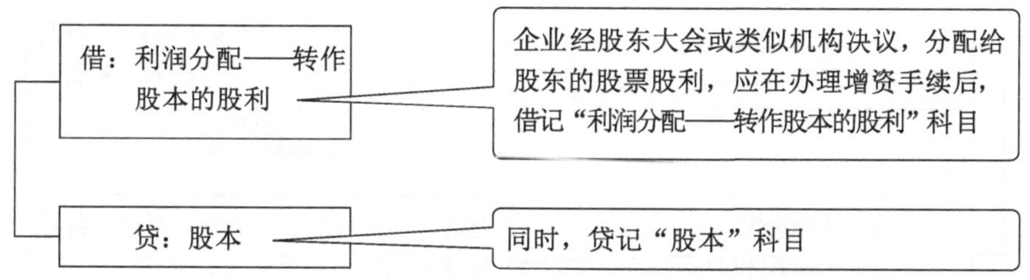

图 6-12　分配给股东股票股利的会计分录

* 案例解析

【例 6-14】H 股份有限公司 2×14 年 12 月 31 日普通股股本为 50 000 000 股，每股面值 1 元，可供投资者分配的利润为 5 000 000 元，盈余公积 20 000 000 元。2×15 年 3 月 20 日，股东大会批准了 2×14 年度利润分配方案，以 2×14 年 12 月 31 日为登记日，按每股 0.2 元发放现金股利。H 股份有限公司共需要分派 10 000 000 元现金股利，其中动用可供投资者分配的利润 5 000 000 元、盈余公积 500 000 元。假定不考虑其他因素，H 股份有限公司会计处理如下：

（1）宣告分派股利时：

借：利润分配——应付现金股利或利润　　5 000 000

盈余公积　　5 000 000

贷：应付股利　　10 000 000

（2）支付股利时：

借：应付股利　　10 000 000

贷：银行存款　　10 000 000

业务3：用盈余公积弥补亏损

在“盈余公积”业务2中已详述，在此不赘述。

业务4：“本年利润”转入“利润分配”

年度终了，企业应将本年实现的净利润，自“本年利润”科目转入本科目，借记“本年利润”科目，贷记“利润分配——未分配利润”科目，为净亏损的做相反的会计分录；同时，将“利润分配”科目所属其他明细科目的余额转入本科目“未分配利润”明细科目。结转后，本科目除“未分配利”明细科目外，其他明细科目应无余额。“本年利润”科目转入“利润分配”科目时的会计分录如图6-13所示。

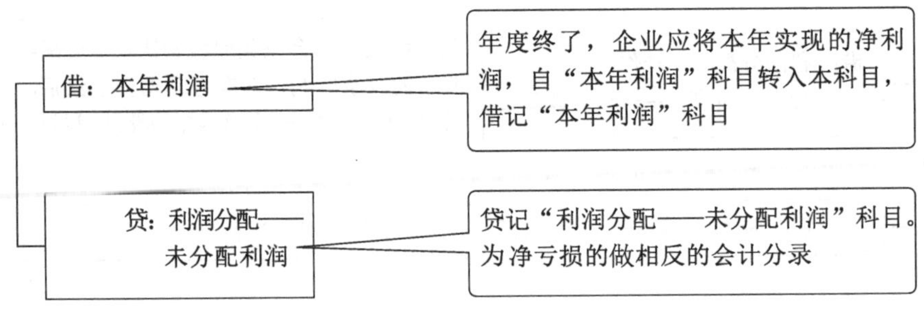

图6-13　“本年利润”科目转入“利润分配”科目时的会计分录

* 案例解析

【例6-15】承【例6-12】，将“本年利润”科目年末余额920 000（7 500 000-6 300 000-280 000）元转入“利润分配——未分配利润”科目：

借：本年利润　　920 000

贷：利润分配——未分配利润　　920 000

6.6　库存股

6.6.1　什么是库存股

库存股是用来核算企业收购的尚未转让或注销的该公司股份金额，是权益类科目。它的特性和未发行的股票类似，没有投票权或是分配股利的权利，而公司解散时也不能变现。

按照通常的财务理论，库存股亦称库藏股，是指由公司购回而没有注销并由该公司持有的已发行股份。库存股在回购后并不注销，而由公司自己持有，在适当的时机再向市场出售或用于对员工的激励。也就是说，公司将已经发行出去的股票，从市场中买回，存放于公司，而尚未再出售或是注销。

库存股是所有者权益抵减科目，抵减的意思，也就是所有者权益的减少。库存股是权益的备抵科目，跟坏账准备一样，它的增减跟所有者权益相反。

6.6.2　如何使用“库存股”科目

本科目核算企业收购、转让或注销的本公司股份金额。

本科目期末借方余额，反映企业持有尚未转让或注销的本公司股份金额。

6.6.3　会计处理分录与案例解析

业务 1：企业为减少注册资本而收购本公司股份

在“实收资本”业务 3 中已详述，在此不赘述。

业务 2：奖励本公司职工而收购本公司股份

为奖励本公司职工而收购本公司股份的，应按实际支付的金额，借记本科目，贷记“银行存款”等科目，同时做备查登记。为奖励本公司职工而收购本公司股份时的会计分录如图 6-14 所示。

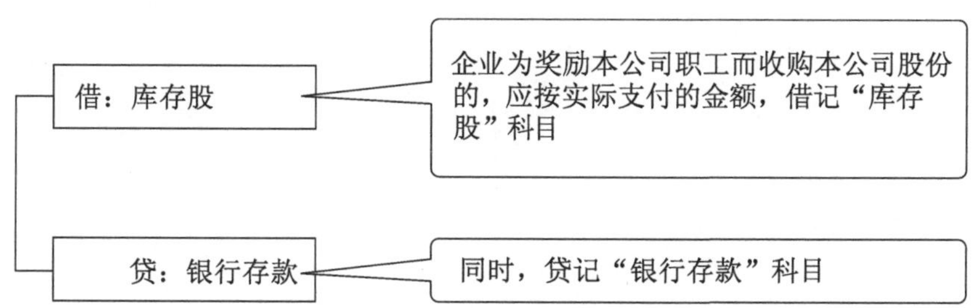

图 6-14　为奖励本公司职工而收购本公司股份时的会计分录

将收购的股份奖励给本公司职工属于以权益结算的股份支付，按实际收到的金额，借记“银行存款”科目，按职工获取奖励股份的实际情况确定的金额，借记“资本公积——其他资本公积”科目，按奖励库存股的账面余额，贷记本科目，按其差额，贷记或借记“资本公积——股本溢价”科目。会计分录如图 6-15 所示。

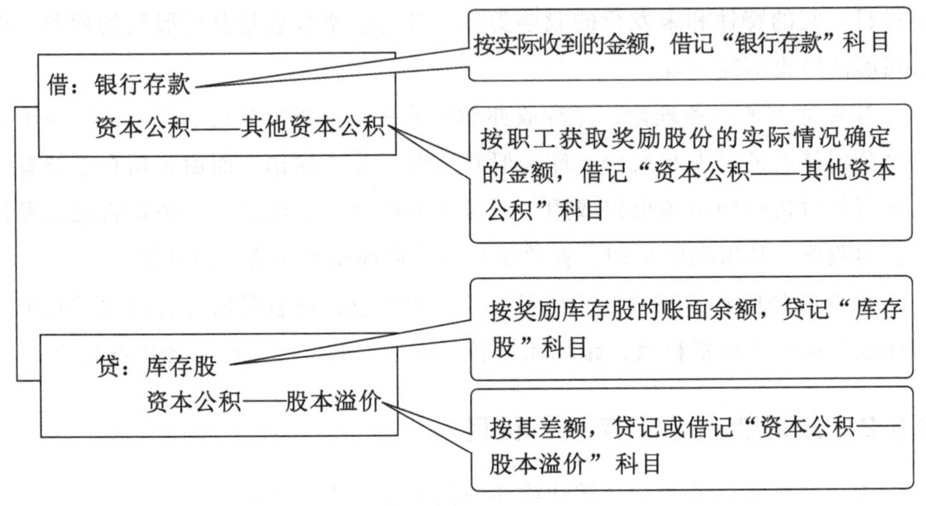

图 6-15 会计分录

业务 3：转让库存股

在“实收资本”业务 3 中已详述，在此不赘述。

第 7 章 成本类科目的设置与账务处理

本章导读

企业自“出生”的那一刻开始，成本就与之同行。对于企业而言，成本是企业的耗费，影响企业经营管理的绩效。对成本的合理计量于企业而言，具有两个方面的重要意义：一是了解企业各个商品的定价基础以及范围；二是为企业改善管理提供思路。对于企业的会计人员而言，提高成本核算能力将会成为其职业发展的“杀手锏”。本章我们将从以下几个方面学习：

（1）生产成本、制造费用、劳务成本、研发支出等成本类科目的定义。

（2）生产成本、制造费用、劳务成本、研发支出等成本类科目的适用范围。

（3）生产成本、制造费用、劳务成本、研发支出等成本类科目明细科目的设置。

（4）生产成本、制造费用、劳务成本、研发支出等成本类科目在实务中的具体业务操作。

7.1　生产成本

7.1.1　什么是生产成本

生产成本亦称制造成本，是指生产活动的成本，即企业为生产产品而发生的成本。生产成本是生产过程中各种资源利用情况的货币表示，是衡量企业技术和管理水平的重要指标。

生产成本是生产单位为生产产品或提供劳务而发生的各项生产费用，包括各项直接支出和制造费用。直接支出包括直接材料（原材料、辅助材料、备品备件、燃料及动力等）、直接工资（生产人员的工资、补贴）、其他直接支出（如福利费等）；制造费用是指企业内的分厂、车间为组织和管理生产所发生的各项费用，包括分厂、车间管理人员工资、折旧费、维修费、修理费及其他制造费用（办公费、差旅费、劳保费等）。

7.1.2 如何使用“生产成本”科目

本科目核算企业进行工业性生产发生的各项生产成本，包括生产各种产品（产成品、自制半成品等）、自制材料、自制工具、自制设备等。

本科目可按基本生产成本和辅助生产成本进行明细核算。基本生产成本应当分别按照基本生产车间和成本核算对象（产品的品种、类别、订单、批别、生产阶段等）设置明细账（或成本计算单，下同），并按照规定的成本项目设置专栏。

本科目期末借方余额，反映企业尚未加工完成的在产品成本或尚未收获的农产品成本。

7.1.3 如何设置明细科目

“生产成本”科目的明细科目设置如表7-1所示。

表7-1 5001 生产成本

顺序号	编号	会计科目名称	二级科目名称	三级科目名称
四、成本类	5001	生产成本		
	5001 01	生产成本	基本生产成本	产品的品种、类别、订单、批别、生产阶段等
	5001 02	生产成本	辅助生产成本	产品的品种、类别、订单、批别、生产阶段等
	5001 03	生产成本	其他	

7.1.4　会计处理分录与案例解析

业务 1：发生生产成本

（1）企业发生的各项直接生产成本，借记“生产成本——基本生产成本、辅助生产成本”科目，贷记“原材料”“库存现金”“银行存款”“应付职工薪酬”等科目。发生直接生产成本时的会计分录如图 7-1 所示。

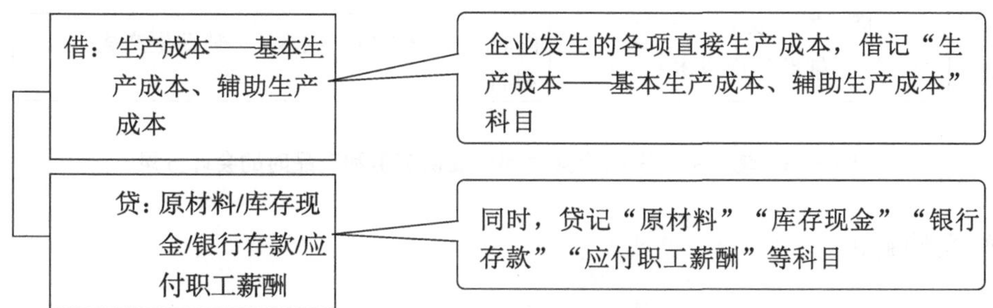

图 7-1　发生直接生产成本时的会计分录

（2）各生产车间应负担的制造费用，借记“生产成本——基本生产成本、辅助生产成本”科目，贷记“制造费用”科目。会计分录如图 7-2 所示。

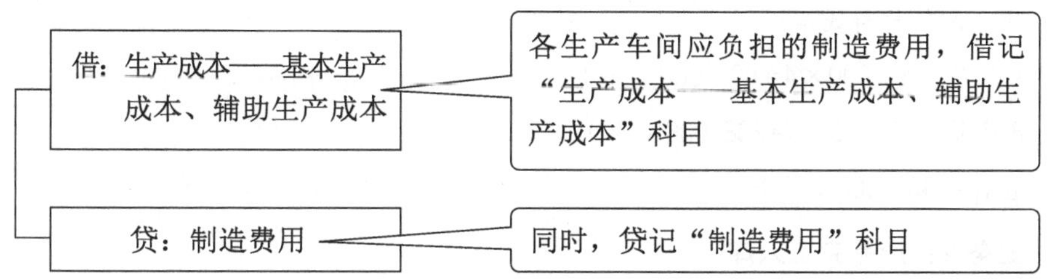

图 7-2　各生产车间负担制造费用时的会计分录

（3）辅助生产车间为基本生产车间、企业管理部门和其他部门提供的劳务和产品，期（月）末按照一定的分配标准分配给各受益对象，借记“生产成本——基本生产成本”“管理费用”“销售费用”“其他业务成本”“在建工程”等科目，贷记“生产成本——辅助生产成本”科目。会计分录如图 7-3 所示。

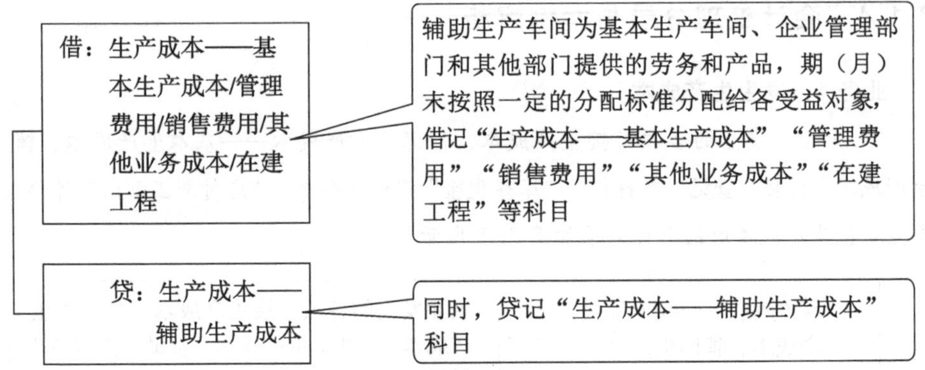

图 7-3　辅助生产车间为其他部门提供劳务和产品时的会计分录

* 案例解析

【例 7-1】丙公司基本生产车间领用某种材料 4 000 千克，单价 100 元，材料成本合计 400 000 元，生产 A 产品 4 000 件，B 产品 2 000 件。A 产品消耗定额为 12 千克，B 产品消耗定额 26 千克。分配结果如下：

分配率 =400 000÷（4 000×12+2 000×26）=400 000÷（48 000+52 000）=4

应分配的材料成本：

A 产品：48 000×4=192 000（元）

B 产品：52 000×4=208 000（元）

合计：400 000（元）

业务 2：产品完工入库

企业已经生产完成并已验收入库的产成品以及入库的自制半成品，应于期（月）末，借记“库存商品”等科目，贷记“生产成本——基本生产成本”科目。产品完工入库时的会计分录如图 7-4 所示。

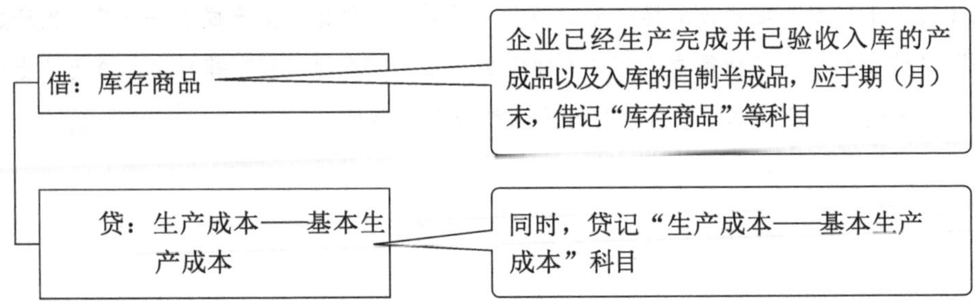

图 7-4　产品完工入库时的会计分录

7.2　制造费用

7.2.1　什么是制造费用

制造费用是企业生产单位为生产产品或提供劳务而发生的，应计入产品或劳务成本但没有专设成本项目的各项生产费用。

7.2.2　如何使用“制造费用”科目

本科目核算企业生产车间（部门）为生产产品和提供劳务而发生的各项间接费用。企业行政管理部门为组织和管理生产经营活动而发生的管理费用，在“管理费用”科目核算。

本科目可按不同的生产车间、部门和费用项目进行明细核算。除季节性的生产性企业外，本科目期末应无余额。

7.2.3　如何设置明细科目

“制造费用”科目的明细科目设置如表 7-2 所示。

表 7-2　5101 制造费用

顺序号	编号	会计科目名称	二级科目名称	三级科目名称	是否辅助核算	辅助核算类别
四、成本类	5101	制造费用				
	5101 01	制造费用	固定费用		是	按不同的生产车间、部门
	5101 01 01	制造费用	固定费用	工资	是	同上
	5101 01 02	制造费用	固定费用	折旧费	是	同上
	5101 01 03	制造费用	固定费用	修理费	是	同上
	5101 01 04	制造费用	固定费用	机物料消耗	是	同上
	5101 01 05	制造费用	固定费用	办公费	是	同上
	5101 01 06	制造费用	固定费用	低值易耗品摊销	是	同上

续表

顺序号	编号	会计科目名称	二级科目名称	三级科目名称	是否辅助核算	辅助核算类别
	5101 01 07	制造费用	固定费用	租赁费	是	同上
	5101 01 08	制造费用	固定费用	保险费	是	同上
	5101 01 09	制造费用	固定费用	差旅费	是	同上
	5101 02	制造费用	变动费用		是	
	5101 02 01	制造费用	变动费用	职工福利费	是	同上
	5101 02 02	制造费用	变动费用	水电费	是	同上
	5101 02 03	制造费用	变动费用	职工教育经费	是	同上
	5101 02 04	制造费用	变动费用	工会经费	是	同上
	5101 02 05	制造费用	变动费用	外部加工费	是	同上
	5101 02 06	制造费用	变动费用	设计制图费	是	同上
	5101 02 07	制造费用	变动费用	劳动保护费	是	同上
	5101 02 08	制造费用	变动费用	其他	是	同上

7.2.4 会计处理分录与案例解析

业务 1：发生制造费用

生产车间发生的机物料消耗，借记“制造费用”科目，贷记“原材料”等科目。发生的生产车间管理人员的工资等职工薪酬，借记“制造费用”科目，贷记“应付职工薪酬”科目。生产车间计提的固定资产折旧，借记“制造费用”科目，贷记“累计折旧”科目。生产车间支付的办公费、水电费等，借记“制造费用”科目，贷记“银行存款”等科目。发生季节性的停工损失，借记“制造费用”科目，贷记“原材料”“应付职工薪酬”“银行存款”等科目。发生制造费用时的会计分录如图 7-5 所示。

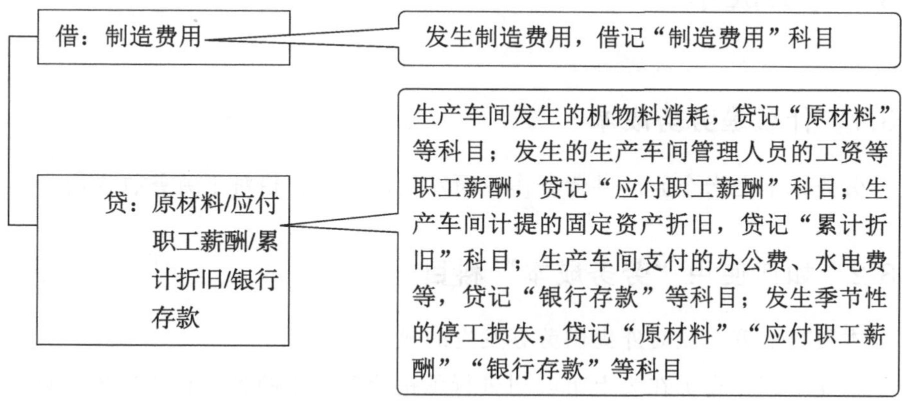

图 7-5　发生制造费用时的会计分录

* 案例解析

【例 7-2】某公司基本生产车间 M 产品机器工时为 40 000 小时，N 产品机器工时为 30 000 小时，本月发生制造费用 630 000 元。要求在 M、N 产品之间分配制造费用，并编制会计分录。

制造费用分配率 =630 000÷（40 000+30 000）= 9

M 产品应负担的制造费用 =40 000×9=360 000（元）

N 产品应负担的制造费用 =30 000×9=270 000（元）

会计处理如下：

借：生产成本——基本生产成本——M 产品　　360 000

　　　　　　　　　　　　　　——N 产品　　270 000

　贷：制造费用　　630 000

业务 2：将制造费用计入成本对象

在“生产成本”业务 1 中已详述，在此不赘述。

7.3　劳务成本

7.3.1　什么是劳务成本

劳务成本是指企业提供劳务作业而发生的成本，相对于劳务收入而言。

7.3.2　如何使用“劳务成本”科目

本科目核算企业对外提供劳务发生的成本。

企业（证券类）在为上市公司进行承销业务发生的各项相关支出核算时，可将本科目改为“待转承销费用”科目，并按照客户进行明细核算。

本科目可按提供劳务种类进行明细核算。本科目期末借方余额，反映企业尚未完成或尚未结转的劳务成本。

7.3.3　如何设置明细科目

“劳务成本”科目的明细科目设置如表 7-3 所示。

表 7-3　5201 劳务成本

顺序号	编号	会计科目名称	二级科目名称	三级科目名称	是否辅助核算	辅助核算类别
四、成本类	5201	劳务成本	按提供劳务种类			
	5201 01 01	劳务成本	按提供劳务种类	人工工资	是	项目
	5201 01 02	劳务成本	按提供劳务种类	福利	是	项目
	5201 01 03	劳务成本	按提供劳务种类	劳保	是	项目
	5201 01 04	劳务成本	按提供劳务种类	相关费用	是	项目

7.3.4　会计处理分录与案例解析

业务 1：发生劳务成本

企业发生的各项劳务成本，借记“劳务成本”科目，贷记“银行存款”“应付职工薪酬”“原材料”等科目。发生劳务成本时的会计分录如图 7-6 所示。

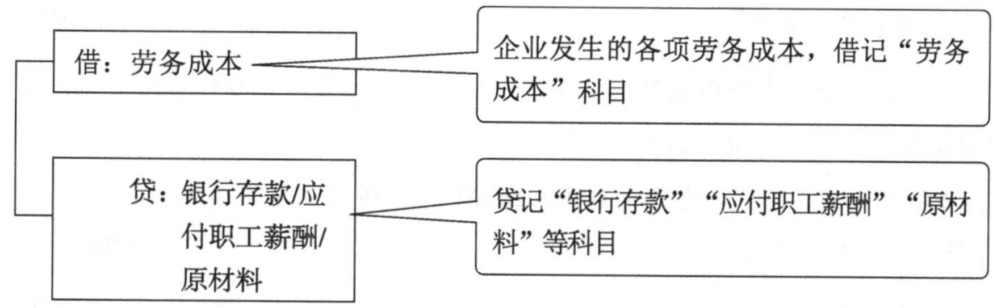

图 7–6　发生劳务成本时的会计分录

业务 2：结转劳务成本

结转劳务的成本，借记“主营业务成本”“其他业务成本”等科目，贷记“劳务成本”科目。会计分录如图 7–7 所示。

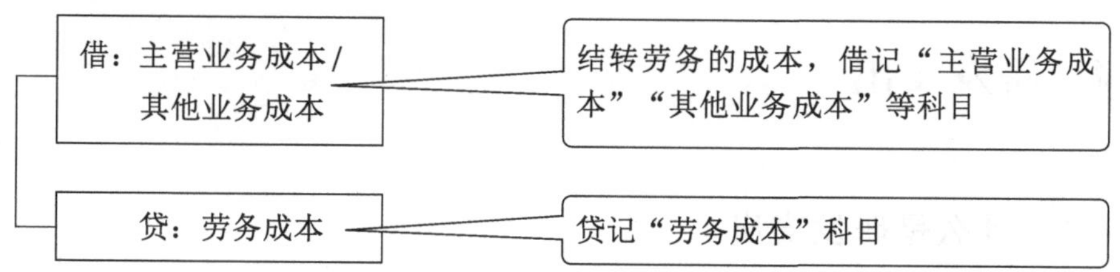

图 7–7　结转劳务成本时的会计分录

* 案例解析

【例 7–3】甲公司于 2×15 年 3 月 10 日接受一项设备安装任务。该安装任务可一次完成，合同总价款为 9 000 元，款项还未收到，实际发生安装成本 5 000 元，以银行存款支付。假定安装业务属于甲公司的主营业务。甲公司应在安装完成时做如下会计分录：

借：应收账款　　9 000

　　贷：主营业务收入　　9 000

借：主营业务成本　　5 000

　　贷：银行存款　　5 000

若上述安装任务需花费一段时间（不超过本会计期间）才能完成，则应在为提供劳务发生有关支出时的分录为：

借：劳务成本　　5 000

贷：银行存款　　5 000

（注：以上分录未写明金额，主要是由于实际发生成本5 000元是个总计数，而每笔归集劳务成本的分录金额不同，下同）

待安装完成确认所提供劳务的收入并结转该项劳务总成本时：

借：主营业务成本　　5 000

贷：劳务成本　　5 000

7.4 研发支出

7.4.1 什么是研发支出

研发支出是指在研究与开发过程中所使用资产的折旧、消耗的原材料、直接参与开发人员的工资及福利费、开发过程中发生的租金以及借款费用等。研发活动从广义上来讲也是一种投资行为，但较一般的投资活动具有更大的收益不确定性和风险性，因而增加了研发支出在会计确认与计量上的困难。

7.4.2 如何使用“研发支出”科目

本科目核算企业进行研究与开发无形资产过程中发生的各项支出。

本科目可按研究开发项目，分别“费用化支出”“资本化支出”进行明细核算。本科目期末借方余额，反映企业正在进行无形资产研究开发项目满足资本化条件的支出。

7.4.3 如何设置明细科目

“研发支出”科目的明细科目设置如表7-4所示。

表 7-4　5301 研发支出

顺序号	编号	会计科目名称	二级科目名称	三级科目名称	四级科目名称
四、成本类	5301	研发支出			
	5301 01	研发支出	资本化支出		
	5301 01 01	研发支出	资本化支出	人员工资	
	5301 01 01 01	研发支出	资本化支出	人员工资	工资薪金
	5301 01 01 02	研发支出	资本化支出	人员工资	津贴补贴
	5301 01 01 03	研发支出	资本化支出	人员工资	加班工资、奖金
	5301 01 01 04	研发支出	资本化支出	人员工资	其他
	5301 01 02	研发支出	资本化支出	直接投入	
	5301 01 02 01	研发支出	资本化支出	直接投入	材料、燃料、动力费
	5301 01 02 02	研发支出	资本化支出	直接投入	检验、测试费
	5301 01 02 03	研发支出	资本化支出	直接投入	模具费、工装费
	5301 01 02 04	研发支出	资本化支出	直接投入	租赁费
	5301 01 02 05	研发支出	资本化支出	直接投入	维修、维护费
	5301 01 02 06	研发支出	资本化支出	直接投入	其他
	5301 01 03	研发支出	资本化支出	折旧、无形资产摊销、长期待摊费用摊销	
	5301 01 03 01	研发支出	资本化支出	同上	设备折旧费
	5301 01 03 02	研发支出	资本化支出	同上	无形资产摊销
	5301 01 03 03	研发支出	资本化支出	同上	长期待摊费摊销
	5301 01 04	研发支出	资本化支出	设计费	
	5301 01 04 01	研发支出	资本化支出	设计费	新产品设计费
	5301 01 04 02	研发支出	资本化支出	设计费	新规程制定费
	5301 01 05	研发支出	资本化支出	其他费用	
	5301 01 05 01	研发支出	资本化支出	其他费用	图书资料费

续表

顺序号	编号	会计科目名称	二级科目名称	三级科目名称	四级科目名称
	5301 01 05 02	研发支出	资本化支出	其他费用	现场试验费
	5301 01 05 03	研发支出	资本化支出	其他费用	论证、鉴定、评审、验收费
	5301 01 05 04	研发支出	资本化支出	其他费用	会议费、差旅费、办公费等
	5301 02	研发支出	费用化支出		
	5301 02 01	研发支出	费用化支出	人员工资	
	5301 02 01 01	研发支出	费用化支出		工资薪金
	5301 02 01 02	研发支出	费用化支出		津贴补贴
	5301 02 01 03	研发支出	费用化支出		加班工资、奖金
	5301 02 01 04	研发支出	费用化支出		其他
	5301 02 02	研发支出	费用化支出	直接投入	
	5301 02 02 01	研发支出	费用化支出		材料、燃料、动力费
	5301 02 02 02	研发支出	费用化支出		检验、测试费
	5301 02 02 03	研发支出	费用化支出		模具费、工装费
	5301 02 02 04	研发支出	费用化支出		租赁费
	5301 02 02 05	研发支出	费用化支出		维修、维护费
	5301 02 02 06	研发支出	费用化支出		其他
	5301 02 03	研发支出	费用化支出	折旧、无形资产摊销、长期待摊费用摊销	
	5301 02 03 01	研发支出	费用化支出		设备折旧
	5301 02 03 02	研发支出	费用化支出		无形资产摊销
	5301 02 03 03	研发支出	费用化支出		长期待摊费摊销
	5301 02 04	研发支出	费用化支出	设计费	
	5301 02 04 01	研发支出	费用化支出		新产品设计费
	5301 02 04 02	研发支出	费用化支出		

续表

顺序号	编号	会计科目名称	二级科目名称	三级科目名称	四级科目名称
	5301 02 05	研发支出	费用化支出	其他费用	
	5301 02 05 01	研发支出	费用化支出		图书资料费
	5301 02 05 02	研发支出	费用化支出		现场试验费
	5301 02 05 03	研发支出	费用化支出		论证、鉴定、评审、验收费
	5301 02 05 04	研发支出	费用化支出		会议费、差旅费、办公费等

7.4.4　会计处理分录与案例解析

业务 1：发生研发支出

企业自行开发无形资产发生的研发支出，不满足资本化条件的，借记“研发支出——费用化支出”科目，满足资本化条件的，借记“研发支出——资本化支出”科目，贷记“原材料”“银行存款”“应付职工薪酬”等科目。发生研发支出时的会计分录如图 7–8 所示。

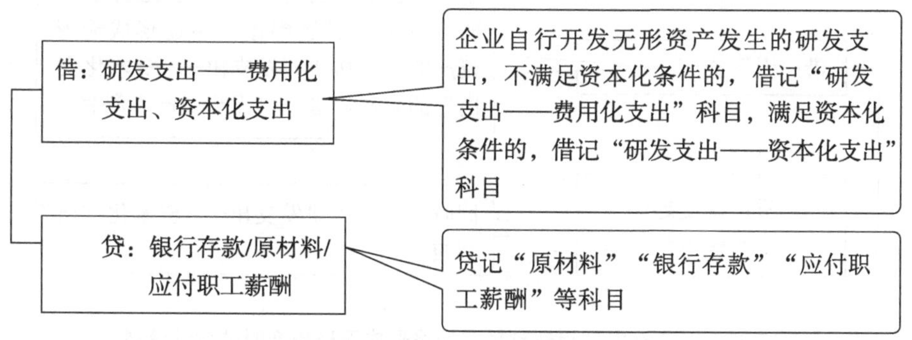

图 7–8　发生研发支出时的会计分录

* 案例解析

【例 7–4】甲公司自行研究、开发一项技术，截至 2×14 年 12 月 31 日，发生研发支出合计 2 000 000 元，以银行存款支付。经测试，该项研发活动完成了研究阶段，从 2×15 年 1 月 1 日开始进入开发阶段。2×15 年发生研发支出 300 000 元，以银行存款支付，假定符合《企业会计准则第6号——无形资产》规定的开发支出资本化的条件。2×15年6月30日，该项研发活动结束，最终开发出一项非专利技术。甲公司应做如下会计分录：

（1）2×14年发生的研发支出：

借：研发支出——费用化支出　　2 000 000

　　贷：银行存款　　2 000 000

（2）2×14年12月31日，发生的研发支出全部属于研究阶段的支出：

借：管理费用　　2 000 000

　　贷：研发支出——费用化支出　　2 000 000

（3）2×15年，发生开发支出并满足资本化确认条件：

借：研发支出——资本化支出　　300 000

　　贷：银行存款　　300 000

业务2：研究开发项目达到预定用途形成无形资产

研究开发项目达到预定用途形成无形资产的，应按“研发支出——资本化支出”的余额，借记“无形资产”科目，贷记“研发支出——资本化支出”科目。

研究开发项目达到预定用途形成无形资产时的会计分录如图7-9所示。

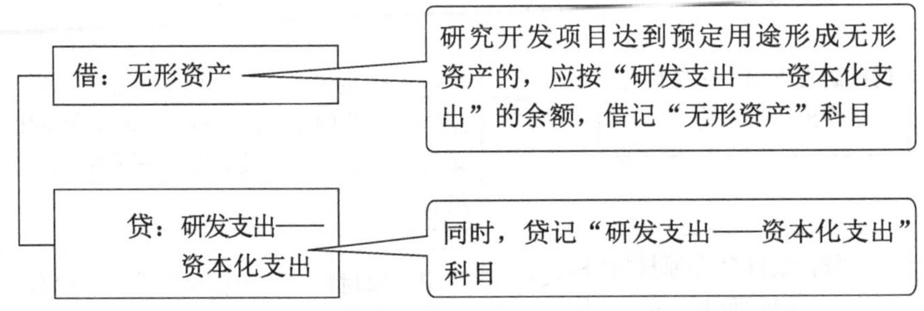

图7-9　研究开发项目达到预定用途形成无形资产时的会计分录

* 案例解析

【例7-5】承【例7-4】，2×15年6月30日，该技术研发完成并形成无形资产：

借：无形资产　　300 000

　　贷：研发支出——资本化支出　　300 000

7.5　合同履约成本

7.5.1　什么是合同履约成本

合同履约成本，核算企业为履行当前或预期取得的合同所发生的、不属于其他企业会计具体准则规范范围且按照《企业会计准则第 14 号——收入》应当确认为一项资产的成本。企业因履行合同而产生的毛利不在本科目核算。

7.5.2　如何使用“合同履约成本”科目

企业发生上述合同履约成本时，借记本科目，贷记“银行存款”“应付职工薪酬”“原材料”等科目；对合同履约成本进行摊销时，借记“主营业务成本”“其他业务成本”等科目，贷记本科目。涉及增值税的，还应进行相应的处理。

7.5.3　如何设置明细科目

“合同履约成本”科目的明细科目设置如表 7-5 所示。

表 7-5　合同履约成本

顺序号	会计科目名称	二级科目名称	明细科目名称	是否辅助核算	辅助核算类别
五、损益类					
	合同履约成本				
	合同履约成本	服务成本	种类	是	部门
	合同履约成本	工程施工	种类	是	部门

7.5.4　会计处理分录与案例解析

业务 1：发生合同履约成本

发生合同履约成本时的会计分录如图 7-10 所示。

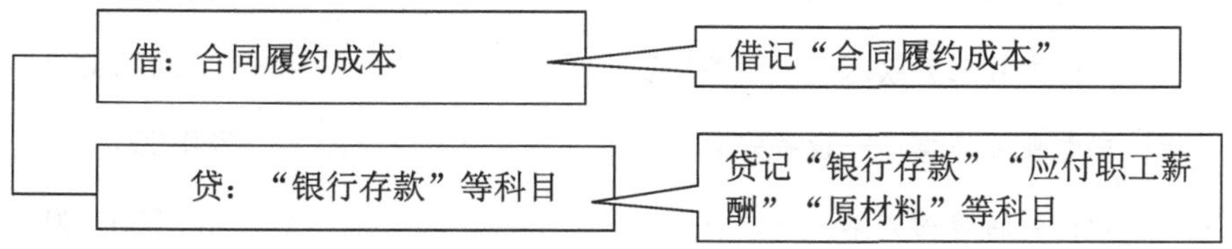

图 7-10　发生合同履约成本时的会计分录

业务 2：对合同履约成本进行摊销

对合同履约成本进行摊销时的会计分录如图 7-11 所示。

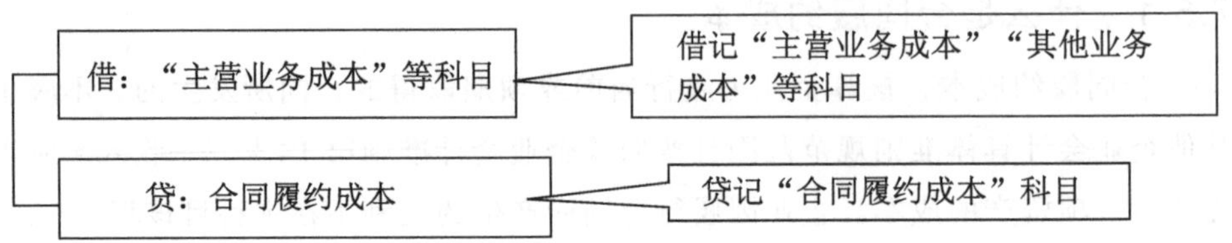

图 7-11　对合同履约成本进行摊销时的会计分录

* 案例解析

【例 7-6】甲公司于 2×19 年 12 月 1 日接受一项设备安装任务，安装期为 3 个月，合同总收入 600 000 元，至年底已预收安装费 440 000 元，实际发生安装费用为 280 000 元（假定均为安装人员薪酬），估计还将发生安装费用 120 000 元。假定甲公司按实际发生的成本占估计总成本的比例确定安装的履约进度，不考虑增值税等其他因素。甲公司的账务处理如下：

实际发生的成本占估计总成本的比例 = 280 000÷（280 000 +120 000）×100%= 70%

2×19 年 12 月 31 日，确认的劳务收入 =600 000×70%-0=420 000（元）

（1）实际发生劳务成本：

借：合同履约成本——设备安装　　280 000

　　贷：应付职工薪酬　　280 000

（2）预收劳务款：

借：银行存款　　440 000

　　贷：合同负债——×× 公司　　440 000

（3）2×19 年 12 月 31 日，确认劳务收入并结转劳务成本：

借：合同负债——×× 公司　　420 000

　　贷：主营业务收入——设备安装　　420 000

借：主营业务成本——设备安装　　280 000

　　贷：合同履约成本——设备安装　　280 000

7.6　合同取得成本

7.6.1　什么是合同取得成本

企业为取得合同发生的增量成本预期能够收回的，应当作为合同取得成本确认为一项资产。增量成本，是指企业不取得合同就不会发生的成本，例如销售佣金等。为简化实务操作，该资产摊销期限不超过一年的，可以在发生时计入当期损益。企业采用该简化处理方法的，应当对所有类似合同一致采用。企业为取得合同发生的、除预期能够收回的增量成本之外的其他支出，例如，无论是否取得合同均会发生的差旅费、投标费、为准备投标资料发生的相关费用等，应当在发生时计入当期损益，除非这些支出明确由客户承担。

7.6.2　如何使用“合同取得成本”科目

企业发生上述合同取得成本时，借记本科目，贷记“银行存款”“其他应付款”等科目；对合同取得成本进行摊销时，按照其相关性借记“销售费用”等科目，贷记本科目。涉及增值税的，还应进行相应的处理。

本科目期末借方余额，反映企业尚未结转的合同取得成本。

7.6.3　如何设置明细科目

“合同取得成本”科目的明细科目设置如表 7-6 所示。

表 7-6　合同取得成本

顺序号	会计科目名称	二级科目名称	明细科目名称	是否辅助核算	辅助核算类别
五、损益类					
	合同取得成本				
	合同取得成本	甲合同	种类	是	部门
	合同取得成本	乙合同	种类	是	部门

7.6.4 会计处理分录与案例解析

业务1：发生合同取得成本

发生合同取得成本时的会计分录如图7-12所示。

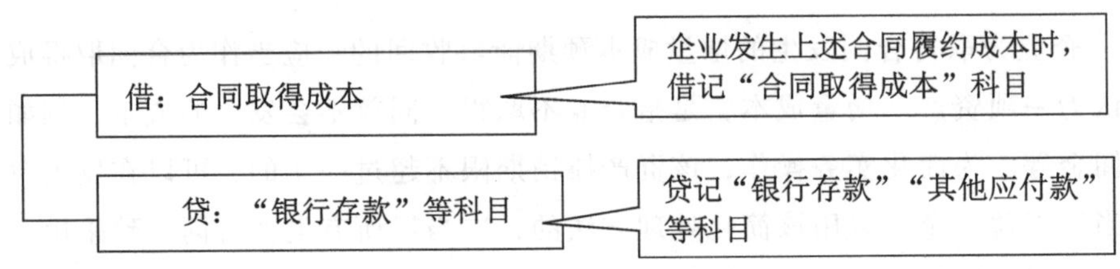

图7-12 发生合同取得成本时的会计分录

* 案例解析

【例7-7】甲公司是一家咨询公司，其通过竞标赢得一个新客户，为取得和该客户的合同，甲公司发生下列支出：（1）聘请外部律师进行尽职调查的支出为15 000元；（2）因投标发生的差旅费为10 000元；（3）销售人员佣金为5 000元。甲公司预期这些支出未来能够收回。此外，甲公司根据其年度销售目标、整体盈利情况及个人业绩等，向销售部门经理支付年度奖金10 000元。

本例中，甲公司向销售人员支付的佣金属于为取得合同发生的增量成本，应当将其作为合同取得成本确认为一项资产。甲公司聘请外部律师进行尽职调查发生的支出、为投标发生的差旅费，无论是否取得合同都会发生，不属于增量成本，因此，应当于发生时直接计入当期损益。甲公司向销售部门经理支付的年度奖金也不是为取得合同发生的增量成本。这是因为该奖金发放与否以及发放金额还取决于其他因素（包括公司的盈利情况和个人业绩），其并不能直接归属于可识别的合同。

实务中，涉及合同取得成本的安排可能会比较复杂，例如，合同续约或合同变更时需要支付额外的佣金、企业支付的佣金金额取决于客户未来的履约情况或者取决于累计取得的合同数量或金额等，企业需要运用判断，对发生的合同取得成本进行恰当的会计处理。企业因现有合同续约或发生合同变更需要支付的额外佣金，也属于为取得合同发生的增量成本。

业务2：对合同取得成本进行摊销

对合同取得成本进行摊销时的会计分录如图7-13所示。

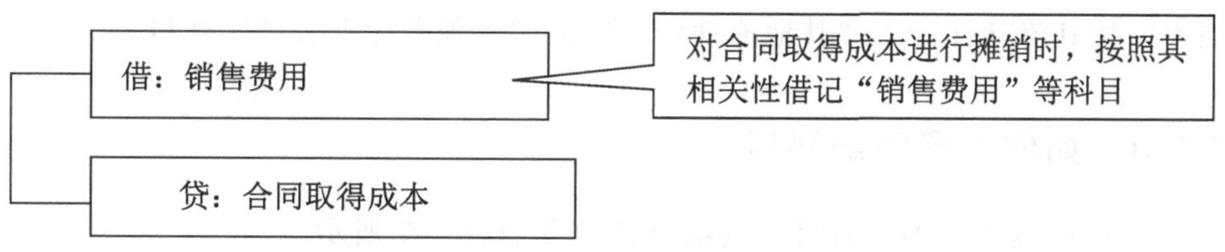

图 7-13　对合同取得成本进行摊销时的会计分录

7.7　应收退货成本

7.7.1　什么是应收退货成本

应收退货成本，是核算销售商品时预期将退回商品的账面价值，扣除收回该商品预计发生的成本（包括退回商品的价值减损）后的余额。

7.7.2　如何使用“应收退货成本”科目

企业发生附有销售退回条款的销售的，应在客户取得相关商品控制权时，按照已收或应收合同价款，借记“银行存款”“应收账款”“应收票据”“合同资产”等科目，按照因向客户转让商品而预期有权收取的对价金额（即，不包含预期因销售退回将退还的金额），贷记“主营业务收入”“其他业务收入”等科目，按照预期因销售退回将退还的金额，贷记“预计负债——应付退货款”等科目；结转相关成本时，按照预期将退回商品转让时的账面价值，扣除收回该商品预计发生的成本（包括退回商品的价值减损）后的余额，借记本科目，按照已转让商品转让时的账面价值，贷记“库存商品”等科目，按其差额，借记“主营业务成本”“其他业务成本”等科目。涉及增值税的，还应进行相应处理。

本科目期末借方余额，反映企业预期将退回商品转让时的账面价值，扣除收回该商品预计发生的成本（包括退回商品的价值减损）后的余额，在资产负债表中按其流动性计入“其他流动资产”或“其他非流动资产”项目。

7.7.3　如何设置明细科目

“应收退货成本”科目的明细科目设置如表 7-7 所示。

表 7-7　应收退货成本的明细设置

顺序号	会计科目名称	二级科目名称	明细科目名称	是否辅助核算	辅助核算类别
五、损益类					
	应收退货成本				
	应收退货成本		种类	是	部门
	应收退货成本		种类	是	部门

7.7.4　会计处理分录与案例解析

业务 1：发生附有销售退回条款的销售

发生附有销售退回条款的销售时的会计分录如图 7-14 所示。

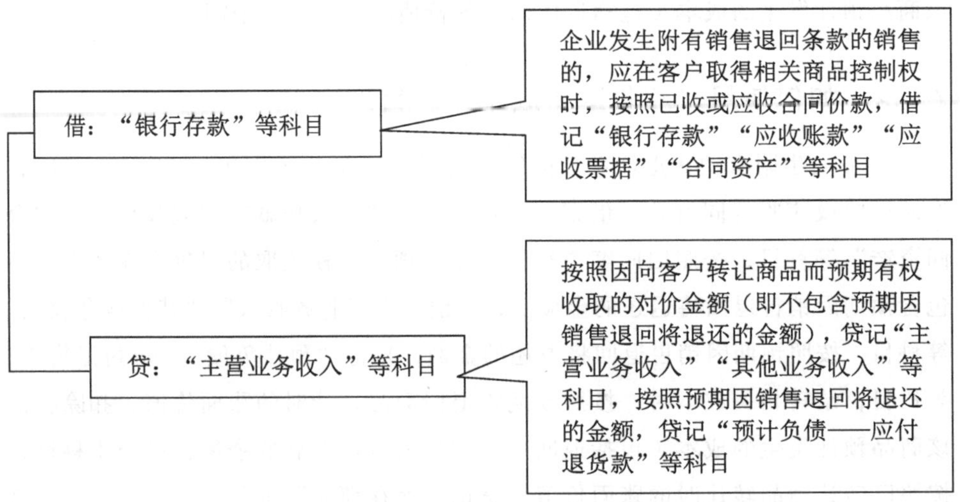

图 7-14　发生附有销售退回条款的销售时的会计分录

业务 2：结转相关成本

在销售退回中，结转相关成本时的会计分录如图 7-15 所示。

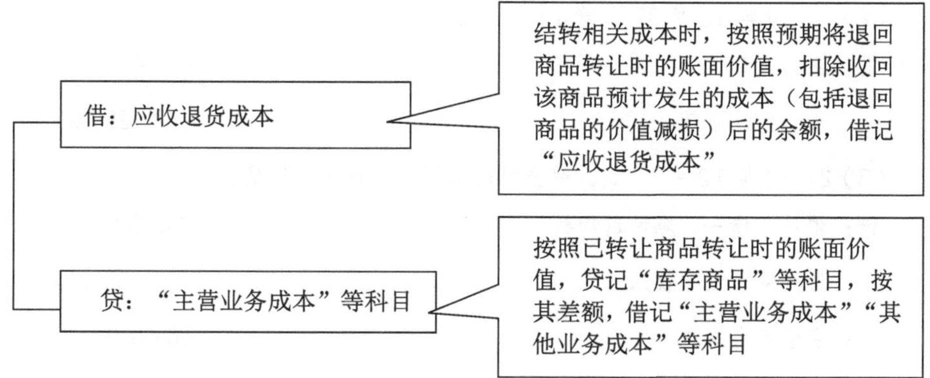

图 7–15　结转相关成本时的会计分录

* 案例解析

【例 7–8】甲公司是一家健身器材销售公司。2×19 年 11 月 1 日，甲公司向乙公司销售 5000 件健身器材，单位销售价格为 500 元，单位成本为 400 元，增值税税率为 13%，开出的增值税专用发票上注明的销售价格为 250 万元、增值税税额为 32.5 万元。健身器材已经发出，但款项尚未收到。

根据协议约定，乙公司应于 2×19 年 12 月 31 日之前支付货款，在 2×20 年 3 月 31 日之前有权退还健身器材。甲公司根据过去的经验，估计该批健身器材的退货率约为 20%。在 2×19 年 12 月 31 日，甲公司对退货率进行了重新评估，认为只有 10% 的健身器材会被退回。甲公司为增值税一般纳税人，健身器材发出时纳税义务已经发生，实际发生退回时取得税务机关开具的红字增值税专用发票。假定健身器材发出时控制权转移给乙公司。甲公司的账务处理如下：

（1）2×19 年 11 月 1 日，发出健身器材时：

借：应收账款	2 825 000	
贷：主营业务收入		2 000 000
预计负债——应付退货款		500 000
应交税费——应交增值税（销项税额）		325 000
借：主营业务成本	1 600 000	
应收退货成本	400 000	
贷：库存商品		2 000 000

（2）2×19年12月31日前收到货款时：

借：银行存款　　2 825 000

　　贷：应收账款　　2 825 000

（3）2×19年12月31日，甲公司对退货率进行重新评估：

借：预计负债——应付退货款　　250 000

　　贷：主营业务收入　　250 000

借：主营业务成本　　200 000

　　贷：应收退货成本　　200 000

（4）2×20年3月31日发生销售退回，实际退货量为400件，退货款项已经支付：

借：库存商品　　160 000

　　应交税费——应交增值税（销项税额）　　26 000

　　预计负债——应付退货款　　250 000

　　贷：应收退货成本　　160 000

　　　　主营业务收入　　50 000

　　　　银行存款　　226 000

借：主营业务成本　　40 000

　　贷：应收退货成本　　40 000

第8章 损益类科目的设置与账务处理

本章导读

企业的业务核算始于权益类科目，终于损益类科目。损益类科目是企业本期净权益“一进一出”的体现，企业最终的业务结果通过损益类科目完美诠释。该科目也是所有者和潜在投资人关注的焦点之一。本章我们将从以下几个方面学习：

（1）主营业务收入、主营业务成本等损益类科目的定义。

（2）主营业务收入、主营业务成本等损益类科目的适用范围。

（3）主营业务收入、主营业务成本等损益类科目明细科目的设置。

（4）主营业务收入、主营业务成本等损益类科目在实务中的具体业务操作。

8.1　主营业务收入

8.1.1　什么是主营业务收入

主营业务收入是指企业为完成其经营目标所从事的经常性活动实现的收入。主营业务收入一般占企业总收入的较大比重，对企业的经济效益产生较大影响。不同行业企业的主营业务收入所包括的内容不同，例如，工业企业的主营业务收入主要包括销售商品、自制半成品、代制品、代修品，提供工业性劳务等实现的收入；商业企业的主营业务收入主要包括销售商品实现的收入；咨询公司的主营业务收入主要包括提供咨询服务实现的收入；安装公司的主营业务收入主要包括提供安装服务实现的收入等。

8.1.2 如何使用“主营业务收入”科目

本科目核算企业确认的销售商品、提供劳务等主营业务的收入。

本科目可按主营业务的种类进行明细核算。

8.1.3 如何设置明细科目

“主营业务收入”科目的明细科目设置如表 8-1 所示。

表 8-1 6001 主营业务收入

顺序号	编号	会计科目名称	二级科目名称	三级科目名称	是否辅助核算	辅助核算类别
五、损益类						
	6001	主营业务收入	按主营业务的种类	按种类	是	客商、部门设置
	6001 01	主营业务收入	销售货物	按种类	是	同上
	6001 02	主营业务收入	提供劳务	按种类	是	同上
	6001 03	主营业务收入	让渡资产使用权	按种类	是	同上
	6001 04	主营业务收入	建造合同	按种类	是	同上
	6001 05	主营业务收入	其他	按种类	是	同上

8.1.4 会计处理分录与案例解析

业务 1：销售商品或提供劳务

企业销售商品或提供劳务实现的收入，应按实际收到或应收的金额，借记“银行存款”“应收账款”“应收票据”等科目，按确认的营业收入，贷记“主营业务收入”科目。按应缴纳的增值税额，贷记“应交税费——应交增值税（销项税额）”科目。销售商品或提供劳务并实现收入时的会计分录如图 8-1 所示。

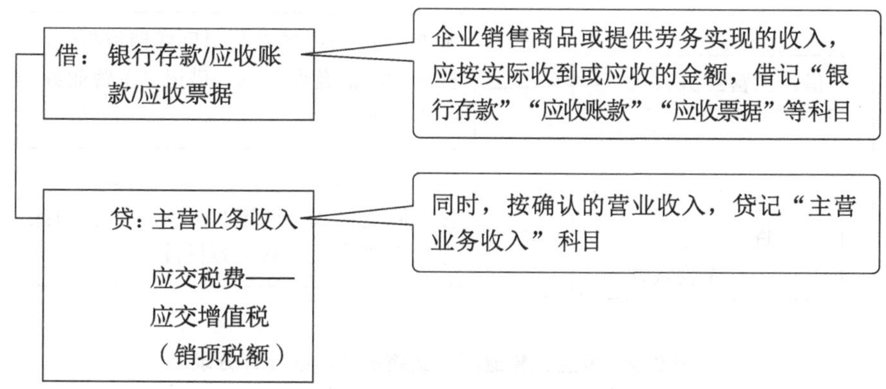

图 8-1　销售商品或提供劳务并实现收入时的会计分录

* 案例解析

【例 8-1】甲公司向乙公司销售一批产品，开出的增值税专用发票上注明的销售价格为 200 000 元、增值税税额为 26 000 元，产品已经发出，款项尚未收到。该批产品成本为 160 000 元。乙公司已将该批产品验收入库。假定不考虑其他因素。甲公司的账务处理如下：

借：应收账款　　226 000

　　贷：主营业务收入　　200 000

　　　　应交税费——应交增值税（销项税额）　　26 000

借：主营业务成本　　160 000

　　贷：库存商品　　160 000

业务 2：递延方式分期收款、具有融资性质的销售商品

相关内容在“长期应收款”已详述，在此不赘述。

业务 3：发生销售退回或销售折让

本期（月）发生的销售退回或销售折让，按应冲减的营业收入，借记“主营业务收入”科目，按实际支付或应退还的金额，贷记“银行存款”“应收账款”等科目。发生销售退回或销售折让时的会计分录如图 8-2 所示。

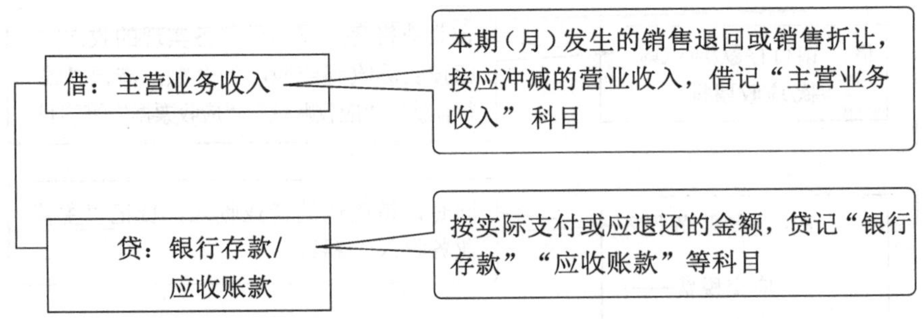

图 8-2　发生销售退回或销售折让时的会计分录

* 案例解析

【例 8-2】甲公司在2×19年12月18日向乙公司销售一批商品，开出的增值税专用发票上注明的销售价格为50 000元、增值税税额为6 500元。该批商品成本为26 000元。为及早收回货款，甲公司和乙公司约定的现金折扣条件为：2/10，1/20，*n*/30。乙公司在2×19年12月27日支付货款。2×20年5月25日，该批商品因质量问题被乙公司退回，甲公司当日支付有关款项。假定计算现金折扣时不考虑增值税及其他因素，销售退回不属于资产负债表日后事项。甲公司的账务处理如下：

（1）2×19年12月18日销售实现时，按销售总价确认收入：

借：应收账款　　56 500

　　贷：主营业务收入　　50 000

　　　　应交税费——应交增值税（销项税额）　　6 500

借：主营业务成本　　26 000

　　贷：库存商品　　26 000

（2）在2×19年12月27日收到货款时，按销售总价50 000元的2%享受现金折扣1 000（50 000×2%）元，实际收款55 500（56 500-1 000）元。

借：银行存款　　55 500

　　财务费用　　1 000

　　贷：应收账款　　56 500

（3）2×20年5月25日发生销售退回时：

借：主营业务收入　　50 000

应交税费——应交增值税（销项税额）　　6 500
　　贷：银行存款　　55 500
　　　　账务费用　　1 000
借：库存商品　　26 000
　　贷：主营业务成本　　26 000

8.2　租赁收入

8.2.1　什么是租赁收入

租赁收入又称租金收入，是指纳税人出租固定资产、包装物以及其他财产而取得的租金收入。企业租金收入，包括企业出租固定资产、包装物和其他特许权以外的资产使用权取得的收入，应全额计入收入总额，按以下原则确认收入。

（1）收入时间确认的原则。企业租金收入同时满足下列条件的，应当确认收入，计入收入总额：① 相关的经济利益预计将流入企业；② 收入的金额能够可靠地计量。一次收到多年租金的情况下，企业应当在租赁期内各个期间按照直线法确认收入的实现。

（2）收入金额确认的原则。企业租金收入金额，按照有关租赁合同或协议约定的租金全额确定。

8.2.2　如何使用“租赁收入”科目

本科目核算企业（租赁）确认的租赁收入。

本科目可按租赁资产类别进行明细核算。

8.2.3 如何设置明细科目

“租赁收入”科目的明细科目设置如表8-2所示。

表8-2 6041租赁收入

顺序号	编号	会计科目名称	二级科目名称	三级科目名称
五、损益类				
	6041	租赁收入		
	6041 01	租赁收入	固定资产	按租赁资产名称
	6041 02	租赁收入	包装物	按租赁资产名称
	6041 03	租赁收入	其他	按租赁资产名称

8.2.4 会计处理分录与案例解析

业务1：企业确认的租赁收入

相关内容在“融资租赁资产”已详述，在此不赘述。

业务2：取得或有租金

企业取得或有租金时，借记“银行存款”等科目，贷记本科目。取得或有租金时的会计分录如图8-3所示。

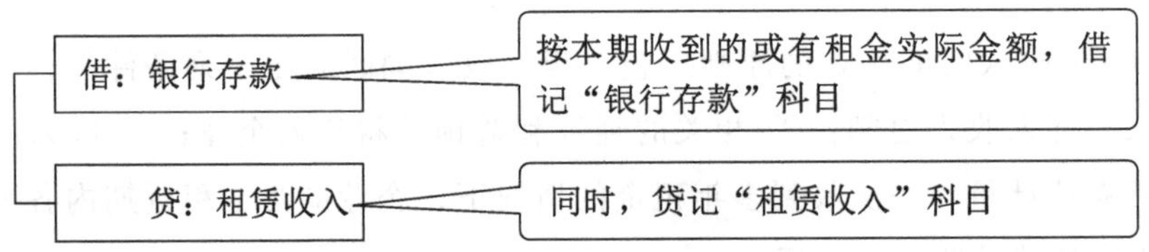

图8-3 取得或有租金时的会计分录

8.3 其他业务收入

8.3.1 什么是其他业务收入

其他业务收入是指企业为完成其经营目标所从事的与经常性活动相关的活动实现的收入。其他业务收入属于企业日常活动中次要交易实现的收入，一般占企业总收入的比重较小。不同行业企业的其他业务收入所包括的内容不同，例如，工业企业的其他业务收入主要包括对外销售材料、对外出租包装物、商品或固定资产、对外转让无形资产使用权、对外进行权益性投资（取得现金股利）或债权性投资（取得利息）、提供非工业性劳务等实现的收入。

8.3.2 如何使用“其他业务收入”科目

本科目核算企业确认的除主营业务活动以外的其他经营活动实现的收入，包括出租固定资产、出租无形资产、出租包装物和商品、销售材料、用材料进行非货币性交换（非货币性资产交换具有商业实质且公允价值能够可靠计量）或债务重组等实现的收入。

企业（保险类）经营受托管理业务收取的管理费收入，也通过本科目核算。

本科目可按其他业务收入种类进行明细核算。期末，应将本科目余额转入“本年利润”科目，结转后本科目应无余额。

8.3.3 如何设置明细科目

“其他业务收入”科目的明细科目设置如表 8-3 所示。

表 8-3　6051 其他业务收入

顺序号	编号	会计科目名称	二级科目名称	三级科目名称	是否辅助核算	辅助核算类别
五、损益类						
	6051	其他业务收入				
	6051 01	其他业务收入	材料物资及包装物销售	项目	是	部门
	6051 02	其他业务收入	代购代销	项目	是	部门

续表

顺序号	编号	会计科目名称	二级科目名称	三级科目名称	是否辅助核算	辅助核算类别
	6051 03	其他业务收入	包装物出租	项目	是	部门
	6051 04	其他业务收入	无形资产转让	项目	是	部门
	6051 05	其他业务收入	运输	项目	是	部门
	6051 06	其他业务收入	固定资产出租	项目	是	部门
	6051 07	其他业务收入	其他	项目	是	部门

8.3.4 会计处理分录与案例解析

业务：确认其他业务收入

企业确认的其他业务收入，借记“银行存款”“其他应收款”等科目，贷记“其他业务收入”科目。确认其他业务收入时的会计分录如图8-4所示。

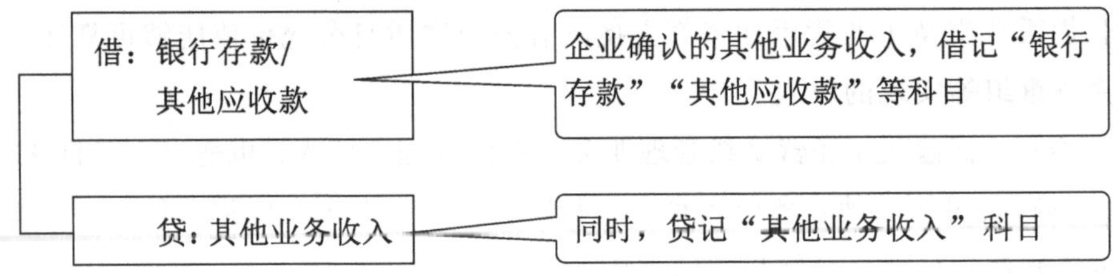

图8-4 确认其他业务收入时的会计分录

* 案例解析

【例8-3】甲公司向乙公司转让某软件的使用权，一次性收取使用费60 000元，不提供后续服务，款项已经收回。甲公司确认使用费收入时的会计分录如下：

借：银行存款　　60 000

　　贷：其他业务收入　　60 000

8.4 汇兑损益

8.4.1 什么是汇兑损益

汇兑损益亦称汇兑差额。企业在发生外币交易、兑换业务和期末账户调整及外币报表换算时，由于采用不同货币，或同一货币不同比价的汇率核算时产生的、按记账本位币折算的差额。简单地讲，汇兑损益是在各种外币业务的会计处理过程中，因采用不同的汇率而产生的会计记账本位币金额的差异。

8.4.2 如何使用“汇兑损益”科目

本科目核算企业（金融类）发生的外币交易因汇率变动而产生的汇兑损益。

期末，企业应将本科目的余额转入“本年利润”科目，结转后本科目应无余额。

8.4.3 如何设置明细科目

“汇兑损益”科目的明细科目设置如表 8-4 所示。

表 8-4　6061 汇兑损益

顺序号	编号	会计科目名称	二级科目名称	三级科目名称
五、损益类				
	6061	汇兑损益		
	6061	汇兑损益	美元	按货币分类
	6061	汇兑损益	英镑	按货币分类

8.4.4 会计处理分录与案例解析

业务：确认汇兑损益

采用统账制核算的，各外币货币性项目的外币期（月）末余额，应当按照期（月）末汇率折算为记账本位币金额。按照期（月）末汇率折算的记账本位币金额与原账面记账本位币金额之间的差额，如为汇兑收益，借记有关科目，贷记“汇兑损益”科目；如为汇兑损失做相反的会计分录。

采用分账制核算的，期（月）末将所有以外币表示的“货币兑换”科目余额按期（月）

末汇率折算为记账本位币金额，折算后的记账本位币金额与“货币兑换——记账本位币”科目余额进行比较，为贷方差额的，借记“货币兑换——记账本位币”科目，贷记“汇兑损益”科目；为借方差额的做相反的会计分录。确认汇兑损益时的会计分录如图8-5所示。

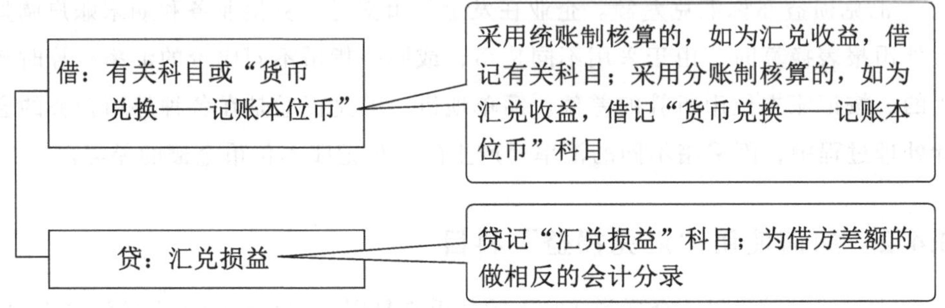

图8-5　确认汇兑损益时的会计分录

8.5　公允价值变动损益

8.5.1　什么是公允价值变动损益

公允价值变动损益是指一项资产在取得之后的计量，即后续采用公允价值计量模式时，期末资产账面价值与其公允价值之间的差额。公允价值变动对上市公司的净利润与应交所得税的影响需要根据持有期间与处置期间分别确定。

8.5.2　如何使用“公允价值变动损益”科目

本科目核算企业交易性金融资产、交易性金融负债，以及采用公允价值模式计量的投资性房地产、衍生工具、套期保值业务等公允价值变动形成的应计入当期损益的利得或损失。

指定为以公允价值计量且其变动计入当期损益的金融资产或金融负债公允价值变动形成的应计入当期损益的利得或损失，也在本科目核算。

本科目可按“交易性金融资产”“交易性金融负债”“投资性房地产”等进行明细核算。

期末，应将本科目余额转入“本年利润”科目，结转后本科目无余额。

8.5.3　如何设置明细科目

“公允价值变动损益”科目的明细科目设置如表 8-5 所示。

表 8-5　6101 公允价值变动损益

顺序号	编号	会计科目名称	二级科目名称	三级科目名称
五、损益类				
	6101	公允价值变动损益		
	6101 01	公允价值变动损益	交易性金融资产	种类
	6101 02	公允价值变动损益	交易性金融负债	种类
	6101 03	公允价值变动损益	投资性房地产	种类
	6101 04	公允价值变动损益	其他	种类

8.5.4　会计处理分录与案例解析

业务：确认公允价值变动损益

资产负债表日，企业应按交易性金融资产的公允价值高于其账面余额的，按两者的差额，借记“交易性金融资产——公允价值变动”科目，贷记“公允价值变动损益”科目；公允价值低于其账面余额的，按两者的差额做相反的会计分录。确认公允价值变动损益时的会计分录见图 8-6。

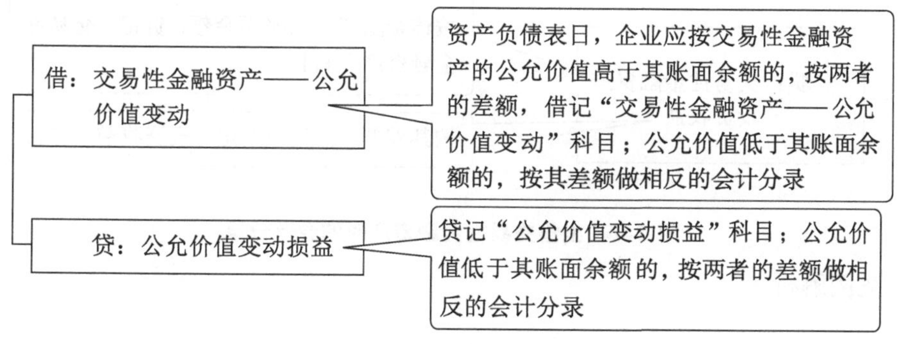

图 8-6　确认公允价值变动损益时的会计分录

* 案例解析

【例8-4】2×14年1月8日，甲公司购入丙公司发行的公司债券。该笔债券于2×13年7月1日发行，面值为25 000 000元，票面利率为4%，债券利息按年支付。甲公司将其划分为交易性金融资产，支付价款为26 000 000元（其中包含已宣告发放的债券利息500 000元），另支付交易费用300 000元。2×14年2月5日，甲公司收到该笔债券利息500 000元。2×15年2月10日，甲公司收到债券利息1 000 000元。

2×14年6月30日，甲公司购买的该笔债券的市价为25 800 000元；2×14年12月31日，甲公司购买的该笔债券的市价为25 600 000元。甲公司的会计分录如下：

（1）2×14年6月30日，确认该笔债券的公允价值变动损益时：

借：交易性金融资产——公允价值变动　　300 000

　　贷：公允价值变动损益　　300 000

（2）2×14年12月31日，确认该笔债券的公允价值变动损益时：

借：公允价值变动损益　　200 000

　　贷：交易性金融资产——公允价值变动　　200 000

（3）企业出售交易性金融资产时，应按实际收到的金额，借记“银行存款”“存放中央银行款项”等科目，按该金融资产的账面余额，贷记“交易性金融资产”科目，按其差额，借记或贷记“投资收益”科目。会计分录如图8-7所示。

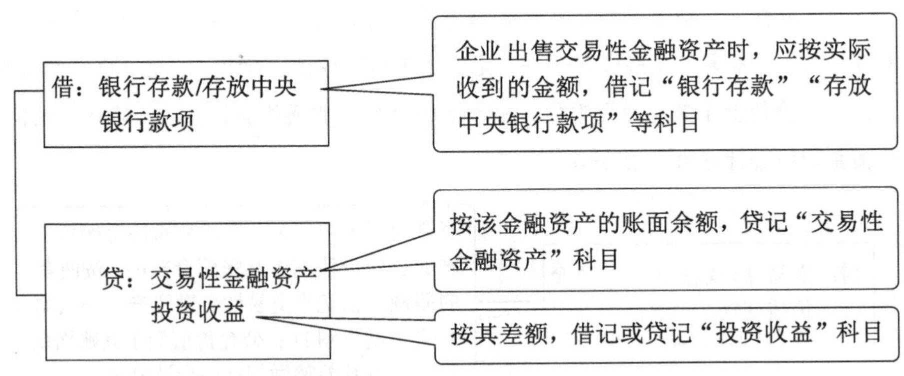

图8-7　出售交易性金融资产时的会计分录

* 案例解析

【例8-5】承【例8-4】，假定2×14年1月15日，甲公司出售了所持有的丙公司的公司债券，售价为 25 650 000 元，应做如下会计分录：

借：银行存款　　25 650 000

　　贷：交易性金融资产——成本　　25 500 000

　　　　　　　　　　——公允价值变动　　100 000

　　　　投资收益　　50 000

8.6　投资收益

8.6.1　什么是投资收益

投资收益是对外投资所取得的利润、股利和债券利息等收入减去投资损失后的净收益。企业根据《企业会计准则第 3 号——投资性房地产》确认的采用公允价值模式计量的投资性房地产的租金收入和处置损益，通过公允价值变动损益核算。处置投资性房地产的收益应计入其他业务收入。

企业处置交易性金融资产、交易性金融负债、可供出售金融资产实现的损益，在本科目核算。

企业的持有至到期投资和买入返售金融资产在持有期间取得的投资收益和处置损益，也在本科目核算。

证券公司自营证券所取得的买卖价差收入，也在本科目核算。

8.6.2　如何使用“投资收益”科目

本科目核算企业确认的投资收益或投资损失。企业（金融类）债券投资持有期间取得的利息收入，也可在“利息收入”科目核算。

本科目可按投资项目进行明细核算。

8.6.3 如何设置明细科目

“投资收益”科目的明细科目设置如表 8-6 所示。

表 8-6 6111 投资收益

顺序号	编号	会计科目名称	二级科目名称	三级科目名称
五、损益类				
	6111	投资收益		
	6111 01	投资收益	交易性金融资产	按投资项目
	6111 02	投资收益	交易性金融负债	按投资项目
	6111 03	投资收益	可供出售金融资产	按投资项目
	6111 04	投资收益	持有至到期投资	按投资项目
	6111 05	投资收益	买入返售金融资产	按投资项目
	6111 06	投资收益	其他	按投资项目

8.6.4 会计处理分录与案例解析

业务 1：企业持有金融资产期间取得的投资收益

企业持有交易性金融资产、持有至到期投资、可供出售金融资产期间取得的投资收益以及处置交易性金融资产、交易性金融负债、指定为以公允价值计量且其变动计入当期损益的金融资产或金融负债、持有至到期投资、可供出售金融资产实现的损益等都属于投资收益。

相关内容在“交易性金融资产”“持有至到期投资”“可供出售金融资产”等已详述，在此不赘述。

业务 2：成本法下，按被投资单位宣告发放现金股利

长期股权投资采用成本法核算，企业应按被投资单位宣告发放的现金股利或利润中确认属于本企业的部分，长期股权投资采用权益法核算的，应按根据被投资单位实现的净利润或经调整的净利润计算应享有的份额相关内容在“长期股权投资”已详述，在此不赘述。

8.7　营业外收入

8.7.1　什么是营业外收入

营业外收入是指企业发生的与其日常活动无直接关系的各项利得。营业外收入并不是企业经营资金耗费所产生的，不需要企业付出代价，实际上是经济利益的净流入，不可能也不需要与有关的费用进行配比。营业外收入主要包括非流动资产处置利得、盘盈利得、罚没利得、捐赠利得、确实无法支付而按规定程序经批准后转作营业外收入的应付款项等。

非流动资产处置利得包括固定资产处置利得和无形资产出售利得。固定资产处置利得，指企业出售固定资产所取得价款或报废固定资产的材料价值和变价收入等，扣除处置固定资产的账面价值、清理费用、处置相关税费后的净收益；无形资产出售利得，指企业出售无形资产所取得价款，扣除出售无形资产的账面价值、出售相关税费后的净收益。

盘盈利得，主要指对于现金等清查盘点中盘盈的现金等，报经批准后计入营业外收入的金额。

罚没利得，指企业取得的各项罚款，在弥补由于对违反合同或协议而造成的经济损失后的罚款净收益。

捐赠利得，指企业接受捐赠产生的利得。

8.7.2　如何使用“营业外收入”科目

本科目核算企业发生的各项营业外收入，主要包括非流动资产处置利得、非货币性资产交换利得、债务重组利得、政府补助、盘盈利得、捐赠利得等。

本科目可按营业外收入项目进行明细核算。

企业确认处置非流动资产利得、非货币性资产交换利得、债务重组利得，比照“固定资产清理”“无形资产”“原材料”“库存商品”“应付账款”等科目的相关规定进行处理。

确认的政府补助利得，借记“银行存款”“递延收益”等科目，贷记本科目。

期末，应将本科目余额转入“本年利润”科目，结转后本科目无余额。

8.7.3 如何设置明细科目

“营业外收入”科目的明细科目设置如表 8-7 所示。

表 8-7 6301 营业外收入

顺序号	编号	会计科目名称	二级科目名称	三级科目名称
五、损益类				
	6301	营业外收入		
	6301 01	营业外收入	处置非流动资产收益	项目
	6301 01 01	营业外收入	处置非流动资产收益	固定资产处置利得
	6301 01 02	营业外收入	处置非流动资产收益	无形资产出售利得
	6301 02	营业外收入	非货币性资产交换利得	项目
	6301 03	营业外收入	债务重组收益	项目
	6301 04	营业外收入	捐赠收入	项目
	6301 05	营业外收入	物资盘盈	项目
	6301 06	营业外收入	罚款收入	项目
	6301 07	营业外收入	赔偿收入	项目
	6301 08	营业外收入	其他	项目

8.7.4 会计处理分录与案例解析

相关内容在与“融资租赁资产”“应付账款”“长期股权投资”科目相关的内容中已详述，在此不再赘述。

8.8 主营业务成本

8.8.1 什么是主营业务成本

主营业务成本是指企业销售商品、提供劳务等经常性活动所发生的成本。

企业一般在确认销售商品、提供劳务等主营业务收入时，或在月末，将已销售商品、已提供劳务的成本结转入主营业务成本。

8.8.2　如何使用“主营业务成本”科目

本科目核算企业确认销售商品、提供劳务等主营业务收入时应结转的成本。

本科目可按主营业务的种类进行明细核算。

期末，企业应将本科目的余额转入“本年利润”科目，结转后本科目无余额。

8.8.3　如何设置明细科目

“主营业务成本”科目的明细科目设置如表 8-8 所示。

表 8-8　6401 主营业务成本

顺序号	编号	会计科目名称	二级科目名称	三级科目名称	是否辅助核算	辅助核算类别
五、损益类						
	6401	主营业务成本				
	6401 01	主营业务成本	销售货物成本	按种类设置	是	部门
	6401 02	主营业务成本	提供劳务成本	按种类设置	是	部门
	6401 03	主营业务成本	让渡资产使用权成本	按种类设置	是	部门
	6401 04	主营业务成本	建造合同成本	按种类设置	是	部门
	6401 05	主营业务成本	其他	按种类设置	是	部门

8.8.4　会计处理分录与案例解析

业务 1：结转主营业务成本

期（月）末，企业应根据本期（月）销售各种商品、提供各种劳务等实际成本，计算应结转的主营业务成本，借记“主营业务成本”科目，贷记“库存商品”“劳务成本”等科目。

采用计划成本或售价核算库存商品的，平时的营业成本按计划成本或售价结转，月末，还应结转本月销售商品应分摊的产品成本差异或商品进销差价。结转主营业务成本时的会计分录如图 8-8 所示。

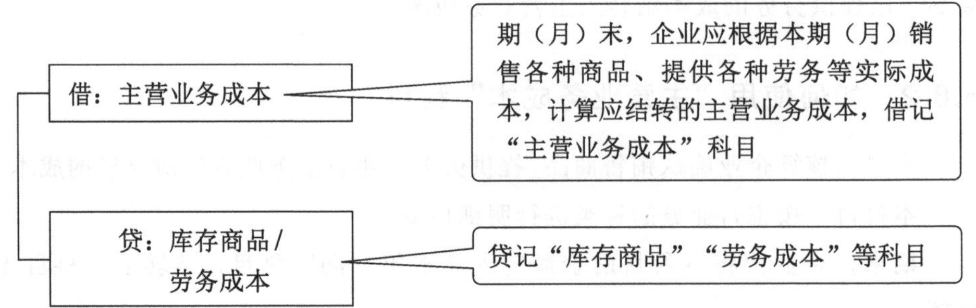

图 8-8　结转主营业务成本时的会计分录

业务 2：确认建造合同收入

确认建造合同收入，按应确认的合同费用，借记“主营业务成本”科目，按应确认的合同收入，贷记“主营业务收入”科目，按其差额，借记或贷记“工程施工——合同毛利”科目。合同完工时，已计提存货跌价准备的，还应结转跌价准备。确认建造合同收入时的会计分录如图 8-9 所示。

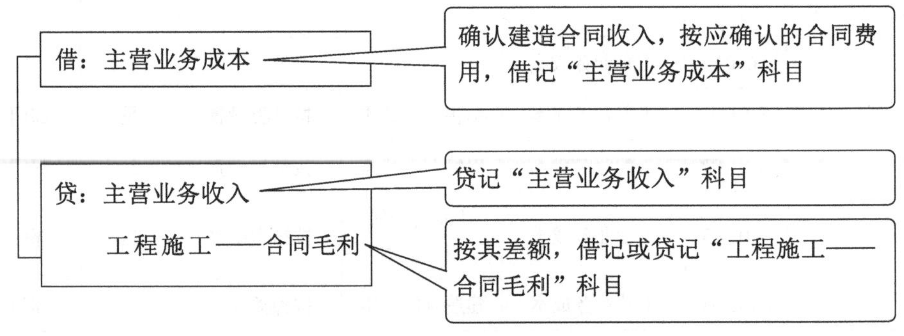

图 8-9　确认建造合同收入时的会计分录

* 案例解析

【例 8-6】 某建筑公司签订了一项合同总金额为 10 000 000 元的固定造价合同，合同规定的工期为 3 年。假定经计算，第一年完工进度为 30%，第二年完工进度已达 80%。经测定，前两年的合同预计总成本均为 8 000 000 元。第三年工程全部完成，累计实际发生合同成本 7 500 000 元。根据上述资料计算各期确认的合同收入和费用如下：

第一年确认的合同收入 =10 000 000×30% =3 000 000（元）

第一年确认的合同毛利 =（10 000 000-8 000 000）×30% =600 000（元）

第一年确认的合同费用 =3 000 000-600 000=2 400 000（元）

相关账务处理如下：

借：主营业务成本　　2 400 000

　　工程施工——合同毛利　　600 000

　　贷：主营业务收入　　3 000 000

第二年确认的合同收入 =（10 000 000×80%）-3 000 000=5 000 000（元）

第二年确认的合同毛利 =（10 000 000-8 000 000）×80% -600 000=1 000 000（元）

第二年确认的合同费用 =5 000 000-1 000 000=4 000 000（元）

相关账务处理如下：

借：主营业务成本　　4 000 000

　　工程施工——合同毛利　　1 000 000

　　贷：主营业务收入　　5 000 000

第三年确认的合同收入 =10 000 000-（3 000 000+5 000 000）=2 000 000（元）

第三年确认的合同毛利 =（10 000 000-7 500 000）-（600 000+1 000 000）=900 000（元）

第三年确认的合同费用：2 000 000-900 000=1 100 000（元）

相关账务处理如下：

借：主营业务成本　　1 100 000

　　工程施工——合同毛利　　900 000

　　贷：主营业务收入　　2 000 000

8.9 其他业务成本

8.9.1 什么是其他业务成本

其他业务成本是指企业除主营业务活动以外的其他经营活动所发生的成本。

8.9.2 如何使用“其他业务成本”科目

本科目核算企业确认的除主营业务活动以外的其他经营活动所发生的支出，包括销售材料的成本、出租固定资产的折旧额、出租无形资产的摊销额、出租包装物的成本或摊销额等。

除主营业务活动以外的其他经营活动发生的相关税费，在“税金及附加”科目核算。

采用成本模式计量投资性房地产的，其投资性房地产计提的折旧额或摊销额，也通过本科目核算。

本科目可按其他业务成本的种类进行明细核算。

期末，企业应将本科目余额转入“本年利润”科目，结转后本科目无余额。

8.9.3 如何设置明细科目

“其他业务成本”科目的明细科目设置如表8-9所示。

表8-9 6402 其他业务成本

顺序号	编号	会计科目名称	二级科目名称	三级科目名称	是否辅助核算	辅助核算类别
五、损益类						
	6402	其他业务成本				
	6402 01	其他业务成本	材料销售成本	种类	是	部门
	6402 02	其他业务成本	代购代销费用	种类	是	部门
	6402 03	其他业务成本	包装物出租成本	种类	是	部门
	6402 04	其他业务成本	出租固定资产的折旧额	种类	是	部门
	6402 05	其他业务成本	出租无形资产的摊销额	种类	是	部门

续表

顺序号	编号	会计科目名称	二级科目名称	三级科目名称	是否辅助核算	辅助核算类别
	6402 06	其他业务成本	投资性房地产计提	种类	是	部门
	6402 07	其他业务成本	其他	种类	是	部门

8.9.4　会计处理分录与案例解析

业务：发生其他业务成本

企业发生的其他业务成本，借记“其他业务成本”科目，贷记“原材料”“周转材料”“累计折旧”“累计摊销”“应付职工薪酬”“银行存款”等科目。发生其他业务成本时的会计分录如图 8-10 所示。

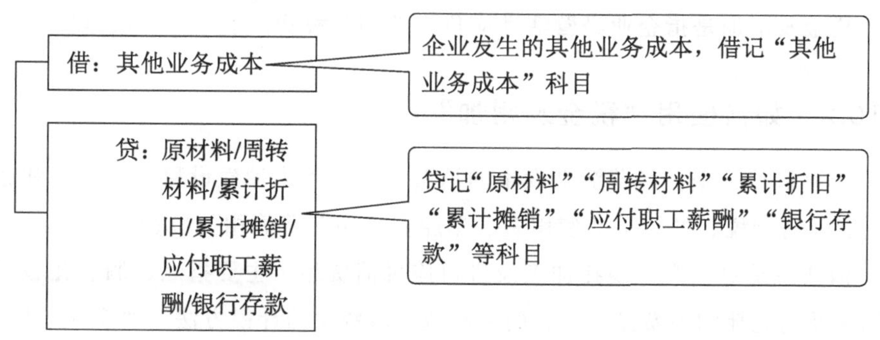

图 8-10　发生其他业务成本时的会计分录

* 案例解析

【例 8-7】甲公司销售一批原材料，开出的增值税专用发票上注明的售价为 10 000 元，增值税税额为 1 300 元，款项已由银行收妥。该批原材料的实际成本为 9 000 元。甲公司会计处理如下：

（1）取得原材料销售收入：

借：银行存款　　11 300

　　贷：其他业务收入　　10 000

　　　　应交税费——应交增值税（销项税额）　　1 300

（2）结转已销原材料的实际成本：

借：其他业务成本　　9 000

　　贷：原材料　　9 000

8.10 税金及附加

8.10.1 什么是税金及附加

税金及附加是指企业经营活动应负担的相关税费。

8.10.2 如何使用“税金及附加”科目

本科目核算企业经营活动发生的消费税、城市维护建设税、资源税和教育费附加及房产税、城镇土地使用费、车船费、印花费等相关税费。

消费税是对生产、委托加工及进口应税消费品（主要指烟、酒、化妆品、高档次及高能耗的消费品）征收的一种税。消费税的计税方法主要有从价定率、从量定额及从价定率和从量定额复合计税3种。从价定率是根据商品销售价格和规定的税率计算应交消费税；从量定率是根据商品销售数量和规定的单位税额计算应交的消费税；复合计税是两者的结合。

城市维护建设税（以下简称城建税）和教育费附加是对从事生产经营活动的单位和个人，以其实际缴纳的增值税、消费税为依据，按纳税人所在地适用的不同税率计算征收的一种税。

资源税是对在我国境内开采国家规定的矿产资源和生产用盐单位、个人征收的一种税，按应税数量和规定的单位税额计算。如开采石油、煤炭、天然气企业需按开采的数量计算缴纳资源税。

期末，应将本科目余额转入“本年利润”科目，结转后本科目无余额。

8.10.3 如何设置明细科目

“税金及附加”科目的明细科目设置如表8-10所示。

表 8-10　6403 税金及附加

顺序号	编号	会计科目名称	二级科目名称	三级科目名称
五、损益类				
	6403	税金及附加		
	6403 01	税金及附加	消费税	项目名称
	6403 02	税金及附加	城建税	项目名称
	6403 03	税金及附加	资源税	项目名称
	6403 04	税金及附加	教育费附加	项目名称
	6403 05	税金及附加	城建教育费附加	项目名称
	6403 06	税金及附加	房产税	项目名称
	6403 07	税金及附加	土地使用税	项目名称

8.10.4　会计处理分录与案例解析

企业按规定计算确定的与经营活动相关的税费，借记“税金及附加”科目，贷记“应交税费”科目。确定税金及附加时的会计分录如图 8-11 所示。

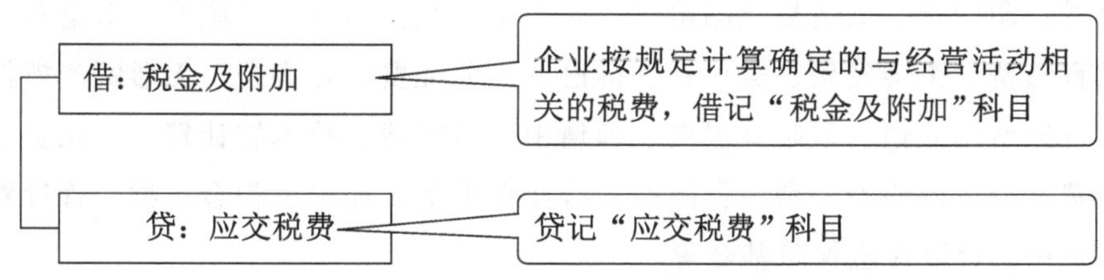

图 8-11　确定税金及附加时的会计分录

* 案例解析

【例 8-8】某企业销售所生产的化妆品，价款 2 000 000 元（不含增值税），适用的消费税税率为 30%。甲企业的有关会计分录如下：

借：税金及附加　　600 000

　　贷：应交税费——应交消费税　　600 000

应交消费税额 =2 000 000×30%=600 000（元）

8.11 销售费用

8.11.1 什么是销售费用

销售费用是指企业在销售商品和材料、提供劳务过程中发生的各项费用。

8.11.2 如何使用“销售费用”科目

本科目核算企业销售商品和材料、提供劳务的过程中发生的各种费用，包括保险费、包装费、展览费和广告费、商品维修费、预计产品质量保证损失、运输费、装卸费等以及为销售本企业商品而专设的销售机构（含销售网点、售后服务网点等）的职工薪酬、业务费、折旧费等经营费用。

企业发生的与专设销售机构相关的固定资产修理费用等后续支出，也在本科目核算。

企业（金融类）应将本科目改为“业务及管理费”科目，核算企业（金融类）在业务经营和管理过程中所发生的各项费用，包括折旧费、业务宣传费、业务招待费、电子设备运转费、钞币运送费、安全防范费、邮电费、劳动保护费、外事费、印刷费、低值易耗品摊销、职工工资及福利费、差旅费、水电费、职工教育经费、工会经费、会议费、诉讼费、公证费、咨询费、无形资产摊销、长期待摊费用摊销、取暖降温费、聘请中介机构费、技术转让费、绿化费、董事会费、财产保险费、劳动保险费、待业保险费、住房公积金、物业管理费、研究费用、提取保险保障基金等。

企业（金融类）不应设置“管理费用”科目。

本科目可按费用项目进行明细核算。期末，企业应将本科目余额转入“本年利润”科目，结转后本科目无余额。

8.11.3 如何设置明细科目

“销售费用”科目的明细科目设置如表8-11所示。

表 8-11　6601 销售费用

顺序号	编号	会计科目名称	二级科目名称	三级科目名称	四级科目名称	五级科目名称
五、损益类						
	6601	销售费用				部门
	6601 01	销售费用	职工薪酬			部门
	6601 01 01	销售费用	职工薪酬	基本工资		部门
	6601 01 01 01	销售费用	职工薪酬	基本工资	在册职工工资	部门
	6601 01 01 02	销售费用	职工薪酬	基本工资	非在册职工工资	部门
	6601 01 02	销售费用	职工薪酬	劳务费		部门
	6601 01 02 01	销售费用	职工薪酬	劳务费	劳务派遣费	部门
	6601 01 02 02	销售费用	职工薪酬	劳务费	保安服务费	部门
	6601 01 02 03	销售费用	职工薪酬	劳务费	其他	部门
	6601 01 03	销售费用	职工薪酬	工会经费		部门
	6601 01 04	销售费用	职工薪酬	职工教育经费		部门
	6601 01 05	销售费用	职工薪酬	社会保险费		
	6601 01 05 01	销售费用	职工薪酬		养老保险	
	6601 01 05 02	销售费用	职工薪酬		工伤保险	
	6601 01 05 03	销售费用	职工薪酬		失业保险	
	6601 01 05 04	销售费用	职工薪酬		医疗保险	部门

续表

顺序号	编号	会计科目名称	二级科目名称	三级科目名称	四级科目名称	五级科目名称
	6601 01 05 05	销售费用	职工薪酬		计划生育保险	部门
	6601 01 06	销售费用	职工薪酬	住房公积金	大额互助金	部门
	6601 01 07	销售费用	职工薪酬	职工福利		部门
	6601 01 08	销售费用	职工薪酬	辞退福利		部门
	6601 02	销售费用	折旧费			部门
	6601 03	销售费用	长期待摊费用			部门
	6601 04	销售费用	无形资产摊销			部门
	6601 05	销售费用	费用摊销			部门
	6601 06	销售费用	能源费用			部门
	6601 06 01	销售费用	能源费用	水费		部门
	6601 06 02	销售费用	能源费用	电费		部门
	6601 06 03	销售费用	能源费用	燃料费		部门
	6601 06 04	销售费用	能源费用	其他		部门
	6601 07	销售费用	车辆费用			部门
	6601 07 01	销售费用	车辆费用	修理费		部门
	6601 07 02	销售费用	车辆费用	燃油费		部门
	6601 07 03	销售费用	车辆费用	保险费		部门
	6601 08	销售费用	印刷费用	其他		部门
	6601 09	销售费用	邮电费			部门
	6601 10	销售费用	业务招待费			部门
	6601 11	销售费用	会议费			部门
	6601 12	销售费用	接待费用			部门
	6601 13	销售费用	服装费			部门
	6601 14	销售费用	洗涤费			部门
	6601 15	销售费用	物料消耗			部门

续表

顺序号	编号	会计科目名称	二级科目名称	三级科目名称	四级科目名称	五级科目名称
	6601 16	销售费用	劳动保护费			部门
	6601 17	销售费用	修理费			部门
	6601 18	销售费用	招待费			部门
	6601 19	销售费用	绿化及植物租摆费			部门
	6601 20	销售费用	排污及环卫费用			部门
	6601 21	销售费用	消防费			部门
	6601 22	销售费用	广告宣传费			部门
	6601 23	销售费用	销售佣金			部门
	6601 24	销售费用	业务推广费			部门
	6601 25	销售费用	音乐娱乐			部门
	6601 26	销售费用	电视收视费			部门
	6601 27	销售费用	包装费			部门
	6601 28	销售费用	差旅费			部门
	6601 29	销售费用	运输及装卸费			部门
	6601 30	销售费用	员工招聘及培训费			部门
	6601 31	销售费用	咨询审计及诉讼费			部门
	6601 32	销售费用	财产保险费			部门
	6601 33	销售费用	租赁费			部门
	6601 34	销售费用	各项税费			部门
	6601 34 01	销售费用		房产税		部门
	6601 34 02	销售费用		土地使用费		部门
	6601 34 03	销售费用		其他		部门
	6601 35	销售费用	其他			部门

8.11.4 会计处理分录与案例解析

业务：发生销售费用

（1）企业在销售商品过程中发生的包装费、保险费、展览费和广告费、运输费、装卸费等费用，借记“销售费用”科目，贷记“库存现金”“银行存款”等科目。发生销售费用时的会计分录如图8-12所示。

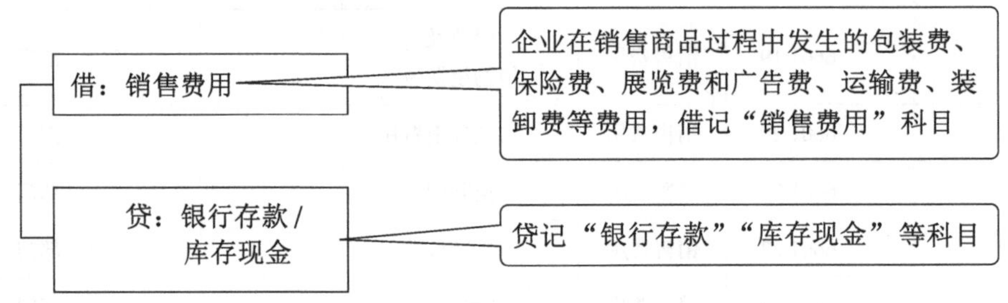

图8-12 发生销售费用时的会计分录

（2）企业发生的为销售本企业商品而专设的销售机构的职工薪酬、业务费等经营费用，借记“销售费用”科目，贷记“应付职工薪酬”“银行存款”“累计折旧”等科目。会计分录如图8-13所示。

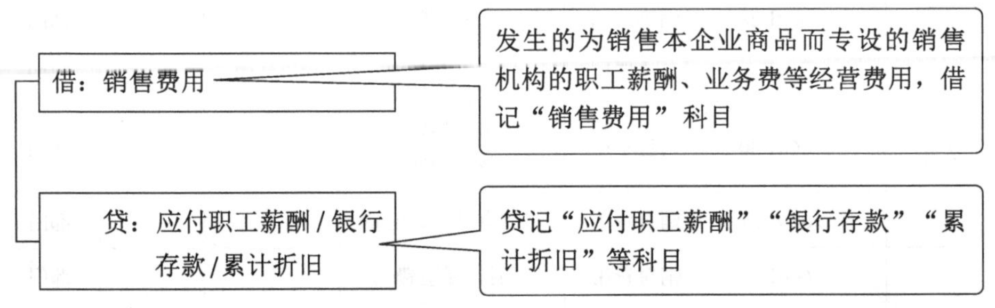

图8-13 为销售商品而专设销售机构的经营费用的会计分录

* 案例解析

【例8-9】甲公司某月销售商品须用不单独计价包装物的计划成本为50 000元，材料成本差异率为-3%。

借：销售费用　　48 500

　　材料成本差异　　1 500

　贷：周转材料——包装物　　50 000

【例 8-10】乙公司 2×14 年 6 月固定资产计提折旧情况如下：一车间厂房计提折旧 3 800 000 元，机器设备计提折旧 4 500 000 元；管理部门房屋建筑物计提折旧 6 500 000 元，运输工具计提折旧 2 400 000 元；销售部门房屋建筑物计提折旧 3 200 000 元，运输工具计提折旧 2 630 000 元。当月新购置机器设备一台，价值为 5 400 000 元，预计使用寿命为 10 年，该企业同类设备计提折旧采用年限平均法。

本例中，新购置的机器设备本月不计提折旧。本月计提的折旧费用中，车间使用的固定资产计提的折旧费用计入制造费用，管理部门使用的固定资产计提的折旧费用计入管理费用，销售部门使用的固定资产计提的折旧费用计入销售费用。乙公司应做如下会计分录：

借：制造费用——一车间　　8 300 000
　　管理费用　　8 900 000
　　销售费用　　5 830 000
　　贷：累计折旧　　23 030 000

8.12　管理费用

8.12.1　什么是管理费用

管理费用是指企业为组织和管理生产经营活动而发生的各种管理费用。

8.12.2　如何使用“管理费用”科目

本科目核算企业为组织和管理企业生产经营所发生的管理费用，包括企业在筹建期间内发生的开办费、董事会和行政管理部门在企业的经营管理中发生的或者应由企业统一负担的公司经费（包括行政管理部门职工工资及福利费、物料消耗、低值易耗品摊销、办公费和差旅费等）、工会经费、董事会费（包括董事会成员津贴、会议费和差旅费等）、聘请中介机构费、咨询费（含顾问费）、诉讼费、业务招待费、房产税、车船使用税、土地使用税、印花税、技术转让费、矿产资源补偿费、研究费用、排污费等。

企业（商品流通）管理费用不多的，可不设置本科目，可将本科目的核算内容可并入“销售费用”科目核算。

企业生产车间（部门）和行政管理部门等发生的固定资产修理费用等后续支出，也在本科目核算。

本科目可按费用项目进行明细核算。期末，企业应将本科目的余额转入“本年利润”科目，结转后本科目无余额。

8.12.3 如何设置明细科目

“管理费用”科目的明细科目设置如表8-12所示。

表8-12 6602管理费用

顺序号	编号	会计科目名称	二级科目名称	三级科目名称	四级科目名称	五级科目名称
五、损益类						
	6602	管理费用				部门
	6602 01	管理费用	职工薪酬			部门
	6602 01 01	管理费用	职工薪酬	基本工资		部门
	6602 01 01 01	管理费用	职工薪酬	基本工资	在册职工	部门
	6602 01 01 02	管理费用	职工薪酬	基本工资	非在册职工	部门
	6602 01 02	管理费用	职工薪酬	劳务费		部门
	6602 01 02 01	管理费用	职工薪酬	劳务费	劳务派遣费	部门
	6602 01 02 02	管理费用	职工薪酬	劳务费	保安服务费	部门
	6602 01 02 03	管理费用	职工薪酬	劳务费	其他	部门
	6602 01 03	管理费用	职工薪酬	工会经费		部门

续表

顺序号	编号	会计科目名称	二级科目名称	三级科目名称	四级科目名称	五级科目名称
	6602 01 04	管理费用	职工薪酬	职工教育经费		部门
	6602 01 05	管理费用	职工薪酬	社会保险费		
	6602 01 05 01	管理费用	职工薪酬		养老保险	
	6602 01 05 02	管理费用	职工薪酬		工伤保险	
	6602 01 05 03	管理费用	职工薪酬		失业保险	
	6602 01 05 04	管理费用	职工薪酬		医疗保险	部门
	6602 01 05 05	管理费用	职工薪酬		计划生育保险	部门
	6602 01 06	管理费用	职工薪酬	住房公积金	大额互助金	部门
	6602 01 07	管理费用	职工薪酬	职工福利		部门
	6602 01 08	管理费用	职工薪酬	辞退福利		部门
	6602 02	管理费用	折旧费			部门
	6602 03	管理费用	长期待摊费用			部门
	6602 04	管理费用	无形资产摊销			部门
	6602 05	管理费用	费用摊销			部门
	6602 06	管理费用	能源费用			部门
	6602 06 01	管理费用	能源费用	水费		部门
	6602 06 02	管理费用	能源费用	电费		部门
	6602 06 03	管理费用	能源费用	燃料费		部门
	6602 06 04	管理费用	能源费用	其他		部门

续表

顺序号	编号	会计科目名称	二级科目名称	三级科目名称	四级科目名称	五级科目名称
	6602 07	管理费用	车辆费用			部门
	6602 07 01	管理费用	车辆费用	修理费		部门
	6602 07 02	管理费用	车辆费用	燃油费		部门
	6602 07 03	管理费用	车辆费用	保险费		部门
	6602 08	管理费用	印刷费用	其他		部门
	6602 09	管理费用	邮电费			部门
	6602 10	管理费用	业务招待费			部门
	6602 11	管理费用	会议费			部门
	6602 12	管理费用	接待费用			部门
	6602 13	管理费用	服装费			部门
	6602 14	管理费用	洗涤费			部门
	6602 15	管理费用	物料消耗			部门
	6602 16	管理费用	劳动保护费			部门
	6602 17	管理费用	修理费			部门
	6602 18	管理费用	招待费			部门
	6602 19	管理费用	绿化及植物租摆费			部门
	6602 20	管理费用	排污及环卫费用			部门
	6602 21	管理费用	消防费			部门
	6602 22	管理费用	广告宣传费			部门
	6602 23	管理费用	销售佣金			部门
	6602 24	管理费用	业务推广费			部门
	6602 25	管理费用	音乐娱乐			部门
	6602 26	管理费用	电视收视费			部门
	6602 27	管理费用	包装费			部门
	6602 28	管理费用	差旅费			部门

续表

顺序号	编号	会计科目名称	二级科目名称	三级科目名称	四级科目名称	五级科目名称
	6602 29	管理费用	运输及装卸费			部门
	6602 30	管理费用	员工招聘及培训费			部门
	6602 31	管理费用	咨询审计及诉讼费			部门
	6602 32	管理费用	财产保险费			部门
	6602 33	管理费用	租赁费			部门
	6602 34	管理费用	各项税费			部门
	6602 34 01	管理费用	各项税费	印花税		部门
	6602 34 02	管理费用	各项税费	车船使用税		部门
	6602 34 03	管理费用	各项税费	房产税		部门
	6602 34 04	管理费用	各项税费	土地使用税		部门
	6602 34 05	管理费用	各项税费	残疾人保障金		部门
	6602 35	管理费用	盘亏损失			部门
	6602 36	管理费用	技术开发费			部门
	6602 37	管理费用	董事会费			部门
	6602 38	管理费用	退休人员补贴			部门
	6602 39	管理费用	其他			部门

8.12.4　会计处理分录与案例解析

业务：发生管理费用

（1）企业在筹建期间内发生的开办费，包括人员工资、办公费、培训费、差旅费、印刷费、注册登记费以及不计入固定资产成本的借款费用等在实际发生时，借记“管理费用——开办费”科目，贷记“银行存款”等科目。发生开办费用时的会计分录如图 8-14 所示。

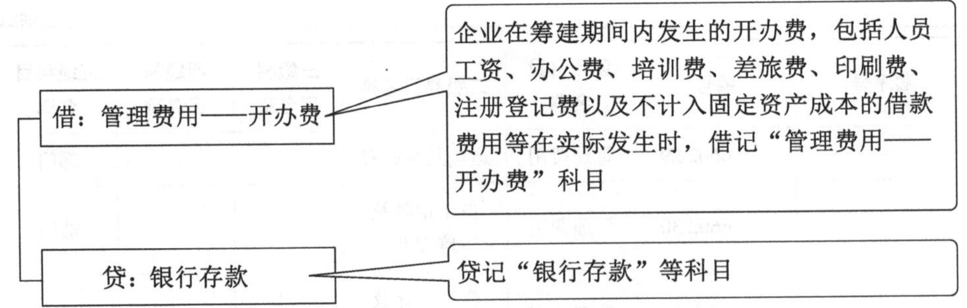

图 8-14　发生开办费用时的会计分录

（2）计提行政管理部门人员的职工薪酬，借记“管理费用”科目，贷记“应付职工薪酬”科目。会计分录如图 8-15 所示。

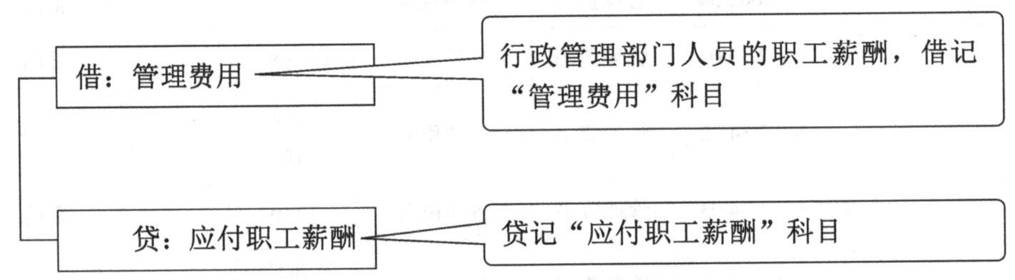

图 8-15　计提行政管理部门人员职工薪酬时的会计分录

（3）发生的办公费、水电费、业务招待费、聘请中介机构费、咨询费、诉讼费、技术转让费、研究费用，借记“管理费用”科目，贷记“银行存款”“研发支出”等科目。会计分录如图 8-16 所示。

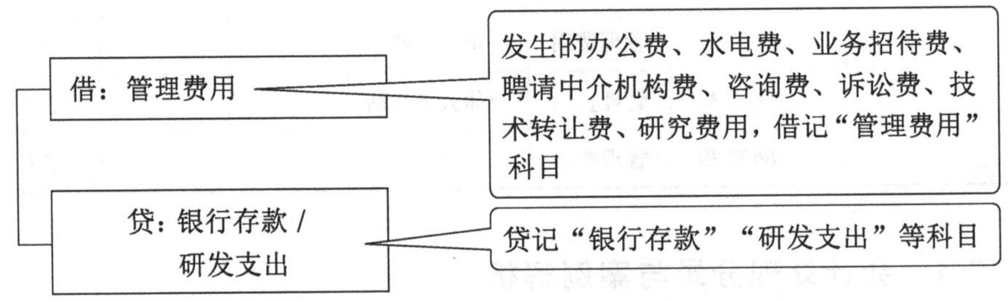

图 8-16　发生办公费等费用时的会计分录

（4）按规定计算确定的应交矿产资源补偿费、房产税、车船使用税、土地使用税、印花税，借记“管理费用”科目，贷记“应交税费”科目。会计分录如图 8-17 所示。

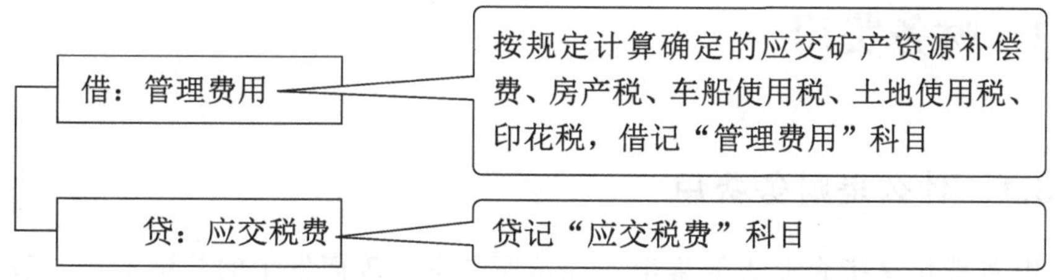

图 8–17　计提矿产资源补偿费等税费时的会计分录

＊ 案例解析

【例 8–11】 2×14 年 8 月 1 日，乙公司对其现有的一台管理部门使用的设备进行修理，修理过程中发生支付维修人员工资为 5 000 元。

本例中，乙公司对管理用设备的维修没有满足固定资产的确认条件，因此，其应将该项固定资产后续支出在其发生时计入当期损益。由于该项固定资产后续支出属于生产车间（部门）和行政管理部门等发生的固定资产修理费用等，所以其应计入“管理费用”科目。乙公司应做如下会计分录：

借：管理费用　　5 000

　　贷：应付职工薪酬　　5 000

【例 8–12】 甲公司购买了一项特许权，成本为 4 800 000 元，合同规定受益年限为 10 年，甲公司每月应摊销 40 000（4 800 000÷10÷12）元。每月摊销时，甲公司应做如下会计分录：

借：管理费用　　40 000

　　贷：累计摊销　　40 000

【例 8–13】 根据供电部门通知，丙企业本月应支付电费 48 000 元，其中，生产车间电费 32 000 元，企业行政管理部门电费 16 000 元，款项尚未支付。丙企业的有关会计分录如下：

借：制造费用　　32 000

　　管理费用　　16 000

　　贷：应付账款——×× 电力公司　　48 000

8.13 财务费用

8.13.1 什么是财务费用

财务费用是指企业为筹集生产经营所需资金等而发生的筹资费用，包括利息支出（减利息收入）、汇兑损益以及相关的手续费、企业发生的现金折扣或收到的现金折扣等。

8.13.2 如何使用“财务费用”科目

本科目核算企业为筹集生产经营所需资金等而发生的筹资费用，包括利息支出（减利息收入）、汇兑损益以及相关的手续费、企业发生的现金折扣或收到的现金折扣等。

为购建或生产满足资本化条件的资产发生的应予资本化的借款费用，在“在建工程”“制造费用”等科目核算。

本科目可按费用项目进行明细核算。期末，企业应将本科目余额转入“本年利润”科目，结转后本科目无余额。

8.13.3 如何设置明细科目

“财务费用”科目的明细科目设置如表 8-13 所示。

表 8-13　6603 财务费用

顺序号	编号	会计科目名称	二级科目名称	三级科目名称
五、损益类				
	6603	财务费用		
	6603 01	财务费用	利息支出	可按费用项目
	6603 02	财务费用	利息收入	可按费用项目
	6603 03	财务费用	汇兑损失	可按费用项目
	6603 04	财务费用	汇兑收益	可按费用项目
	6603 05	财务费用	手续费	可按费用项目
	6603 05 01	财务费用	手续费	信用卡刷卡手续费

续表

顺序号	编号	会计科目名称	二级科目名称	三级科目名称
	6603 05 02	财务费用	手续费	工本费及汇款手续费
	6603 06	财务费用	往来折现	可按费用项目
	6603 07	财务费用	其他	可按费用项目

8.13.4　会计处理分录与案例解析

业务 1：发生财务费用

企业发生的财务费用，借记“财务费用”科目，贷记“银行存款”“未确认融资费用”等科目。发生财务费用时的会计分录如图 8-18 所示。

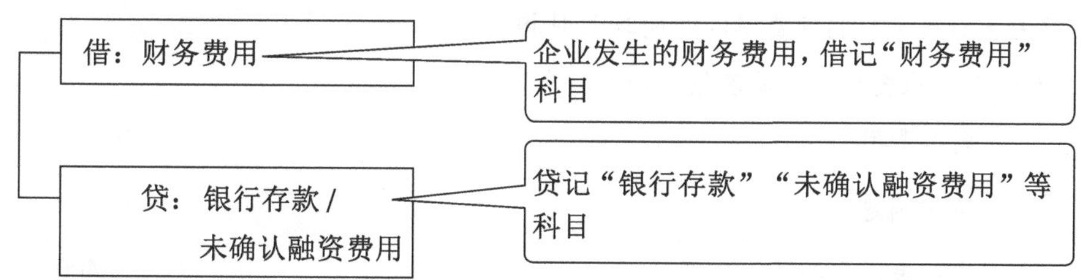

图 8-18　发生财务费用时的会计分录

业务 2：发生的应冲减财务费用的利息收入、汇兑损益、现金折扣

发生的应冲减财务费用的利息收入、汇兑损益、现金折扣，借记“银行存款”“应付账款”等科目，贷记“财务费用”科目。会计分录如图 8-19 所示。

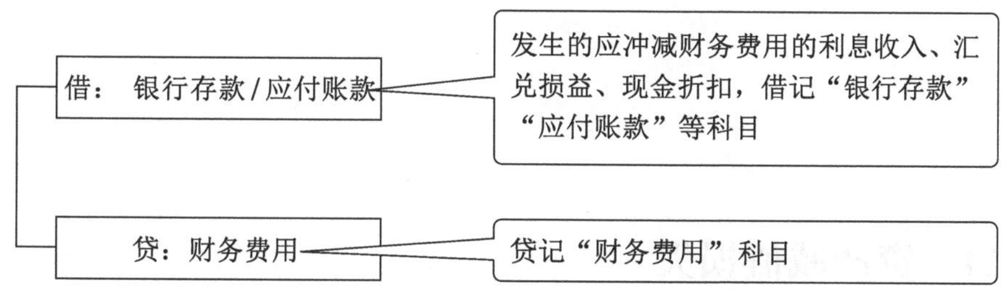

图 8-19　发生应冲减财务费用的利息收入、汇总损益、现金折扣时的会计分录

* 案例解析

【例 8-14】A 股份有限公司于 2015 年 1 月 1 日向银行借入一笔生产经营用短

期借款，共计120 000元，期限为9个月，年利率为8%。根据与银行签署的借款协议，该项借款的本金到期后一次归还；利息分月预提，按季支付。A股份有限公司的有关会计处理如下：

（1）1月1日，借入短期借款时：

借：银行存款　　120 000

　　贷：短期借款　　120 000

（2）1月末，计提1月应计利息时：

借：财务费用　　800

　　贷：应付利息　　800

本月应计提的利息金额=120 000×8%÷12=800（元）

本例中，短期借款利息800元属于企业的筹资费用，应计入“财务费用”科目。

2月末计提2月利息费用的处理与1月相同。

（3）3月末支付第一季度银行借款利息时：

借：财务费用　　800

　　应付利息　　1 600

　　贷：银行存款　　2 400

本例中，1月至2月已经计提的利息为1 600元，应借记“应付利息”科目，3月份应当计提的利息为800元，应借记“财务费用”科目；实际支付利息2 400元，贷记“银行存款”科目。

第二、第三季度的会计处理同上。

8.14 资产减值损失

8.14.1 什么是资产减值损失

资产减值损失是指企业计提各项资产减值准备所形成的损失。

8.14.2　如何使用“资产减值损失”科目

本科目核算企业计提各项资产减值准备所形成的损失。

本科目可按资产减值损失的项目进行明细核算。期末，企业应将本科目余额转入“本年利润”科目，结转后本科目无余额。

8.14.3　如何设置明细科目

“资产减值损失”科目的明细科目设置如表 8-14 所示。

表 8-14　6701 资产减值损失

顺序号	编号	会计科目名称	二级科目名称	三级科目名称
五、损益类				
	6701	资产减值损失		
	6701 01	资产减值损失	应收款项减值损失	
	6701 01 01	资产减值损失	应收款项减值损失	应收账款
	6701 01 02	资产减值损失	应收款项减值损失	其他应收款
	6701 01 03	资产减值损失	应收款项减值损失	预付账款
	6701 02	资产减值损失	存货减值损失	
	6701 02 01	资产减值损失	存货减值损失	原材料
	6701 02 02	资产减值损失	存货减值损失	库存商品
	6701 02 03	资产减值损失	存货减值损失	周转材料
	6701 02 04	资产减值损失	存货减值损失	其他
	6701 03	资产减值损失	长期股权投资	
	6701 03 01	资产减值损失	长期股权投资	子公司
	6701 03 02	资产减值损失	长期股权投资	联营企业
	6701 03 03	资产减值损失	长期股权投资	合营企业
	6701 03 04	资产减值损失	长期股权投资	其他长期股权投资
	6701 04	资产减值损失	固定资产	
	6701 04 01	资产减值损失	固定资产	房屋及建筑物
	6701 04 02	资产减值损失	固定资产	运输设备
	6701 04 03	资产减值损失	固定资产	生产设备

续表

顺序号	编号	会计科目名称	二级科目名称	三级科目名称
	6701 04 04	资产减值损失	固定资产	办公设备
	6701 05	资产减值损失	无形资产	
	6701 05 01	资产减值损失	无形资产	专利
	6701 05 02	资产减值损失	无形资产	软件
	6701 05 03	资产减值损失	无形资产	专有技术
	6701 05 04	资产减值损失	无形资产	土地使用权

8.14.4　会计处理分录与案例解析

业务 1：确认资产减值损失

企业的应收款项、存货、长期股权投资、持有至到期投资、固定资产、无形资产、贷款等资产发生减值的，按应减记的金额，借记“信用减值损失”科目或“资产减值损失”科目，贷记“坏账准备”“存货跌价准备”“长期股权投资减值准备”“持有至到期投资减值准备”“固定资产减值准备”“无形资产减值准备”“贷款损失准备”等科目。

相关内容在各科目介绍章节中已详述，在此不赘述。

业务 2：冲销资产减值损失

企业计提坏账准备、存货跌价准备、持有至到期投资减值准备、贷款损失准备等，相关资产的价值又得以恢复的，应在原已计提的减值准备金额内，按恢复增加的金额，借记“坏账准备”“存货跌价准备”“持有至到期投资减值准备”“贷款损失准备”等科目，贷记“资产减值损失”或“信用减值损失”科目。冲销资产减值损失时的会计分录如图 8-20 所示。

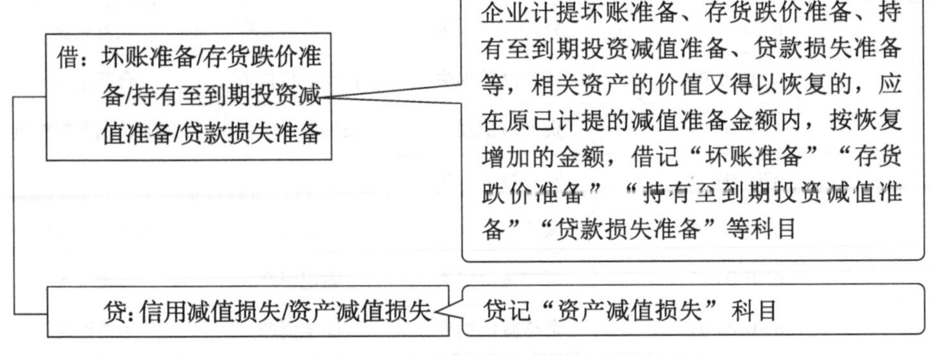

图 8-20　冲销资产减值损失时的会计分录

* 案例解析

【例 8-15】 2×14 年 12 月 31 日，甲公司对应收丙公司的账款进行减值测试。应收账款余额合计为 1 000 000 元，甲公司根据丙公司的资信情况确定按 10% 计提坏账准备。甲公司 2×14 年年末计提坏账准备的会计分录为：

借："信用减值损失"——计提的坏账准备　　100 000

　　贷：坏账准备　　100 000

【例 8-16】 甲公司 2015 年 4 月 20 日收到 2014 年已转销的坏账 20 000 元，已存入银行。甲公司应做如下会计分录：

借：应收账款　　20 000

　　贷：坏账准备　　20 000

借：银行存款　　20 000

　　贷：应收账款　　20 000

8.15 营业外支出

8.15.1 什么是营业外支出

营业外支出是指企业发生的与其日常活动无直接关系的各项损失，主要包括非流动资产处置损失、盘亏损失、罚款支出、公益性捐赠支出、非常损失等。

非流动资产处置损失包括固定资产处置损失和无形资产出售损失。固定资产处置损失，指企业出售固定资产所取得价款或报废固定资产的材料价值和变价收入等，不足以抵补处置固定资产的账面价值、清理费用、处置相关税费所发生的净损失；无形资产出售损失，指企业出售无形资产所取得价款，不足以抵补出售无形资产的账面价值、出售相关税费后所发生的净损失。

盘亏损失，主要指对于固定资产清查盘点中盘亏的固定资产，在查明原因处理时按确定的损失计入营业外支出的金额。

罚款支出，指企业由于违反税收法规、经济合同等而支付的各种滞纳金和罚款。

公益性捐赠支出，指企业对外进行公益性捐赠发生的支出。

非常损失，指企业对于因客观因素（如自然灾害等）造成的损失，在扣除保险公司赔偿后应计入营业外支出的净损失。

8.15.2 如何使用“营业外支出”科目

本科目核算企业发生的各项营业外支出，包括非流动资产处置损失、非货币性资产交换损失、债务重组损失、公益性捐赠支出、非常损失、盘亏损失等。

本科目可按支出项目进行明细核算。期末，企业应将本科目余额转入“本年利润”科目，结转后本科目无余额。

8.15.3 如何设置明细科目

“营业外支出”科目的明细科目设置如表8-15所示。

表8-15 6711营业外支出

顺序号	编号	会计科目名称	二级科目名称	三级科目名称
五、损益类				
	6711	营业外支出		
	6711 01	营业外支出	处置非流动资产损失	
	6711 02	营业外支出	债务重组损失	
	6711 03	营业外支出	盘亏损失	
	6711 04	营业外支出	捐赠支出	
	6711 04 01	营业外支出	捐赠支出	货币性资产捐赠
	6711 04 02	营业外支出	捐赠支出	非货币性资产捐赠
	6711 05	营业外支出	非常损失	
	6711 06	营业外支出	罚没支出	
	6711 07	营业外支出	违约金	
	6711 08	营业外支出	维修费	
	6711 09	营业外支出	赔偿费	
	6711 10	营业外支出	其他支出	

8.15.4　会计处理分录与案例解析

企业确认处置非流动资产损失、非货币性资产交换损失、债务重组损失，比照“固定资产清理”“无形资产”“原材料”“库存商品”“应付账款”等科目的相关规定进行处理。盘亏、毁损的资产发生的净损失，按管理权限报经批准后，借记本科目，贷记“待处理财产损溢”科目。确认营业外支出时的会计分录如图 8-21 所示。

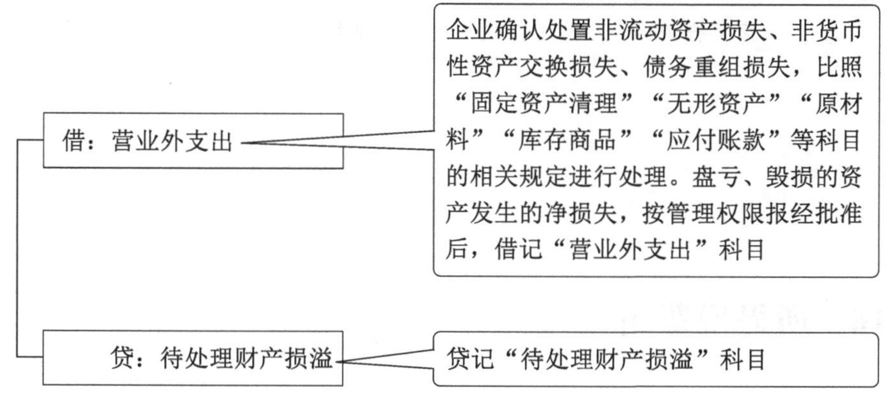

图 8-21　确认营业外支出时的会计分录

* 案例解析

【例 8-17】某企业将已经发生的原材料意外灾害损失 270 000 元转作营业外支出。会计分录如下：

借：营业外支出　　　　270 000

　　贷：待处理财产损溢　　　　270 000

【例 8-18】某企业用银行存款支付税款滞纳金 30 000 元。会计分录如下：

借：营业外支出　　　　30 000

　　贷：银行存款　　　　30 000

【例 8-19】2×17 年 1 月 1 日，B 公司拥有某项专利技术的成本为 1 000 万元，已摊销金额为 500 万元，已计提的减值准备为 20 万元。该公司于 2×17 年将该项专利技术出售给 C 公司，取得出售收入 400 万元，应交纳的增值税等相关税费为 24 万元。

B 公司的账务处理为：

借：银行存款　　4 000 000

　　累计摊销　　5 000 000

　　无形资产减值准备　　200 000

　　营业外支出——处置非流动资产利得　　1 040 000

　　贷：无形资产　　10 000 000

　　　　应交税费——应交增值税（销项税额）　　240 000

8.16 所得税费用

8.16.1 什么是所得税费用

所得税是根据企业应纳税所得额的一定比例上交的一种税金。企业在计算确定当期所得税以及递延所得税费用（或收益）的基础上，应将两者之和确认为利润表中的所得税费用（或收益）。公式如下：

所得税费用（或收益）= 当期所得税 + 递延所得税费用（– 递延所得税收益）

递延所得税费用 = 递延所得税负债增加额 + 递延所得税资产减少额

递延所得税收益 = 递延所得税负债减少额 + 递延所得税资产增加额

8.16.2 如何使用“所得税费用”科目

本科目核算企业确认的应从当期利润总额中扣除的所得税费用。

本科目可按“当期所得税费用”“递延所得税费用”进行明细核算。期末，企业应将本科目的余额转入“本年利润”科目，结转后本科目无余额。

8.16.3 如何设置明细科目

“所得税费用”科目的明细科目设置如表 8-16 所示。

表 8-16　6801 所得税费用

顺序号	编号	会计科目名称	二级科目名称	三级科目名称
五、损益类				
	6801	所得税费用		
	6801 01	所得税费用	当期所得税费用	
	6801 02	所得税费用	递延所得税费用	
	6801 02 01	所得税费用	递延所得税费用	递延所得税资产
	6801 02 02	所得税费用	递延所得税费用	递延所得税负债

8.16.4　会计处理分录与案例解析

（1）资产负债表日，企业按照税法规定计算确定的当期应交所得税，借记“所得税费用——当期所得税费用”科目，贷记“应交税费——应交所得税”科目。确认所得税费用时的会计分录如图 8-22 所示。

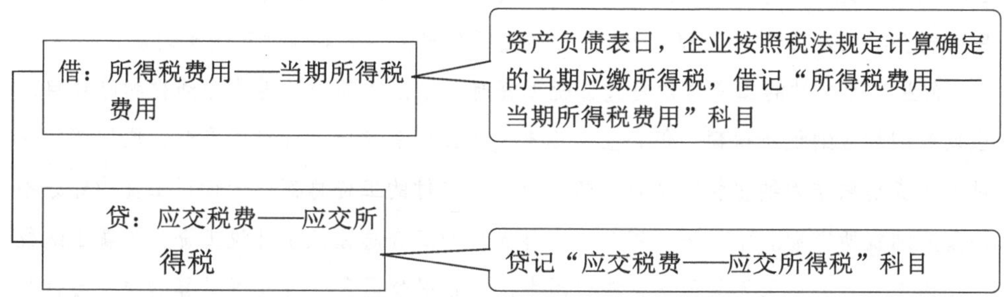

图 8-22　确认所得税费用时的会计分录

（2）资产负债表日，根据递延所得税资产的应有余额大于“递延所得税资产”科目余额的，按两者的差额，借记“递延所得税资产”科目，贷记“所得税费用——递延所得税费用”“资本公积——其他资本公积”等科目；递延所得税资产的应有余额小于“递延所得税资产”科目余额的，按两者的差额做相反的会计分录。会计分录如图 8-23 所示。

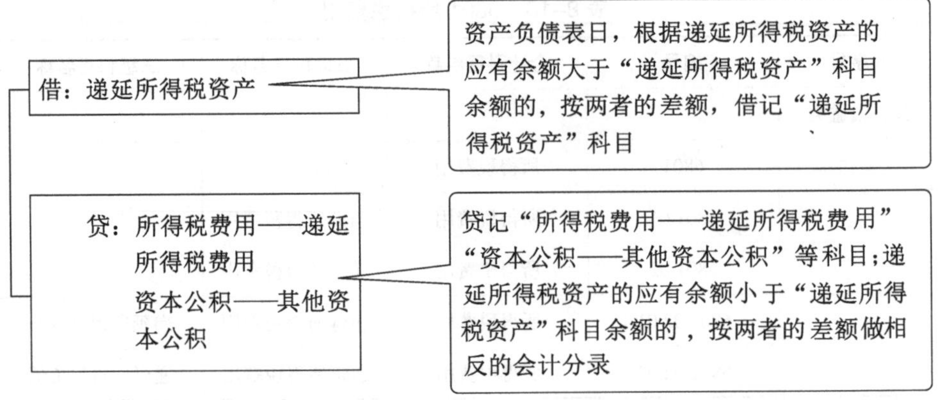

图 8-23　递延所得税资产的相关会计分录

* 案例解析

【例 8-20】甲公司 2×14 年度按企业会计准则计算的税前会计利润为 10 000 000 元，所得税税率为 25%。当年按税法核定的全年计税工资为 2 000 000 元，甲公司全年实发工资为 1 800 000 元。假定甲公司全年无其他纳税调整因素。

企业实际支付的工资总额超过计税工资时，超出的部分不得作为纳税扣除项目，应调整增加应纳税所得额。但企业实际支付的工资总额低于计税工资时，应按实际支付的工资总额作为纳税扣除项目，即企业实际支付的工资总额低于计税工资的部分不调整应纳税所得额。本例中，甲公司实际支付的工资总额低于计税工资，不属于纳税调整因素，甲公司又无其他纳税调整因素，因此甲公司 2×14 年度计算的税前会计利润即为应纳税所得额。甲公司当期所得税的计算如下：

当期应交所得税额 =10 000 000×25% =2 500 000（元）

【例 8-21】承【例 8-20】，甲公司递延所得税负债年初数为 40 000 元，年末数为 55 000 元，递延所得税资产年初数为 250 000 元，年末数为 200 000 元。甲公司的账务处理如下：

甲公司所得税费用的计算如下：

递延所得税费用 =（55 000−40 000）+（250 000−200 000）= 65 000（元）

所得税费用 = 当期所得税 + 递延所得税费用 =2 500 000 + 65 000=2 565 000（元）

甲公司的会计分录如下：

借：所得税费用　　2 565 000

贷：应交税费——应交所得税费用　　2 500 000

递延所得税负债　　15 000

递延所得税资产　　50 000

8.17　以前年度损益调整

8.17.1　什么是以前年度损益调整

以前年度损益调整，是指企业对以前年度多计或少计的盈亏数额所进行的调整。以前年度少计费用或多计收益时，应调整减少本年度利润总额；以前年度少计收益或多计费用时，应调整增加本年度利润总额。

8.17.2　如何使用“以前年度损益调整”科目

本科目核算企业本年度发生的调整以前年度损益的事项以及本年度发现的重要前期差错更正涉及调整以前年度损益的事项。企业在资产负债表日至财务报告批准报出日之间发生的需要调整报告年度损益的事项，也可以通过本科目核算。

本科目结转后应无余额。

8.17.3　如何设置明细科目

“以前年度损益调整”科目的明细科目设置如表 8-17 所示。

表 8-17　6901 以前年度损益调整

顺序号	编号	会计科目名称	二级科目名称	三级科目名称
五、损益类				
	6901	以前年度损益调整		

续表

顺序号	编号	会计科目名称	二级科目名称	三级科目名称
	6901 01	以前年度损益调整	收益	项目名称
	6901 02	以前年度损益调整	成本、费用	项目名称

8.17.4 会计处理分录与案例解析

（1）企业调整增加以前年度利润或减少以前年度亏损，借记有关科目，贷记“以前年度损益调整”科目；调整减少以前年度利润或增加以前年度亏损做相反的会计分录。调整以前年度利润时的会计分录如图 8-24 所示。

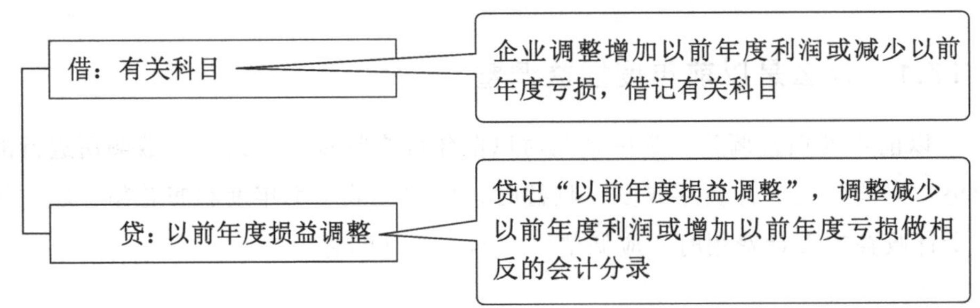

图 8-24 调整以前年度利润时的会计分录

（2）由于以前年度损益调整增加的所得税费用，借记“以前年度损益调整”科目，贷记“应交税费——应交所得税”等科目。由于以前年度损益调整减少的所得税费用做相反的会计分录。会计分录如图 8-25 所示。

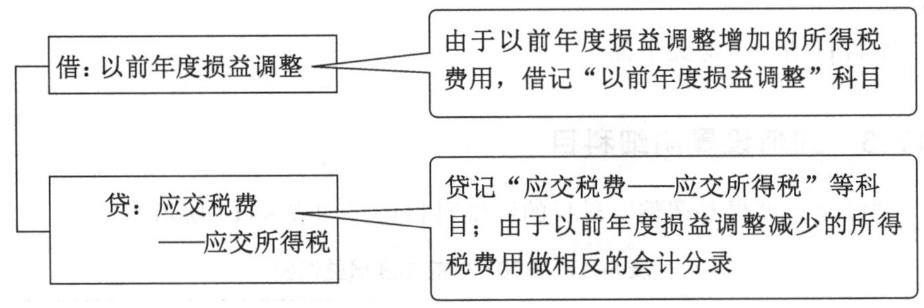

图 8-25 由于以前年度损益调整增加所得税费用时的会计分录

（3）经上述调整后，应将本科目的余额转入“利润分配——未分配利润”科目。本科目如为贷方余额，借记“以前年度损益调整”科目，贷记“利润分配——未分配利润”科目；如为借方余额做相反的会计分录。会计分录如图 8-26 所示。

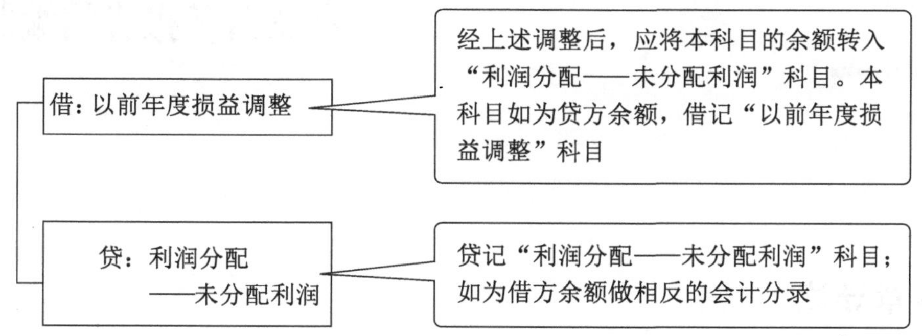

图 8-26　结转以前年度损益调整时的会计分录

* 案例解析

【例 8-22】乙公司在财产清查过程中，发现一台未入账的设备，按同类或类似商品市场价格，减去按该项资产的新旧程度估计的价值损耗后的余额为 30 000 元（假定与其计税基础不存在差异）。根据《企业会计准则第 28 号——会计政策、会计估计变更和差错更正》规定，该盘盈固定资产作为前期差错进行处理。假定乙公司适用的所得税税率为 33%，按净利润的 10% 计提法定盈余公积。乙公司应做如下会计分录：

（1）盘盈固定资产时：

借：固定资产　　30 000

　　贷：以前年度损益调整　　30 000

（2）确定应交纳的所得税时：

借：以前年度损益调整　　9 900

　　贷：应交税费——应交所得税　　9 900

（3）结转为留存收益时：

借：以前年度损益调整　　20 100

　　贷：盈余公积——法定盈余公积　　2 010

　　　　利润分配——未分配利润　　18 090

第9章 企业财务报告的编制

本章导读

如果我们想要了解一个历史人物，较为直接的方法便是读他的传记，如果我们想要了解一个企业，最简单直接的方法便是阅读其会计报表。“股神”巴菲特在谈及自己选股经验时提到，投资前一定要仔细阅读其财务报表。

在本章的学习中我们将解决以下的问题：

（1）什么是会计报表？

（2）会计报表具有什么作用？

（3）会计报表包括哪些类别？

（4）什么是资产负债表？

（5）资产负债表能提供哪些信息？

（6）如何编制资产负债表？

（7）什么是损益表？

（8）损益表能提供哪些信息？

（9）如何编制损益表？

（10）什么是现金流量表？

（11）现金流量表能提供哪些信息？

（12）如何编制现金流量表？

（13）什么是所有者权益变动表？

（14）所有者权益变动表能提供哪些信息？

（15）如何编制所有者权益变动表？

9.1　财务报告概述

9.1.1　什么是财务报告

在实际工作中，人们往往将财务报告和财务报表混为一谈。财务报告，是指企业对外提供的反映企业某一特定日期的财务状况和某一会计期间的经营成果、现金流量等会计信息的文件。财务报告包括财务报表和其他应当在财务报告中披露的相关信息和资料。可以这样讲，财务报表是财务报告的主体组成部分。

财务报表是对企业财务状况、经营成果和现金流量的结构性表述。财务报表至少应当包括下列组成部分：（1）资产负债表；（2）利润表；（3）现金流量表；（4）所有者权益（或股东权益。下同）变动表；（5）附注。

9.1.2　财务报表的作用

财务报表就像一面镜子，从中可以看到各单位的财务状况和经营全貌，为实施经营管理和进行相关决策提供丰富的会计信息。

具体说来，财务报表的主要作用如图 9-1 所示。

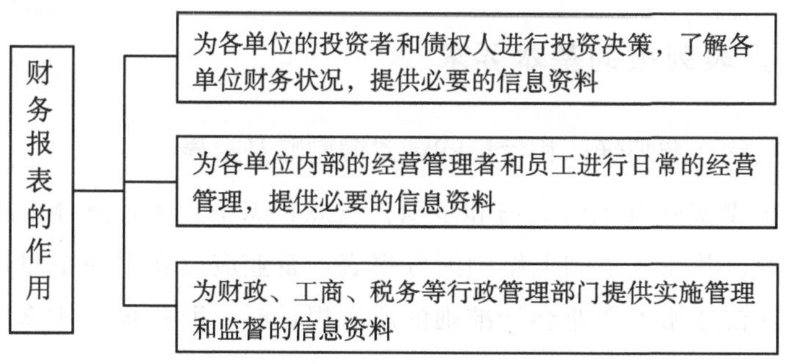

图 9-1　财务报表的作用

9.1.3　财务报表的分类

财务报表的分类如图 9-2 所示。

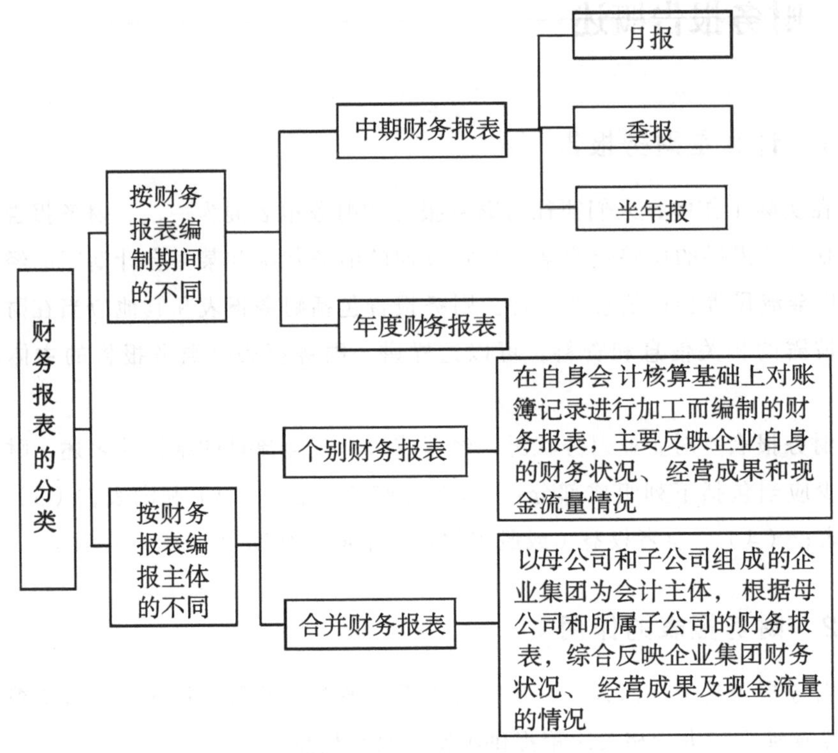

图 9-2　财务报表的分类

9.1.4　财务报表列报的基本要求

1. 依据各项会计准则确认和计量的结果编制财务报表

企业应当根据实际发生的交易和事项，按照各项企业会计具体准则的规定进行确认和计量，并在此基础上编制财务报表。企业应当在附注中对这一情况做出声明。只有在遵循了企业会计准则的所有规定时，财务报表才算“遵循了企业会计准则”。

企业不应以在附注中披露代替对交易和事项的确认和计量。也就是说，企业如果采用不恰当的会计政策，不得通过在附注中披露等其他形式予以更正。

2. 列报基础

在编制财务报表的过程中，企业董事会应当对企业持续经营的能力进行评价，需要考虑的因素包括市场经营风险、企业目前或长期的盈利能力、偿债能力、财务弹性以及企业管理层改变经营政策的意向等。评价后对企业持续经营的能力产生严重怀疑的，企业应当在附注中披露导致对持续经营能力产生重大怀疑的重要的不确定因素。

非持续经营是企业在极端情况下呈现的一种状态。企业存在以下情况之一的，通常表明企业处于非持续经营状态：（1）企业已在当期进行清算或停止营业；（2）企业已经正式决定在下一个会计期间进行清算或停止营业；（3）企业已确定在当期或下一个会计期间没有其他可供选择的方案而将被迫进行清算或停止营业。企业处于非持续经营状态时，应当采用其他基础编制财务报表。比如，企业处于破产状态时，其资产应当采用可变现净值计量、负债应当按照其预计的结算金额计量等。在非持续经营情况下，企业应当在附注中声明财务报表未以持续经营为基础列报，披露未以持续经营为基础的原因以及财务报表的编制基础。

3. 重要性和项目列报

关于项目在财务报表中是单独列报还是合并列报，应当依据重要性原则来判断。

（1）性质或功能不同的项目，一般应当在财务报表中单独列报。比如，存货和固定资产在性质上和功能上都有本质差别，必须分别在资产负债表上单独列报。但是不具有重要性的项目可以合并列报。

（2）性质或功能类似的项目，一般可以合并列报，但是对其具有重要性的类别应该单独列报。比如，原材料、在产品等项目在性质上类似，均通过生产过程形成企业的产品存货，因此可以合并列报，合并之后的类别统称为“存货”在资产负债表上列报。

（3）项目单独列报的原则不仅适用于报表，还适用于附注。某些项目的重要性程度不足以在资产负债表、利润表、现金流量表或所有者权益变动表中单独列报，但是可能对附注而言却具有重要性。在这种情况下，企业应当在附注中单独披露该项目。

（4）重要性是判断项目是否单独列报的重要标准。企业在进行重要性判断时，应当根据所处环境，从项目的性质和金额大小两方面予以判断：一方面，应当考虑该项目的性质是否属于企业日常活动、是否对企业的财务状况和经营成果具有较大影响等因素；另一方面，判断项目金额大小的重要性。

4. 列报的一致性

可比性是会计信息质量的一项重要质量要求，目的是使同一企业不同期间和同一期间不同企业的财务报表相互比较。为此，财务报表项目的列报应当在各个会计期间保持一致，不得随意变更。这一要求不仅只针对财务报表中的项目名称，还包括财务报表项目的分类、排列顺序等方面。

在以下规定的特殊情况下，财务报表项目的列报是可以改变的：（1）会计准则要求改变；（2）企业经营业务的性质发生重大变化后，变更财务报表项目的列报能够提供更可靠、更相关的会计信息。

5. 财务报表项目金额间的相互抵销

财务报表项目应当以总额列报，资产和负债、收入和费用不能相互抵销，即不得以净额列报，但企业会计准则另有规定的除外。比如，企业欠客户的应付款不得与其他客户欠本企业的应收款相抵销，如果相互抵销就掩盖了交易的实质。

下列两种情况不属于抵销，可以以净额列示：（1）资产项目按扣除减值准备后的净额列示，不属于抵销。对资产计提减值准备，表明资产的价值确实已经发生减损，按扣除减值准备后的净额列示，才反映了资产当时的真实价值。（2）非日常活动的发生具有偶然性，并非企业主要的业务，从重要性来讲，非日常活动产生的损益以收入扣减费用后的净额列示，更有利于报表使用者的理解，也不属于抵销。

6. 比较信息的列报

企业在列报当期财务报表时，至少应当提供所有列报项目上一可比会计期间的比较数据，以及与理解当期财务报表相关的说明，目的是向报表使用者提供对比数据，提高信息在会计期间的可比性，以反映企业财务状况、经营成果和现金流量的发展趋势，提高报表使用者的判断与决策能力。

在财务报表项目的列报确需发生变更的情况下，企业应当对上期比较数据按照当期的列报要求进行调整，并在附注中披露调整的原因和性质，以及调整的各项目金额。但是，在某些情况下，对上期比较数据进行调整是不切实可行的，则应当在附注中披露不能调整的原因。

7. 财务报表表首的列报要求

财务报表一般分为表首、正表两部分，其中，在表首部分企业应当概括地说明下列基本信息：（1）编报企业的名称，如企业名称在所属当期发生了变更的，还应明确标明；（2）对资产负债表而言，须披露资产负债表日，而对利润表、现金流量表、所有者权益变动表而言，须披露报表涵盖的会计期间；（3）货币名称和单位，按照我国企业会计准则的规定，企业应当以人民币作为记账本位币列报，并标明金额单位，如人民币元、人民币万元等；（4）财务报表是合并财务报表的，应当予以标明。

8. 报告期间

企业至少应当编制年度财务报表。根据《中华人民共和国会计法》的规定，会计年度自公历1月1日起至12月31日止。因此，在编制年度财务报表时，可能存在年度财务报表涵盖的期间短于一年的情况，比如企业在年度中间（如3月1日）开始设立等，在这种情况下，企业应当披露年度财务报表的实际涵盖期间及其短于一年的原因，并说明由此引起财务报表项目与比较数据不具可比性这一事实。

9.2　资产负债表

9.2.1　资产负债表的概念

资产负债表能从整体上反映一个企业的实力及其财务状况，因而被誉为企业的“第一会计报表”。会计报表使用者通过阅读和分析资产负债表，可以获得以下的财务信息。

（1）通过资产负债表，可以提供某一日期资产的总额，表明企业拥有或控制的经济资源及其分布情况。

（2）通过资产负债表，可以反映某一日期的负债总额及其结构，表明企业未来需要用多少资产或劳务清偿债务。

（3）通过资产负债表，可以反映所有者权益的情况，表明投资者在企业资产中所占的份额，了解所有者权益的构成情况。

（4）资产负债表还能够提供进行财务分析的基本资料，如通过资产负债表可以计算流动比率、速动比率等。

9.2.2 资产负债表内容与结构

资产负债表主要反映资产、负债和所有者权益三方面的内容，并满足“资产＝负债＋所有者权益”平衡式。

（1）资产，反映由过去的交易、事项形成并由企业在某一特定日期所拥有或控制的、预期会给企业带来经济利益的资源。资产应当按照流动资产和非流动资产两大类别在资产负债表中列示，在流动资产和非流动资产类别下进一步按性质分项列示。

流动资产是指预计在一个正常营业周期中变现、出售或耗用，或者主要为交易目的而持有，或者预计在资产负债表日起一年内（含一年）变现的资产，或者自资产负债表日起一年内交换其他资产或清偿负债的能力不受限制的现金或现金等价物。

资产负债表中列示的流动资产项目通常包括货币资金、交易性金融资产、应收票据、应收账款、预付款项、应收利息、应收股利、其他应收款、存货和一年内到期的非流动资产等。

非流动资产是指流动资产以外的资产。资产负债表中列示的非流动资产项目通常包括：长期股权投资、固定资产、在建工程、工程物资、固定资产清理、无形资产、开发支出、长期待摊费用以及其他非流动资产等。

（2）负债，反映在某一特定日期企业所承担的、预期会导致经济利益流出企业的现时义务。负债应当按照流动负债和非流动负债在资产负债表中进行列示，在流动负债和非流动负债类别下再进一步按性质分项列示。

流动负债是指预计在一个正常营业周期中清偿，或者主要为交易目的而持有，或者自资产负债表日起一年内（含一年）到期应予以清偿，或者企业无权自主地将清偿推迟至资产负债表日后一年以上的负债。资产负债表中列示的流动负债项目通常包括：短期借款、应付票据、应付账款、预收款项、应付职工薪酬、应交税费、应付利息、应付股利、其他应付款、一年内到期的非流动负债等。

非流动负债是指流动负债以外的负债。非流动负债项目通常包括长期借款、应付债券和预计负债、其他非流动负债等。

（3）所有者权益，是企业资产扣除负债后的剩余权益，反映企业在某一特定日期股东（投资者）拥有的净资产的总额。它一般按照实收资本、资本公积、盈余公积和未分配利润分项列示。

9.2.3　资产负债表的结构与格式

我国企业的资产负债表采用账户式结构。账户式资产负债表分左右两方，左方为资产项目，大体按资产的流动性大小排列，流动性大的资产如“货币资金”“交易性金融资产”等排在前面，流动性小的资产如“长期股权投资”“固定资产”等排在后面。右方为负债及所有者权益项目，一般按要求清偿时间的先后顺序排列：“短期借款”“应付票据”“应付账款”等需要在一年以内或者长于一年的一个正常营业周期内偿还的流动负债排在前面，“长期借款”等在一年以上才需偿还的非流动负债排在中间，在企业清算之前不需要偿还的所有者权益项目排在后面。

账户式资产负债表中的资产各项目的合计等于负债和所有者权益各项目的合计，即资产负债表左方和右方平衡。因此，账户式资产负债表，可以反映资产、负债、所有者权益之间的内在关系，即“资产 = 负债＋所有者权益”。我国一般企业的资产负债表的格式如表 9-1 所示。

表 9-1　资产负债表格式

资产负债表

会企 01 表

编制单位：　　　　　　　　　　年　月　日　　　　　　　　　　单位：元

资产	期末余额	上年年末余额	负债和所有者权益（或股东权益）	期末余额	上年年末余额
流动资产：			流动负债：		
货币资金			短期借款		
交易性金融资产			交易性金融负债		
衍生金融资产			衍生金融负债		
应收票据			应付票据		
应收账款			应付账款		
应收款项融资			预收款项		
预付款项			合同负债		
其他应收款			应付职工薪酬		
存货			应交税费		
合同资产			其他应付款		

续表

资产	期末余额	上年年末余额	负债和所有者权益（或股东权益）	期末余额	上年年末余额
持有待售资产			持有待售负债		
一年内到期的非流动资产			一年内到期的非流动负债		
其他流动资产			其他流动负债		
流动资产合计			流动负债合计		
非流动资产：			非流动负债：		
债权投资			长期借款		
其他债权投资			应付债券		
长期应收款			其中：优先股		
长期股权投资			永续债		
其他权益工具投资			租赁负债		
其他非流动金融资产			长期应付款		
投资性房地产			预计负债		
固定资产			递延收益		
在建工程			递延所得税负债		
生产性生物资产			其他非流动负债		
油气资产			非流动负债合计		
使用权资产			负债合计		
无形资产			所有者权益（或股东权益）：		
开发支出			实收资本（或股本）		
商誉			其他权益工具		
长期待摊费用			其中：优先股		
递延所得税资产			永续债		
其他非流动资产			资本公积		
非流动资产合计			减：库存股		
			其他综合收益		

续表

资产	期末余额	上年年末余额	负债和所有者权益（或股东权益）	期末余额	上年年末余额
			专项储备		
			盈余公积		
			未分配利润		
			所有者权益（或股东权益）合计		
资产总计			负债和所有者权益（或股东权益）总计		

9.2.4 资产负债表的填列方法

1. “年初余额”的填列方法

“年初余额”栏内各项目数字，应根据上年末资产负债表“期末余额”栏内所列数字填列。如果本年度资产负债表规定的各个项目的名称和内容同上年度不相一致，应对上年年末资产负债表各项目的名称和数字按本年度的规定进行调整，按调整后的数字填入本表“年初余额”栏内。

2. “期末余额”的填列方法

（1）直接根据总账科目的余额填列。

例如，交易性金融资产、固定资产清理、长期待摊费用、递延所得税资产、短期借款、交易性金融负债、应付票据、应付职工薪酬、应交税费、应付利息、应付股利、其他应付款、递延所得税负债、实收资本、资本公积、库存股、盈余公积等项目，应当根据相关总账科目的余额直接填列。

（2）根据几个总账科目的余额计算填列。

例如，“货币资金”项目，应当根据“库存现金”“银行存款”“其他货币资金”等科目期末余额合计填列。

（3）根据有关明细科目的余额计算填列。

例如，“应付账款”项目，应当根据“应付账款”“预收账款”等科目所属明细科目期末贷方余额合计填列。

（4）根据总账科目和明细科目的余额分析计算填列。

例如，“长期应收款”项目，应当根据“长期应收款”总账科目余额，减去“未实现融资收益”总账科目余额，再减去所属相关明细科目中将于一年内到期的部分填列；“长期借款”项目，应当根据“长期借款”总账科目余额扣除“长期借款”科目所属明细科目中将于一年内到期的部分填列；“应付债券”项目，应当根据“应付债券”总账科目余额扣除“应付债券”科目所属明细科目中将于一年内到期的部分填列；“长期应付款”项目，应当根据“长期应付款”总账科目余额，减去“未确认融资费用”总账科目余额，再减去所属相关明细科目中将于一年内到期的部分填列。

（5）根据总账科目与其备抵科目抵销后的净额填列。

例如，“存货”项目，应当根据“原材料”“库存商品”“发出商品”“周转材料”等科目期末余额，减去“存货跌价准备”科目期末余额后的金额填列；“持有至到期投资”项目，应当根据“持有至到期投资”科目期末余额，减去“持有至到期投资减值准备”科目期末余额后的金额填列；“固定资产”项目，应当根据“固定资产”科目期末余额，减去“累计折旧”“固定资产减值准备”等科目期末余额后的金额填列。

9.2.5 资产负债表项目的填列说明

资产负债表中资产、负债和所有者权益主要项目的填列说明如下。

（1）“货币资金”项目，反映企业库存现金、银行结算户存款、外埠存款、银行汇票存款、银行本票存款、信用卡存款、信用证保证金存款等的合计数。本项目应根据“库存现金”“银行存款”“其他货币资金”科目期末余额的合计数填列。

（2）“交易性金融资产”项目，反映资产负债表日企业分类为以公允价值计量且其变动计入当期损益的金融资产，以及企业持有的指定为以公允价值计量且其变动计入当期损益的金融资产的期末账面价值。该项目应根据“交易性金融资产”科目的相关明细科目的期末余额分析填列。自资产负债表日起超过一年到期且预期持有超过一年的以公允价值计量且其变动计入当期损益的非流动金融资产的期末账面价值，在“其他非流动金融资产”项目反映。

（3）“应收票据”项目，反映资产负债表日以摊余成本计量的、企业因销售商品、提供服务等收到的商业汇票，包括银行承兑汇票和商业承兑汇票。

该项目应根据“应收票据”科目的期末余额，减去“坏账准备”科目中相关坏账准备期末余额后的金额分析填列。

（4）“应收账款”项目，反映资产负债表日以摊余成本计量的、企业因销售商品、提供服务等经营活动应收取的款项。该项目应根据“应收账款”科目的期末余额，减去“坏账准备”科目中相关坏账准备期末余额后的金额分析填列。

（5）“应收款项融资”项目，反映资产负债表日以公允价值计量且其变动计入其他综合收益的应收票据和应收账款等。

（6）“预付款项”项目，反映企业按照购货合同规定预付给供应单位的款项等。本项目应根据“预付账款”和“应付账款”科目所属各明细科目的期末借方余额合计数，减去“坏账准备”科目中有关预付款项计提的坏账准备期末余额后的金额填列。如“预付账款”科目所属明细科目期未有贷方余额的，应在资产负债表“应付账款”项目内填列。

（7）“其他应收款”项目，应根据“应收利息”“应收股利”和“其他应收款”科目的期末余额合计数，减去“坏账准备”科目中相关坏账准备期末余额后的金额填列。其中的“应收利息”仅反映相关金融工具已到期可收取但于资产负债表日尚未收到的利息。基于实际利率法计提的金融工具的利息应包含在相应金融工具的账面余额中。

（8）“存货”项目，反映企业期末各种存货的可变现净值。存货是指企业在日常活动中持有的以备出售的开发产品，处在开发过程中的在建开发产品、在开发过程或提供劳务过程中耗用的材料、物资、设备等。

（9）“持有待售资产”项目，反映资产负债表日划分为持有待售类别的非流动资产及划分为持有待售类别的处置组中的流动资产和非流动资产的期末账面价值。该项目应根据“持有待售资产”科目的期末余额，减去“持有待售资产减值准备”科目的期末余额后的金额填列。

（10）“一年内到期的非流动资产”项目，通常反映预计自资产负债表日起一年内变现的非流动资产。对于按照相关会计准则采用折旧（或摊销、折耗）方法进行后续计量的固定资产、使用权资产、无形资产和长期待摊费用等非流动资产，折旧（或摊销、折耗）年限（或期限）只剩一年或不足一年的，或预计在一年内（含一年）进行折旧（或摊销、折耗）的部分，不得归类为流动资产，仍在各该非流动资产项目中填列，不转入“一年内到期的非流动资产”项目。

（11）“债权投资”项目，反映资产负债表日企业以摊余成本计量的长期债权投资的期末账面价值。该项目应根据“债权投资”科目的相关明细科目期末余额，减去“债权投资减值准备”科目中相关减值准备的期末余额后的金额分析填列。自资产负债表日起一年内到期的长期债权投资的期末账面价值，在“一年内到期的非流动资产”项目反映。企业购入的以摊余成本计量的一年内到期的债权投资的期末账面价值，在“其他流动资产”项目反映。

（12）“其他债权投资”项目，反映资产负债表日企业分类为以公允价值计量且其变动计入其他综合收益的长期债权投资的期末账面价值。该项目应根据“其他债权投资”科目的相关明细科目的期末余额分析填列。自资产负债表日起一年内到期的长期债权投资的期末账面价值，在“一年内到期的非流动资产”项目反映。企业购入的以公允价值计量且其变动计入其他综合收益的一年内到期的债权投资的期末账面价值，在“其他流动资产”项目反映。

（13）“长期股权投资”项目，反映企业持有的对子公司、联营企业和合营企业的长期股权投资。本项目应根据“长期股权投资”科目的期末余额，减去“长期股权投资减值准备”科目的期末余额后的金额填列。

（14）“其他权益工具投资”项目，反映资产负债表日企业指定为以公允价值计量且其变动计入其他综合收益的非交易性权益工具投资的期末账面价值。该项目应根据“其他权益工具投资”科目的期末余额填列。

（15）“固定资产”项目，反映资产负债表日企业固定资产的期末账面价值和企业尚未清理完毕的固定资产清理净损益。该项目应根据“固定资产”科目的期末余额，减去“累计折旧”和“固定资产减值准备”科目的期末余额后的金额，以及“固定资产清理”科目的期末余额填列。

（16）“在建工程”项目，反映资产负债表日企业尚未达到预定可使用状态的在建工程的期末账面价值和企业为在建工程准备的各种物资的期末账面价值。该项目应根据“在建工程”科目的期末余额，减去“在建工程减值准备”科目的期末余额后的金额，以及“工程物资”科目的期末余额，减去“工程物资减值准备”科目的期末余额后的金额填列。

（17）“使用权资产”项目，反映资产负债表日承租人企业持有的使用权资产的期末账面价值。该项目应根据“使用权资产”科目的期末余额，减去“使用权资产累计折旧”和“使用权资产减值准备”科目的期末余额后的金额填列。

（18）“无形资产”项目，反映企业持有的无形资产，包括专利权、非专利技术、商标权、著作权、土地使用权等。本项目应根据“无形资产”科目的期末余额，减去“累计摊销”和“无形资产减值准备”科目期末余额后的金额填列。

（19）“开发支出”项目，反映企业开发无形资产过程中能够资本化形成无形资产成本的支出部分。本项目应当根据“研发支出”科目中所属的“资本化支出”明细科目期末余额填列。

（20）“长期待摊费用”项目，反映企业已经发生但应由本期和以后各期负担的分摊期限在一年以上的各项费用。长期待摊费用中在一年内（含一年）摊销的部分，在资产负债表“一年内到期的非流动资产”项目填列。本项目应根据“长期待摊费用”科目的期末余额减去将于一年内（含一年）摊销的数额后的金额填列。

（21）“其他非流动资产”项目，反映企业除长期股权投资、固定资产、在建工程、工程物资、无形资产等以外的其他非流动资产。本项目应根据有关科目的期末余额填列。

（22）“短期借款”项目，反映企业向银行或其他金融机构等借入的期限在一年以下（含一年）的各种借款。本项目应根据“短期借款”科目的期末余额填列。

（23）“交易性金融负债”项目，反映资产负债表日企业承担的交易性金融负债，以及企业持有的指定为以公允价值计量且其变动计入当期损益的金融负债的期末账面价值。该项目应根据“交易性金融负债”科目的相关明细科目的期末余额填列。

（24）“应付票据”项目，反映资产负债表日以摊余成本计量的、企业因购买材料、商品和接受服务等开出、承兑的商业汇票，包括银行承兑汇票和商业承兑汇票。该项目应根据“应付票据”科目的期末余额填列。

（25）“应付账款”项目，反映资产负债表日以摊余成本计量的、企业因购买材料、商品和接受服务等经营活动应支付的款项。该项目应根据“应付账款”和“预付账款”科目所属的相关明细科目的期末贷方余额合计数填列。

（26）“预收款项”项目，核算企业按照合同规定或交易双方之约定，而向购买单位或接受劳务的单位在未发出商品或提供劳务时预收的款项。本项目应根据“预收账款”和“应收账款”科目所属各明细科目的期末贷方余额合计数填列。如“预收账款”科目所属明细科目期未有借方余额的，应在资产负债表“应收账款”项目内填列。

（27）“应付职工薪酬”项目，反映企业根据有关规定应付给职工的工资、职工福利、社会保险费、住房公积金、工会经费、职工教育经费、非货币性福利、辞退福利等各种薪酬。外商投资企业按规定从净利润中提取的职工奖励及福利基金，也在本项目列示。

（28）“应交税费”项目，反映企业按照税法规定计算应交纳的各种税费，包括增值税、消费税、所得税、资源税、土地增值税、城市维护建设税、房产税、土地使用税、车船税、教育费附加、矿产资源补偿费等。企业代扣代交的个人所得税，也通过本项目列示。企业所交纳的税金不需要预计应交数的，如印花税、耕地占用税等，不在本项目列示。本项目应根据“应交税费”科目的期末贷方余额填列；如“应交税费”利，目期末为借方余额，应以“-”号填列。

（29）“其他应付款”项目，应根据“应付利息”“应付股利”和“其他应付款”科目的期末余额合计数填列。其中的“应付利息”仅反映相关金融工具已到期应支付但于资产负债表日尚未支付的利息。基于实际利率法计提的金融工具的利息应包含在相应金融工具的账面余额中。

（30）“持有待售负债”项目，反映资产负债表日处置组中与划分为持有待售类别的资产直接相关的负债的期末账面价值。该项目应根据“持有待售负债”科目的期末余额填列。

（31）“一年内到期的非流动负债”项目，反映企业非流动负债中将于资产负债表日后一年内到期部分的金额，如将于一年内偿还的长期借款。本项目应根据有关科目的期末余额填列。

（32）“长期借款”项目，反映企业向银行或其他金融机构借入的期限在一年以上（不含一年）的各项借款。本项目应根据“长期借款”科目的期末余额填列。

（33）“应付债券”项目，反映企业为筹集长期资金而发行的债券本金和利息。本项目应根据“应付债券”科目的期末余额填列。

（34）“租赁负债”项目，反映资产负债表日承租人企业尚未支付的租赁付款额的期末账面价值。该项目应根据“租赁负债”科目的期末余额填列。自资产负债表日起一年内到期应予以清偿的租赁负债的期末账面价值，在“一年内到期的非流动负债”项目反映。

（35）“长期应付款”项目，反映资产负债表日企业除长期借款和应付债券以外的其他各种长期应付款项的期末账面价值。该项目应根据“长期应付款”科目的期末余额，减去相关的“未确认融资费用”科目的期末余额后的金额，以及“专项应付款”科目的期末余额填列。

（36）“递延收益”项目中摊销期限只剩一年或不足一年的，或预计在一年内（含一年）进行摊销的部分，不得归类为流动负债，仍在该项目中填列，不转入“一年内到期的非流动负债”项目。

（37）“其他非流动负债”项目，反映企业除长期借款、应付债券等项目以外的其他非流动负债。本项目应根据有关科目的期末余额填列。其他非流动负债项目应根据有关科目期末余额减去将于一年内（含一年）到期偿还数后的余额填列。非流动负债各项目中将于一年内（含一年）到期的非流动负债，应在“一年内到期的非流动负债”项目内单独反映。

（38）“合同资产”和“合同负债”项目。企业应按照《企业会计准则第14号——收入》的相关规定根据本企业履行履约义务与客户付款之间的关系在资产负债表中列示合同资产或合同负债。“合同资产”项目、“合同负债”项目，应分别根据“合同资产”科目、“合同负债”科目的相关明细科目的期末余额分析填列，同一合同下的合同资产和合同负债应当以净额列示，其中净额为借方余额的，应当根据其流动性在“合同资产”或“其他非流动资产”项目中填列，已计提减值准备的，还应减去“合同资产减值准备”科目中相关的期末余额后的金额填列；其中净额为贷方余额的，应当根据其流动性在“合同负债”或“其他非流动负债”项目中填列。

由于同一合同下的合同资产和合同负债应当以净额列示，企业也可以设置“合同结算”科目（或其他类似科目），以核算同一合同下属于在某一时段内履行履约义务涉及与客户结算对价的合同资产或合同负债，并在此科目下设置“合同结算——价款结算”科目反映定期与客户进行结算的金额，设置“合同结算——收入结转”科目反映按履约进度结转的收入金额。资产负债表日，“合同结算”科目的期末余额在借方的，根据其流动性在“合同资产”或“其他非流动资产”项目中填列；期末余额在贷方的，根据其流动性在“合同负债”或“其他非流动负债”项目中填列。

（39）按照《企业会计准则第14号——收入》的相关规定确认为资产的合同取得成本，应当根据“合同取得成本”科目的明细科目初始确认时摊销期限是否超过一年或一个正常营业周期，在“其他流动资产”或“其他非流动资产”

项目中填列，已计提减值准备的，还应减去“合同取得成本减值准备”科目中相关的期末余额后的金额填列。

（40）按照《企业会计准则第14号——收入》的相关规定确认为资产的合同履约成本，应当根据“合同履约成本”科目的明细科目初始确认时摊销期限是否超过一年或一个正常营业周期，在“存货”或“其他非流动资产”项目中填列，已计提减值准备的，还应减去“合同履约成本减值准备”科目中相关的期末余额后的金额填列。

（41）按照《企业会计准则第14号——收入》的相关规定确认为资产的应收退货成本，应当根据“应收退货成本”科目是否在一年或一个正常营业周期内出售，在“其他流动资产”或“其他非流动资产”项目中填列。

（42）按照《企业会计准则第14号——收入》的相关规定确认为预计负债的应付退货款，应当根据“预计负债”科目下的“应付退货款”明细科目是否在一年或一个正常营业周期内清偿，在“其他流动负债”或“预计负债”项目中填列。

（43）企业按照《企业会计准则第22号——金融工具确认和计量》的相关规定对贷款承诺、财务担保合同等项目计提的损失准备，应当在“预计负债”项目中填列。

（44）“实收资本（或股本）”项目，反映企业各投资者实际投入的资本（或股本）总额。本项目应根据“实收资本（或股本）”科目的期末余额填列。

（45）“其他权益工具”项目，反映资产负债表日企业发行在外的除普通股以外分类为权益工具的金融工具的期末账面价值。对于资产负债表日企业发行的金融工具，分类为金融负债的，应在“应付债券”项目填列，对于优先股和永续债，还应在“应付债券”项目下的“优先股”项目和“永续债”项目分别填列；分类为权益工具的，应在“其他权益工具”项目填列，对于优先股和永续债，还应在“其他权益工具”项目下的“优先股”项目和“永续债”项目分别填列。

（46）“资本公积”项目，反映企业资本公积的期末余额。本项目应根据“资本公积”科目的期末余额填列。

（47）“专项储备”项目，反映高危行业企业按国家规定提取的安全生产费的期末账面价值。该项目应根据“专项储备”科目的期末余额填列。

（48）“盈余公积”项目，反映企业盈余公积的期末余额。本项目应根据

“盈余公积”科目的期末余额填列。

（49）“未分配利润”项目，反映企业尚未分配的利润。本项目应根据“本年利润”科目和“利润分配”科目的余额计算填列。未弥补的亏损在本项目内以“—”号填列。

9.2.6　资产负债表编制示例

【例 9-1】H股份有限公司2×18年12月31日的资产负债表（年初余额略）及2×19年12月31日的科目余额表分别见表9-2和表9-3。假设该公司2×18年度除计提固定资产减值准备导致固定资产账面价值与其计税基础存在可抵扣暂时性差异外，其他资产和负债项目的账面价值均等于其计税基础。

假定该公司未来很可能获得足够的应纳税所得额用来抵扣可抵扣暂时性差异，适用的企业所得税税率为25%。根据上述资料编制该公司2×19年12月31日的资产负债表。

表 9-2　资产负债表

会企01表

编制单位：H股份有限公司　　　　日期：2×18年12月31日　　　　单位：元

资产	期末余额	上年年末余额	负债和所有者权益（或股东权益）	期末余额	上年年末余额
流动资产：			流动负债：		
货币资金	1 406 300		短期借款	300 000	
交易性金融资产	15 000		交易性金融负债	0	
衍生金融资产	0		衍生金融负债	0	
应收票据	246 000		应付票据	200 000	
应收账款	299 100		应付账款	953 800	
应收款项融资	0		预收款项	500 000	
预付款项	100 000		合同负债	0	
其他应收款	5 000		应付职工薪酬	110 000	
存货	2 580 000		应交税费	36 600	
合同资产	0		其他应付项	500 000	
持有待售资产	0		持有待售负债	0	

续表

资产	期末余额	上年年末余额	负债和所有者权益（或股东权益）	期末余额	上年年末余额
一年内到期的非流动资产	0		一年内到期的非流动负债	50 100	
其他流动资产	100 000		其他流动负债	0	
流动资产合计	4 751 400		流动负债合计	2 651 400	
非流动资产：			非流动负债：		
债券投资	0		长期借款	600 000	
其他债券投资	0		应付债券	0	
长期应收款	0		其中：优先股	0	
长期股权投资	250 000		永续债	0	
其他权益工具投资	0		租赁负债	0	
其他非流动金融资产	0		长期应付款	0	
投资性房地产	0		预计负债	0	
固定资产	1 100 000		递延收益	0	
在建工程	1 500 000		递延所得税负债	0	
生产性生物资产	0		其他非流动负债	0	
油气资产	0		非流动负债合计	600 000	
使用权资产	0		负债合计	3 251 400	
无形资产	600 000		所有者权益（或股东权益）：		
开发支出	0		实收资本（或股本）	5 000 000	
商誉	0		其他权益工具	0	
长期待摊费用	0		其中：优先股	0	
递延所得税资产	0		永续债	0	
其他非流动资产	200 000		资本公积	0	
非流动资产合计	3 650 000		减：库存股	0	
			其他综合收益	0	

续表

资产	期末余额	上年年末余额	负债和所有者权益（或股东权益）	期末余额	上年年末余额
			专项储备	0	
			盈余公积	100 000	
			未分配利润	50 000	
			所有者权益（或股东权益）合计	5 150 000	
资产总计	8 401 400		负债和股东权益总计	8 401 400	

表 9-3　科目余额表

2×19 年 12 月 31 日　　　　单位：元

科目名称	借方余额	科目名称	贷方余额
库存现金	126 566.75	短期借款	50 000
银行存款	344 943.25	应付票据	100 000
其他货币资金	240 690	应付账款	603 800
交易性金融资产	0	应付股利	100 000
应收票据	46 000	预收账款	350 000
应收账款	600 100	其他应付款	50 000
坏账准备	1 600	应付职工薪酬	180 000
预付账款	100 000	应交税费	100 000
其他应收款	5 000	应付利息	0
材料采购	305 000	应付股利	0
原材料	732 000	一年内到期的长期负债	0
周转材料	230 000	长期借款	1 160 000
库存商品	1 287 700	股本	5 000 000
材料成本差异	20 000	盈余公积	166 621．10
其他流动资产	7 125	利润分配（未分配利润）	108 037．15
长期股权投资	250 000		
固定资产	2 401 000		

续表

科目名称	借方余额	科目名称	贷方余额
累计折旧	–140 000		
固定资产减值准备	–30 000		
工程物资	100 000		
在建工程	603 933．25		
无形资产	600 000		
累计摊销	–30 000		
递延所得税资产	7 500		
其他长期资产	162 500		
合计	7 968 458.25	合计	7 968 458．25

该公司 2×19 年 12 月 31 日的资产负债表见表 9–4。

表 9–4　资产负债表

会企 01 表

编制单位：H 股份有限公司　　　　2×19 年 12 月 31 日　　　　单位：元

资产	期末余额	上年年末余额	负债和所有者权益（或股东权益）	期末余额	上年年末余额
流动资产：			流动负债：		
货币资金	712 200	1 406 300	短期借款	50 000	300 000
交易性金融资产	0	15 000	交易性金融负债	0	0
衍生金融资产	0	0	衍生金融负债	0	0
应收票据	46 000	246 000	应付票据	100 000	200 000
应收账款	598 500	299 100	应付账款	603 800	953 800
应收款项融资	0	0	预收款项	350 000	500 000
预付款项	100 000	100 000	合同负债	0	0
其他应收款	5 000	5 000	应付职工薪酬	180 000	110 000
存货	2 574 700	2 580 000	应交税费	100 000	36 600
合同资产	0	0	其他应付项	150 000	50 000
持有待售资产	0	0	持有待售负债	0	0

续表

资产	期末余额	上年年末余额	负债和所有者权益（或股东权益）	期末余额	上年年末余额
一年内到期的非流动资产	0	0	一年内到期的非流动负债	0	501 000
其他流动资产	7 125	100 000	其他流动负债	0	0
流动资产合计	4 043 525	4 751 400	流动负债合计	1 533 800	2 651 400
非流动资产：			非流动负债：		
债券投资	0	0	长期借款	1 160 000	600 000
其他债券投资	0	0	应付债券	0	0
长期应收款	0	0	其中：优先股	0	0
长期股权投资	250 000	250 000	永续债	0	0
其他权益工具投资	0	0	租赁负债	0	0
其他非流动金融资产	0	0	长期应付款	0	0
投资性房地产	0	0	预计负债	0	0
固定资产	2 231 000	1 100 000	递延收益	0	0
在建工程	703 933.25	1 500 000	递延所得税负债	0	0
生产性生物资产	0	0	其他非流动负债	0	0
油气资产	0	0	非流动负债合计	1 160 000	600 000
使用权资产	0	0	负债合计	2 693 800	3 251 400
无形资产	570 000	600 000	所有者权益（或股东权益）：		
开发支出	0	0	实收资本（或股本）	5 000 000	5 000 000
商誉	0	0	其他权益工具	0	0
长期待摊费用	0	0	其中：优先股	0	0
递延所得税资产	7 500	0	永续债	0	0
其他非流动资产	162 500	200 000	资本公积	0	0
非流动资产合计	3 924 933.25	3 650 000	减：库存股	0	0

续表

资产	期末余额	上年年末余额	负债和所有者权益(或股东权益)	期末余额	上年年末余额
			其他综合收益	0	0
			专项储备	0	0
			盈余公积	166 621.1	100 000
			未分配利润	108 037.15	50 000
			所有者权益（或股东权益）合计	5 274 658.25	5 150 000
资产总计	7 968 458.25	8 401 400	负债和股东权益总计	7 968 458.25	8 401 400

9.3 利润表

9.3.1 利润表的概念和作用

利润表是指反映企业在一定会计期间的经营成果的报表。通过提供利润表，可以反映企业在一定会计期间收入、费用、利润（或亏损）的数额、构成情况，帮助财务报表使用者全面了解企业的经营成果，分析企业的获利能力及盈利增长趋势，从而为其做出经济决策提供依据。

9.3.2 利润表的格式及内容

我国企业利润表采用多步式格式。一般企业的利润表的格式如表9-5所示。

表 9–5　利润表

会企 02 表

编制单位：　　　　　　　　年　　　月　　　　　　　　单位：元

项目	本期金额	上期金额
一、营业收入		
减：营业成本		
税金及附加		
销售费用		
管理费用		
研发费用		
财务费用		
其中：利息费用		
利息收入		
加：其他收益		
投资收益（损失以“－”号填列）		
其中：对联营企业和合营企业的投资收益		
以摊余成本计量的金融资产终止确认收益（损失以“－”号填列）		
净敞口套期收益（损失以“－”号填列）		
公允价值变动收益（损失以“－”号填列）		
信用减值损失（损失以“－”号填列）		
资产减值损失（损失以“－”号填列）		
资产处置收益（损失以“－”号填列）		
二、营业利润（亏损以“－”号填列）		
加：营业外收入		
减：营业外支出		
三、利润总额（亏损总额以“－”号填列）		
减：所得税费用		
四、净利润（净亏损以“－”号填列）		

续表

项目	本期金额	上期金额
（一）持续经营净利润（净损失以“－”号填列）		
（二）终止经营净利润（净损失以“－”号填列）		
五、其他综合收益的税后净额：		
（一）不能重分类进损益的其他综合收益		
1. 重新计量设定受益计划变动额		
2. 权益法下不能转损益的其他综合收益		
3. 其他权益工具投资公允价值变动		
4. 企业自身信用风险公允价值变动		
……		
（二）将重分类进损益的其他综合收益		
1. 权益法下可转损益的其他综合收益		
2. 其他债券投资公允价值变动		
3. 金融资产重分类计入其他综合收益的金额		
4. 其他债券投资信用减值准备		
5. 现金流量套期储备		
6. 外币财务报表折算差额		
……		
六、综合收益总额		
七、每股收益		
（一）基本每股收益		
（二）稀释每股收益		

9.3.3 利润表的编制填列说明

1. 利润表的编制步骤

企业的利润表分以下三个步骤编制：

第一步，以营业收入为基础，减去营业成本、税金及附加、销售费用、管理费用、财务费用、资产减值损失，加上公允价值变动收益（减去公允价值变动损失）和投资收益减去投资损失），计算出营业利润；

第二步，以营业利润为基础，加上营业外收入，减去营业外支出，计算出利润总额；

第三步，以利润总额为基础，减去所得税费用，计算出净利润（或净亏损）。

普通股或潜在普通股已公开交易的企业及正处于公开发行普通股或潜在普通股过程中的企业，还应当在利润表中列示每股收益信息。

2. 利润表项目的填列方法

利润表各项目均需填列“本期金额”和“上期金额”两栏。

在编制中期利润表时，“本期金额”栏应分为“本期金额”和“年初至本期末累计发生额”两栏，分别填列各项目本中期（月、季或半年）各项目实际发生额，以及自年初起至本中期（月、季或半年）末止的累计实际发生额。“上期金额”栏应分为“上年可比本中期金额”和“上年初至可比本中期末累计发生额”两栏，应根据上年可比中期利润表“本期金额”下对应的两栏数字分别填列。上年度利润表与本年度利润表的项目名称和内容不一致的，应对上年度利润表项目的名称和数字按本年度的规定进行调整。年终结账时，由于全年的收入和支出已全部转入“本年利润”科目，并且通过收支对比结出本年净利润的数额。因此，应将年度利润表中的“净利润”数字，与“本年利润”科目结转到“利润分配—未分配利润”科目的数字相核对，检查账簿记录和报表编制的正确性。

利润表“本期金额”“上期金额”栏内各项数字，除“每股收益”项目外，应当按照相关科目发生额分析填列。

3. 利润表项目的填列说明

利润表“本年金额”栏内各项数字一般应反映以下内容。

（1）“营业收入”项目，反映企业经营主要业务和其他业务所确认的收入总额。该项目据“主营业务收入”和“其他业务收入”科目的发生额分析填列。

（2）“营业成本”项目，反映企业经营主要业务和其他业务所发生的成本总额。该项目据“主营业务成本”和“其他业务成本”科目的发生额分析填列。

（3）“税金及附加”项目，反映企业经营业务应负担的消费税、城市建设维护税、资源税、土地增值税和教育费附加等。该项目据“税金及附加”科目的发生额分析填列。

（4）“销售费用”项目，反映企业在销售商品过程中发生的包装费、广告费等费用和为销售本企业商品而专设的销售机构的职工薪酬、业务费等经营费用。该项目据“销售费用”科目的发生额分析填列。

（5）“管理费用”项目，反映企业为组织和管理生产经营发生的管理费用。该项目据“管理费用”的发生额分析填列。

（6）“研发费用”项目，反映企业进行研究与开发过程中发生的费用化支出，以及计入管理费用的自行开发无形资产的摊销。该项目据“管理费用”科目下的“研究费用”和“无形资产摊销”明细科目的发生额分析填列。

（7）“财务费用”项目，反映企业筹集生产经营所需资金等而发生的筹资费用。该项目据“财务费用”科目的发生额分析填列。

“利息费用”项目，反映企业为筹集生产经营所需资金等而发生的应予费用化的利息支出。该项目据“财务费用”科目的相关明细科目的发生额分析填列。

“利息收入”项目，反映企业按照相关会计准则确认的应冲减财务费用的利息收入。该项目据“财务费用”科目的相关明细科目的发生额分析填列。

（8）“其他收益”项目，反映计入其他收益的政府补助，以及其他与日常活动相关且计入其他收益的项目。该项目应根据“其他收益”科目的发生额分析填列。企业作为个人所得税的扣缴义务人，根据《中华人民共和国个人所得税法》收到的扣缴税款手续费，应作为其他与日常活动相关的收益在该项目中填列。

（9）“投资收益”项目，反映企业以各种方式对外投资所取得的收益，该项目据“投资收益”科目的发生额分析填列；如为投资损失，本项目以“-”号填列。

“以摊余成本计量的金融资产终止确认收益”，该项目反映企业因转让等情形导致终止确认以摊余成本计量的金融资产而产生的利得或损失。该项目据“投资收益”科目的相关明细科目的发生额分析填列；如为损失，以“-”号填列。

（10）“净敞口套期收益”项目，反映净敞口套期下被套期项目累计公允价值变动转入当期损益的金额或现金流量套期储备转入当期损益的金额，该项目据“净敞口套期损益”科目的发生额分析填列；如为套期损失，以“-”号填列。

（11）“公允价值变动收益”项目，反映企业应当计入当期损益的资产或

负债公允价值变动收益。该项目据“公允价值变动损益”科目的发生额分析填列；如为净损失，本项目以“－”号填列

（12）“信用减值损失”项目，反映企业按照《企业会计准则第 22 号——金融工具确认和计量》的要求计提的各项金融工具信用减值准备所确认的信用损失。该项目据“信用减值损失”科目的发生额分析填列。

（13）“资产减值损失”项目，反映企业各项资产发生的减值损失。该项目据“资产减值损失”科目的发生额分析填列。

（14）“资产处置收益”项目，反映企业出售划分为持有待售的非流动资产（金融工具、长期股权投资和投资性房地产除外）或处置组（子公司和业务除外）时确认的处置利得或损失，以及处置未划分为持有待售的固定资产、在建工程、生产性生物资产及无形资产而产生的处置利得或损失。该项目据“资产处置损益”科目的发生额分析填列；如为处置损失，以“－”号填列。

（15）“营业利润”项目，反映企业实现的营业利润，该项目由以上的项目计算得来；如为亏损，本项目以“－”号填列。

（16）“营业外收入”项目，反映企业发生的除营业利润以外的收益。该项目据“营业外收入”科目的发生额分析填列。

（17）“营业外支出”项目，反映企业发生的除营业利润以外的支出。该项日据“营业外支出”科目的发生额分析填列。

（18）“利润总额”项目，反映企业实现的利润，该项目由以上的项目计算得来；如为亏损，本项目以“－”号填列。

（19）“所得税费用”项目，反映企业应从当期利润总额中扣除的所得税费用。本项目据“所得税费用”科目的发生额分析填列。

（20）“净利润”项目，反映企业实现的净利润，该项目由以上的项目计算得来；如为亏损，本项目以“－”号填列。

（21）“持续经营净利润”项目，反映净利润中与持续经营相关的净利润。该项目按照《企业会计准则第 42 号——持有待售的非流动资产、处置组和终止经营》的相关规定分别列报。

（22）“终止经营净利润”项目，反映净利润中与终止经营相关的净利润。该项目按照《企业会计准则第 42 号——持有待售的非流动资产、处置组和终止经营》的相关规定分别列报。

（23）“其他权益工具投资公允价值变动”项目，反映企业指定为以公允

价值计量且其变动计入其他综合收益的非交易性权益工具投资发生的公允价值变动。该项目据“其他综合收益”科目的相关明细科目的发生额分析填列。

（24）“企业自身信用风险公允价值变动”项目，反映企业指定为以公允价值计量且其变动计入当期损益的金融负债，由企业自身信用风险变动引起的公允价值变动而计入其他综合收益的金额。该项目据“其他综合收益”科目的相关明细科目的发生额分析填列。

（25）“其他债权投资公允价值变动”项目，反映企业分类为以公允价值计量且其变动计入其他综合收益的债权投资发生的公允价值变动。该项目据“其他综合收益”科目下的相关明细科目的发生额分析填列

（26）金融资产重分类计入其他综合收益的金额项目，反映企业将一项以摊余成本计量的金融资产重分类为以公允价值计量且其变动计入其他综合收益的金融资产时，计入其他综合收益的原账面价值与公允价值之间的差额。该项目据“其他综合收益”科目下的相关明细科目的发生额分析填列。

（27）“其他债权投资信用减值准备”项目，反映企业按照《企业会计准则第22号——金融工具确认和计量》第18条分类为以公允价值计量且其变动计入其他综合收益的金融资产的损失准备。该项目据“其他综合收益”科目下的“信用减值准备”明细科目的发生额分析填列。

（28）“现金流量套期储备”项目，反映企业套期工具产生的利得或损失中属于套期有效的部分。该项目据“其他综合收益”科目下的“套期储备”明细科目的发生额分析填列。

（29）“基本每股收益”和“稀释每股收益”项目，应由企业当根据每股收益准则的规定计算的金额填列。

9.3.4 利润表编制示例

【例9-2】H股份有限公司2×19年度有关损益类科目本年累计发生净额如表9-6所示。

表9-6 H股份有限公司损益类科目2×19年度累计发生净额

单位：元

科目名称	借方发生额	贷方发生额
主营业务收入		202 000 000.00

续表

科目名称	借方发生额	贷方发生额
主营业务成本	121 070 000.00	
税金及附加	18 420 000.00	
销售费用	7 600 000.00	
管理费用	3 200 000.00	
研发费用	1 000 000.00	
财务费用	20 000.00	
资产减值损失	–1 600 000.00	
营业外支出	50 000.00	
所得税费用	13 580 000.00	

根据上述资料，编制 H 股份有限公司 2×19 年度利润表（上期金额略），如表 9–7 所示。

表 9–7　利润表

会企 02 表

编制单位：H 股份有限公司　　　　2×19 年度　　　　单位：元

项　目	本期金额	上期金额
一、营业收入	202 000 000.00	略
减：营业成本	121 070 000.00	
税金及附加	18 420 000.00	
销售费用	7 600 000.00	
管理费用	3 200 000.00	
研发费用	1 000 000.00	
财务费用	20 000.00	
其中：利息费用	17 000.00	
利息收入	–3 000.00	
加：其他收益		
资产减值损失（损失以“–”号填列）	–1 600 000.00	
信用减值损失（损失以“–”号填列）		

续表

项目	本期金额	上期金额
投资收益（损失以“–”号填列）		
其中：对联营企业和合营企业的投资收益		
净敞口套期收益（损失以“–”号填列）		
公允价值变动收益（损失以“–”号填列）		
资产处置收益（损失以“–”号填列）		
二、营业利润（亏损以“–”号填列）	49 090 000	
加：营业外收入		
减：营业外支出	50 000.00	
三、利润总额（亏损总额以“–”号填列）	490 400 000	
减：所得税费用	13 580 000.00	
四、净利润（净亏损以“–”号填列）	35 460 000	
（一）持续经营净利润（净亏损以“–”号填列）	35 460 000	
（二）终止经营净利润（净亏损以“–”号填列）		
五、其他综合收益的税后净额		
（一）不能重分类进损益的其他综合收益		
1. 重新计量设定受益计划变动额		
2. 权益法下不能转损益的其他综合收益		
3. 其他权益工具投资公允价值变动		
4. 企业自身信用风险公允价值变动		
……		
（二）将重分类进损益的其他综合收益		
1. 权益法下可转损益的其他综合收益		
2. 其他债权投资公允价值变动损益		
3. 金融资产重分类计入其他综合收益的金额		
4. 其他债权投资信用减值准备		
5. 现金流量套期损益的有效部分		
6. 外币财务报表折算差额		

续表

项 目	本期金额	上期金额
……		
六、综合收益总额	35 460 000	
七、每股收益：		
（一）基本每股收益		
（二）稀释每股收益		

9.4　现金流量表

9.4.1　现金流量表的概念和作用

现金流量表是反映企业在一定会计期间现金和现金等价物流入和流出的报表。

通过现金流量表，可以为报表使用者提供企业一定会计期间内现金和现金等价物流入和流出的信息，便于使用者了解和评价企业获取现金和现金等价物的能力，据以预测企业未来现金流量。

9.4.2　现金流量及其分类

现金流量是指一定会计期间内企业现金和现金等价物的流入和流出。

企业从银行提取现金、用现金购买短期到期的国库券等现金和现金等价物之间的转换不属于现金流量。

现金是指企业库存现金以及可以随时用于支付的存款，包括库存现金、银行存款和其他货币资金（如外埠存款、银行汇票存款、银行本票存款等）等。不能随时用于支付的存款不属于现金。

现金等价物，是指企业持有的期限短、流动性强、易于转换为已知金额现金、价值变动风险很小的投资。期限短，一般是指从购买日起三个月内到期。

现金等价物通常包括三个月内到期的债券投资等。权益性投资变现的金额通常不确定，因而不属于现金等价物。企业应当根据具体情况，确定现金等价物的范围，一经确定不得随意变更。

企业产生的现金流量分为三类：

1. 经营活动产生的现金流量

经营活动，是指企业投资活动和筹资活动以外的所有交易和事项。

经营活动产生的现金流量包括销售商品或提供劳务、购买商品、接受劳务、支付工资和交纳税款等流入和流出的现金和现金等价物。

2. 投资活动产生的现金流量

投资活动，是指企业长期资产的购建和不包括在现金等价物范围内的投资及其处置活动。

投资活动产生的现金流量主要包括购建固定资产、处置子公司及其他营业单位等流入和流出的现金和现金等价物。

3. 筹资活动产生的现金流量

筹资活动，是指导致企业资本及债务规模和构成发生变化的活动。

筹资活动产生的现金流量主要包括吸收投资、发行股票、分配利润、发行债券、偿还债务等流入和流出的现金和现金等价物。偿付应付账款、应付票据等商业应付款等属于经营活动，不属于筹资活动。

9.4.3 现金流量表的结构和内容

我国企业现金流量表采用报告式结构，分类反映经营活动产生的现金流量、投资活动产生的现金流量和筹资活动产生的现金流量，最后汇总反映企业某一期间现金及现金等价物的净增加额。我国企业现金流量表的格式如表 9-8 所示。

表 9-8 现金流量表

会企 03 表

编制单位： 年 月 单位：元

项目	本期金额	上期金额
一、经营活动产生的现金流量		
销售商品、提供劳务收到的现金		

续表

项目	本期金额	上期金额
收到的税费返还		
收到其他与经营活动有关的现金		
经营活动现金流入小计		
购买商品、接受劳务支付的现金		
支付给职工以及为职工支付的现金		
支付的各项税费		
支付其他与经营活动有关的现金		
经营活动现金流出小计		
经营活动产生的现金流量净额		
二、投资活动产生的现金流量		
收回投资收到的现金		
取得投资收益收到的现金		
处置固定资产、无形资产和其他长期资产收回的现金净额		
处置子公司及其他营业单位收到的现金净额		
收到其他与投资活动有关的现金		
投资活动现金流入小计		
购建固定资产、无形资产和其他长期资产支付的现金		
投资支付的现金		
取得子公司及其他营业单位支付的现金净额		
支付其他与投资活动有关的现金		
投资活动现金流出小计		
投资活动产生的现金流量净额		
三、筹资活动产生的现金流量：		
吸收投资收到的现金		
取得借款收到的现金		
收到其他与筹资活动有关的现金		

续表

项目	本期金额	上期金额
筹资活动现金流入小计		
偿还债务支付的现金		
分配股利、利润或偿付利息支付的现金		
支付其他与筹资活动有关的现金		
筹资活动现金流出小计		
筹资活动产生的现金流量净额		
四、汇率变动对现金及现金等价物的影响		
五、现金及现金等价物净增加额		
加：期初现金及现金等价物余额		
六、期末现金及现金等价物余额		

9.4.4 现金流量表的填列说明

企业应当采用直接法列示经营活动产生的现金流量。直接法，是指通过现金收入和现金支出的主要类别列示经营活动的现金流量。采用直接法编制经营活动的现金流量时，一般以利润表中的营业收入为起算点，调整与经营活动有关的项目的增减变动，然后计算出经营活动的现金流量。采用直接法具体编制现金流量表时，可以采用工作底稿法或T型账户法，也可以根据有关科目记录分析填列。

1. 经营活动产生的现金流量

（1）“销售商品、提供劳务收到的现金”项目，反映企业本年销售商品、提供劳务收到的现金，以及以前年度销售商品、提供劳务本年收到的现金（包括应向购买者收取的增值税销项税额）和本年预收的款项，减去本年销售本年退回商品和以前年度销售本年退回商品支付的现金。企业销售材料和代购代销业务收到的现金，也在本项目反映。

（2）“收到的税费返还”项目，反映企业收到返还的所得税、增值税、消费税、关税和教育费附加等各种税费返还款。

（3）“收到其他与经营活动有关的现金”项目，反映企业经营租赁收到的租金等其他与经营活动有关的现金流入，金额较大的应当单独列示。

（4）“购买商品、接受劳务支付的现金”项目，反映企业本年购买商品、接受劳务实际支付的现金（包括增值税进项税额），以及本年支付以前年度购买商品、接受劳务的未付款项和本年预付款项，减去本年发生的购货退回收到的现金。企业购买材料和代购代销业务支付的现金，也在本项目反映。

（5）“支付给职工以及为职工支付的现金”项目，反映企业本年实际支付给职工的工资、资金、各种津贴和补贴等职工薪酬（包括代扣代缴的职工个人所得税）。

（6）“支付的各项税费”项目，反映企业本年发生并支付、以前各年发生本年支付以及预交的各项税费，包括所得税、增值税、消费税、印花税、房产税、土地增值税、车船使用税、教育费附加等。

（7）“支付其他与经营活动有关的现金”项目，反映企业经营租赁支付的租金、支付的差旅费、业务招待费、保险费、罚款支出等其他与经营活动有关的现金流出，金额较大的应当单独列示。

2. 投资活动产生的现金流量

（1）“收回投资收到的现金”项目，反映企业出售、转让或到期收回除现金等价物以外的对其他企业长期股权投资而收到的现金，但处置子公司及其他营业单应收到的现金净额除外。

（2）“取得投资收益收到的现金”项目，反映企业除现金等价物以外的对其他企业的长期股权投资等分回的现金股利和利息等。

（3）“处置固定资产、无形资产和其他长期资产收回的现金净额”项目，反映企业出售、报废固定资产、无形资产和其他长期资产所取得的现金（包括因资产毁损而收到的保险赔偿收入），减去为处置这些资产而支付的有关费用后的净额。

（4）“处置子公司及其他营业单应收到的现金净额”项目，反映企业处置子公司及其他营业单位所取得的现金，减去相关处置费用以及子公司及其他营业单位持有的现金和现金等价物后的净额。

（5）“收到其他与投资活动有关的现金”项目，反映企业除上述（1）至（4）项目外收到的其他与投资活动有关的现金，金额较大的应当单独列示。

（6）“购建固定资产、无形资产和其他长期资产支付的现金”项目，反映企业购买、建造固定资产、取得无形资产和其他长期资产所支付的现金（含增值税款等），以及用现金支付的应由在建工程和无形资产负担的职工薪酬。

（7）“投资支付的现金”项目，反映企业取得除现金等价物以外的对其他企业的长期股权投资所支付的现金以及支付的佣金、手续费等附加费用，但取得子公司及其他营业单位支付的现金净额除外。

（8）“取得子公司及其他营业单位支付的现金净额”项目，反映企业购买子公司及其他营业单位购买出价中以现金支付的部分，减去子公司及其他营业单位持有的现金和现金等价物后的净额。

（9）“支付其他与投资活动有关的现金”项目，反映企业除上述（6）至（8）项目外支付的其他与投资活动有关的现金，金额较大的应当单独列示。

3. 筹资活动产生的现金流量

（1）“吸收投资收到的现金”项目，反映企业以发行股票、债券等方式筹集资金实际收到的款项，减去直接支付的佣金、手续费、宣传费、咨询费、印刷费等发行费用后的净额。

（2）“取得借款收到的现金”项目，反映企业举借各种短期、长期借款而收到的现金。

（3）“偿还债务支付的现金”项目，反映企业为偿还债务本金而支付的现金。

（4）“分配股利、利润或偿付利息支付的现金”项目，反映企业实际支付的现金股利、支付给其他投资单位的利润或用现金支付的借款利息、债券利息。

（5）“收到其他与筹资活动有关的现金”“支付其他与筹资活动有关的现金”项目，反映企业除上述（1）至（4）项目外收到或支付的其他与筹资活动有关的现金，金额较大的应当单独列示。

4.“汇率变动对现金及现金等价物的影响”项目，反映下列项目之间的差额

（1）企业外币现金流量折算为记账本位币时，采用现金流量发生日的即期汇率近似的汇率折算的金额（编制合并现金流量表时折算境外子公司的现金流量，应当比照处理）。

（2）企业外币现金及现金等价物净增加额按年末汇率折算的金额填列。

9.4.5　现金流量表编制示例

【例 9-3】WCM 公司 2×19 年有关资料如下（增值税税率为 13%）：

（1）本期主营业务收入为 2 000 万元；收回应收账款 240 万元；预收甲公司货款 100 万元。

（2）本期现购材料成本为 1　400 万元：支付去年应付账款 100 万元：预付材料供应商乙公司货款 220 万元。

（3）本期发放的职工工资总额为 200 万元，其中生产经营及管理人员的工资 140 万元，奖金 30 万元：在建工程人员的工资 24 万元，奖金 6 万元，工资及奖金全部从银行提取现金发放。

（4）本期所得税费用为 320 万元，未交所得税的年初数为 240 万元，年末数为 200 万元。（无调整事项）。

（5)为建造厂房,本期以银行存款购入固定资产 200 万元,支付增值税税额 34 万元。

（6）购入股票 200 万股，每股价格 5.2 元，其中包含的已宣告但尚未领取的现金股利每股 0.2 元，作为短期投资核算。

（7）到期收回长期债券投资，面值 200 万元，3 年期，利率 3%，一次还本付息。

（8）对一台管理用设备进行清理，该设备账面原价 240 万元，已提折旧 160 万元，以银行存款支付清理费用 4 万元，收到变价收入 26 万元，该设备已清理完毕。

（9）借入短期借款 480 万元，借入长期借款 920 万元，当年以银行存款支付利息 60 万元。

（10）向股东支付上年现金股利 100 万元。

（11）该企业期初现金及现金等价物为 1　200 万元。

各个现金流量项目的计算过程如下：

（1）“销售商品、提供劳务收到的现金”项目 =2　000×（1+13%）+240+100=2 600（万元）

（2）“购买商品、接受劳务支付的现金”项目 =1　400X（1+13%）+100+220=1 902（万元）

（3）“支付给职工以及为职工支付的现金”项目 =140+30+24+6=200（万元）

（4）“支付的各项税费”项目 =320+240−200=360（万元）

（5）“收回投资收到的现金”项目 =200（万元）

（6）“取得投资收益收到的现金”项目 =200×3% ×3=18（万元）

（7）“处置固定资产、无形资产和其他长期资产收回的现金净额”项目 =26-4=22（万元）

（8）“购建固定资产、无形资产和其他长期资产支付的现金”项目 =200+34=234（万元）

（9）“投资支付的现金”项目 =200×5.2=1 040（万元）

（10）“取得借款收到的现金”项目 =480+920=1 400（万元）

（11）“分配股利、利润或偿付利息支付的现金”项目 =60+100=160（万元）

据此，WCM 公司编制的现金流量表如表 9-9 所示。

表 9-9　现金流量表

会企 03 表

编制单位：WCM 公司　　2×19 年度　　单位：元

项目	本期金额	上期金额
一、经营活动产生的现金流量：		
销售商品、提供劳务收到的现金	2 600	
收到的税费返还		
收到其他与经营活动有关的现金		
经营活动现金流入小计	2 600	
购买商品、接受劳务支付的现金	1 902	
支付给职工以及为职工支付的现金	200	
支付的各项税费	360	
支付其他与经营活动有关的现金		
经营活动现金流出小计	2 462	
经营活动产生的现金流量净额	138	
二、投资活动产生的现金流量：		
收回投资收到的现金	200	
取得投资收益收到的现金	18	
处置固定资产、无形资产和其他长期资产收回的现金净额	22	
处置子公司及其他营业单位收到的现金净额		
收到其他与投资活动有关的现金		

续表

项目	本期金额	上期金额
投资活动现金流入小计	240	
购建固定资产、无形资产和其他长期资产支付的现金	234	
投资支付的现金	1 040	
取得子公司及其他营业单位支付的现金净额		
支付其他与投资活动有关的现金		
投资活动现金流出小计	1 274	
投资活动产生的现金流量净额	−1 034	
三、筹资活动产生的现金流量：		
吸收投资收到的现金		
取得借款收到的现金	1 400	
收到其他与筹资活动有关的现金		
筹资活动现金流入小计	1 400	
偿还债务支付的现金		
分配股利、利润或偿付利息支付的现金	160	
支付其他与筹资活动有关的现金		
筹资活动现金流出小计	160	
筹资活动产生的现金流量净额	1 240	
四、汇率变动对现金及现金等价物的影响		
五、现金及现金等价物净增加额	344	
加：期初现金及现金等价物余额	1 200	
六、期末现金及现金等价物余额	1 544	

9.5 所有者权益变动表

9.5.1 所有者权益变动表的内容及结构

所有者权益变动表，是指反映构成所有者权益各组成部分当期增减变动情况的报表。当期损益、直接所有者权益的利得和损失，以及与所有者的资本交易导致的所有者权益的变动，应当分别列示。

在所有者权益变动表中，企业至少应当单独列示反映下列信息的项目：（1）净利润；（2）直接所有者权益的利得和损失项目及其总额；（3）会计政策变更和差错更正的累积影响金额；（4）所有者投入资本和向所有者分配利润等；（5）提取的盈余公积；（6）实收资本或股本、资本公积、盈余公积、未分配利润的期初和期末余额及其调节情况。一般企业的所有者权益变动表的格式见表9-10。

表 9–10　所有者权益变动表

会企 04 表

编制单位：　　　　　　年度　　　　　　单位：元

项目	本年金额												上年金额											
	实收资本（或股本）	其他权益工具			资本公积	减：库存股	其他综合收益	专项储备	盈余公积	未分配利润	所有者权益合计	实收资本（或股本）	其他权益工具			资本公积	减：库存股	其他综合收益	专项储备	盈余公积	未分配利润	所有者权益合计
		优先股	永续债	其他									优先股	永续债	其他							
一、上年年末余额																						
加：会计政策变更																						
前期差错更正																						
其他																						
二、本年年初余额																						
三、本年增减变动金额（减少以“–”号填列）																						
（一）综合收益总额																						

续表

项目	本年金额											上年金额										
	实收资本（或股本）	其他权益工具			资本公积	减：库存股	其他综合收益	专项储备	盈余公积	未分配利润	所有者权益合计	实收资本（或股本）	其他权益工具			资本公积	减：库存股	其他综合收益	专项储备	盈余公积	未分配利润	所有者权益合计
		优先股	永续债	其他									优先股	永续债	其他							
（二）所有者投入和减少资本																						
1. 所有者投入的普通股																						
2. 其他权益工具持有者投入资本																						
3. 股份支付计入所有者权益的金额																						
4. 其他																						
（三）利润分配																						
1. 提取盈余公积																						

续表

项目	本年金额											上年金额										
	实收资本（或股本）	其他权益工具			资本公积	减：库存股	其他综合收益	专项储备	盈余公积	未分配利润	所有者权益合计	实收资本（或股本）	其他权益工具			资本公积	减：库存股	其他综合收益	专项储备	盈余公积	未分配利润	所有者权益合计
		优先股	永续债	其他									优先股	永续债	其他							
2．对所有者（或股东）的分配																						
3. 其他																						
（四）所有者权益内部结转																						
1．资本公积转增资本（或股本）																						
2．盈余公积转增资本（或股本）																						
3．盈余公积弥补亏损																						

续表

项目	本年金额												上年金额											
	实收资本（或股本）	其他权益工具			资本公积	减：库存股	其他综合收益	专项储备	盈余公积	未分配利润	所有者权益合计	实收资本（或股本）	其他权益工具			资本公积	减：库存股	其他综合收益	专项储备	盈余公积	未分配利润	所有者权益合计
		优先股	永续债	其他									优先股	永续债	其他							
4. 设定受益计划变动额结转留存收益																						
5. 其他综合收益结转留存收益																						
6. 其他																						
四、本年年末余额																						

9.5.2　所有者权益变动表的填列方法

（一）所有者权益变动表项目的填列方法

所有者权益变动表各项目均需填列“本年金额”和“上年金额”两栏。

所有者权益变动表“上年金额”栏内各项数字，应根据上年度所有者权益变动表“本年金额”栏内所列数字填列。上年度所有者权益变动表规定的各个项目的名称和内容同本年度不一致的，应对上年度所有者权益变动表各项目的名称和数字按照本年度的规定进行调整，填入所有者权益变动表的“上年金额”栏内。

所有者权益变动表“本年金额”栏内各项数字一般应根据“实收资本（或股本）”“其他权益工具”“资本公积”“库存股”“其他综合收益”“盈余公积”“利润分配”“以前年度损益调整”科目的发生额分析填列。

企业的净利润及其分配情况作为所有者权益变动的组成部分，不需要单独编制利润分配表列示。

（二）所有者权益变动表主要项目说明

（1）“上年年末余额”项目，反映企业上年资产负债表中实收资本（或股本）、其他权益工具、资本公积、库存股、其他综合收益、盈余公积、未分配利润的年末余额。

（2）“会计政策变更”“前期差错更正”项目，分别反映企业采用追溯调整法处理的会计政策变更的累积影响金额和采用追溯重述法处理的会计差错更正的累积影响金额。

（3）“本年增减变动金额”项目：

①“综合收益总额”项目，反映净利润和其他综合收益扣除所得税影响后的净额相加后的合计金额。

②“所有者投入和减少资本”项目，反映企业当年所有者投入的资本和减少的资本。

a.“所有者投入的普通股”项目，反映企业接受投资者投入形成的实收资本（或股本）和资本溢价或股本溢价。

b.“其他权益工具持有者投入资本”项目，反映企业接受其他权益工具持有者投入资本。

c.“股份支付计入所有者权益的金额”项目，反映企业处于等待期中的权益结算的股份支付当年计入资本公积的金额。

③“利润分配”项目，反映企业当年的利润分配金额。

④“所有者权益内部结转”项目，反映企业构成所有者权益的组成部分之间当年的增减变动情况。

a.“资本公积转增资本（或股本）”项目，反映企业当年以资本公积转增资本或股本的金额。

b.“盈余公积转增资本（或股本）”项目，反映企业当年以盈余公积转增资本或股本的金额。

c.“盈余公积弥补亏损”项目，反映企业当年以盈余公积弥补亏损的金额。

d.“设定受益计划变动额结转留存收益”项目，反映企业因重新计量设定受益计划净负债或净资产所产生的变动计入其他综合收益，结转至留存收益的金额。

e.“其他综合收益结转留存收益”项目，主要反映：第一，企业指定为以公允价值计量且其变动计入其他综合收益的非交易性权益工具投资终止确认时，之前计入其他综合收益的累计利得或损失从其他综合收益中转入留存收益的金额；第二，企业指定为以公允价值计量且其变动计入当期损益的金融负债终止确认时，之前由企业自身信用风险变动引起而计入其他综合收益的累计利得或损失从其他综合收益中转入留存收益的金额等。

9.5.3 所有者权益变动表的编制示例

【例 9-4】2×19 年 12 月 31 日，H 股份有限公司所有者权益各项目余额如下：股本 5 000 000 元，盈余公积 100 000 元，未分配利润 50 000 元。2×19 H 股份有限公司获得综合收益总额为 280 000 元（其中，净利润 200 000 元），提取盈余公积 20 000 元，分配现金股利 100 000 元。H 股份有限公司 2×19 年度所有者权益变动表如表 9-11 所示。

表 9-11　所有者权益变动表

会企 04 表

编制单位：H 股份有限公司　　2019 年度　　单位：元

项目	本年金额											上年金额										
	实收资本（或股本）	其他权益工具			资本公积	减：库存股	其他综合收益	专项储备	盈余公积	未分配利润	所有者权益合计	实收资本（或股本）	其他权益工具			资本公积	减：库存股	其他综合收益	专项储备	盈余公积	未分配利润	所有者权益合计
		优先股	永续债	其他									优先股	永续债	其他							
一、上年年末余额	5 000 000								100 000	50 000	5 150 000											
加：会计政策变更																						
前期差错更正																						
其他																						
二、本年年初余额	5 000 000								100 000	50 000	5 150 000											
三、本年增减变动金额（减少以“–”号填列）																						
（一）综合收益总额							80 000			200 000	280 000											
（二）所有者投入和减少资本																						

续表

项目	本年金额												上年金额											
	实收资本（或股本）	其他权益工具			资本公积	减：库存股	其他综合收益	专项储备	盈余公积	未分配利润	所有者权益合计		实收资本（或股本）	其他权益工具			资本公积	减：库存股	其他综合收益	专项储备	盈余公积	未分配利润	所有者权益合计
		优先股	永续债	其他										优先股	永续债	其他							
1. 所有者投入的普通股																							
2. 其他权益工具持有者投入资本																							
3. 股份支付计入所有者权益的金额																							
4. 其他																							
（三）利润分配																							
1. 提取盈余公积									20 000	−20 000	0												
2. 对所有者（或股东）的分配										−100 000	−100 000												
3. 其他																							
（四）所有者权益内部结转																							

续表

项目	本年金额											上年金额										
	实收资本（或股本）	其他权益工具			资本公积	减：库存股	其他综合收益	专项储备	盈余公积	未分配利润	所有者权益合计	实收资本（或股本）	其他权益工具			资本公积	减：库存股	其他综合收益	专项储备	盈余公积	未分配利润	所有者权益合计
		优先股	永续债	其他									优先股	永续债	其他							
1. 资本公积转增资本（或股本）																						
2. 盈余公积转增资本（或股本）																						
3. 盈余公积弥补亏损																						
4. 设定受益计划变动额结转留存收益																						
5. 其他综合收益结转留存收益																						
6. 其他																						
四、本年年末余额	5 000 000	0	0	0			80 000		120 000	130 000	5 330 000	5 000 000								100 000	50 000	5 150 000